suhrkamp taschenbuch 953

Mahatma Gandhi (1869-1948) wurde, wenige Monate nachdem er es geschafft hatte, ein 300-Millionen-Volk auf gewaltlose Weise von Kolonialismus und Fremdherrschaft zu befreien, von einem religiösen Fanatiker erschossen.

Daß dieser zerbrechliche Mann, der materielle Kampfmethoden mit ideellen Waffen gebrochen hat, der Kanonen mit der Autorität seiner Persönlichkeit bekämpfte und die quantitative Übermacht auf qualitative Weise durch das Beispiel seines ebenso selbstlosen wie unbeirrbaren Einsatzes für die Entrechteten besiegte, heute angesichts weltweiter Kriege und Konflikte wiederentdeckt wird und angesichts der Ohnmacht herkömmlicher Politik eine einzigartige Faszination ausübt, ist verständlich. Mehr als acht Jahre mußte Gandhi seines gewaltlosen Widerstandes wegen in Gefängnissen verbringen.

»Experimente mit der Wahrheit« nannte Gandhi die englische Ausgabe seiner größtenteils im Gefängnis diktierten Erinnerungen, die 1930 erstmals im Insel Verlag unter dem Titel »Mein Leben« in deutscher Übersetzung erschien. Die vorliegende Ausgabe ist eine durchgesehene Neuauflage dieser Autobiographie, die besser als alle Lebensbilder aus zweiter Hand über den Werdegang dieses außergewöhnlichen Staatsmannes zu orientieren vermag.

»Ein rührendes und ehrwürdiges Buch ... ehrwürdig und selten inmitten unserer Zeit als Dokument eines Lebens, das auf Wahrheit, selbstlosen Dienst und Nächstenliebe gestellt ist. Nicht das ist an Gandhi und seinem Leben das Große, daß er Inder ist und indischen Geist verkörpert, sondern, daß er trotz starker Entwurzelung Indien wiedergefunden hat und seine Heimatliebe aus einem Geiste zu leben und fruchtbar zu machen sucht, der ganz übernational ist und viel Europäisches und Christliches auf sich hat wirken lassen. Daß er gewisse Wahrheiten gefunden hat, die den Anschein der Ewigkeit haben, ist nichts Besonderes, sie liegen auf allen Gassen. Das Besondere ist, daß er diese Wahrheiten sofort und rücksichtslos zu verwirklichen sucht – nicht als Forderungen an andere, sondern als Forderungen an sich selbst, unter Preisgabe des eigenen Ich und seiner Wünsche.«

Hermann Hesse

Mahatma Gandhi
Mein Leben

Herausgegeben von
C. F. Andrews
mit einem Nachwort
von Curt Ullerich

Suhrkamp

Titel der Originalausgabe:
Mahatma Gandhi, His Own Story
edited by Charles Freer Andrews
First published by George Allen & Unwin Ltd. in 1930
Aus dem Englischen übertragen von Hans Reisiger

Umschlagfoto:
National Portrait Gallery, London

23. Auflage 2014

Erste Auflage 1983
suhrkamp taschenbuch 953
Die Erstausgabe erschien 1930 im Insel Verlag

Druck: CPI – Ebner & Spiegel, Ulm
Printed in Germany
Umschlag: Göllner, Michels, Zegarzewski
ISBN 978-3-518-37453-5

Inhalt

Geburt und Heim

Die Gandhis gehören zur Bania-Kaste[1] und scheinen ursprünglich Kleinhändler gewesen zu sein. Seit drei Generationen jedoch waren sie Ministerpräsidenten in verschiedenen Staaten in Kathiawar.[2] Uttamchand Gandhi, genannt Ota Gandhi, mein Großvater, muß ein Mann von Grundsätzen gewesen sein. Staatsränke zwangen ihn, Porbandar zu verlassen, wo er Diwan war, und in Junagadh Zuflucht zu suchen. Dort grüßte er den Nawab mit der linken Hand. Einer, der die vermeintliche Unhöflichkeit mit ansah, ersuchte ihn um eine Erklärung, die ihm denn auch gegeben wurde mit den Worten: »Die rechte Hand ist schon an Porbandar verpfändet.«

Ota Gandhi heiratete zum zweitenmal, nachdem er seine erste Frau verloren hatte. Er hatte vier Söhne von der ersten und zwei von der zweiten Frau. In meiner Kindheit ist es mir, soviel ich mich erinnere, nie fühlbar oder bewußt geworden, daß diese Söhne Ota Gandhis nicht alle von derselben Mutter waren. Der fünfte von diesen sechs Brüdern war Karamchand Gandhi, der Kaba Gandhi genannt wurde; der sechste war Tulsidas Gandhi. Beide waren nacheinander Ministerpräsidenten in Porbandar. Kaba Gandhi war mein Vater. Er war eine Zeitlang Ministerpräsident in Rajkot und dann in Vankaner. Er war Pensionär des Staates Rajkot, als er starb.

Kaba Gandhi heiratete viermal nacheinander, da ihm jedesmal seine Frau starb. Er hatte zwei Töchter aus seiner ersten und zweiten Ehe. Seine letzte Frau, Putlibai, gebar ihm eine Tochter und drei Söhne, deren jüngster ich bin.

Mein Vater hing mit Liebe an seiner Sippe und war ein wahrhaftiger, tapferer und hochherziger Mann, aber von heftiger Gemütsart. Bis zu einem gewissen Grade mag er sogar auch fleischlicher Wollust ergeben gewesen sein, denn er heiratete zum viertenmal, als er bereits über vierzig war. Aber er war unbestechlich und hatte sich, daheim wie draußen, den Ruf strenger Unparteilichkeit erworben. Seine staatstreue Gesinnung war allbekannt. Als einmal ein Vize-Regierungsvertreter[3] in beleidigenden Ausdrücken von seinem Fürsten sprach, stand er sofort dagegen auf. Der andere erhitzte sich und forderte Abbitte von Kaba Gandhi. Das schlug er ab und wurde infolgedessen ein paar Stunden lang in Haft gehalten. Aber als der Regierungsmann sah, daß Kaba Gandhi hart blieb wie Diamant, befahl er, ihn freizulassen.

Mein Vater hatte nicht den geringsten Ehrgeiz, Schätze zu häufen, und hinterließ uns nur ein sehr geringes Teil an irdischen Gütern. Er hatte keine Erziehung genossen, nur die des praktischen Lebens. Von Geschichte und Geographie wußte er nichts. Aber seine reiche Lebenserfahrung half ihm, die verwickeltsten Fragen zu lösen, und befähigte ihn, Hunderte von Menschen zu leiten. Er hatte nur sehr wenig religiöse Schulung, aber durch häufigen Tempelbesuch und fleißiges Zuhören bei den Gesprächen frommer Hindus hatte er sich eine gewisse geistige Bildung angeeignet. In seinen letzten Tagen begann er auf inständiges Ersuchen eines gelehrten brahmanischen Hausfreunds die Gita zu lesen und sprach seitdem alltäglich zur Stunde der Andacht ein paar Verse daraus.

Wenn ich an meine Mutter denke, so weht mich vor allem der Duft der Heiligkeit an. Sie war tiefinnerlich fromm und hätte nie einen Bissen zum Munde geführt, ohne ihre täglichen Gebete verrichtet zu haben. Der Gang zum Tempel war eine ihrer täglichen Pflichten. Soweit ich denken kann, kann ich mich nicht erinnern, daß sie jemals ihre frommen Fasten versäumt hätte. Die härtesten Gelübde nahm sie auf sich und hielt sie ohne Wanken inne. Krankheit galt ihr nicht als Milderungsgrund. Ich weiß noch, daß sie einmal krank wurde, als sie grade unter einem besonderen Fastengelübde stand; aber die Krankheit durfte die fromme Zucht nicht unterbrechen. Zwei oder drei Fasten hintereinander zu halten war ihr ein kleines. Während der Fasten täglich nur eine Mahlzeit einzunehmen war ihre Gewohnheit. Nicht zufrieden damit, enthielt sie sich während einer solchen Zeit einen um den andern Tag völlig jeder Nahrung. Ein andermal wieder tat sie das Gelübde, keine Speise zu berühren, ohne zuvor die Sonne gesehen zu haben. Dann standen wir Kinder und starrten zum Himmel und lauerten darauf, daß wir der Mutter melden könnten, die Sonne sei da. In der großen Regenzeit bleibt die Sonne nicht selten den ganzen Tag über unsichtbar; und ich weiß noch, wie wir manchmal, wenn nach Regen die Sonne plötzlich aus den Wolken brach, ins Haus stürzten und ihr zuriefen: Sie ist da! Dann kam sie wohl heraus, um mit ihren eigenen Augen zu schauen, aber oft war die Unbeständige schon wieder weg, so daß aus dem Essen wieder nichts wurde. »Das tut nichts«, sagte sie dann jedesmal wohlgemut, »Gott hat nicht gewollt, daß ich heute esse.« Und damit kehrte sie zu ihren Pflichten zurück.

Meine Mutter war eine von Natur aus sehr begabte Frau; sie war wohlunterrichtet in allen Staatsangelegenheiten, und die Damen des Hofes hielten viel von ihrer Klugheit. Oft ging ich, das Vorrecht meines kindlichen Alters übend, mit ihr, und ich erinnere mich noch heute an so manches lebhafte Wechselgespräch zwischen ihr und der Witwe-Mutter des Thakor Sahib.

Von diesen Eltern wurde ich am 2. Oktober 1869 in Porbandar geboren. Dort verlebte ich meine Kindheit und ging zum erstenmal zur Schule. Nur mit einiger Schwierigkeit quälte ich mich durch das Einmaleins. Mir ist nicht erinnerlich, daß ich damals etwas anderes gelernt hätte, als im Bunde mit meinen Mitschülern unserm Lehrer das Leben schwerzumachen; woraus sich denn mit einiger Sicherheit der Schluß ziehen läßt, daß mein Begriffsvermögen zu jener Zeit träge und mein Gedächtnis noch ungeübt war.

Ich muß etwa sieben Jahre alt gewesen sein, als mein Vater Porbandar verließ und an den Hof nach Rajkot übersiedelte. Hier wurde ich in eine Elementarschule geschickt, und ich kann mich noch gut an diese Zeit erinnern, auch an die Namen und Eigenheiten meiner Lehrer. Wie aus der Zeit in Porbandar, so ist auch aus Rajkot nichts Sonderliches über meine Fortschritte in der Wissenschaft zu berichten; ich muß ein recht mittelmäßiger Schüler gewesen sein. Von dieser Schule kam ich auf die Vorstadtschule und von da, bereits zwölf Jahre alt, auf die höhere Schule. Ich kann mich nicht erinnern, daß ich in dieser kurzen Periode meines Lebens jemals eine Lüge über die Lippen gebracht hätte, weder meinen Lehrern noch meinen Mitschülern gegenüber. Ich war immer sehr scheu und vermied allen Umgang. Bücher und Schulaufgaben waren meine einzigen Gefährten. Täglich war ich mit dem Glokkenschlag in der Schule; und sobald der Unterricht aus war, rannte ich wieder nach Hause – *rannte* buchstäblich, denn ich konnte es nicht ertragen, mit irgendwem zu reden, und zitterte bei dem Gedanken, man könnte sich über mich lustig machen.

In meinem ersten Jahr auf der höheren Schule ereignete sich bei einer Prüfung etwas Erwähnenswertes. Mr. Giles, der Schulinspektor, war zu einer Besichtigung gekommen. Er hatte uns als Übung in der Rechtschreibung fünf Wörter aufgegeben. Eins davon war das Wort ›kettle‹ (Kessel). Ich hatte es falsch geschrieben. Unser Lehrer stieß mich mit der Fußspitze an, aber ich begriff nicht, was er wollte. Es kam mir nicht in den Sinn, daß er damit sagen wollte, ich solle das Wort von der Schiefertafel meines Nebenmannes abschreiben, denn ich hatte geglaubt, der Lehrer sei da, um aufzupassen, daß wir nicht abschrieben. Das Ergebnis war, daß schließlich alle Jungen das Wort richtig geschrieben hatten; nur ich war der Dumme gewesen. Der Lehrer versuchte hernach, mir diese Dummheit zu Gemüte zu führen, aber ohne Erfolg; denn Abschreiben gehörte zu den Dingen, die ich nie zu lernen vermochte. Der Vorfall verminderte indessen nicht im geringsten meine Achtung vor meinem Lehrer. Ich war von Natur für die Fehler der Älteren blind. Später lernte ich noch so manche anderen Fehler dieses Lehrers erkennen; aber meine Ehrerbietung gegen ihn blieb die gleiche, denn ich hatte gelernt, die Befehle der Älteren auszuführen, nicht mich zum Richter über ihre Handlungen zu machen.

Noch zwei andere Ereignisse aus derselben Zeit sind mir immer im Sinn geblieben. Für gewöhnlich hatte ich nicht die geringste Lust, außer meinen Schulbüchern noch irgend etwas zu lesen. Die tägliche Aufgabe mußte gemacht werden, denn vom Lehrer gescholten zu werden, war mir ebenso zuwider, wie ihn zu betrügen. Also machte ich meine Aufgaben, aber oft ohne mit den Gedanken dabei zu sein. Kam ich schon damit nur zur Not zustande, so war natürlich nicht daran zu denken, daß ich sonst noch etwas las. Aber einmal fielen meine Augen von ungefähr auf ein Buch, das mein Vater ins Haus gebracht hatte. Es war ein Schauspiel, das Shravanas[4] aufopfernde Liebe zu seinen Eltern zum Gegenstand hatte, und ich las es mit gespannter Teilnahme. Um dieselbe Zeit kam eine wandernde Schauspielertruppe zu uns. Eins der Bilder, die sie vorführten, zeigte Shravana auf einer Pilgerfahrt, wie er seine blinden Eltern mit Hilfe von Gurten auf den Schultern trägt. Buch und Bild blieben mir unauslöschlich im Sinn. »Hier ist ein Beispiel für dich zur Nachahmung«, sagte ich zu mir selbst. Die jammervolle Klage der Eltern über Shravanas Tod höre ich noch wie heute. Die rührende Melodie bewegte mich tief, und ich spielte sie auf einer Ziehharmonika nach, die mein Vater für mich angeschafft hatte.

Mit einem andern Stück erging es mir ähnlich. Just um diese Zeit hatte ich von meinem Vater die Erlaubnis erbeten, mir bei einer andern Schauspielertruppe ein Stück anschauen zu dürfen, das ›Harishchandra‹[5] hieß. Es gewann mein ganzes Herz, und ich wurde nie müde, es mir anzusehen. Aber ach, ich durfte nicht so oft hin, wie ich gewollt hätte, und so habe ich mir denn ›Harishchandra‹

wohl unzählige Male selber vorgespielt. »Warum sollten nicht alle Menschen so wahrhaftig sein wie Harishchandra?«, das war die Frage, die ich mir Tag und Nacht vorsprach. Ich hatte nur noch den einen Gedanken, den das Stück in mir entzündet hatte: der Wahrheit zu folgen und siegreich durch alle die Prüfungen zu gehen, durch die Harishchandra gegangen war. Ich glaubte ganz wörtlich an die Geschichte Harishchandras. Oft mußte ich weinen, wenn ich nur daran dachte. Meine Vernunft sagt mir heute, daß Harishchandra unmöglich eine historische Gestalt gewesen sein kann. Dennoch sind mir Harishchandra und Shravana lebendige Wirklichkeit; und ich bin gewiß, daß ich genauso tief ergriffen sein würde, wenn ich diese Stücke heute wieder läse.

Ich weiß, bevor ich mit dieser Erzählung zu Ende sein werde, wird mir der Mund mehr als einmal bitter werden von so manchem, was ich zu berichten habe; aber ich kann nicht anders, wenn ich beanspruche, ein Jünger der Wahrheit zu sein. Ich habe die schmerzliche Pflicht, zu allernächst von meiner Heirat im Alter von dreizehn Jahren zu erzählen. Wenn ich die Buben gleichen Alters um mich sehe, die unter meiner Obhut stehen, und an diese meine Heirat denke, so fühle ich Mitleid mit mir selbst, und sie dünken mich glücklich, daß sie meinem Los entgangen sind. Ich sehe nichts, womit man eine so unsinnig frühe Heirat wie die meine moralisch befürworten könnte. Man verstehe recht: ich wurde verheiratet, nicht verlobt. In Kathiawar sind nämlich Verlobung und Heirat zwei streng getrennte Bräuche. Verlobung ist eine vorläufige Vereinbarung zwischen den Eltern des Knaben und des Mädchens, die beiden in einer Ehe zu vereinen, und ist nicht unwiderruflich. Der Tod des Knaben hat für das Mädchen nicht Witwenschaft zur Folge. Das Ganze ist lediglich ein gegenseitiges Versprechen zwischen den Eltern; die Kinder haben nichts damit zu tun; oft wird ihnen nicht einmal etwas davon gesagt. So scheint es, daß ich dreimal verlobt war, ohne zu wissen, wann. Man sagte mir, zwei Mädchen, die für mich erwählt worden seien, wären nacheinander gestorben, und also nehme ich an, daß ich dreimal verlobt war. Es dämmert mir zwar schwach, daß meine dritte Verlobung in meinem siebenten Lebensjahr stattfand; ich erinnere mich jedoch nicht, daß man mich davon in Kenntnis gesetzt hätte. Was ich im folgenden erzähle, bezieht sich nicht auf meine Verlobung, sondern auf meine Heirat und Ehe, an die ich die deutlichste Erinnerung habe.

Man wird sich erinnern, daß wir drei Brüder waren. Der erste war bereits verheiratet. Die Eltern beschlossen, meinen zweiten Bruder und einen Vetter und mich selber alle auf einmal zu verheiraten. Dabei war kein Gedanke an unser Wohlergehen, geschweige denn an unsere Würde im Spiel. Es war lediglich eine Frage ihrer eignen Bequemlichkeit und Sparsamkeit. Heiraten ist bei den Hindus keine einfache Sache. Die Eltern der Braut und des Bräutigams richten sich oft völlig darüber zugrunde. Vermögen und Zeit werden dabei vergeudet. Monate vergehen mit den Zurüstungen; da heißt es: Kleider machen, das Haus schmücken, Vorräte richten für die Mahlzeiten. Jeder strebt, den andern auszustechen an Zahl und Mannigfaltigkeit der Gerichte. Weiber, ob sie eine Stimme haben oder nicht, singen sich heiser, manchmal, bis sie richtig krank werden, und stören die Ruhe ihrer Nachbarn. Die Nachbarn ihrerseits nehmen all diesen Trubel und Lärm und all den Schmutz und Unrat, der nach dem Fest übrig bleibt, geduldig hin, weil sie wissen, daß sie über kurz oder lang es selber ebenso treiben werden. Meine Eltern hielten es für besser, den ganzen Rummel ein für allemal abzumachen; das war billiger und machte mehr von sich, denn man konnte mehr Geld aufwenden, wenn die Ausgabe nicht dreimal wiederholt zu werden brauchte. Mein Vater und mein Onkel waren beide alte Männer und wir ihre letzten Kinder. Wahrscheinlich hatten sie den Wunsch, es sich noch einmal vor ihrem Tode so recht nach Herzenslust wohl sein zu lassen. Angesichts all dieser Umstände entschloß man sich zu einer dreifachen Hochzeit, und Monate vergingen, wie gesagt, mit den Vorbereitungen.

Einzig und allein durch diese Vorbereitungen erfuhren wir von dem kommenden Ereignis. Ich glaube nicht, daß es für mich mehr bedeutete als die vergnügliche Aussicht auf schöne Kleider, Trommelmusik, Umzüge, Gelage und ein fremdes Mädchen als Spielkameradin. Die fleischliche Begier stellte sich erst später ein. Ich bitte, den Schleier über meine Scham ziehen zu dürfen, abgesehen von einigem wenigen Erwähnenswerten, auf das ich noch zurückkommen werde.

Mein Bruder und ich wurden von Rajkot nach Porbandar zurückgebracht. Mein Vater war durch seine Pflichten als Diwan noch festgehalten, um so mehr, als er bei dem Thakor Sahib in besonderer Gunst stand, der ihn bis zum letzten Augenblick nicht wegließ. Als er es endlich doch tat, bestellte er für ihn Extrapost, mit der es um zwei Tage schneller ging. Aber das Schicksal hatte es anders gewollt. Porbandar ist einhundertundzwanzig englische Meilen von Rajkot entfernt, was für fünf Tage Wagenfahrt bedeutet. Mein Vater sollte es in drei Tagen schaffen, aber die Postkutsche warf ihn auf der dritten Strecke um, und er erlitt schwere Verletzungen. Er kam über und über in Verbände gewickelt in Rajkot an. Sowohl ihm wie uns war die Freude an dem kommenden Ereignis halb verdorben, aber es half nichts, wir mußten durchhalten, denn wie hätte man den Hochzeitstag verschieben können? Und ich muß gestehen, daß ich über der kindlichen Lust an den Festfreuden den Kummer über die Wunden meines Vaters bald vergaß.

Ich war meinen beiden Eltern ein liebender Sohn, aber dessenungeachtet den Begierden des Fleisches ergeben. Für mich galt die Lehre, daß man alles Glück in dienender Liebe zu seinen Eltern opfern solle. Und dennoch ereignete sich, wie zur Strafe für meine Sucht nach Genuß, ein mich tief beschämender Vorfall, von dem ich später erzählen werde; die Erinnerung daran ist mir immer wie eine eiternde Wunde verblieben. Nishkulanand singt: »Verzicht auf den Gegenstand der Begierde ohne Verzicht auf die Begierde selber ist kurzlebig, so sehr man sich auch bemühen mag.« Sooft ich diesen Spruch singe oder singen höre, bricht die Erinnerung an jenen unseligen Vorfall immer wieder schwärend in mir auf und durchglüht mich mit Scham.

Mein Vater hatte trotz seiner Verletzungen eine tapfere Miene aufgesetzt und nahm vollen Anteil an der Hochzeitsfeier. Wenn ich daran zurückdenke, sehe ich heute noch vor meinem inneren Auge die verschiedenen Plätze, auf denen er saß, während er die vielerlei Einzelheiten der Zeremonie vollzog. Ich ließ es mir damals nicht träumen, daß ich im späteren Leben an meinem Vater Kritik würde üben müssen dafür, daß er mich als Kind verheiratet hatte; denn alles an diesem Tage erschien mir gut und recht und angenehm. Ich selber war mit eifriger Begier dabei; und da mir damals alles, was mein Vater tat, über jeden Tadel erhaben schien, so ist mir das Bild jener Vorgänge frisch und ungetrübt in Erinnerung. Ich sehe noch heute, wie wir auf unserem Brautsitz saßen; wie wir die ›Sieben Schritte‹[6] vollführten; wie die neuvermählten Ehegatten einander das süße Gebäck in den Mund schoben; wie wir miteinander zu leben begannen: zwei unschuldige Kinder, die ahnungslos in den Ozean des Lebens hinausplätscherten. Die Frau meines Bruders hatte mich über mein Verhalten in der ersten

Nacht gründlich aufgeklärt. Ich weiß nicht, wer das bei meiner Frau besorgt hatte. Ich habe sie nie danach gefragt und gedenke es auch heute noch nicht zu tun. Der Leser darf überzeugt sein, daß wir beide so aufgeregt waren, daß wir einander nicht in die Augen schauen konnten. Wir waren viel zu schüchtern. Wie sollte ich zu ihr reden, und was sollte ich sagen? Die Aufklärung konnte mir nicht viel helfen. Aber in diesen Dingen bedarf es im Grunde keiner Aufklärung. Die Erinnerungen aus früherer Geburt sind noch wirksam genug, um alle Aufklärung überflüssig zu machen. Nach und nach begannen wir vertrauter zu werden und unbefangen miteinander zu reden. Wir waren gleichaltrig, aber ich wußte mir bald die Autorität des ehelichen Gebieters zu wahren.

Ich habe bereits erzählt, daß ich zur Zeit meiner Verheiratung noch Schüler war. Wir drei Brüder besuchten dieselbe höhere Schule. Mein ältester Bruder war in einer viel höheren Klasse, aber der zweite, der gleichzeitig mit mir geheiratet hatte, war nur eine Klasse über mir. Die Ehe hatte für uns beide ein verlorenes Jahr zur Folge, ja für meinen Bruder kam es noch ärger, denn er gab schließlich die Schule ganz auf. Gott weiß, wie vielen jungen Menschen es ebenso ergeht. Nirgend sonstwo als in unserer Hindugesellschaft gehen Schule und Ehe so Hand in Hand.

Ich für mein Teil besuchte die Schule weiter. Ich galt als kein schlechter Kopf und erfreute mich immer der Zuneigung meiner Lehrer. Alljährlich wurden Zeugnisse über Fortschritte und Charakter an unsere Eltern geschickt, und die meinigen waren immer gut. Soweit ich mich erinnern kann, maß ich meinen geistigen Fähigkeiten keine allzu große Bedeutung bei, war jedoch auf meinen Charakter ängstlich bedacht. Der geringste kleine Makel trieb mir die Tränen in die Augen. Hatte ich – wenigstens nach Ansicht der Lehrer – einen Tadel verdient, so war mir das ganz unerträglich. Einmal erhielt ich eine körperliche Züchtigung, die mich an sich nicht weniger kränkte als die Tatsache, daß man der Ansicht war, ich hätte sie verdient. Ich weinte bitterlich darüber. Das geschah, als ich in der ersten oder zweiten Klasse war. Etwas Ähnliches ereignete sich, als ich in der siebenten Klasse saß. Unser Rektor hieß Dorabji Edulji Gimi; er war bei den Jungen beliebt, denn er war zwar ein strenger Zuchtmeister, aber ein Mann von Grundsätzen und ein guter Lehrer. Er hatte für die Schüler der oberen Klassen Turnen und Fußball und Kricket obligatorisch gemacht. Ich hatte eine Abneigung gegen allen Schulsport und hatte mich nie an irgendwelchen Leibesübungen beteiligt, bevor sie obligatorisch wurden. Ich sehe heute, daß ich unrecht daran tat, mich davon fernzuhalten. Aber damals hatte ich, abgesehen von meinem Widerwillen, mich an andere anzuschließen, die falsche Anschauung, daß Leibesübungen und Spiele nichts mit Erziehung zu tun hätten. Heute weiß ich, daß die körperliche Ausbildung genau so viel Raum im Lehrplan einnehmen muß wie die geistige. Indessen darf ich erwähnen, daß ich trotz meinem Fernbleiben von den Leibesübungen keinen Schaden genommen, denn ich hatte in Büchern von dem Segen langer Spaziergänge im Freien gelesen und hatte, da dieser Rat nach meinem Geschmack war, die Gewohnheit, möglichst viel zu wandern. Diese Gewohnheit ist mir lebenslang verblieben, und ich verdanke ihr meine leidlich abgehärtete Konstitution.

Der Hauptgrund für meine Abneigung gegen den Schulsport war mein brennendes Verlangen, mich der Pflege meines Vaters zu widmen. Kaum war die Schule aus, so stürzte ich nach Hause, um mich meinem Liebesdienst an ihm hinzugeben. Jene Zwangsbestimmung kam mir also recht in die Quere, und ich bat Mr. Gimi, mich von den Übungen zu befreien, damit ich ungehindert meinem Vater dienen könnte. Aber er hörte nicht auf mich. Nun geschah es, daß ich eines Samstags, wo wir nur vormittags Unterricht hatten, um vier Uhr nachmittags nochmals zur Schule sollte, um an einem Spiel teilzunehmen. Ich hatte keine Uhr, und das trübe Wetter täuschte mich. Als ich in der Schule ankam, waren alle andern schon weg. Tags darauf entdeckte Mr. Gimi bei Durchsicht der Namenliste, daß ich als abwesend verzeichnet war. Nach dem Grunde gefragt, erzählte ich ihm, was geschehen war, aber er wollte mir nicht glauben und bestrafte mich mit einer kleinen Geldbuße.

Ich einer Lüge bezichtigt! Das wurmte mich tief. Wie konnte ich meine Unschuld beweisen? Es gab keine Möglichkeit. Ich weinte in tiefer Herzensangst. Es ging mir auf, daß ein Mann der Wahrheit auch zugleich ein Mann der Sorgfalt sein muß. Das war das erste und letzte Mal in meiner Schulzeit, daß ich es an Sorgfalt fehlen ließ. Ich erinnere mich dunkel, daß ich es schließlich doch so weit brachte, daß mir die Buße erlassen wurde.

Von den Leibesübungen wurde ich zu guter Letzt doch befreit, da mein Vater selbst an den Rektor schrieb, er brauche mich nach der Schule daheim; das hatte natürlich Erfolg. Während ich jedoch durch die Vernachlässigung der körperlichen Übungen keinen Schaden erlitt, habe ich heute noch für ein anderes Versäumnis zu büßen. Irgendwie hatte ich mir in den Kopf gesetzt, daß eine gute Handschrift nicht notwendig zur Erziehung gehöre; wie töricht das war, ging mir erst auf, als ich nach England kam. Als ich später in Südafrika die schöne Handschrift anderer Rechtsanwälte und junger Leute sah, die dortzulande geboren und erzogen waren, schämte ich mich über mich selber und bereute meine Nachlässigkeit. Ich sah ein, daß eine schlechte Handschrift immer einen Mangel an Erziehung verrät. Ich versuchte später, die meinige zu verbessern, aber es war zu spät. Das Versäumnis meiner Jugend war nicht wieder gut zu machen. Ich bin heute der Ansicht, daß man Kinder zuerst zeichnen lehren sollte, eh man sie schreiben lehrt. Laßt das Kind seine Buchstaben durch Anschauung erlernen, genau wie es verschiedene Gegenstände abzeichnet wie Blumen und Vögel. Laßt es erst schreiben lernen, nachdem es Gegenstände zeichnen gelernt hat. Dann wird es eine wohlgestaltete Handschrift schreiben.

Noch zwei Erinnerungen aus meiner Schulzeit sind erwähnenswert. Ich hatte ein Jahr durch meine Heirat verloren, und der Lehrer wünschte, ich sollte den Verlust wieder gut machen, indem ich eine Klasse übersprang, was bei fleißigen Jungen nichts Ungewöhnliches war. Also blieb ich nur sechs Monate in der dritten Klasse und kam dann nach der Prüfung gleich in die vierte. Von der vierten Klasse an war in den meisten Fächern Englisch die Unterrichtssprache, und ich war anfangs völlig ratlos. Zumal Geometrie, ein neues Fach, das mir sowieso nicht sonderlich lag, wurde mir durch die englische Sprache noch mehr erschwert. Der Lehrer war tüchtig, aber ich konnte ihm nicht folgen. Mehr als einmal verlor ich den Mut und dachte daran, lieber wieder in die dritte Klasse zurückzukehren, weil es doch über meine Kraft ginge, den Lehrstoff zweier Jahre in eins zusammenzudrängen. Aber das wäre nicht nur für mich eine Schande gewesen, sondern auch für meinen Lehrer, der mich im Vertrauen auf meinen Fleiß für die Versetzung empfohlen hatte. So hielt mich die Furcht vor der doppelten Beschämung auf meinem Posten. Als ich indessen nach vieler Mühsal zu dem dreizehnten Lehrsatz Euklids kam, ging mir auf einmal ein Licht auf, wie unendlich einfach das alles im Grunde war. Etwas, wozu man lediglich seine logische Vernunft brauchte, konnte nicht schwer sein. Von da an ist mir Geometrie immer leicht und interessant geblieben. Sanskrit indessen erwies sich als eine härtere Nuß. In Geometrie gab es nichts zu memorieren, während man in Sanskrit alles auswendig lernen mußte. Auch dieses Fach begann mit der vierten Klasse. Als ich in die sechste kam, verließ mich vollends der Mut. Der Lehrer war als besonders streng verrufen; ein rechter ›Schinder‹, dachte ich. Es herrschte eine gewisse Rivalität zwischen dem Sanskritlehrer und dem für Persisch, der als nachsichtig galt. Immer wieder war unter meinen Kameraden die Rede davon, wie leicht Persisch wäre und wie gut der Lehrer sei und wie rücksichtsvoll zu den Schülern. Diese ›Leichtigkeit‹ des Persischen verlockte mich, und eines Tages saß ich in der persischen Klasse. Der Sanskritlehrer war darüber bekümmert. Er rief mich zu sich und sagte: »Wie kannst du vergessen, daß du der Sohn eines Vaishnava-Vaters[7] bist? Willst du die Sprache deiner eigenen Religion nicht erlernen? Wenn du irgendwelche Schwierigkeiten hast, warum kommst du damit nicht zu mir? Es ist mein Bestreben, euch Schülern Sanskrit zu lehren, so gut ich es nur irgend kann. Wenn du weiter fortschreitest, wirst du Dinge darin finden, die dir wichtiger erscheinen werden als alles andere. Du solltest nicht den Mut verlieren. Komm und setze dich wieder in die Sanskritklasse!«

Diese Freundlichkeit beschämte mich. Ein solches Wohlwollen konnte ich nicht in den Wind schlagen. Noch heute kann ich nicht ohne Dankbarkeit an Krishnashankar Pandya denken, denn hätte ich mir nicht das wenige Sanskrit angeeignet, daß ich damals lernte, so hätte ich schwerlich je Interesse an unsern heiligen Büchern genommen. Ich bedaure nur, daß ich nicht in der Lage war, mir eine gründlichere Kenntnis dieser Sprache zu erwerben; denn es ist mir seither bewußt geworden, daß jeder Hindujunge und jedes Hindumädchen von Grund auf Sanskrit lernen sollte.

Ich bin heute der Überzeugung, daß jeder Lehrplan an allen höheren Schulen Indiens Hindi, Sanskrit, Arabisch und Englisch umfassen sollte, neben der Landessprache natürlich. Diese Liste braucht niemanden zu erschrecken. Wenn unsere Erziehung systematischer wäre und die Schüler befreit würden von dem lästigen Zwang, alles durch Vermittlung einer fremden Sprache lernen zu müssen, so würde es sicherlich nicht länger eine Mühsal, sondern durchaus ein Vergnügen sein, alle diese Sprachen zu erlernen. Wer eine Sprache von Grund auf kennt, lernt andere Sprachen verhältnismäßig leicht.

Unter meinen neuen Freunden waren zwei, mit denen ich nacheinander in ein vertrauteres Verhältnis kam. Eine von diesen Freundschaften dauerte nicht lange, obwohl ich meinem Freund nie untreu wurde. Er gab mich auf, weil ich mit dem andern Freundschaft schloß. Diese zweite Freundschaft betrachte ich als eine Tragödie in meinem Leben. Sie dauerte lange Zeit, und ich begann sie im Geiste eines Bekehrers. Dieser Gefährte war ursprünglich meines älteren Bruders Freund. Sie waren Klassenkameraden. Ich kannte seine Schwächen, aber ich achtete ihn als treuen Freund. Meine Mutter, mein ältester Bruder und meine Frau warnten mich, ich befände mich bei ihm in schlechter Gesellschaft. Ich war ein zu stolzer Ehegatte, um auf die Stimme meiner Frau zu hören, aber ich wagte anfangs nicht, gegen die Meinung meiner Mutter und meines ältesten Bruders anzugehen. Ich sprach mich jedoch mit ihnen darüber aus und sagte: »Ich weiß wohl, daß er die Schwächen hat, die ihr ihm vorwerft, aber ihr kennt seine Tugenden nicht. Er kann mich nicht auf Abwege führen, denn meine Freundschaft mit ihm hat im Gegenteil den Sinn, daß ich ihn auf rechte Wege führen will, weil ich überzeugt bin, daß er ein vortrefflicher Mensch werden wird, wenn er sich bessert. Ich bitte euch, macht euch keine Sorgen um meinetwillen.«

Ich glaube nicht, daß sie das beruhigte; aber sie nahmen meine Erklärung hin und ließen mich meinen Weg gehen. Seither habe ich eingesehen, daß ich mich verrechnet hatte. Wer einen andern bessern will, darf nicht gleichzeitig mit ihm in vertrauter Gemeinschaft stehen. Wahre Freundschaft ist ein Seeleneinklang, der nur selten auf dieser Welt zu finden ist. Nur zwischen gleichgearteten Naturen kann Freundschaft überhaupt fruchtbar und dauerhaft sein. Freunde beeinflussen sich gegenseitig. Daher ist in einer wahren Freundschaft nur wenig Raum für eine einseitig bessernde Wirkung. Ich bin der Meinung, daß, wenn man auf einen andern einen bekehrenden Einfluß üben will, alle vertraute Gemeinschaft vermieden werden muß; denn der Mensch nimmt viel leichter ein Laster an als eine Tugend. Und wer Freund mit Gott sein will, muß entweder allein bleiben oder sich die ganze Welt zum Freunde machen. Ich mag unrecht haben, aber meine Bemühungen um den Segen einer vertrauten Freundschaft erwiesen sich jedenfalls als ein Fehlschlag.

Bemühungen um eine ›Bekehrung‹ oder Reform in ganz anderem Sinne waren in Rajkot im Gange zu der Zeit, als ich diesen Freund kennenlernte. Er erzählte mir, daß viele von unseren Lehrern heimlich Fleisch und Wein zu sich nähmen. Er nannte mir viele wohlbekannte Persönlichkeiten in Rajkot, die angeblich auch diesem Kreise angehörten. Auch einige junge Burschen aus meiner Schule waren dabei. Als ich das hörte, war ich schmerzlich überrascht und fragte meinen Freund, was denn der Grund dazu sei. Er erklärte es mir folgendermaßen: »Wir sind ein schwaches Volk«, sagte er, »weil wir kein Fleisch essen. Die Engländer sind imstande, über uns zu herrschen, weil sie Fleischesser sind. Du weißt, wie kräftig und was für ein guter Läufer ich bin. Das ist deshalb, weil ich ein Fleischesser bin. Fleischesser bekommen auch keine Geschwüre und Furunkel; und wenn sie einmal doch welche kriegen, so heilen sie schneller. Unsre Lehrer und alle die andern hervorragenden Leute, die Fleisch essen, sind keine Narren. Sie wissen, was das für sich hat. Du solltest es ebenso machen. Probieren geht über studieren. Versuchs mal, und du wirst sehen, was für eine Kraft das gibt.«

Alle diese Argumente zugunsten des Fleischessens kamen nicht nur bei jenem einen Mal zur Sprache. Sie waren nur der Kern der langen und ausgiebigen Erörterungen, mit denen mein Freund mich von Zeit zu Zeit immer wieder bearbeitete. Mein älterer Bruder hatte sich bereits überzeugen lassen und unterstützte ihn daher. Es war nicht zu leugnen, daß ich mich wirklich sehr schwächlich neben meinem Bruder und diesem Freund ausnahm. Beide waren abgehärteter, kräftiger, ausdauernder und wagemutiger als ich. Ich sah mit Begeisterung, was dieser Freund alles konnte. Er konnte mit außerordentlicher Geschwindigkeit über lange Strekken hin laufen und glänzte in hohen und weiten Sprüngen. Er konnte jede noch so schwere körperliche Züchtigung mit Leichtigkeit ertragen und ließ oft seine Fähigkeiten vor mir spielen; und wie man immer geblendet wird, wenn man an anderen Eigenschaften sieht, die man selber nicht hat, so wurde auch ich durch die Heldentaten meines Freundes geblendet. Das erweckte zugleich das leidenschaftliche Verlangen in mir, es ihm gleichzutun. Mit Springen und Laufen war es bei mir kläglich bestellt. Warum sollte ich nicht auch so stark werden wie er?

Außerdem war ich ein Feigling. Immerzu wurde ich von Angst vor Dieben, Geistern und Schlangen verfolgt, und ich wagte mich nachts nicht aus dem Hause. Finsternis war mir ein Schrecken. Es war mir fast unmöglich, im Dunkeln zu schlafen, denn dann sah ich immer von der einen Seite Geister, von der andern Diebe, von der dritten Schlangen auf mich zukommen. Ich konnte es deshalb nicht ertragen, ohne Licht im Zimmer zu schlafen. Wie hätte ich meine Ängste meiner Frau mitteilen können, die, halb noch ein Kind, an meiner Seite schlief? Ich wußte, daß sie mehr Mut hatte als ich, und das beschämte mich. Sie kannte keine Furcht vor Schlangen und Geistern. Sie ging im Dunkeln ruhig überall hin. Mein Freund wußte um alle diese meine Schwächen. Er rühmte sich vor mir, er könne lebendige Schlangen in der Hand halten und mit jedem Dieb fertigwerden und glaube nicht an Geister. Und alles das natürlich nur deshalb, weil er Fleisch aß.

Ein Knittelvers von Narmad[1] war damals bei uns Schuljungen im Schwange:

Schau den gewaltigen Englischmann,
Der macht dem kleinen Inder bang,
Denn weil er ein Fleischesser ist,
Ist er fünf Ellen lang.

All das übte natürlich die gebührende Wirkung auf mich, und zu guter Letzt erlag ich. Ich fing an, mir selber einzureden, Fleischessen sei gut; es würde mich stark und mutig machen, und wenn das ganze Land sich dazu bekehrte, würde es Kraft bekommen, die Engländer zu überwinden.

So wurde denn also ein Tag festgesetzt, an dem das Experiment beginnen sollte. Das mußte natürlich im geheimen geschehen. Die Gandhis waren Vaishnavas. Meine Eltern waren besonders streng in ihrem Glauben. Die Familie hatte sogar ihre eigenen Tempel. Auch der Jainaismus[2] war sehr stark in Gujarat und sein Einfluß allenthalben und bei jeder Gelegenheit zu spüren. Nirgendwo in Indien oder außerhalb Indiens herrschte ein so starker Widerstand und Abscheu gegen Fleischgenuß wie in Gujarat bei den Jainas und Vaishnavas. In dieser religiösen Tradition war ich aufgewachsen und zudem meinen Eltern inbrünstig zugetan. Ich wußte: in dem Augenblick, wo sie erfahren hätten, daß ich Fleisch gegessen hatte, wäre das ein tödlicher Schlag für sie gewesen. Dazu kam als besondere Hemmung noch meine Wahrheitsliebe; denn mir war wohl bewußt, daß ich meine Eltern würde belügen müssen, wenn ich Fleisch zu essen begönne. Aber ich war nun einmal auf ›Reform‹ versessen. Irgendwelches Gelüste war dabei nicht im Spiel.

Ich dachte mit keinem Gedanken daran, daß Fleisch etwa einen besonderen Wohlgeschmack hätte. Ich wollte einfach nur stark und mutig werden, so daß wir imstande wären, die Engländer zu schlagen und Indien zu befreien. Das Wort ›Swaraj‹ [Selbstregierung] hatte ich damals noch nicht gehört, aber ich wußte, was Freiheit hieß. Reformeifer verblendete mich, und ich redete mir ein, ein Tun lediglich vor meinen Eltern geheimzuhalten, sei noch keine Unwahrheit.

So kam denn der große Tag. Mein Zustand ist schwer zu beschreiben. Da war auf der einen Seite eben der ›Reform‹-Eifer, zusammen mit dem neuen Gefühl, an einer bedeutungsvollen Wendung meines Lebens zu stehen. Da war auf der andern Seite die Scham darüber, daß ich mich dazu wie ein Dieb verbergen mußte. Welche von den beiden Empfindungen vorherrschend in mir war, ist schwer zu sagen. Wir suchten ein entlegenes Versteck am Fluß auf, und hier bekam ich denn zum ersten Mal in meinem Leben Fleischnahrung zu Gesicht. Wir hatten auch auf englische Art gebackenes Brot mit. An keinem von beiden vermochte ich Geschmack zu finden. Das Ziegenfleisch war zäh wie Leder, und ich bekam es einfach nicht hinunter. Ja, mir wurde dermaßen übel, daß ich mich angewidert von dem Mahl davonschleichen mußte.

Die Nacht darauf erging es mir schlimm. Ein fürchterlicher Alptraum ängstigte mich. Immer wieder, sobald ich einschlief, war es mir, als hörte ich eine lebendige Geiß in mir blöken, und immer wieder fuhr ich empor, von Gewissensqualen gehetzt. Aber dann hielt ich mir vor, daß ich ja nur aus Pflicht gehandelt hätte, und das beruhigte mich einigermaßen.

Mein Freund war nicht der Mann, der seine Sache so leicht aufgegeben hätte. Er begann jetzt, allerlei Leckereien mit dem Fleisch zu kochen und recht appetitlich herzurichten. Und die Stätte unserer Mahlzeiten wurde von dem Versteck am Fluß in den Speisesaal eines Staatshauses verlegt, mit richtigen Tischen und Stühlen. Mein Freund hatte das im Einverständnis mit dem Küchenchef angeordnet. Dieser Köder zog. Ich überwand meine Abneigung gegen englisches Brot, schwor meinem Mitgefühl mit den Ziegen ab und fand Geschmack an mit Fleisch zubereiteten Gerichten, wenn nicht gar an Fleisch selber. Das ging etwa ein Jahr lang so. Aber alles in allem kam nicht mehr als ein halbes Dutzend solcher Gelage zustande, denn das Staatshaus war nicht jeden Tag zugänglich, und es war auch zu kostspielig, allzu oft dergleichen leckere

Fleischgerichte zu beschaffen. Ich meinerseits hatte kein Geld für diese Reformbestrebungen. Mein Freund mußte deshalb immer für das Nötige sorgen, und ich hatte keine Ahnung, woher er es auftrieb. Aber er trieb es auf, denn er war nun einmal darauf versessen, einen Fleischesser aus mir zu machen. Aber auch seine Hilfsmittel waren offenbar beschränkt, und so geschah es, daß es immer nur selten und nach langen Pausen zu unseren Gelagen kam.

Jedesmal, wenn eine solche diebische Gasterei bevorstand, mußte ich mich daheim um das Essen herumdrücken. Meine Mutter rief mich dann natürlich jedesmal und fragte, warum ich denn nichts essen wolle. »Ich habe heute keinen Hunger«, sagte ich, »es ist irgend etwas mit meiner Verdauung nicht in Ordnung.« Das ging freilich nicht ohne Gewissensbisse ab. Ich war mir bewußt, daß ich log, und noch dazu vor meiner Mutter. Es war mir auch völlig klar, daß meine Eltern aufs tiefste empört und bekümmert gewesen wären, wenn sie erfahren hätten, daß ich ein Fleischesser geworden sei. Das nagte an meinem Herzen. Deshalb sagte ich zu mir selbst: »Es ist zwar unbedingt notwendig, selber Fleisch zu essen, wie auch für die ›Reform‹ der Ernährungsweise meiner Landsleute zu wirken. Aber seinen Vater und seine Mutter belügen und betrügen, ist noch schlimmer, als kein Fleisch zu essen. Deshalb kommt das alles nicht in Frage, solange meine Eltern leben. Wenn meine Eltern einmal nicht mehr sein werden und ich meine Freiheit haben werde, will ich offen vor aller Welt Fleisch essen. Bis zu diesem Augenblick will ich mich davon enthalten.«

Ich teilte meinem Freunde diesen Entschluß mit, an dem ich von da an getreulich festhielt. Meine Eltern haben nie erfahren, welches Vergehens zwei ihrer Söhne sich schuldig gemacht hatten. So entsagte ich dem Fleisch kraft der Reinheit meines Verlangens, meine Eltern nicht zu betrügen; aber ich entsagte nicht der Gesellschaft meines Freundes. Mein Eifer, ihn zu läutern, war mir selber zum Unheil ausgeschlagen, aber ich blieb nach wie vor blind.

Um ein Haar hätte sein böses Beispiel mich auch zur Untreue gegen meine Frau verführt. Aber ich blieb noch mit knapper Not davor bewahrt. Eines Tages nahm mich mein Freund in ein Bordell mit, in das er mich mit den nötigen Anweisungen hineinschickte. Es war alles im voraus geregelt; die Rechnung war schon bezahlt. So wandelte ich in den Rachen der Sünde, aber Gott in seiner unendlichen Gnade beschützte mich gegen mich selber. Mir verging

Hören und Sehen in dieser Lasterhöhle, und ich kam wieder heraus, ohne die Tat begangen zu haben, um derentwillen mein Freund mich hingebracht hatte. Mir war zumute, als wäre meine Mannheit geschändet, und ich hätte vor Scham in den Boden versinken mögen. Aber ich habe es Gott seither allezeit gedankt, daß er mich errettet hat. Ich kann mich an vier Vorfälle dieser Art in meinem Leben erinnern; und meist errettete mich dabei mehr eine gnädige Fügung als mein eigener guter Wille. Von streng ethischem Gesichtspunkt aus sind alle diese Seitensprünge als Sündenfälle zu betrachten; denn die fleischliche Begierde war da, und das war genauso schlimm, als wenn ich die Tat begangen hätte. Nach der üblichen Anschauung jedoch gilt ein Mensch, der vor dem körperlichen Sündenfall bewahrt bleibt, als gerettet. Und in diesem Sinne blieb ich allerdings vor der Sünde bewahrt. Es gibt Handlungen, vor denen bewahrt zu bleiben ein Gottessegen ist sowohl für den, der heil davonkommt, wie auch für seine Nächsten. Sobald der Mensch wieder recht bei Sinnen ist, ist er für diese Errettung der göttlichen Gnade dankbar. Wir wissen nur, daß ein menschliches Wesen oftmals der Versuchung erliegt, so sehr es auch dagegen ankämpfen mag, daß die göttliche Vorsehung jedoch oftmals eingreift und es gegen seinen eigenen Willen errettet. Aber wie das alles geschieht, wie weit es einen freien Willen gibt, wie weit der Mensch ein Geschöpf der Umstände ist, wie weit schicksalhafte Bestimmung im Spiele ist – alles das ist ein Geheimnis und wird immer ein Geheimnis bleiben.

Aber ich will weitererzählen. Selbst dieses Erlebnis öffnete mir immer noch nicht die Augen über die Verderblichkeit dieser Freundschaft. So blieben mir denn noch viele bittere Erfahrungen vorbehalten, ehe mir endlich durch den sichtlichen Augenschein einiger Verfehlungen meines Freundes der Star gestochen wurde. Davon werde ich später reden. Eins indessen muß ich schon jetzt erwähnen, da es in diese Zeit gehört.

Eine der Ursachen meiner Unstimmigkeiten mit meiner Frau war zweifellos dieser Umgang mit meinem Freunde. Ich war ein ebenso brünstiger wie eifersüchtiger Gatte, und dieser Freund verstand es, die Flamme meines Argwohns gegen meine Frau anzufachen. Ich glaubte blind an seine Ehrlichkeit, und ich kann mir noch heute nicht die gewalttätige Heftigkeit vergeben, deren ich mich, angestachelt durch seine Einflüsterungen, meiner Frau gegenüber oftmals schuldig machte. Nur eine Hindugattin erträgt geduldig derlei Ungemach, und deshalb ist mir auch die Frau allezeit als die Verkörperung der Duldsamkeit erschienen. Ein Hausangestellter kann seinen Dienst kündigen, wenn er fälschlich verdächtigt wird; ein Sohn im gleichen Falle kann das Haus seines Vaters verlassen; ein Freund kann die Freundschaft lösen. Eine Ehefrau, die einen Verdacht gegen ihren Gatten hat, wird einfach schweigen. Wenn aber der Gatte sie verdächtigt, ist sie vernichtet. Wohin soll sie gehen? Ein Hinduweib kann nicht vor ein Gericht gehen und Scheidung verlangen. Das Gesetz hat keine Genugtuung für sie. Und ich kann es mir nie vergessen noch vergeben, daß ich meine Frau in diese Hölle gehetzt habe.

Das Krebsgeschwür des Argwohns wurde erst mit der Wurzel aus mir herausgerissen, als ich die Ahimsa[3] in seinem vollen Sinn begriff. Da sah ich denn die Herrlichkeit des Brahmacharya[4] und erkannte, daß die Frau nicht die Leibeigene des Mannes ist, sondern seine Kameradin und Helferin und ebenbürtige Gefährtin in allen Freuden und Kümmernissen – genauso berechtigt wie der Mann, ihren eigenen Weg zu gehen. Wann immer ich an jene dunklen Tage des Zweifels und Argwohns zurückdenke, fühle ich mich über meine Torheit und meine wollüstige Grausamkeit von Ekel erfüllt und beklage meine blinde Anhänglichkeit an meinen Freund.

Ich habe noch von einigen anderen Verfehlungen zu berichten aus dieser und auch früherer Zeit, kurz vor und nach meiner Heirat. Ein Verwandter von mir und ich verfielen eines Tages auf die Freuden des Rauchens. Nicht daß wir irgendeinen Nutzen darin gesehen hätten oder etwa verliebt gewesen wären in den Duft einer Zigarette. Wir versprachen uns einfach einen gewisen Spaß davon, Rauchwolken aus unseren Mündern zu blasen. Mein Onkel war Raucher, und wenn wir ihn paffen sahen, wandelte uns die Lust an, es ihm nachzutun. Aber wir hatten kein Geld. Also begannen wir damit, daß wir die Zigarettenstummel sammelten, die unser Onkel weggeworfen hatte.

Das gelang uns aber nicht immer, und außerdem gaben diese Stummel nicht mehr viel Rauch her. So machten wir uns daran, Kupfermünzen von dem Taschengeld der Hausangestellten zu stehlen, um uns indische Zigaretten dafür zu kaufen. Wir konnten natürlich nicht in Gegenwart der Erwachsenen rauchen. Ein paar Wochen hindurch gelang es uns, mit diesem gestohlenen Geld indische Zigaretten zu beschaffen. Unterdessen hörten wir, daß die porösen Stengel einer gewissen Pflanze rauchbar seien. Also holten wir uns welche und versuchten es damit. Aber mit alledem war uns keineswegs Genüge getan. Der Drang nach Unabhängigkeit fing an, sich schmerzhaft bemerkbar zu machen. Es dünkte uns unerträglich, daß wir nichts ohne die Erlaubnis unserer Eltern tun durften. Zu guter Letzt beschlossen wir vor lauter Widerwillen, Selbstmord zu begehen.

Aber wie sollten wir das anfangen? Woher sollten wir das Gift bekommen? Wir hörten, daß Stechapfelsamen ein wirksames Gift enthielten. Flugs eilten wir in den Dschungel auf die Suche nach diesen Samen, die wir denn auch fanden. Der Abend schien uns die günstige Stunde. Wir begaben uns zum Kedarji Mandir[5], taten geschmolzene Butter in die Tempellampe, verrichteten eine Andacht vor dem Altarschrein und sahen uns dann nach einem stillen Winkel um. Aber der Mut ließ uns im Stich. Wenn wir nun nicht sofort tot wären? Und was hatten wir schließlich davon, daß wir uns selber töteten? Warum nicht lieber vorlieb nehmen mit der Abhängigkeit? Nichtsdestoweniger schluckten wir zwei oder drei Samenkörner hinunter. Mehr wagten wir nicht zu nehmen. Es war uns beiden nicht mehr geheuer, mit dem Tode anzubinden. Wir beschlossen, nach dem Ramji Mandir zu gehen, um dort wieder zu uns zu kommen und allen Selbstmordgedanken den Laufpaß zu geben. So lernte ich, daß es leichter ist, Selbstmord zu planen als ihn wirklich zu begehen. Seit jenem Abend hat es immer wenig Eindruck auf mich gemacht, wenn ich jemand damit drohen hörte, er werde Selbstmord begehen.

Diese Selbstmorderfahrung endete damit, daß uns beiden völlig die Lust verging, noch weiter Zigarettenstummel zu rauchen oder den Dienstboten ihr bißchen Geld zu stehlen. Seit dieser Zeit habe ich, auch als Mann, nie wieder das Verlangen verspürt, zu rauchen. Die Angewohnheit des Rauchens ist mir seither immer nur barbarisch, unsauber und verderblich erschienen. Ich habe nie begriffen, warum allenthalben in der ganzen Welt eine solche Rauchwut herrscht. Es ist mir fast unerträglich, auf der Eisenbahn in einem Abteil zu reisen, das vollgepafft ist mit Tabakrauch, und ich ersticke jedesmal vor Verlangen nach frischer Luft.

Viel ernsterer Art jedoch war der Diebstahl, dessen ich mich kurz darauf schuldig machte. Ich war fünfzehn Jahre alt, als ich ihn beging. In diesem Falle war es ein Stück Gold, das ich aus dem Armband meines fleischessenden Bruders stahl. Dieser Bruder war in

Schulden geraten. Es handelte sich um etwa fünfundzwanzig Rupien. Er trug an seinem Arm ein Armband von purem Gold. Es war nicht schwierig, ein Stück davon herauszuschneiden.

Nun, das gelang auch, und die Schuld wurde beglichen. Aber das war mehr, als ich zu ertragen vermochte. Ich faßte den Entschluß, nie wieder zu stehlen. Auch nahm ich mir vor, es meinem Vater zu beichten; aber ich wagte den Mund nicht aufzutun. Nicht, daß ich Angst gehabt hätte, mein Vater könnte mich schlagen; denn ich erinnere mich nicht, daß er jemals einen von uns geschlagen hätte. Nein, ich hatte Angst vor dem Schmerz, den ich ihm bereiten würde. Aber ich fühlte, daß ich es dennoch darauf ankommen lassen mußte, weil es keine Läuterung geben konnte ohne ein lauteres Bekenntnis. Endlich entschloß ich mich, die Beichte niederzuschreiben, sie meinem Vater zu überreichen und ihn um Verzeihung zu bitten. Also schrieb ich sie auf ein Blatt Papier, das ich ihm eigenhändig übergab. In diesem Schreiben beichtete ich nicht nur meine Schuld, sondern bat auch um angemessene Bestrafung. Das Ganze endete mit der Bitte an ihn, sich doch ja nicht etwa selbst eine Buße aufzuerlegen für mein Vergehen, und mit dem Gelübde, daß ich nie wieder stehlen würde.

Ich zitterte über und über, als ich diese Beichte meinem Vater überreichte. Er litt damals an einer Fistel und mußte das Bett hüten. Sein Bett bestand aus einer kahlen Holzplanke. Ich übergab ihm mein Schreiben und setzte mich ihm gegenüber. Während er es las, rannen ihm die Tränen wie Perlentropfen über die Wangen und benetzten das Papier. Für eine kurze Weile schloß er die Augen in Betrachtung und zerriß alsdann das Papier. Er hatte sich beim Lesen aufgesetzt, jetzt legte er sich wieder zurück. Auch ich vergoß Tränen, als ich meines Vaters Seelenschmerz sah. Wenn ich ein Maler wäre, könnte ich noch heute ein Bild von der ganzen Szene malen, so lebendig ist sie mir im Sinn. Diese Perlentropfen der Liebe reinigten mein Herz und wuschen meine Sünde weg. Nur wer solche Liebe an sich erfahren hat, kann wissen, was sie ist. Wie es im Liede heißt:

> Der allein,
> Der getroffen ist von den Pfeilen der Liebe,
> Kennt ihre Macht.

Das war für mich ein Anschauungsunterricht in Ahimsa. Damals vermochte ich noch nicht mehr darin zu erkennen, als einfach nur die Liebe eines Vaters; aber heute weiß ich, daß es reine Ahimsa war. Wenn solche Ahimsa allumfassend wird, verwandelt sie alles, was sie berührt. Es gibt keine Grenze für ihre Macht. Ein solches erhabenes Verzeihen lag an sich nicht in der Natur meines Vaters. Ich hatte gedacht, er würde zornig werden, harte Dinge sagen und sich die Stirn schlagen. Aber er war wundersam ruhig; und ich glaube, das kam von meinem offenen Bekenntnis. Ein offenes Bekenntnis, verbunden mit dem Gelöbnis, die Sünde nie wieder zu begehen, und abgelegt vor einem, der ein Anrecht darauf hat, es zu empfangen, ist die reinste Form der Reue. Ich weiß, daß meine Beichte meinen Vater völlig über mich beruhigte und seine Liebe zu mir unendlich erhöhte.

Um diese Zeit, von der ich jetzt schreibe, stand ich in meinem sechzehnten Lebensjahr. Mein Vater war infolge seines Fistelleidens bettlägerig. Meine Mutter nebst einer alten Hausdienerin und ich waren seine Hauptwärter. Die Pflichten der eigentlichen Krankenpflege fielen mir zu. Sie bestanden im wesentlichen darin, daß ich die Wunde verbinden, meinem Vater seine Medizin eingeben und die Arzneien mischen mußte, falls sie daheim zubereitet wurden. Allabendlich massierte ich seine Beine und zog mich immer erst zurück, wenn er mich darum ersuchte oder nachdem er eingeschlafen war. Diese Pflege war mir lieb und teuer. Ich erinnere mich nicht, daß ich sie jemals vernachlässigt hätte. Meine ganze Tageszeit nach vollendeter Morgentoilette war geteilt zwischen Schule und Pflege. Am Abend ging ich nur zu einem Spaziergang aus, wenn er es mir erlaubte oder wenn er sich wohler fühlte.

Das war auch die Zeit, in der meine Frau ihr erstes Kind erwartete – ein Umstand, der, wie ich es heute ansehe, in doppeltem Sinne beschämend für mich war. Erstens und vor allem bedeutete das, daß ich nicht Enthaltsamkeit geübt hatte, wie ich es hätte tun sollen zu einer Zeit, da ich noch Schüler war. Und zweitens hatte die fleischliche Begierde die Oberhand gewonnen über mein Gefühl für meine Pflicht als Lernender, ja sogar über eine noch höhere Pflicht: die Ergebenheit gegen meine Eltern. Allnächtlich, während meine Hände damit beschäftigt waren, die Beine meines Vaters zu massieren, waren alle meine Gedanken beim Ehebett, und das zu einer Zeit, wo sowohl vom religiösen wie vom ärztlichen Standpunkt aus und auch aus Gründen allgemeiner Vernunft jeder geschlechtliche Verkehr hätte unterbleiben sollen. Ich war jedesmal froh, wenn ich meine Pflicht hinter mir hatte, und eilte, kaum daß ich mich zum Abschied vor meinem Vater verneigt hatte, geradeswegs ins Bett.

Unterdessen verschlechterte sich der Zustand meines Vaters von Tag zu Tag. Vergebens hatten ayurvedische[6] Ärzte alle ihre Salben, Hakims ihr Pflaster und einheimische Quacksalber ihre Heilmittel an ihm erprobt. Auch ein englischer Arzt hatte seine Geschicklichkeit versucht. Als letzte und einzige Rettung hatte er einen chirurgischen Eingriff empfohlen; aber unser Hausarzt erhob Einspruch dagegen. Er mißbilligte eine Operation in so hohem Alter. Dieser Hausarzt war ein tüchtiger Mann und allenthalben wohlbekannt; sein Rat gab den Ausschlag. Die Operation wurde aufgegeben, und allerlei Arzneien, die schon zu diesem Zweck beschafft worden waren, blieben nun nutzlos liegen. Ich habe den Eindruck, daß die Wunde leicht geheilt worden wäre, wenn der Hausarzt die Operation zugelassen hätte. Diese hätte durch einen damals hochberühmten Chirurgen in Bombay ausgeführt werden sollen. Aber Gott hatte es anders gewollt. Wer kann das rechte Heilmittel sagen, wenn der Tod vor der Tür steht? Mein Vater kehrte von Bombay zurück mit allem Zubehör, das bereits für den Fall einer Operation beschafft und nun unnütz geworden war. Er gab alle Lebenshoffnung auf und wurde schwächer und schwächer, so daß man ihm schließlich zureden mußte, seine Bedürfnisse doch lieber im Bett zu verrichten. Aber davon wollte er bis zum letzten Augenblick durchaus nichts wissen und bestand darauf, jedesmal zu diesem Zweck aus dem Bett aufzustehen, so schwer es ihm wurde – die Vaishnava-Vorschriften über körperliche Reinlichkeit sind so unerbittlich streng.

Reinlichkeit ist gewiß sehr wichtig, aber die medizinische Wissenschaft des Westens hat uns gelehrt, daß alle Funktionen der Körperpflege, sogar auch ein Bad, unter Wahrung peinlichster Sauberkeit und ohne die geringste Unbequemlichkeit für den Patienten im Bett vorgenommen werden können, das fleckenlos sauber dabei bleibt. Ich würde ein solches Verfahren für durchaus vereinbar halten mit den Grundsätzen der Vaishnava-Religion. Damals jedoch erfüllte mich die Strenge, mit der mein Vater darauf bestand, jedesmal das Bett zu verlassen, mit ehrerbietigem Staunen, und ich hatte nichts als Bewunderung für ihn.

Endlich kam die Schmerzensnacht. Mein Onkel war bereits in Rajkot. Ich habe die schwache Erinnerung, daß er auf die Nachricht hin gekommen war, daß es meinem Vater schlechter gehe. Die Brüder hingen zärtlich aneinander. Mein Onkel saß den ganzen Tag an meines Vaters Bett und ließ es sich auch nicht nehmen, neben seinem Bett zu schlafen, nachdem er uns alle zur Ruhe geschickt hatte. Keiner von uns ahnte, daß das Unheil so nahe bevorstand, obwohl natürlich allezeit Gefahr drohte. Es war gegen halb elf oder elf Uhr nachts. Ich war noch bei der Massage. Mein Onkel erbot sich, mich abzulösen. Ich war darüber froh und ging schleunigst in mein Schlafzimmer. Meine Frau, das arme Ding, schlief schon fest. Aber wie durfte sie schlafen, wenn ich da war? Ich weckte sie auf. Nach fünf oder sechs Minuten indessen klopfte der Diener an die Tür. Ich fuhr erschreckt empor. »Steh auf«, sagte er, »Vater ist sehr krank.« Das wußte ich ja, und so erriet ich gleich, was dieses ›sehr krank‹ bedeutete.

»Was ist los? Sag!«

»Vater ist nicht mehr.«

Also alles vorüber! Es blieb mir nichts, als die Hände zu ringen. Ich fühlte mich tief beschämt und jämmerlich und eilte in meines Vaters Zimmer. Hätte mich nicht tierische Leidenschaft verblendet, so wäre mir die Qual erspart geblieben, daß ich nicht bei meinem Vater in seinen letzten Augenblicken war. Ich hätte ihn weiter massiert, und er wäre in meinen Armen gestorben. Aber so war mein Onkel dieser Ehre teilhaftig geworden. Er hatte den Lohn für seine innige Liebe zu seinem älteren Bruder geerntet: er hatte ihm die letzten Dienste erweisen dürfen. Mein Vater hatte das Kommende gespürt. Er hatte mit einem Zeichen nach Feder und Papier verlangt und geschrieben: »Bereite dich für die letzten Riten!« Dann hatte er sich das Amulett vom Arm gerissen und die vergoldete Kette aus Tulasi-Perlen[7] vom Hals und beides von sich geworfen. Einen Augenblick danach war er nicht mehr.

Dies war die Schmach, auf die ich zuvor deutete: die Schmach meiner fleischlichen Begierde selbst in der Schicksalsstunde von meines Vaters Tod, in der ich hätte wachen und dienen sollen. Es ist ein Makel, den ich niemals wieder auszulöschen noch zu vergessen vermochte; und ich habe allezeit denken müssen, daß meine Liebe zu meinen Eltern, so grenzenlos sie war, so daß ich alles darangegeben hätte um ihretwillen, dennoch in jener Stunde gewogen und zu leicht befunden wurde, auf Nimmerwieder, weil meine Seele in den Klauen der Lust lag. Ja, einen treuen zwar, aber einen lüsternen Gatten habe ich mich lange Zeit nennen müssen. Denn lange Zeit brauchte es, bis ich mich freimachte von diesen Fesseln, und durch vielerlei Prüfungen mußte ich gehen, bis ich Erlösung fand.

Bevor ich dieses Kapitel meiner zwiefachen Schmach und Scham beschließe, sei noch gesagt, daß das arme Würmchen, das meine Frau gebar, kaum länger als drei, vier Tage atmete. Nichts anderes war zu erwarten. Mögen alle, die in Ehe leben, sich mein Beispiel zur Warnung nehmen.

Jünglingsjahre

Von meinem sechsten oder siebenten bis zu meinem sechzehnten Jahre ging ich in die Schule, wo mir alles mögliche gelehrt wurde, nur nicht Religion. Ich kann sagen, daß ich gerade das von meinen Lehrern *nicht* erhielt, was sie mir ohne irgendwelche Mühe von ihrer Seite hätten geben können. Dennoch nahm ich hie und da von meiner Umgebung religiöse Ideen in mich auf. Das Wort ›Religion‹ gebrauche ich hier in seinem weitesten Sinne, nämlich im Sinne von Selbstverwirklichung.

Da ich im Vaishnava-Glauben erzogen war, mußte ich oft den Familienaltar besuchen. Aber Tempeldienst sagte mir nie zu. Ich liebte den gleißenden Pomp nicht, der dabei entfaltet wurde. Auch hörte ich verlauten, daß allerhand unmoralische Dinge dort im Schwange seien, und wollte schließlich nichts mehr davon wissen.

Aber was ich dort nicht fand, bekam ich von meiner Amme, einer alten Hausdienerin, an deren zärtliche Liebe zu mir ich mich noch heute erinnere. Meine Amme, Rambha (so hieß sie), riet mir als Heilmittel gegen meine Geisterfurcht die Wiederholung des Namens Rama an.[1] Mehr im Vertrauen auf sie als auf ihr Hilfsmittel versuchte ich es denn bereits in zartem Alter, mich auf diese Weise von meiner Furcht zu heilen. Mein Eifer hielt natürlich nicht lange an; dennoch war die gute Saat nicht vergebens gesät. Es ist sicherlich dieser guten Rambha zu verdanken, daß die Wiederholung des Namens Rama heute ein unfehlbares Heilmittel in Zeiten der Beunruhigung für mich geworden ist.

Just damals regte ein Vetter von mir, der ein großer Verehrer des Ramayana war, meinen zweiten Bruder und mich an, Rama Raksha[2] zu lernen. Wir lernten sie auswendig und machten es uns zur Regel, sie jeden Morgen nach dem Bad aufzusagen. Dabei blieben wir, solange wir in Porbandar waren; aber als wir nach Rajkot kamen, vergaßen wir es; denn ich hatte nie recht daran geglaubt und sie oft nur deshalb gesprochen, weil ich stolz darauf war, Rama Raksha in fehlerfreier Aussprache aufsagen zu können. Was jedoch einen tiefen Eindruck in mir hinterließ, waren die Vorlesungen aus dem Ramayana selbst vor meinem Vater. Mein Vater war noch in Porbandar, als ihn seine Krankheit befiel. Hier pflegte er allabendlich der Vorlesung aus dem Ramayana von Tulasidas zu lauschen. Der Vorleser war ein großer Rama-Gläubiger, Ladha

Maharaj von Bileshvar. Man erzählte sich von ihm, er habe sich selbst von der Lepra geheilt, nicht durch irgendwelche Arznei, sondern durch Auflegen von Blättern auf die kranken Stellen, und zwar von Blättern eines heiligen Baumes, der dem Bilde des Großen Gottes im Tempel zu Bileshvar als Weihgabe dargebracht worden war, und durch regelmäßige Wiederholung des Namens Rama. Sein Glaube, hieß es, habe ihn gesund gemacht. Das mag wahr sein oder nicht. Wir jedenfalls glaubten an die Geschichte, und zu der Zeit, als Ladha Maharaj mit den Ramayana-Vorlesungen begann, war sein Körper in der Tat von Lepra frei. Er hatte eine wohllautende Stimme und verlor sich mit Inbrunst im singenden Vortrag der Zwei- und Vierzeiler, hingerissen und hinreißend. Ich kann damals erst dreizehn Jahre gewesen sein, aber ich weiß noch genau, in welches Entzücken ich dabei geriet. Aus jener Zeit stammt meine tiefe Verehrung für das Ramayana. Heute betrachte ich das Ramayana als das größte Werk der gesamten frommen Literatur.

Ein paar Monate später kamen wir nach Rajkot. Hier gab es keine Ramayana-Vorlesungen mehr; dafür wurde aus dem Bhagavat[3] gelesen. Manchmal hörte ich mit zu, aber der Vorleser verstand keine Begeisterung zu erwecken. Heute weiß ich, daß auch das Bhagavat ein Buch ist, das sehr wohl religiöse Glut zu erwekken vermag. Ich hatte es mit gespanntem Interesse in Gujarati gelesen. Aber als ich dann später während meines einundzwanzigtägigen Fastens in Delhi[4] Teile des Originals durch Pandit Madan Mohan Malaviya vortragen hörte, kam mich ein tiefes Bedauern an, daß ich es nicht in meiner Kindheit von einem Gläubigen wie ihm gehört hatte, um es schon im frühen Alter lieb zu gewinnen. Frühe Eindrücke schlagen tiefe Wurzeln, und ich beklage es immerdar, daß ich nicht das Glück hatte, mehr gute Bücher dieser Art schon als Kind zu hören.

In Rajkot wurde indessen in meiner jungen Seele der Grund gelegt zur Duldsamkeit gegenüber allen Zweigen des Hinduismus und seiner Schwesterreligionen. Denn mein Vater und meine Mutter besuchten sowohl das Familienheiligtum wie die Tempel Shivas und Ramas und nahmen auch uns Kinder mit oder schickten uns hin. Auch kamen häufig Jaina-Mönche zu meinem Vater zu Besuch und gingen sogar dabei so weit von ihren Grundsätzen ab, daß sie Speise von uns annahmen, die wir keine Jainas waren. Sie hielten dann Zwiesprache mit meinem Vater über weltliche und geistliche Fragen. Er hatte auch Mohammedaner und Parsen zu Freunden, die von ihrem Glauben mit ihm sprachen; und er hörte ihnen immer achtungsvoll und oft mit Interesse zu. Als sein Pfleger hatte ich Gelegenheit, diesen Gesprächen beizuwohnen. Alles das wirkte zusammen, um mir Duldsamkeit gegen alle Glaubenslehren einzupflanzen.

Nur das Christentum bildete damals eine Ausnahme. Ich hegte eine gewisse Abneigung dagegen. Das hatte seinen Grund. In einer Ecke nahe der Schule standen damals immer ein paar christliche Missionare und predigten und ergingen sich in Beschimpfungen der Hindus und ihrer Götter. Dagegen empörte sich alles in mir. Ich glaube, mich nur ein einziges Mal hingestellt und ihnen zugehört zu haben, aber das war genug, um mir die Lust auf immer zu verleiden. Gleichzeitig hörte ich, daß ein bekannter Hindu sich zum Christentum bekehrt habe. Es war Stadtgespräch, daß er bei der Taufe habe Rindfleisch essen und Branntwein trinken, daß er auch andere Kleider habe anlegen müssen und jetzt in europäischer Kleidung und mit einem Hut auf dem Kopf herumlaufe. Das ging mir auf die Nerven. Kein Zweifel, dachte ich, eine Religion, die einen zwingt, Rindfleisch zu essen, Schnaps zu trinken und fremde Kleider anzuziehen, verdient nicht ihren Namen. Ich hörte auch, der Neubekehrte habe bereis angefangen, den Glauben seiner Väter, ihre Bräuche und ihr Heimatland zu schmähen. All das schuf einen Widerwillen gegen das Christentum in mir.

Daß ich gelernt hatte, Duldung gegen andere Religionen zu üben, bedeutete jedoch noch nicht, daß ich selber einen lebendigen Glauben an Gott hatte. Damals kam mir auch die Manusmriti[5] in die Hände, die sich unter den Büchern meines Vaters befand. Die Schöpfungsgeschichte darin und ähnliches machte mir keinen großen Eindruck, weckte im Gegenteil eher eine gewisse Neigung zum Atheismus in mir.

Ich hatte einen Vetter, von dessen Klugheit ich sehr viel hielt. Zu ihm kam ich mit meinen Zweifeln, aber er konnte sie nicht lösen. Er entließ mich mit der Antwort: »Wenn du erwachsen sein wirst, wirst du selber imstande sein, diese Zweifel zu lösen. Dergleichen Fragen soll man in deinem Alter nicht stellen.« So schwieg ich, ungetröstet. Die Kapitel über Ernährung und dergleichen in Manusmriti schienen mir allem bei uns Üblichen zu widersprechen. Auch auf diese Zweifel bekam ich die gleiche Antwort.

Jedenfalls lehrte die Manusmriti mich nicht Ahimsa. Ich habe schon erzählt, wie ich zum Fleischesser wurde. Manusmriti bestärkte mich darin. Ich hielt es auch für durchaus moralisch, Schlangen, Wanzen u. dgl. zu töten. Ich erinnere mich, in diesem Alter Wanzen und andere Insekten der Art getötet zu haben, in dem Wahn, das sei Pflicht.

Aber eins schlug tiefe Wurzeln in mir: die Überzeugung, daß Sittenreinheit die Grundlage der Dinge und daß Wahrheit der Kern aller Sittenreinheit ist. Wahrheit wurde nun mein ganzes Bestreben. Wahrheit begann zu wachsen an Bedeutung von Tag zu Tag. Und immer mehr und mehr hat meine Auffassung von Wahrheit sich seither geweitet.

Eine Gujarati-Lehrstrophe griff mir gleicherweise an Geist und Herz. Ihre Vorschrift: ›Böses mit Gutem vergelten‹ wurde mein Leitstern. Das wurde so zur Leidenschaft in mir, daß ich zahlreiche praktische Versuche damit anstellte. Hier sind die (für mich) wundervollen Verse[6]:

> Für einen Napf Wasser gib ein reichlich Mahl;
> Für einen freundlichen Gruß neige dich viele Mal;
> Für einen Kupferpfennig zahle in Golde bar;
> Willst du Leben gewinnen, so bringe dein Leben dar.
> Worte und Tun der Weisen beachte gut;
> Zehnfach erwidre, was dir einer zuliebe tut.
> Der wahrhaft Edle ist sich der Einheit aller bewußt;
> Selbst Böses mit Gutem vergelten, ist ihm eine Lust.

Nachdem ich meine Reifeprüfung bestanden hatte, sollte ich auf Wunsch meiner Eltern meine Studien auf einer Hochschule fortsetzen. Es gab sowohl in Bhavnagar in Kathiawar wie in Bombay eine Hochschule. Da die erstere billiger war, entschied ich mich, dorthin zu gehen und mich dem Samaldas College anzuschließen. Das tat ich denn auch, fühlte mich dort jedoch völlig ratlos und wie in einem Gestrüpp von Schwierigkeiten. Ich konnte den Vorlesungen der Professoren nicht folgen. Das war nicht ihre Schuld, denn die Professoren an dieser Hochschule galten als erstklassig. Aber ich war so unreif. Am Ende des ersten Semesters kehrte ich wieder heim.

Mavji Dave, ein erfahrener und gelehrter Brahmane, war ein alter Freund und Berater unseres Hauses. Er kam zufällig während meiner Ferien zu uns auf Besuch. Im Laufe des Gesprächs erkundigte er sich bei meiner Mutter und meinem älteren Bruder nach dem Stand meiner Studien. Als er hörte, ich sei im Samaldas College, sagte er: »Die Zeiten sind andere geworden, und keiner von euch kann erwarten, eurem Vater in seiner Stellung als Diwan ohne eine richtige Erziehung nachzufolgen. Da der Junge hier der einzige von euch ist, der seine Studien bis jetzt fortgesetzt hat, so solltet ihr alle darauf sehen, daß er einmal die Nachfolge als Diwan übernehmen kann. Wenn er hier darauf warten will, bis er seinen B. A.[7] macht, wird er vier bis fünf Jahre dazu brauchen, und auch dann noch wird ihn das bestenfalls für einen geringeren Posten qualifizieren, aber nicht für die Diwanschaft. Wenn er, wie mein Sohn, die Rechte studierte, würde es noch länger dauern; und wenn er dann endlich so weit wäre, wären unterdessen eine Menge anderer Juristen da, die alle Diwan werden wollten. Ich fände es viel richtiger, ihr schickt ihn nach England. Mein Sohn Kevalram sagt, es sei sehr leicht, dort Rechtsanwalt zu werden. Nach drei Jahren würde er zurückkommen. Und die Kosten würden nicht mehr als vier- bis fünftausend Rupien betragen.«

Joshiji[8] – so pflegten wir den alten Mavji Dave zu nennen – wandte sich nach diesen Worten mit ruhiger Selbstverständlichkeit an mich und fragte: »Möchtest du nicht lieber nach England gehen, als hier weiterzustudieren?« Nichts hätte mir willkommener sein können. Meine Studien, bei denen ich nicht mitkam, waren mir sowieso zuwider. Daher griff ich mit beiden Händen zu und sagte, je eher man mich schicken würde, je besser. Es war jedoch keine leichte Sache, die juristische Prüfung so schnell zu schaffen. Ich fragte also, ob ich nicht lieber Medizin studieren dürfte? Mein Bruder fiel mir ins Wort: »Vater wollte das nie haben. Er dachte an dich, als er einmal sagte, wir Vaishnavas sollten mit dem Zerschneiden von Leichen nichts zu tun haben. Vater wollte, daß du Advokat wirst.«

Joshiji pflichtete ihm bei: »Als Mediziner kannst du nicht Diwan werden, und ich will, daß du Diwan wirst oder noch was Besseres. Nur so wirst du deinen großen Familienverpflichtungen gewachsen sein. Die Zeiten ändern sich schnell und werden immer schwerer. Deshalb ist es das Klügste, du wirst Rechtsanwalt.«

Joshiji ging, und ich begann Luftschlösser zu bauen. Mein ältester Bruder machte sich sorgenvolle Gedanken. Woher sollte er die Mittel nehmen, um mich nach England zu schicken? Und war es auch recht, einen jungen Menschen wie mich allein ins Ausland gehen zu lassen? Meine Mutter rang mit schweren Zweifeln. Der Gedanke, sich von mir zu trennen, war ihr schmerzlich. Schließlich versuchte sie, mich vor der Hand abzuspeisen, indem sie sagte: »Onkel ist jetzt der Älteste in der Familie. Er muß erst befragt werden. Wenn er ja sagt, werden wir die Sache überlegen.«

Als ich zu meinem Onkel kam, verneigte ich mich und trug ihm alles vor. Er besann sich und sagte dann: »Ich bin nicht sicher, ob es sich mit unserer Religion verträgt. Nach allem, was ich bisher gehört habe, habe ich meine Zweifel. Wenn ich mit diesen angesehenen Advokaten zusammen bin, sehe ich keinerlei Unterschied zwischen ihrer Lebensweise und derjenigen der Europäer. Sie kennen keine Bedenken beim Essen. Die Zigarre kommt ihnen nie aus dem Munde. Sie kleiden sich schamlos wie Engländer. Alles das würde sich nicht mit unserer Familientradition vertragen. Ich gehe nächstens auf eine Pilgerfahrt und habe nicht mehr viele Jahre zu leben. Wie könnte ich, der ich an der Schwelle des Todes stehe, es wagen, dir die Erlaubnis zu geben, nach England zu fahren, über die Meere hin? Aber ich will dir nicht im Wege stehen. Auf die Erlaubnis deiner Mutter kommt alles an. Wenn sie es dir erlaubt, dann gute Fahrt! Sag ihr, ich will nicht dreinreden. Wenn du gehst, gehst du mit meinem Segen.«

Nach Rajkot zurückgekehrt, berichtete ich alles, was geschehen war. Aber meine Mutter widerstrebte noch immer. Sie hatte unterdessen genaue Erkundigungen eingezogen. Jemand hatte ihr berichtet, die jungen Leute gingen in England moralisch zugrunde. Ein anderer hatte gesagt, sie würden dort Fleischesser, und wieder ein anderer, sie könnten dort nicht leben ohne geistige Getränke. »Was sagst du nun zu dem allem?« fragte sie mich. »Liebe Mutter«, erwiderte ich, »willst du mir nicht vertrauen? Ich belüge dich nicht. Ich schwöre dir, daß ich keins von diesen Dingen berühren werde. Wenn wirklich eine solche Gefahr bestünde, würde Joshiji mich gehen lassen?«

»Hier kann ich mich auf dich verlassen«, sagte sie. »Aber wie kann ich dir vertrauen in einem Lande, das so weit weg ist? Ich weiß nicht, was ich machen soll, und werde Becharji Swami fragen.«

Becharji Swami war von Geburt ein Modh Bania[9], war jedoch ein Jaina-Mönch geworden. Auch er war ein Berater unserer Familie wie Joshiji. Er kam mir zu Hilfe und sagte: »Ich werde den Jungen feierlich die drei Gelübde ablegen lassen, und dann mag er gehen.« Er nahm mir den Eid ab, und ich gelobte, in England ein geschlechtlich keusches Leben zu führen und niemals Wein oder Fleisch anzurühren. Daraufhin gab mir meine Mutter ihre Erlaubnis und ihren Segen.

Mit meiner Mutter Segen machte ich mich frohlockend auf die Reise nach Bombay, meine Frau mit einem Baby von wenigen Monaten zurücklassend. Aber als wir dort ankamen, erklärten Freunde meinem Bruder, im Juni und Juli sei der Ozean rauh, und da dies meine erste Reise sei, dürfe er mich nicht vor November fahren lassen. Irgend jemand erzählte auch, daß soeben ein Dampfer in einem Sturm gesunken sei. Das beunruhigte meinen Bruder, und er wollte die Verantwortung nicht übernehmen, mich schon jetzt fahren zu lassen. Er brachte mich bei einem Freund in Bombay unter und kehrte nach Rajkot zurück, um sich wieder seinen Pflichten zu widmen. Mein Reisegeld gab er einem Schwager in Verwahrung und verabredete mit einigen Freunden, daß sie mir jede nötige Hilfe zuteil werden lassen sollten. Die Zeit wurde mir drückend lang in Bombay, und ich träumte immerzu nur von England.

Unterdessen gerieten meine Kastenangehörigen über meine Auslandspläne in Aufruhr. Kein Modh Bania war bisher in England gewesen, und wenn ich mich dessen unterstand, so mußte ich zur Rede gestellt werden! Eine allgemeine Kastenversammlung wurde einberufen, und ich wurde vorgeladen. Woher ich mit einemmal den Mut nahm, der Aufforderung zu folgen, weiß ich selber nicht. Nichts vermoche mich zu schrecken, und ohne das geringste Zögern stellte ich mich der Sippe. Der Sheth – das Haupt der Gemeinschaft –, der entfernt verwandt mit mir war und sich mit meinem Vater gut gestanden hatte, redete mich folgendermaßen an: »Nach Ansicht der Kaste ist dein Vorhaben, nach England zu gehen, ungehörig. Unsere Religion verbietet Reisen ins Ausland. Wir haben auch gehört, daß es nicht möglich ist, dort zu leben, ohne gegen unsere Religion zu verstoßen. Man ist dort gezwungen, mit Europäern zusammen zu essen und zu trinken!«

Worauf ich antwortete: »Ich glaube, es ist keineswegs gegen unsere Religion, nach England zu gehen. Ich beabsichtige zu weiteren Studien dahin zu gehen, und ich habe meiner Mutter bereits feierlich versprochen, mich der drei Dinge zu enthalten, derentwegen ihr am meisten in Sorge seid. Ich bin überzeugt, daß das Gelübde mich schützen wird.«

»Aber wir sagen dir doch eben«, hub der Sheth abermals an,

»daß es nicht möglich ist, unsere Religionsvorschriften dort innezuhalten. Du weißt, wie nahe ich deinem Vater gestanden habe, und du solltest auf meinen Rat hören.«

»Ich weiß, wie Ihr zu meinem Vater gestanden habt«, erwiderte ich, »und Ihr seid selbst wie ein Vater zu mir. Aber ich kann mir nicht anders helfen und meinen Entschluß, nach England zu gehen, nicht ändern. Meines Vaters Freund und Berater, der ein gelehrter Brahmane ist, findet nichts dagegen einzuwenden, und meine Mutter und mein Bruder haben mir ebenfalls ihre Erlaubnis gegeben.«

»Du willst also die Befehle der Kaste mißachten?«

»Ich kann mir wirklich nicht anders helfen. Die Kaste sollte sich in diese Sache nicht einmischen.«

Das brachte den Sheth in Wut. Er überschüttete mich mit Schimpfworten, indes ich unbewegt dasaß. Schließlich verkündigte er seinen Spruch: »Dieser junge Mensch soll von heute an wie ein aus der Kaste Ausgestoßener behandelt werden. Wer immer ihm Beistand leistet oder ihn zum Abschied an das Schiff begleitet, soll einer Buße von einer Rupie vier Annas verfallen sein.«

Der Spruch ließ mich kühl, und ich verabschiedete mich von dem Sheth. Aber ich fragte mich, wie mein Bruder das aufnehmen würde. Glücklicherweise blieb er fest und schrieb mir, ich hätte nach wie vor seine Erlaubnis, trotz dem Spruche des Sheth.

Während ich noch mit diesen Mißhelligkeiten zu tun hatte, hörte ich, daß ein Anwalt aus Junagadh mit einem Dampfer nach England führe, der am 4. September abging. Ich begab mich sogleich zu den Freunden, deren Fürsorge mein Bruder mich empfohlen hatte. Sie stimmten mir bei, daß ich diese günstige Gelegenheit, in solcher Gesellschaft nach England zu reisen, nicht vorübergehen lassen dürfe. Es war keine Zeit zu verlieren. Ich telegraphierte an meinen Bruder um seine Erlaubnis, die er auch gewährte. Dann bat ich meinen Schwager, mir das Geld zu geben. Aber er berief sich auf den Spruch des Sheth und sagte, er könne es nicht darauf ankommen lassen, aus der Kaste ausgestoßen zu werden. Daraufhin suchte ich einen Freund meiner Familie auf und bat ihn, mir mit dem Gelde für die Überfahrt und sonstige Unkosten auszuhelfen und sich das Darlehen von meinem Bruder zurückerstatten zu lassen. Er war nicht nur so freundlich, meinem Wunsche zu willfahren, sondern sprach mir auch nach Kräften Mut zu.

Mit einem Teil des Geldes bezahlte ich sogleich die Überfahrt.

Ferner mußte ich mich noch für die Reise ausstatten. Ich wußte einen anderen Freund, der in diesen Dingen Erfahrung hatte. Er besorgte Kleider und alles übrige. Einige von den Kleidungsstücken sagten mir zu, aber andere gar nicht. Die Krawatte, die ich später mit Hochgenuß trug, kam mir damals abscheulich, der kurze Rock unanständig vor. Aber dieses Unbehagen war nur ein Schatten gegen die Begier, nach England zu kommen, die mein ganzes Denken beherrschte. An Mundvorrat hatte ich auch übergenug für die Reise. Meine Freunde bestellten ein Bett für mich in derselben Kabine, in der der Anwalt aus Junagadh fuhr. Sie empfahlen mich auch seiner Fürsorge. Er war ein erfahrener Mann reifen Alters und kannte die Welt, ich dagegen noch ein Gelbschnabel von achtzehn Jahren ohne alle Erfahrung.

Endlich fuhren wir, am 4. September, von Bombay ab und kamen gegen Ende des Monats in Southampton an.

Auf dem Dampfer hatte ich einen schwarzen Anzug getragen, da ich mir den weißen Flanellanzug, den mein Freund mir besorgt hatte, für den Augenblick der Landung aufgespart hatte. Ich hatte mir ausgedacht, daß mir ein weißer Anzug besser zu Gesicht stehen würde, wenn ich an Land schritte, und so betrat ich England denn in weißem Flanell. Es war in den letzten Tagen des Septembers, und ich entdeckte sehr bald, daß ich die einzige Person war, die so hochsommerlich gekleidet war. Ich hatte mein ganzes Gepäck mitsamt den Schlüsseln einem Vertreter von Grindlay & Co. in Obhut gegeben, da ich gesehen hatte, daß viele andere das auch taten. Die Scham darüber, daß ich die einzige Person in weißen Kleidern war, drückte mich nieder. Und als ich im Hotel erfuhr, daß ich meine Sachen erst morgen bekommen würde, da heute Sonntag sei, war ich verzweifelt.

Dr. Mehta, an den ich von Southampton aus telegraphiert hatte, besuchte mich gegen acht Uhr abends. Er begrüßte mich herzlich, lächelte jedoch über meinen Flanell. Während wir redeten, nahm ich beiläufig seinen Zylinderhut und fuhr, um zu fühlen, wie glatt er sei, mit der Hand darüber, aber in der verkehrten Richtung, so daß er ganz rauh wurde. Dr. Mehta sah einigermaßen ärgerlich, was ich da anrichtete, und nahm mir den Hut weg. Aber das Unheil war schon geschehen. Der Vorfall war mir eine Warnung für die Zukunft. Das war meine erste Lektion in europäischer Sittenlehre.

Ich mußte immerzu an daheim und an meinen Vater denken. Die

Liebe meiner Mutter schwebte mir immer vor. Nachts strömten mir die Tränen über die Wangen, und tausend heimatliche Bilder ließen mich nicht zum Schlafen kommen. Ich hatte niemanden, dem ich mich in meinem Elend hätte mitteilen können. Und wenn ich jemanden gehabt hätte, was hätte es mir geholfen? Ich wußte nichts, was mich hätte trösten können. Alles war mir fremd – die Menschen hier und ihre ganze Art und selbst ihre Wohnungen. Ich war ein völliger Neuling in englischer Sitte und mußte beständig auf meiner Hut sein. Dazu kam, daß mir mein vegetarisches Gelübde sehr zu schaffen machte. Gab es Speisen, die ich essen durfte, so waren sie geschmacklos und fad. So sah ich mich bald in einer argen Zwickmühle. England konnte ich nicht vertragen, und an eine Rückkehr nach Indien war nicht zu denken. Jetzt, wo ich einmal hier war, mußte ich auch die drei Jahre durchhalten. So sagte die innere Stimme.

Leben in London

Dr. Mehta besichtigte mein Zimmer und seine Einrichtung und schüttelte mißbilligend den Kopf. »Das ist nicht das Richtige hier«, sagte er. »Wir kommen nach England nicht nur deswegen, um zu studieren, sondern auch, um das englische Leben und die englischen Sitten kennenzulernen, und zu diesem Zweck müssen Sie in einer Familie leben. Aber zunächst ist es besser, denke ich, Sie machen erst einmal eine Lehrzeit bei einem meiner Freunde durch, der Sie unter seine Fittiche nehmen wird.«

Ich nahm den Rat dankbar an und siedelte in das Zimmer besagten Freundes über. Er war voller Freundlichkeit und Fürsorge gegen mich, behandelte mich wie seinen eigenen Bruder und weihte mich in alles Englische ein. Nur die Nahrungsfrage wurde bald ein ernstes Problem. Die ohne Würze zubereiteten Gemüse waren ungenießbar für mich. Unsere Wirtin wußte schließlich gar nicht mehr, was sie für mich kochen sollte. Zum Frühstück gab es Hafergrütze, die mir leidlich schmeckte, aber vom Mittag- und Abendessen stand ich immer hungrig auf. Der Freund redete mir ständig zu, doch Fleisch zu esen, aber ich hielt an meinem Gelübde fest und schwieg. Mittags wie abends gab es Spinat und Brot mit Marmelade. Oft hatte ich einen wahren Wolfshunger, aber ich schämte mich, mehr zu verlangen als zwei oder drei Scheiben Brot, weil mir das unpassend vorkam. Milch gab es auch nicht, weder mittags noch abends. Einmal geriet der Freund ganz außer sich über mich und erklärte mir rundheraus, wenn ich sein Bruder wäre, würde er mich längst zum Teufel gejagt haben. »Was hat ein Gelübde zu sagen einer unwissenden Mutter zuliebe, die keine Ahnung von den Verhältnissen hier hat? Dein Gelübde ist überhaupt gar keins. Vor einem Gericht würde es gar nicht anerkannt werden. Es ist reinster Aberglaube, sich an so ein Versprechen zu klammern. Mit solcher Bockigkeit wirst du hier nicht weit kommen. Du hast selbst gesagt, daß du schon früher Fleisch gegessen hast und daß es dir geschmeckt hat. Damals, wo es gar nicht nötig war, hast du welches gegessen, und jetzt, wo es darauf ankommt, willst du keins essen.« Aber ich blieb hart wie Stein.

Der Freund fing immer wieder davon an, aber ich setzte ihm immer nur ein Nein entgegen. Je mehr er redete, um so unerbittlicher wurde ich. Täglich betete ich um Gottes Beistand und erhielt ihn auch. Nicht, daß ich irgendeine klare Vorstellung von Gott gehabt hätte. Es war lediglich Glaube, der in mir wirkte. Die Saat, die die gute Amme Rambha in mich gepflanzt hatte, war aufgegangen.

Bei meinen Streifzügen durch die Stadt stieß ich endlich eines Tages auf ein vegetarisches Speisehaus in der Farrington Street. Bei diesem Anblick wurde ich so froh wie ein Kind, das etwas bekommt, was so recht nach seinem Herzen ist. Bevor ich eintrat, fiel mein Blick auf ein Schaufenster neben der Tür, in dem Bücher zum Verkauf ausgestellt waren, darunter Salts ›Lob der Pflanzenkost‹. Dies erstand ich um einen Schilling und eilte damit auf der Stelle in den Speisesaal. Dort verzehrte ich meine erste herzhafte Mahlzeit seit meiner Ankunft in England. Gott war mir zu Hilfe gekommen.

Ich las Salts Buch von der ersten bis zur letzten Seite und war tief bewegt davon. Ich darf sagen: von Stund an wurde ich Vegetarier aus freier Wahl, und ich segnete nun den Tag, da ich mein Gelübde vor meiner Mutter abgelegt hatte. Bis dahin hatte ich mich des Fleisches lediglich um der Wahrhaftigkeit und um meines Gelübdes willen enthalten, jedoch gleichzeitig den Wunsch gehegt, daß jeder Inder noch einmal ein Fleischesser werden möge. Ja, ich hatte innerlich nur auf die Zeit gewartet, wo ich selbst einer sein würde, frei und offen, und andere gewinnen würde für meine Sache. Nun aber entschied ich mich aus freier Wahl für die vegetarische Lebensweise. Für sie zu werben, wurde von nun an meine Mission.

Die Kleider, die ich von Bombay mitgebracht hatte, wollten mir gar nicht mehr gefallen. Sie schienen mir nicht gut genug für die englische Gesellschaft, und ich ließ mir neue im ›Kaufhaus für Heer und Marine‹ machen. Auch erstand ich mir einen Zylinderhut für neunzehn Schillinge. Damit nicht zufrieden, vergeudete ich auch noch zehn Pfund für einen Abendanzug, den ich mir in der Bond Street machen ließ, und veranlaßte meinen guten, edelmütigen Bruder, mir eine goldene Doppeluhrkette zu schicken. Es war nicht korrekt, einen ›festen‹ Schlips zu tragen, und so erlernte ich die Kunst, mir selber einen zu binden. Daheim in Indien war der Spiegel ein Luxus gewesen, nur erlaubt an den Tagen, wo der Familienbarbier kam, um mich zu rasieren. Hier vergeudete ich tagtäglich zehn Minuten vor einem Riesenspiegel und beäugte mich, wie ich meinen Schlips band und mein Haar modegerecht scheitelte. Mein Haar war alles andere als geschmeidig, und jeden Morgen kostete es einen regelrechten Kampf mit der Bürste, um es in die rechte Lage zu striegeln. Jedesmal, wenn ich den Hut aufsetzte und abnahm, fuhr die Hand automatisch an den Kopf, um das Haar zurechtzustreichen.

Als ob das alles noch nicht genug gewesen wäre, begann ich meine Aufmerksamkeit auch noch auf andere Einzelheiten zu richten, die unerläßlich schienen, um einen richtigen englischen Gentleman aus mir zu machen. So wurde mir gesagt, daß es unbedingt notwendig für mich sei, Unterricht im Tanzen, in Französisch und in englischer Aussprache zu nehmen. Ich beschloß, einen Tanzkursus mitzumachen und erlegte drei Pfund im voraus als Honorar für die ersten drei Wochen. Ich habe, soviel ich mich erinnere, etwa sechs Stunden genommen; aber ich war völlig unfähig, auch nur so etwas wie eine rhythmische Bewegung zustande zu bringen, denn ich kam mit dem Klavier nicht mit und konnte deshalb unmöglich Takt halten. Was war da zu tun? Der Klausner in der Fabel hielt sich eine Katze, um die Ratten zu verjagen, und dann eine Kuh, um Milch für die Katze zu haben, und dann einen Mann, um die Kuh zu hüten, und so fort. Die Bedürfnisse meines Ehrgeizes wuchsen wie der Hausstand dieses Klausners. Ich verfiel darauf, unbedingt Geige spielen zu lernen, um mir Gehör für die westliche Musik anzueignen. Also legte ich drei Pfund für eine Geige an und noch etwas mehr für den Unterricht; und dann suchte ich mir einen dritten Lehrer, der mir Stunden in englischer Aussprache geben sollte, und bezahlte ihm im voraus eine Guinee. Er empfahl mir als Lehrbuch ›Bells Redekunst‹, das ich ebenfalls um gutes Geld erstand.

Aber über Bells Lehrbuch hörte ich plötzlich in meinem Ohr die Alarmglocke läuten und erwachte. Schließlich, sagte ich mir, will ich ja nicht mein ganzes Leben in England verbringen. Wozu also englische Redekunst erlernen? Und wie sollen ein paar Tanzstunden einen Gentleman aus mir machen? Geige spielen konnte ich auch in Indien lernen. Ich war Student, und zum Studieren war ich hier. Wenn meinem Charakter nach ein Gentleman aus mir wurde, um so besser. Wenn nicht, so mußte ich diesen Ehrgeiz eben fahren lassen.

Diese und ähnliche Gedanken ergriffen Besitz von mir, und ich brachte sie in einem Brief zum Ausdruck, den ich an meinen Sprachlehrer schickte mit der Bitte, mich von weiteren Studien zu entbinden. Einen gleichen Brief schrieb ich an den Tanzlehrer, und zu der Geigenlehrerin ging ich selber hin und bat sie, die Geige zu jedem Preis, den sie dafür bekommen könne, zu verkaufen. Sie war recht freundlich gegen mich, so daß ich ihr erzählte, wie es mir mit einemmal aufgegangen sei, daß ich bisher einem Trugbild nachgejagt hätte; und sie bestärkte mich in dem Entschluß zu völliger Wandlung. Diese ganze Vernarrtheit muß etwa drei Monate lang gedauert haben. Die Kleidernarrheit hielt noch jahrelang an. Aber meinen Studien ging ich von nun an mit Eifer nach.

Glaube niemand, daß meine Tanz- und sonstigen Experimente ein Stadium des Mich-Gehen-Lassens in meinem Leben bedeutet hätten. Auch während dieser Zeit hatte ich meine fünf Sinne sehr wohl beisammen und ließ es bei aller Verblendung doch nie an einem gewissen Maß von Selbstbeobachtung fehlen. Ich führte Buch über jeden Pfennig, den ich ausgab. Als ich mir dann mein Konto näher betrachtete, sah ich, daß ich unbedingt sparsamer werden müßte. Ich beschloß also, meine Ausgaben kurzerhand auf die Hälfte herabzuschrauben. In meinen Rechnungen fanden sich zahlreiche Posten für Fahrgeld. Zu dem wöchentlichen Pensionsgeld für die Familie, bei der ich wohnte, kamen überdies beträchtliche Sonderausgaben, die dadurch entstanden, daß ich mich aus Höflichkeit verpflichtet fühlte, gelegentlich Mitglieder dieser Familie zum Abendessen auszuführen oder mit ihnen in Gesellschaften zu gehen. Handelte es sich dabei um eine Dame, so verlangte es der Brauch, daß der männliche Begleiter alles bezahlte. Auswärts zu speisen, bedeutete zudem doppelte Unkosten, da nicht eingenommene Mahlzeiten von der regelmäßigen Wochenrechnung nicht abgezogen wurden. Ich sagte mir, es müßte doch möglich sein, alle diese Ausgaben einzuschränken und so dem durch falsche Anstandsrücksichten verursachten Schwund meines Säckels abzuhelfen. Ich beschloß also, mir ein paar Zimmer auf eigene Rechnung zu mieten, anstatt noch länger bei der Familie zu wohnen, und auch meinen Aufenthalt zu wechseln je nachdem, wo ich gerade zu tun hatte, so daß ich gleichzeitig auch immer neue Eindrücke sammeln konnte. Die Zimmer wurden so gewählt, daß ich von da aus meine Arbeitsstätte in einer halben Stunde zu Fuß erreichen konnte, wodurch ich Fahrgeld sparte. Bisher hatte ich mir immer ein Fuhrwerk genommen, wenn ich irgendwohin wollte, und mir die Zeit für Spaziergänge anderweitig absparen müssen. Die neue Ordnung brachte mir nicht nur Ersparnisse an Fahrgeld, sondern auch die Möglichkeit, täglich acht bis zehn englische Meilen zu Fuß zurückzulegen. Diese Gewohnheit, lange Strecken zu Fuß zu gehen, bewahrte mich während meines ganzen Aufenthalts in England hauptsächlich vor Krankheit und erhielt mich körperlich gut bei Kräften.

Bald darauf fielen mir gewisse Bücher in die Hände, in denen eine einfache Lebensweise gepredigt wurde; und nachdem ich sie gelesen hatte, gab ich meine Zimmer auf und mietete mir statt ihrer ein einziges, beschaffte einen Kochapparat und begann mir selber mein Frühstück zu bereiten. Das nahm mir kaum mehr als zwanzig Minuten, denn es galt nur, die Hafergrütze und das Wasser zum Kakao zu kochen. Zu Mittag aß ich auswärts, und abends gab es wieder Brot und Kakao daheim. So brachte ich es fertig, mit einem Schilling und drei Pence täglich auszukommen. Zugleich arbeitete ich angestrengt, denn die einfache Lebensweise ließ mir viel Zeit, und ich bestand mein Examen. Diese Sparwirtschaft machte mein Leben duchaus nicht etwa trübselig. Im Gegenteil, diese Veränderung brachte mein inneres und äußeres Dasein erst in rechten Einklang und war auch den Mitteln meiner Familie angemessener. Meine Lebensführung wurde sicherlich wahrhaftiger, und die Freude meiner Seele war grenzenlos.

Vor vierzig Jahren gab es verhältnismäßig wenige indische Studenten in England. Es war bei ihnen üblich, sich als Junggesellen auszugeben, auch wenn sie verheiratet waren. In England sind die Schüler und Studenten alle Junggesellen, da die Lehrjahre mit einer Ehe als unvereinbar gelten. Auch in Indien war das so Sitte in den guten alten Tagen, aber seit neuerer Zeit sind bei uns die Kinderehen im Schwange, die man in England nicht kennt. Deshalb schämten sich die jungen Inder in England, einzugestehen, daß sie verheiratet seien. Auch ich ließ mich davon anstecken und zögerte nicht, mich als Junggesellen auszugeben, obwohl ich verheiratet und Vater eines Sohnes war. Aber es war mir bei solcher Heuchelei nicht wohl zumute. Immerhin bewahrte mich meine Scheu und Zurückhaltung davor, dadurch auf tiefere Abwege zu geraten.

Einmal war ich in den Ferien bei einer Familie in Ventnor zu Gast. Es war in solchen Familien Brauch, daß die Tochter der Hausherrin die Gäste in der Umgegend spazieren führte. Eines Tages nahm sie mich in das wunderschöne Hügelland um Ventnor mit. Ich war kein langsamer Fußgänger, aber meine Gefährtin ging noch schneller, mir immer halb voraus, und dabei stand ihr keinen Augenblick der Mund still. Ich antwortete ab und zu mit einem halblauten ›Ja‹ oder ›Nein‹ oder allenfalls ›Ja, wie schön!‹ Sie flog wie ein Vogel dahin, und ich fragte mich, wann ich wohl wieder nach Hause kommen würde. So gelangten wir auf den Gipfel einer Anhöhe. Die Frage war nur, wie wir wieder hinunterkommen sollten. Trotz ihrer hohen Stöckelschuhe flitzte diese muntere junge Dame von fünfundzwanzig Jahren wie ein Pfeil den Abhang hinab. Ich versuchte beschämt, hinterdrein zu klettern, während sie lächelnd unten stand, mich anfeuerte und sich erbot, mir zu Hilfe zu kommen. Unter größten Schwierigkeiten, manchmal auf allen vieren, gelang es mir endlich, hinunterzukrabbeln. Sie lachte laut ›Bravo‹, worüber mir mit Fug noch kläglicher zumute wurde.

Aber mein geheucheltes Junggesellentum sollte mir nicht ganz ungestraft hingehen. Denn Gott wollte mich von dem Krebsschaden der Unwahrheit heilen. Einmal kam ich nach Brighton und machte dort die Bekanntschaft einer leidlich wohlhabenden alten Witib; es war während meines ersten Jahres in England. Die Gerichte auf der Speisekarte waren alle auf französisch benannt, das ich nicht verstand. Sie sah, daß ich Ausländer war und mir keinen Rat wußte, und kam mir sogleich zu Hilfe. »Sie sind offenbar Ausländer«, sagte sie, »und scheinen in Verlegenheit. Warum haben Sie nichts bestellt?« Ich dankte ihr, erklärte ihr meine Not und sagte, ich wüßte nicht, welche von den Gerichten vegetarisch seien, da ich kein Französisch verstünde.

»Darf ich Ihnen helfen?« erwiderte sie. »Ich werde Ihnen die Speisekarte erklären und Ihnen sagen, was Sie essen dürfen.« Das war der Anfang einer Bekanntschaft, aus der bald eine Freundschaft wurde, die während meines ganzen Aufenthalts in England und noch lange darüber hinaus dauerte. Sie gab mir ihre Londoner Adresse und lud mich ein, jeden Sonntag bei ihr zu speisen. Bei besonderen Gelegenheiten machte sie mich auch mit jungen Damen bekannt und ließ mich ins Gespräch mit ihnen ein. Eine junge Dame, die bei ihr wohnte, war besonders dazu ausersehen, und oft ließ sie uns ganz allein miteinander.

Mir war bei alledem zuerst sehr beklommen zumute. Es war mir nicht gegeben, ein Gespräch in Gang zu bringen, und scherzhaftes Geplauder lag mir gar nicht. Aber sie belehrte mich eines Besseren. Ich machte Fortschritte, und mit der Zeit kam es so weit, daß ich dem Sonntag und dem Beisammensein mit der jungen Freundin jedesmal voll Ungeduld entgegensah.

Die alte Dame warf ihr Netz täglich weiter aus, sie begünstigte unsere Zusammenkünfte. Möglicherweise hatte sie ihre besonderen Absichten mit uns. Ich befand mich in einer schrecklichen

Lage. »Hätt' ich den guten Damen nur bloß gesagt, daß ich verheiratet bin!« sprach ich zu mir. »Dann wäre ihr nie der Gedanke an eine Verlobung zwischen uns gekommen. Aber es ist nie zu spät, um etwas gutzumachen. Wenn ich jetzt die Wahrheit gestehe, bleibe ich vielleicht immer vor noch Ärgerem bewahrt.« Mit solchen Gedanken im Sinn schrieb ich ihr einen Brief ungefähr folgenden Inhalts:

»Seit wir uns in Brighton kennengelernt haben, sind Sie immer liebevoll zu mir gewesen. Sie haben sich meiner wie eine Mutter angenommen. Sie haben es sich auch angelegen sein lassen, für mich eine Heirat anzubahnen, und haben mich daher mit jungen Damen bekannt gemacht. Ich kann das nicht so weiter gehen lassen, sondern muß Ihnen gestehen, daß ich Ihrer Fürsorge unwürdig bin. Ich hätte gleich zu Anfang, als ich zu Ihnen ins Haus kam, Ihnen sagen sollen, daß ich verheiratet bin. Es war mir bekannt, daß die indischen Studenten in England ihre Ehen zu verheimlichen pflegen, und ich folgte ihrem Beispiel. Ich sehe jetzt, daß ich das nicht hätte tun sollen. Ich muß hinzufügen, daß ich bereits als Knabe verheiratet wurde und Vater eines Sohnes bin. Ich beklage es, daß ich das so lange vor Ihnen verheimlicht habe. Aber ich freue mich, daß Gott mir jetzt den Mut gegeben hat, die Wahrheit auszusprechen. Wollen Sie mir verzeihen? Ich versichere Ihnen, daß ich mir keinerlei ungeziemende Freiheiten habe zuschulden kommen lassen gegenüber der jungen Dame, mit der Sie mich freundlicherweise bekannt gemacht haben. Ich war mir immer der geziemenden Grenzen bewußt. Sie, die Sie nicht ahnten, daß ich verheiratet bin, haben natürlicherweise den Wunsch gehabt, wir sollten uns verloben. Um noch Schlimmerem vorzubeugen, muß ich Ihnen die Wahrheit sagen.

Wenn Sie mich nach diesem Briefe Ihrer Gastfreundschaft für unwürdig halten, so würde das, seien Sie versichert, meine Gefühle für Sie in keiner Weise ändern. Sie haben mich durch Ihre Freundlichkeit und Fürsorge auf alle Zeit zu Ihrem Schuldner gemacht. Wenn Sie mich trotz allem nicht verwerfen, sondern mich auch weiterhin Ihrer Gastfreundschaft für würdig erachten wollen, die zu verdienen ich mit allen Kräften bemüht sein werde, so werde ich natürlich darüber sehr glücklich sein und es als ein neues Zeichen Ihrer Güte dankbar annehmen.«

Diesen Brief habe ich wohl einige Dutzend Male geschrieben, vernichtet, wieder geschrieben. Aber als er fertig war, fiel von meiner

Seele eine Last, die mich erdrückt hatte. Beinahe postwendend kam ihre Antwort, die ungefähr lautete:

»Ich habe Ihren freimütigen Brief erhalten. Wir waren beide darüber sehr froh und haben herzhaft gelacht. Die Unwahrheit, deren Sie sich, wie Sie schreiben, schuldig gemacht haben, ist verzeihlich; aber es ist gut, daß Sie uns mit dem wahren Stand der Dinge bekannt gemacht haben. Meine Einladung bleibt bestehen, und wir erwarten Sie bestimmt nächsten Sonntag und freuen uns darauf, alles Nähere über Ihre Kinderehe von Ihnen zu hören und auf Ihre Kosten recht herzlich lachen zu können. Brauche ich Ihnen zu versichern, daß unsere Freundschaft nicht im geringsten durch diesen Vorfall berührt wird?«

So läuterte ich mich von dem fressenden Übel der Unwahrheit, und ich habe von da an nie wieder auch nur einen Augenblick gezögert, mich als verheirateten Mann zu bekennen, wann immer es nötig war.

Gegen Ende meines zweiten Jahres in England lernte ich zwei Theosophen kennen, zwei Brüder, beide unverheiratet. Sie sprachen zu mir von der Gita. Sie lasen gerade Sir Edwin Arnolds Übersetzung davon – ›The Song Celestial‹ (›Der Himmlische Sang‹) – und luden mich ein, das Original gemeinsam mit ihnen zu lesen. Ich fühlte mich beschämt, daß ich bisher den Göttlichen Gesang weder in Sanskrit noch in Gujarati gelesen hatte. So mußte ich ihnen denn notgedrungen sagen, daß ich die Gita nie gelesen hatte, daß ich sie aber mit Freuden zusammen mit ihnen lesen würde und daß ich hoffte, trotz meiner dürftigen Kenntnis des Sanskrit das Original so weit zu verstehen, daß ich sagen könnte, wo die Übersetzung den Sinn nicht richtig wiedergäbe. Also begann ich die Gita mit ihnen zu lesen. Die folgenden Verse im zweiten Kapitel machten einen tiefen Eindruck auf mich:

> Wenn man an Sinnesdinge denkt, entsteht
> Lockung; die Lockung zeugt Begierde; Gier
> Entbrennt zu Leidenschaft, die Leidenschaft
> Zeugt Leichtsinn: das betrogene Gedächtnis
> Läßt allen edlen Vorsatz kläglich fahren
> Und ein Gedanke nur durchwühlt den Geist,
> Bis es um Vorsatz, Geist und Mensch geschehn.

Das Buch erschien mir von unschätzbarem Wert. Diese hohe Meinung von der Gita ist seither immer noch in mir gewachsen, so daß ich sie heute für das erhabenste Lehrbuch der Wahrheit halte. Sie hat mir unendlich viel geholfen in Augenblicken der Niedergeschlagenheit. Ich habe fast alle englischen Übersetzungen davon gelesen und halte die von Sir Edwin Arnold für die beste. Sie ist dem Text treu geblieben, und dennoch liest sie sich nicht wie eine Übersetzung. Ich kann nicht sagen, daß ich mich damals, als ich die Gita mit meinen Freunden las, schon wirklich in sie vertieft hätte. Erst nach einigen Jahren wurde sie mir das Buch, in dem ich täglich las.

Sie empfahlen mir auch ›Die Leuchte Asiens‹ von Sir Edwin Arnold, den ich bis dahin nur als Verfasser des ›Himmlischen Sangs‹ gekannt hatte, und ich las dieses Buch sogar mit noch größerem Interesse als die Bhagavat-Gita. Einmal damit begonnen, konnte ich nicht wieder aufhören. Sie nahmen mich auch einmal in die Blavatsky-Loge mit und machten mich mit Madame Blavatsky und Mrs. Besant bekannt. Diese war soeben der theosophischen Gesellschaft beigetreten, und ich verfolgte mit großem Interesse den Meinungsstreit, den ihre Bekehrung wachgerufen hatte. Die Freunde rieten mir, der Gesellschaft ebenfalls beizutreten, aber ich lehnte höflich ab, indem ich sagte: »Da ich so wenig von meiner eigenen Religion weiß, möchte ich mich nicht auch noch einer andern religiösen Gemeinschaft anschließen.« Ich erinnere mich auch, daß ich auf Drängen meiner Freunde Madame Blavatskys ›Schlüssel zur Theosophie‹ las. Dieses Buch regte in mir den Wunsch an, auch Bücher über den Hinduismus zu lesen, und belehrte mich eines Besseren über die von den Missionaren verbreitete Behauptung, die Hindulehre sei voller Aberglauben.

Um dieselbe Zeit lernte ich in einer vegetarischen Gaststätte einen guten Christen aus Manchester kennen. Er sprach mit mir über das Christentum, und ich erzählte ihm von meinen Erfahrungen mit den Missionaren in Rajkot. Er war schmerzlich bewegt darüber. »Ich bin Vegetarier«, sagte er, »ich trinke nicht. Viele Christen sind Fleischesser und trinken auch Alkohol; aber weder Fleischnahrung noch Trinken wird in der Heiligen Schrift vorgeschrieben. Bitte, lesen Sie die Bibel!« Ich erklärte mich dazu bereit, und er besorgte mir eine Bibel. Ich erinnere mich noch, daß er selber Bibeln verkaufte, und ich erwarb von ihm ein Exemplar, das eine Landkarte, eine Konkordanz und andere Hilfsmittel enthielt. Ich begann darin zu lesen, aber es war mir unmöglich, durch das Alte Testament durchzukommen. Ich las das Buch Genesis, aber bei dem, was dann folgte, schlief ich jedesmal unfehlbar ein. Um jedoch wenigstens sagen zu können, daß ich es gelesen hatte, bewältigte ich schließlich auch die anderen Bücher unter vieler Mühsal und ohne das geringste Interesse oder Verständnis. Besonders zuwider war mir das Buch Numeri.

Aber das Neue Testament machte einen ganz anderen Eindruck auf mich, besonders die Bergpredigt, die mir unmittelbar zu Herzen ging. Ich verglich sie mit der Gita. Die Stelle: »Ich aber sage euch, daß ihr nicht widerstreben sollt dem Übel; sondern so dir jemand einen Streich gibt auf deinen rechten Backen, dem biete den anderen auch dar. Und so jemand mit dir rechten will und deinen Rock nehmen, dem laß auch den Mantel«, entzückte mich über die Maßen und gemahnte mich an Shamal Bhatts »Für einen Napf Wasser gib ein reichlich Mahl«. Mein jugendlicher Sinn bemühte sich, die Lehren der Gita, der Leuchte Asiens und der Bergpredigt miteinander zu vereinen. Der Gedanke der Entsagung als der höchsten Form von Religion war so recht nach meinem Herzen.

Diese Lektüre machte mir Lust, mich über das Leben noch anderer Religionslehrer zu unterrichten. Ein Freund empfahl mir Carlyles ›Helden und Heldenverehrung‹. Ich las das Kapitel ›Der Held als Prophet‹ und lernte darin die Größe und Tapferkeit und hohe Lebensweise des Propheten des Islam kennen.

Über diese neuen religiösen Bekanntschaften kam ich für diesmal nicht hinaus, denn ich mußte so viel anderes für mein Examen lesen, daß mir kaum Zeit für Dinge blieb, die nichts damit zu tun hatten. Aber ich nahm mir im Geiste vor, später noch mehr religiöse Bücher zu lesen und mich mit allen Hauptreligionen vertraut zu machen. Und wie hätte ich umhin können, auch mit dem Atheismus einige Bekanntschaft zu machen? Jeder Inder kannte damals den Namen Bradlaughs und seinen sogenannten Atheismus. Ich las über ihn ein Buch, dessen Titel ich vergessen habe. Es übte keinerlei Wirkung auf mich aus, denn ich war bereits durch die Wüste Sahara des Atheismus hindurchgegangen. Auch die Tatsache, daß Mrs. Besant, die zu jener Zeit sehr im Vordergrund stand, vom Atheismus zum Theismus übergegangen war, bekräftigte meine Abneigung gegen den Atheismus. Ich hatte ihr Buch ›Wie ich Theosophin wurde‹ gelesen.

Just um diese Zeit starb Bradlaugh. Er wurde auf dem Friedhof von Woking beerdigt. Ich wohnte dem Begräbnis bei, wie wohl jeder in London weilende Inder. Ein paar Geistliche waren anwesend, um ihm die letzte Ehre zu erweisen. Auf dem Heimweg von der Beerdigung mußten wir am Bahnhof auf unsern Zug warten. Ein bekannter Atheistenführer begann einen von diesen Geistlichen zu hecheln: »Well, Sir, glauben Sie an das Dasein Gottes?«

»Gewiß«, erwiderte der gute Mann leise.

»Sie geben doch auch zu, daß der Umfang der Erde 28000 Meilen beträgt?« fuhr der Atheist mit selbstbewußtem Lächeln fort. »Bitte, sagen Sie mir also, wie groß Ihr Gott ist und wo er sich befindet.«

»Er wohnt in den Herzen von uns beiden. Wenn wir uns dessen nur bewußt wären.«

»Aber, aber, halten Sie mich nicht für ein Kind«, sagte der andere mit einem triumphierenden Blick auf uns. Der Geistliche schwieg bescheiden.

Dieses Gespräch bestärkte mich noch in meinem Vorurteil gegen den Atheismus.

Um diese Zeit kam Navayan Hemchandra nach England. Ich hatte von seinen Schriften gehört. Wir trafen uns im Haus von Miss Manning von der National Indian Association. Bei meinen Besuchen in ihrem Hause pflegte ich immer stumm dazusitzen und nur zu antworten, wenn ich angeredet wurde. Sie stellte mich Navayan Hemchandra vor. Er konnte nicht englisch sprechen. Seine Erscheinung war wunderlich: ein plumpes Paar Hosen, ein zerknüllter, schmutziger brauner Rock nach Parsenart, ohne Krawatte und Kragen, eine wollene Kappe mit einer Troddel und ein langer Bart. Er war schmächtig und klein von Gestalt. Sein rundes Gesicht war von Pocken zernarbt, und er hatte eine Nase, die weder spitz noch stumpf war. Eine so seltsam dreinschauende und seltsam gekleidete Erscheinung mußte notwendig in einer elganten Gesellschaft auffallen.

Wir trafen uns von da ab täglich. Es war sehr viel Gemeinsames in unserem Denken und Tun. Wir waren beide Vegetarier. Oft aßen wir zusammen zu Mittag. Das war die Zeit, wo ich mit siebzehn Schillingen wöchentlich lebte und mir selber kochte. Manchmal aßen wir in meinem Zimmer, manchmal in seinem. Ich kochte auf englische Art. Er mochte nur indische Küche. Ich machte Mohrrübensuppe, und er fand mich bedauernswert, daß mir so etwas schmecke. Einmal trieb er irgendwo Dhal[1] auf, kochte sie und reichte sie mir. Ich aß mit Hochgenuß davon. Das führte zu einem regelrechten Tauschhandel zwischen uns, ich brachte meine Lekkerbissen zu ihm und er die seinigen zu mir.

Damals war Kardinal Mannings Name in aller Munde. Dank seinen und John Burns Bemühungen war soeben der Dockarbeiterstreik beigelegt worden. Ich erzählte Navayan Hemchandra davon, wie rühmend Disraeli sich über die schlichte Persönlichkeit des Kardinals geäußert habe.

»Dann muß ich diesen Weisen sehen«, sagte er.

»Er ist ein großer Mann. Wie wollen Sie es anstellen, mit ihm zusammenzukommen?«

»Wie? Ich weiß schon wie. Sie müssen ihm in meinem Namen schreiben und ihm mitteilen, ich sei Schriftsteller und möchte ihn gern persönlich zu seinem menschenfreundlichen Werk beglückwünschen. Und schreiben Sie auch, daß ich Sie als Dolmetscher mitbringen muß, weil ich nicht englisch kann.«

Diesen Brief schrieb ich wirklich. Nach zwei oder drei Tagen kam eine Karte von Kardinal Manning mit einer Einladung. So machten wir uns beide zu ihm auf. Ich zog den üblichen Besuchsanzug an. Navayan Hemchandra ging so, wie er war, in demselben Rock und denselben Hosen. Ich versuchte, ihn damit zu hänseln, aber er lachte mich aus und sagte: »Ihr zivilisierten Kerls seid alle Feiglinge. Große Männer schauen nicht auf das Äußere eines Menschen. Sie denken an sein Herz.«

Wir betraten die Wohnung des Kardinals. Kaum hatten wir uns gesetzt, so erschien ein hochgewachsener, dürrer alter Herr und gab uns die Hand. Navayan Hemchandra entledigte sich seines Anliegens mit folgenden Worten:

»Ich möchte Ihre Zeit nicht in Anspruch nehmen. Ich habe sehr viel von Ihnen gehört und hatte das Gefühl, ich müsse zu Ihnen kommen und Ihnen für das Gute danken, das Sie für die Streikenden getan haben. Ich habe es mir zur Gewohnheit gemacht, die Weisen dieser Welt zu besuchen; das ist der Grund, weshalb ich Ihnen diese Störung verursacht habe.« So lautete meine Übersetzung dessen, was er in Gujarati sagte.

»Ich freue mich, daß Sie gekommen sind«, erwiderte der Kardinal. »Ich hoffe, Ihr Aufenthalt in London wird Ihnen zusagen und Sie werden hier mit den Leuten in Fühlung kommen. Gott segne Sie!« Mit diesen Worten stand er auf und verabschiedete sich.

Einmal kam Navayan Hemchandra zu mir, nur mit einem Hemd und einer Dhoti[2] bekleidet, wie wir sie in Indien tragen. Die gute Wirtin, die ihm die Tür geöffnet hatte, kam entsetzt zu mir gestürzt. »Irgendein Tollhäusler«, rief sie, »will Sie sprechen.« Ich ging zur Tür und fand zu meiner Überraschung Navayan Hemchandra in seiner Dhoti. Ich war sehr betroffen. Sein Gesicht zeigte indessen nur sein gewöhnliches Lächeln.

»Aber haben die Kinder auf der Straße sich nicht über Sie lustig gemacht?«

»Ja, sie sind hinter mir hergelaufen, aber ich habe nicht auf sie geachtet, und da haben sie sich wieder beruhigt.«

Nach ein paar Monaten ging Navayan Hemchandra nach Paris. Er begann, Französisch zu lernen, und auch, französische Bücher zu übersetzen. Ich verstand genug Französisch, um seine Übersetzungen nachprüfen zu können, daher gab er sie mir zu lesen. Es waren keine Übersetzungen; es waren selbständige neue Bücher.

Zu guter Letzt führte er seinen Entschluß, Amerika zu besuchen, aus. Nur mit großen Schwierigkeiten gelang es ihm, sich eine Fahrkarte zu verschaffen. Während seines Aufenthaltes in den Vereinigten Staaten wurde er wegen Erregung öffentlichen Ärgernisses gerichtlich verfolgt, weil er eines Tages in Hemd und Dhoti ausging. Soviel ich mich erinnere, wurde er freigesprochen.

Es war ziemlich leicht, in England die Qualifikation zum Anwalt zu bekommen; aber wegen des Praktizierens befürchtete ich Schwierigkeiten. Ich hatte Rechtswissenschaft studiert, aber von der Praxis hatte ich nichts gelernt. Mit Eifer hatte ich die ›Maximen der Rechtsprechung‹ studiert, wußte aber nicht, wie ich sie in meinem Beruf anwenden sollte.

Noch während meiner Studien wurde ich von Bedenken gequält und vertraute schließlich meine Nöte einigen meiner Freunde an. Einer von ihnen riet mir, ich solle doch Dadabhai Naoroji um Rat fragen. Obwohl ich eine Empfehlung an ihn aus Indien mitgebracht hatte, schien es mir doch, daß ich nicht das Recht hätte, einen so bedeutenden Mann mit meinen Zweifeln zu behelligen. Wann immer ein Vortrag von ihm angekündigt war, ging ich hinein, lauschte von irgendeiner Ecke des Saales aus und ging wieder weg, nachdem ich meine Augen und Ohren so recht gesättigt hatte. Um mit den Studenten in nahe Berührung zu kommen, hatte er eine Vereinigung gegründet. Bei ihren Versammlungen war ich immer dabei und erlabte mich jedesmal daran, wie besorgt Dadabhai um seine Hörer war und wie alle ihn verehrten. Im Laufe der Zeit faßte ich endlich so weit Mut, daß ich ihm meinen Empfehlungsbrief überreichte. »Sie können zu mir kommen«, sagte er, »und meinen Rat haben, sooft Sie wollen.« Aber ich machte von diesem

Anerbieten nie Gebrauch.

Ich weiß nicht mehr, ob es derselbe Freund war, der mir riet, mich an Mr. Frederick Pincutt zu wenden. Mr. Pincutt war ein Konservativer, aber den indischen Studenten mit reiner und selbstloser Freundlichkeit zugetan. Viele Studenten kamen zu ihm um Rat, und so bat auch ich ihn um eine Unterredung, die er mir gewährte. Ich werde diese Begegnung nie vergessen. Er begrüßte mich wie einen Freund und lachte mich mit meiner Schwarzseherei aus. »Seien Sie beruhigt«, sagte er, »es gehören keinerlei ungewöhnliche Fähigkeiten dazu, ein guter Durchschnittsanwalt zu sein. Wenn man einfach ein anständiger Kerl und fleißig ist, wird man immer genug verdienen, um davon zu leben. Nicht alle Fälle sind kompliziert. Na, nun sagen Sie mir mal, was Sie ganz allgemein alles gelesen haben.«

Als ich meinen spärlichen Bildungsbestand vor ihm ausbreitete, konnte ich deutlich sehen, daß er einigermaßen enttäuscht war. Doch nur für einen Augenblick. Sehr bald glänzte wieder ein tröstliches Lächeln auf seinem Gesicht, und er sagte: »Ich begreife Ihre Besorgnis. Mit Ihrer Allgemeinbildung steht es dürftig. Sie wissen nichts von der Welt. Sie haben nicht einmal die Geschichte Ihres eigenen Landes gelesen. Ein Anwalt sollte die menschliche Natur studieren, und jeder Inder sollte die indische Geschichte kennen. Das hat nichts mit der gerichtlichen Praxis zu tun, aber Sie sollten unbedingt Bescheid wissen. Ich sehe, daß Sie noch nicht einmal Kay und Mallesons ›Geschichte des indischen Aufstands‹ gelesen haben. Verschaffen Sie sich das gleich, und lesen Sie auch das eine oder andere Buch über Psychologie!«

Ich war diesem verehrungswürdigen Berater unendlich dankbar für seine Teilnahme. Sein Rat selbst brachte mir nur wenig unmittelbaren Nutzen, aber sein Wohlwollen tat mir gut. Sein offenes, lächelndes Gesicht stand mir seitdem immer vor Augen, und ich hielt mich vertrauensvoll an das, was er gesagt hatte: daß es keiner außergewöhnlichen Fähigkeiten bedürfe, um ein erfolgreicher Anwalt zu werden, sondern daß Redlichkeit und Fleiß dazu genügten. Da es mir daran nicht mangelte, fühlte ich mich einigermaßen beruhigt. Ich bestand meine juristischen Prüfungen, und damit näherte sich mein Aufenthalt in England seinem Ende.

Heimkehr nach Indien

Der Augenblick war nun gekommen, wo ich England Lebewohl sagen mußte. Ich schiffte mich im Juni auf dem Dampfer ›Assam‹ ein. Der Monsun hatte bereits eingesetzt, als wir ins Arabische Meer kamen, und wir hatten die ganze Zeit stürmisches Wetter von Aden bis Bombay. Fast alle Passagiere waren seekrank, aber ich blieb davon vollkommen verschont und genoß nach Herzenslust, von Deck aus dem Schwellen der See und dem Sturz der Wogen zuzuschauen. Zum Frühstück erschienen immer nur zwei oder drei von uns, und wir hielten unsere Teller mit Hafergrütze sorgfältig auf dem Schoß, weil uns sonst die Grütze selber wahrscheinlich in den Schoß gerutscht wäre.

Der Sturm um mich her schien mir als ein Sinnbild des Sturms in mir selber. Aber wie jener mich nicht anfocht, so hielt ich auch diesem stand. Da waren die Schwierigkeiten mit meiner Kaste, die mir bevorstanden; da war meine Ratlosigkeit, wie ich meine Praxis als Rechtsanwalt beginnen sollte. Und zugleich bewegte mich, da ich nun einmal meiner Natur nach ein Reformer bin, die Frage, wie ich gewisse Neuerungen am besten in Gang bringen könnte. Aber das Schicksal hielt noch Ärgeres für mich bereit, als ich ahnte.

Mein älterer Bruder war von Kathiawar gekommen, um mich bei der Landung zu begrüßen. Er hatte bereits Bekanntschaft mit Dr. Mehta und dessen Bruder gemacht, und da dieser darauf bestand, uns in seinem Hause unterzubringen, so siedelten wir dahin über. So setzte sich dieser bereits in England begonnene Umgang in Indien fort und reifte zu einer dauernden Freundschaft zwischen den beiden Familien. Während der ganzen Heimfahrt hatte ich danach getrachtet, meine Mutter wiederzusehen. Ich ahnte nicht, daß sie nicht mehr am Leben war und mich nie wieder an ihre Brust drükken konnte. Die traurige Kunde wurde mir jetzt mitgeteilt, und ich unterzog mich der üblichen Waschung. Mein Bruder hatte mich die ganze Zeit über in Unkenntnis über ihren Tod gehalten, der während meines Aufenthalts in England erfolgt war. Er hatte mir den Schlag ersparen wollen, solange ich noch im fremden Lande weilte. Die Nachricht bedeutete nichtsdestoweniger eine tiefe Erschütterung für mich; aber ich will nicht dabei verweilen. Mein Schmerz war sogar noch größer als der über den Tod meines Vaters. Fast alle meine liebsten Hoffnungen waren zertrümmert.

Aber ich erinnere mich, daß ich mich keinerlei wilden Schmerzensausbrüchen überließ. Ich hatte sogar die Kraft, meine Tränen zurückzuhalten, und wendete mich dem Leben zu, als ob nichts geschehen wäre.

Dr. Mehta machte mich mit einigen Freunden bekannt. Eine Freundschaft entspann sich zwischen mir und seinem Bruder, Revashankar Jagjivan, die fürs Leben dauern sollte. Die damals für mich wichtigste Bekanntschaft jedoch war die mit dem Dichter Raychand, dem Schwiegersohn eines älteren Bruders Dr. Mehtas und Teilhaber einer Juwelenhandlung unter der Firma Revashankar Jagjivans. Er zählte erst fünfundzwanzig Jahre, aber gleich bei unserer ersten Begegnung gewann ich die Überzeugung, er sei an Charakter und Bildung ein ungewöhnlicher Mensch. Er war auch bekannt als ›Shatavadhani‹ [einer, der die Fähigkeit hat, sich hundert Dinge auf einmal zu merken], und Dr. Mehta ermunterte mich, seine Gedächtniskünste auf die Probe zu stellen. Ich kramte meinen ganzen Wortschatz in allen europäischen Zungen aus, die ich kannte, und forderte den Dichter auf, die Wörter zu wiederholen. Er tat es in genau derselben Reihenfolge wie ich. So sehr ich ihn indessen um diese Gabe beneidete, machte sie doch keinen tieferen Eindruck auf mich. Was mich an ihm bezauberte, waren vielmehr seine umfassende Kenntnis der heiligen Schriften, sein makelloser Charakter und sein glühender Drang nach Selbstverwirklichung. Ich fühlte, daß dies das einzige Ziel war, für das er lebte. Die folgenden Zeilen von Muktanand waren immer auf seinen Lippen und waren eingegraben in die Tafeln seines Herzens:

> Gesegnet dünk ich mich nur, wenn ich Ihn erkenne
> in allem meinem Tun;
> Wahrlich Er ist die Goldader,
> die Muktanands Leben durchzieht.

Raychandbhais[1] Handelsgeschäfte beliefen sich auf Hunderttausende von Rupien. Er war ein großer Kenner von Perlen und Diamanten. Kein noch so verwickeltes Geschäft schien ihm zu schwierig. Aber alles das war nicht der Mittelpunkt, um den sich sein Leben drehte. Mittelpunkt war das leidenschaftliche Verlangen, Gott von Angesicht zu Angesicht zu schauen. Auf seinem Arbeitstisch lagen unter allem andern ständig einige fromme Bücher und sein Tagebuch. In dem Augenblick, wo er mit seinen Geschäften fertig war, schlug er die frommen Bücher oder das Tagebuch auf. Vieles in den Schriften, die er veröffentlicht hat, stammt aus diesem Tagebuch. Dieser Mann, der so unmittelbar nach Erledigung wichtiger Handelsgeschäfte über die Rätsel des Geistigen zu schreiben vermochte, war offenbar im Grunde kein Geschäftsmann, sondern ein echter Wahrheitssucher. Nicht ein- oder zweimal, sondern immer wieder sah ich ihn inmitten seiner Geschäfte in solches geistiges Trachten versunken. Nie und bei keiner Gelegenheit verlor er sein inneres Gleichgewicht. Keinerlei weltliches Band verknüpfte mich mit ihm, und doch erfreute ich mich der innigsten Gemeinschaft mit ihm. Ich war nichts als ein angehender Anwalt ohne Praxis; trotzdem zog er mich jedesmal, wenn wir uns trafen, sogleich in irgendein ernstes religiöses Gespräch. Obwohl ich damals noch im Dunkeln tappte und noch nicht von mir sagen konnte, daß ich einen wahrhaft ernsten Sinn für religiöse Erörterungen gehabt hätte, fesselten mich doch seine Worte jedesmal aufs tiefste. Ich bin seither bei vielen Religionslehrern gewesen und war bestrebt, mit den Führern aller möglichen Glaubensbekenntnisse zusammenzukommen; aber keiner hat mir je einen solchen Eindruck gemacht wie Raychandbhai. Seine Worte trafen mich immer ins Herz. Sein Verstand zwang mir ebenso hohe Achtung ab wie sein sittlicher Ernst, und ich war tief davon überzeugt, daß er mich niemals mit Willen in die Irre führen, sondern mir immer seine innersten Gedanken anvertrauen würde. Deshalb war er in Augenblicken entscheidender seelischer und geistiger Spannungen allezeit meine Zuflucht.

Dennoch, trotz meiner tiefen Verehrung für ihn, konnte ich ihn nicht als meinen Guru[2] auf den Thron meines Herzens erheben. Dieser Thron ist bis heute leer geblieben, und mein Suchen geht weiter. Ich glaube an die Hindulehre vom Guru und seiner Bedeutung für spirituelle Verwirklichung. Mich dünkt, es steckt ein gut Teil Wahrheit in der Behauptung, daß wahres Wissen ohne einen Guru unerreichbar ist. Mit einem unvollkommenen Lehrer in weltlichen Dingen mag man sich abfinden, aber nicht so mit einem unvollkommenen Lehrer in seelischen Dingen. Nur ein vollkommener Meister spiritueller Weisheit verdient als Guru eingesetzt zu werden. Daher gilt es unablässig nach Vollkommenheit zu streben, denn man bekommt den Guru, den man verdient. Unbegrenztes Streben nach Vollkommenheit ist unser Menschenrecht. Es trägt seinen Lohn in sich selber. Alles übrige liegt in Gottes Hand. So war mir Raychandbhai, obwohl ich ihn nicht auf den Thron meines Herzens als Guru einsetzen konnte, dennoch zu vielen Malen Führer und Helfer. Drei Menschen der modernen Zeit haben tiefe Wirkung auf mein Leben ausgeübt und mich in ihren Bann gezogen: Raychandbhai durch seine lebendige Nähe, Tolstoi durch sein Buch ›Das Reich Gottes ist in dir‹ und Ruskin durch seine Schrift ›Diesem Letzten‹.

Mein älterer Bruder setzte große Hoffnungen auf mich. Der Wunsch nach Reichtum und Namen und Ruhm war stark in ihm ausgeprägt. Er hatte ein weites Herz und war freigebig bis zum Übermaß. Das, zusammen mit seiner schlichten Art, hatte ihm viele Freunde gewonnen, und durch sie gedachte er mir viele Klienten zu verschaffen. Er hatte jeden Stein umgedreht, um mir für meine Tätigkeit als Anwalt das Feld zu bereiten, und in der Hoffnung auf eine große Praxis hatte er bereits verschwenderische Anschaffungen für den Haushalt gemacht.

Bei meiner Kaste brodelte immer noch das Unwetter wegen meiner Auslandsreise. Die Kaste hatte sich darüber in zwei Lager gespalten, von denen das eine mich sofort wieder aufnahm, während das andere noch immer fest entschlossen war, mich als ausgestoßen zu betrachten. Den Versöhnlichen zu Gefallen nahm mich mein Bruder, ehe wir nach Rajkot zurückgingen, nach Nasik mit und ließ mich im heiligen Fluß baden, und in Rajkot gab er dann noch zur Sühne ein Mahl für die Kaste. Das alles war nicht nach meinem Sinn. Aber die Liebe meines Bruders zu mir war grenzenlos, und ich vergalt es ihm mit ebenso großer Anhänglichkeit. Deshalb tat ich mechanisch alles so, wie er es wünschte; sein Wille war mir Gesetz. Damit war das ganze Kastenungemach so gut wie abgetan.

Ich machte nie einen Versuch, auch zu dem Teil der Kaste wieder zugelassen zu werden, der mich zurückgewiesen hatte; ja, ich empfand nicht einmal den geringsten Groll gegen seine Oberhäupter. Einige von ihnen betrachteten mich mit Abneigung, aber ich vermied es aufs peinlichste, ihre Empfindungen zu verletzen, und beachtete die Bannvorschriften der Kaste bis ins kleinste. Ihnen zufolge durfte mich keiner von meinen Verwandten bei sich bewirten, auch meine Schwiegereltern und sogar meine Schwester und mein Schwager nicht, und ich hütete mich wohl, auch nur einen Schluck Wasser in ihrem Hause zu trinken. Sie waren bereit, das Verbot heimlich zu umgehen; aber es ging mir gegen mein innerstes Gefühl, etwas heimlich zu tun, was ich nicht offen tun durfte.

Die Frucht meines gewissenhaften Verhaltens war, daß ich mit der Kaste niemals Verdruß hatte; im Gegenteil, ich habe auch von jenem Teil, der mich noch heute als ausgestoßen betrachtet, im allgemeinen nichts als Wohlwollen und Edelmut erfahren. Sie haben mir sogar bei meinem Werk geholfen, ohne je von mir etwas für die Kaste zu erwarten. Es ist meine feste Überzeugung, daß all dieses Gute einzig und allein meiner Non-resistance, meinem passiven Gehorsam, zu verdanken ist. Hätte ich darum geeifert, wieder in die Kaste aufgenommen zu werden; hätte ich allerhand angezettelt, um sie noch mehr unter sich zu entzweien; hätte ich ihre Führer herausgefordert, so würden sie mir sicherlich mit gleicher Münze vergolten haben. Anstatt klar vorm Sturm zu steuern, wäre ich dann nach meiner Heimkehr aus England in einen Strudel von Aufregung geraten und wäre vielleicht genötigt gewesen, mit den Wölfen zu heulen.

Mit meiner Frau stand ich mich noch immer nicht so, wie ich gewünscht hätte. Selbst die Jahre in England hatten mich nicht von meiner Eifersucht geheilt. Ich konnte es noch immer nicht lassen, sie bei jeder Kleinigkeit mit Argwohn zu plagen, und verdarb mir selber damit die Erfüllung meiner Lieblingswünsche. Ich hatte mir ausgedacht, meine Frau sollte lesen und schreiben lernen, und ich wollte ihr dabei helfen; aber meine böse Lust kam dazwischen, und sie mußte für meine eigene Unzulänglichkeit leiden. Einmal trieb ich es sogar so weit, daß ich sie in ihr Vaterhaus zurückschickte und mich nicht eher bequemte, sie wieder aufzunehmen, als bis ich sie so recht elend gemacht hatte. Später sah ich ein, daß das alles nur reine Besessenheit von mir war.

Ich hatte mir vorgenommen, eine Reform der Kindererziehung einzuführen. Mein Bruder hatte Kinder, und mein eigenes Kind, das ich daheim gelassen hatte, als ich nach England fuhr, war jetzt ein Bub von fast vier Jahren. Dieses kleine Volk gedachte ich nun in körperlichen Übungen zu unterweisen, es stark und widerstandsfähig zu machen und ihm persönlich ein guter Hirte zu sein. Mein Bruder unterstützte mich darin, und mehr oder weniger gelang mir wirklich, was ich wollte. Der Umgang mit Kindern war mir allezeit eine Freude, und bis auf den heutigen Tag ist es mir eine liebe Gewohnheit geblieben, mit ihnen zu spielen und zu spaßen. Ich hatte seitdem immer das Gefühl, daß ich einen guten Lehrer für Kinder abgeben würde.

Natürlich mußte auch die Ernährungsweise ›reformiert‹ werden. Tee und Kaffee hatten im Hause bereits Eingang gefunden. Mein

Bruder hatte es sich angelegen sein lassen, dem Heimkehrenden sozusagen eine englische Atmosphäre zu bereiten, und so war denn jetzt allerhand irdenes Geschirr und dergleichen, das sonst nur für besondere Gelegenheiten aufbewahrt wurde, im täglichen Hausgebrauch. Meine ›Reformen‹ gaben allen diesen Neuerungen die letzte Vollendung. Ich führte Hafergrütze ein, und Tee und Kaffee sollten durch Kakao ersetzt werden. In Wahrheit blieb es jedoch bei allen dreien. Stiefel und Schuhe waren bereits da, und ich machte die Europäisierung vollständig, indem ich noch europäische Kleidung hinzufügte.

Die Ausgaben stiegen; tagtäglich kamen neue Dinge hinzu. Wir hatten uns, wie das Sprichwort sagt, einen weißen Elefanten an die Tür gebunden. Aber wie sollten wir die Mittel dazu aufbringen? Wenn ich eine Anwaltspraxis in Rajkot eröffnet hätte, hätte ich mich sicher nur zum Gespött gemacht. Meine Kenntnisse waren kaum die eines ›Vakil‹[3], und dabei rechnete ich mit einer zehnmal höheren Bezahlung! Es war nicht anzunehmen, daß unter diesen Umständen irgendein Klient so töricht sein würde, meine Dienste in Anspruch zu nehmen. Und angenommen, es hätte sich einer gefunden: sollte ich Frechheit und Frevel zu meiner Unwissenheit fügen und die Last meiner Schuld an die Welt noch häufen?

Freunde rieten mir, für einige Zeit nach Bombay zu gehen, um dort am Obersten Gericht Erfahrungen zu sammeln, die indische Gesetzgebung zu studieren und soviel wie möglich zu praktizieren. Ich folgte der Anregung und fuhr hin. In Bombay führte ich meine Wirtschaft mit einem Koch, der so wenig verstand wie ich selber. Er war Brahmane und hieß Ravishankar. Ich behandelte ihn nicht wie einen Diener, sondern wie einen Angehörigen. Er pflegte sich zwar mit Wasser zu begießen, wusch sich aber nie. Seine Dhoti war schmutzig, ebenso seine Gebetskette, und er hatte nicht die geringste Ahnung von den Hinduschriften. Aber wo sollte ich einen bessern Koch hernehmen?

»Sag mal, Ravishankar«, fragte ich ihn eines Tages, »daß du nicht kochen kannst, mag hingehen, aber kannst du denn nicht einmal dein ›Sandhya‹ [tägliche Andacht] verrichten?«

»Sandhya, Herr! Der Pflug ist unser Sandhya und der Spaten unsere tägliche Andacht. Von dieser Art Brahmanen bin ich. Ich lebe von deiner Gnade, sonst muß ich wieder das Feld beackern.«

So mußte ich Ravishankars Lehrer werden. Da ich im übrigen nicht viel zu tun hatte und mir die Zeit lang wurde, machte ich mich daran, das Kochen zur Hälfte selber zu besorgen und allerhand Experimente nach englischen vegetarischen Rezepten anzustellen. Ich schaffte einen Kochapparat an und besorgte mit Ravishankar zusammen die Küche. Ich persönlich hatte keine Bedenken dagegen, daß wir uns gegenseitig bewirteten, und Ravishankar hatte auch keine. So ließen wir es uns miteinander wohl sein. Nur ein Übelstand war dabei: Ravishankar hatte sich verschworen, schmutzig zu bleiben, und hielt auch das Essen nicht sauber.

Aber länger als vier, fünf Monate ging es in Bombay nicht, weil ich nicht so viel einnahm, wie ich ausgab. Meine Hoffnung, hier eine Praxis zu bekommen, wurde zu Wasser. Daher verließ ich diese Stadt und fuhr nach Rajkot zurück, wo ich mir ein eigenes Büro einrichtete. Hier kam ich leidlich gut vorwärts. Ich setzte Gesuche und Eingaben auf und verdiente damit im Durchschnitt monatlich dreihundert Rupien. Diese Aufträge hatte ich weniger meiner eigenen Tüchtigkeit als wohlwollendem Einfluß zu verdanken, denn der Teilhaber meines Bruders hatte es so eingerichtet, daß er alle Eingaben von Wichtigkeit an bestimmte große Anwälte schickte, während mir diejenigen seiner ärmeren Klienten zufielen.

Ich muß gestehen, daß ich zu dieser Zeit meinem festen Vorsatz, keine Provisionen zu zahlen, untreu wurde. Ich konnte nicht anders. Man sagte mir, daß die Verhältnisse hier andere seien; hier zahle man Provisionen nicht wie in Bombay an Agenten, sondern an Vakils, die einem Aufträge zuschanzten; aber hier wie in Bombay zahlten alle Anwälte ohne Ausnahme einen Prozentsatz von ihren Einkünften als Provision. In meinem eignen Fall wußte mein Bruder mich so zu bereden, daß ich nichts einzuwenden vermochte. »Du siehst«, sagte er, »daß ich mit einem andern Vakil assoziiert bin. Ich werde immer dafür sorgen, daß du so viele Fälle von uns bekommst, wie du nur irgend bewältigen kannst; aber wenn du dich weigerst, Provision an meinen Sozius zu zahlen, wirst du mich sicher in Verlegenheit bringen. Du und ich, wir haben einen gemeinsamen Haushalt; was du verdienst, fließt in unsere gemeinsame Kasse, und ich bekomme auf diese Weise automatisch meinen Anteil. Aber wie ist es mit meinem Sozius? Nimm an, er würde die gleichen Fälle einem andern Anwalt geben statt dir, so würde er von dem sicherlich Provision bekommen.« Durch diese Rede ließ ich mich breitschlagen und sagte mir, wenn ich als Anwalt praktizieren wolle, müsse ich in diesen Fällen eben eine Ausnahme machen und dürfe mich nicht auf meinen Grundsatz versteifen. So beschwichtigte ich mich selbst oder, um es geradeheraus zu sagen, hinterging mich selbst. Ich darf indessen hinzufügen, daß ich mich nicht erinnere, in irgendeinem andern Fall Provision gezahlt zu haben.

Obwohl ich also bemüht war, mich nach Möglichkeit in die Verhältnisse zu fügen, erlitt ich just um diese Zeit die erste Demütigung meines Lebens, die mich wie ein Schlag traf. Ich hatte schon von andern erfahren, was das hieß: ein britischer Beamter; aber bis jetzt hatte ich noch nie von Angesicht zu Angesicht mit einem zu tun gehabt.

Mein Bruder war Sekretär und Berater des ehemaligen Rana [Fürsten] von Porbandar gewesen, und es schwebte zu jener Zeit eine Anklage über seinem Haupt, daß er ihn in dieser Stellung fälschlich beraten habe. Die Sache war vor den englischen Regierungsvertreter gekommen, der gegen meinen Bruder voreingenommen war. Nun hatte ich diesen Beamten in England kennengelernt, und ich darf sagen, er war recht freundlich zu mir gewesen. Mein Bruder meinte daher, ich solle jetzt diese Beziehung dazu benützen, um ein gutes Wort für ihn einzulegen, und das Vorurteil des Engländers zerstreuen. Mir behagte dieses Ansinnen gar nicht, denn ich hielt es nicht für richtig, eine flüchtige Bekanntschaft in England auf diese Weise auszunützen. War mein Bruder wirklich schuldig, welchen Zweck hatte dann meine Fürsprache? War er unschuldig, so war das einzig Richtige, eine Eingabe auf dem vorschriftsmäßigen Wege zu machen und das Ergebnis abzuwarten. Aber davon wollte mein Bruder nichts wissen. »Du kennst Kathiawar nicht«, sagte er, »und du mußt die Welt erst noch kennenlernen. Hier gelten nur Beziehungen. Es ist nicht recht von dir, dich von deiner Bruderpflicht zu drücken, wo du so leicht ein gutes Wort für mich einlegen kannst bei einem Beamten, den du kennst.« Darauf konnte ich unmöglich nein sagen und fügte mich also, sehr gegen meinen Willen. Ich wußte, daß ich kein Recht hatte, mich an diesen Mann heranzumachen, und es war mir völlig klar, daß ich meine Selbstachtung dabei aufs Spiel setzte. Trotzdem suchte ich um eine Unterredung nach, die mir denn auch gewährt wurde. Ich berief mich auf unsere alte Bekanntschaft, aber ich sah im selben Augenblick, daß Kathiawar nicht England war und daß ein Beamter auf Urlaub nicht dasselbe war wie ein Beamter im Dienst. Der Regierungsmann sagte zwar, gewiß, er erinnere sich meiner; aber ich konnte ordentlich sehen, wie er dabei steif wurde. ›Sie sind doch wohl nicht hier, um diese Bekanntschaft zu mißbrauchen?‹ schien jeder seiner Züge zu sagen. Trotzdem brachte ich mein Anliegen vor. Er wurde ungeduldig. »Ihr Bruder ist ein Intrigant«, sagte er. »Ich wünsche kein Wort mehr von Ihnen zu hören. Ich habe keine Zeit. Wenn Ihr Bruder etwas zu sagen hat, soll er es auf dem vorgeschriebenen Wege tun.« Die scharfe Antwort war vielleicht wohlverdient. Aber Zweckbegierde ist blind, und ich ließ von meinem Anliegen nicht ab. Der Sahib stand auf und sagte: »Sie müssen jetzt gehen.«

»Aber hören Sie mich doch erst zu Ende«, sagte ich. Das erzürnte ihn nur noch mehr. Er rief seinen Diener und befahl ihm, mir die Tür zu weisen. Ich stand immer noch zögernd, als der Diener hereinkam, mir die Hände auf die Schultern legte und mich aus dem Zimmer schob.

Ich setzte mich auf der Stelle hin und schrieb einen Brief, den ich an ihn schickte, folgenden Inhalts: »Sie haben mich beleidigt. Sie haben mich durch Ihren Diener tätlich angreifen lassen. Wenn Sie mir nicht Abbitte leisten, werde ich mich genötigt sehen, gerichtlich gegen Sie vorzugehen.«

Umgehend kam die Antwort durch seine Ordonnanz: »Sie waren ungezogen gegen mich. Ich habe Sie aufgefordert zu gehen, und Sie sind nicht gegangen. Es blieb mir keine andere Wahl, als meinen Diener zu beauftragen, Ihnen die Tür zu weisen. Auch seiner Aufforderung, das Büro zu verlassen, sind Sie nicht gefolgt. Er war daher gezwungen, gerade so viel Gewalt anzuwenden, wie nötig war, um Sie hinauszubringen. Es steht Ihnen frei, nach Gutdünken gegen mich vorzugehen.«

Mit dieser Antwort in der Tasche kam ich niedergeschlagen nach Hause und erzählte meinem Bruder, was geschehen war. Er teilte meinen Kummer, wußte jedoch keinen Rat, wie er mich trösten sollte. Er sprach mit den ihm befreundeten Vakils, denn ich wußte nicht, wie ich es anzustellen hätte, um gegen den Sahib vorzugehen. Es traf sich, daß Sir Phirozeshah Mehta gerade wegen eines Prozesses von Bombay nach Rajkot gekommen war. Aber wie konnte ich grüner Anwalt wagen, zu ihm zu gehen? Daher schickte ich ihm durch den Vakil, der ihn hatte kommen lassen, die schriftlichen Belege meines Falles und ließ ihn um seinen Rat bitten. »Sagen Sie Gandhi«, antwortete er, »dergleichen kommt alle Tage vor. Er ist noch zu kurze Zeit aus England zurück und ist zu hitzig. Er kennt die britischen Beamten noch nicht. Wenn er hier Geld verdienen und seine Ruhe haben will, soll er den Brief einfach zerreißen und die Beleidigung einstecken. Er gewinnt nichts dabei, wenn er gegen den Sahib prozessiert, im Gegenteil, er würde sich dadurch höchst wahrscheinlich zugrunde richten. Sagen Sie ihm, er muß das Leben erst noch kennenlernen.«

Der Rat schmeckte mir bitter wie Gift, aber ich mußte ihn hinunterschlucken. Ich steckte den Schimpf ein, aber nahm ihn mir zur Lehre. »Nie wieder«, sagte ich zu mir selber, »will ich mich in eine solche falsche Stellung bringen; nie wieder will ich eine Bekanntschaft auf solche Weise auszubeuten versuchen.« Und nie wieder habe ich das Versprechen gebrochen, das ich mir damals gab. Diese innere Erschütterung veränderte meinen ganzen Lebenslauf. Kein Zweifel, es war ein Fehler gewesen, daß ich zu dem Regierungsvertreter gegangen war; aber seine Ungeduld und sein hochfahrender Unwille standen in einem argen Mißverhältnis zu meinem Mißgriff. Ich hatte es nicht verdient, so hinausgeworfen zu werden. Ich habe gewiß kaum mehr als fünf Minuten von seiner Zeit beansprucht. Doch er konnte mein Reden einfach nicht ertragen und hätte mich höflich auffordern können, zu gehen; aber er war von Machtgefühl vergiftet, so daß er nicht Maß halten konnte. Später habe ich erfahren, daß Geduld überhaupt nicht zu seinen Tugenden gehörte.

Wenn ich meine Praxis hier weiter ausüben wollte, mußte ich natürlich damit rechnen, daß ich meistens mit seinem Gerichtshof zu tun haben würde. Dennoch konnte ich mich nicht dazu überwinden, mich um eine Versöhnung mit ihm zu bemühen und mich lieb Kind bei ihm zu machen. Vielmehr wurmte es mich, daß ich einfach schweigen sollte, wo ich ihm doch gedroht hatte, gegen ihn vorzugehen. Mittlerweile begann ich einigen Einblick in die kleinlichen politischen Händel des Landes zu bekommen. In Kathiawar, diesem Gefüge von Kleinstaaten, schossen natürlich allerlei politische Abenteurer üppig ins Kraut. Zaunkönigsränke zwischen einzelnen Staaten und heimliche Machtkämpfe um die Ämter waren an der Tagesordnung. Die Fürsten selbst waren ganz in der Gewalt von Drahtziehern und allzeit bereit, irgendwelchen Schmarotzern ihr Ohr zu leihen. Ich hatte das Gefühl, hier überall vergiftete Luft zu atmen, und mußte mich immerzu dagegen wehren, daß ich nicht auch angesteckt wurde. Schließlich verfiel ich in so tiefe Niedergeschlagenheit, daß auch mein Bruder es mir an den Augen ansah. Wir kamen beide zu der Überzeugung, daß es das beste wäre, ich fände einen Posten irgendwo anders und käme aus dieser heimtückischen Atmosphäre heraus. Aber ohne unterirdische Machenschaften war an eine Minister- oder Richterstelle nicht zu denken, und der Zwist mit dem Sahib stand mir überall im Wege.

Porbandar stand damals unter Verwaltung, und bei einigen Fällen, die ich zu bearbeiten hatte, handelte es sich darum, gewisse Machtbefugnisse des Fürsten zu erweitern. Einmal hatte ich auch mit dem Administrator zu tun wegen Erleichterung des hohen Zinses, den die Landpächter zu zahlen hatten; aber ich fand diesen Verwaltungsbeamten, obwohl er Inder war, noch hochfahrender als den Sahib. So war auch diese Mission eine ziemliche Enttäuschung für mich. Ich hatte das Gefühl, daß meinen Klienten nicht ihr Recht wurde, und doch sah ich mich außerstande, ihnen dazu zu verhelfen. Ich hätte höchstens an den Regierungsvertreter appellieren können oder an den Gouverneur, bei dem ich vermutlich nur zu hören bekommen hätte: »Geht uns nichts an.« Hätte es irgendwelche Regeln oder Vorschriften gegeben, nach denen solche Fälle zu entscheiden gewesen wären – gut. Aber des Sahibs Wille war Gesetz. Schließlich geriet ich völlig in Verzweiflung und hatte nur noch den einen Wunsch: weg aus diesem Intrigennetz.

In diesem Augenblick traf es sich, daß eine Handelsfirma aus Porbandar an meinen Bruder schrieb und ihm das folgende Angebot machte: »Wir haben geschäftlich mit Südafrika zu tun. Unsere Firma hat einen bedeutenden Umsatz, und wir führen da drüben einen Prozeß wegen einer Forderung von 40000 Pfund. Das Verfahren schwebt schon seit geraumer Zeit. Wir haben bereits die besten Vakils und Anwälte verpflichtet. Wenn Sie Ihren Bruder dahin schicken wollen, würde es für uns wie für ihn von Nutzen sein. Er könnte unsern Rechtsbeistand besser instruieren, als wir es von hier aus können, und er hätte zugleich den Vorteil, etwas Neues von der Welt zu sehen und neue Beziehungen anzuknüpfen.«

Mein Bruder besprach sich mit mir über diesen Vorschlag. Es war mir nicht ganz klar, ob ich einfach nur den Rechtsbeistand instruieren oder selber vor Gericht auftreten sollte; aber es lockte mich, das Angebot anzunehmen. Mein Bruder stellte mich dem ehemaligen Sheth Abdul Karim Jhaveri vor, einem Teilhaber von Dada Abdulla & Co.; so hieß jene Firma. »Der Auftrag bietet keine Schwierigkeiten«, versicherte mir der Sheth. »Wir haben drüben europäische Freunde, die Sie kennenlernen werden. Sie können uns von Nutzen sein in unserm Geschäft. Ein großer Teil unserer Korrespondenz wird englisch geführt, und dabei können Sie uns auch behilflich sein. Sie würden natürlich unser Gast sein und keinerlei Unkosten haben.«

»Auf wie lange brauchen Sie meine Dienste?« fragte ich. »Und was schlagen Sie als Bezahlung vor?«

»Nicht länger als ein Jahr. Wir zahlen Ihnen die Rückfahrt erster Klasse und eine Summe von hundertundfünf Pfund bei freier Station.«

Daraus ging einigermaßen deutlich hervor, daß ich nicht als Anwalt in Frage kam, sondern nur als eine Art Angestellter der Firma. Aber es drängte mich, aus Indien hinauszukommen, gleichviel wie. Dazu kam die lockende Aussicht, ein neues Land kennenzulernen und neue Erfahrungen zu machen. Auch konnte ich dann hundertundfünf Pfund an meinen Bruder schicken und so zu den Kosten des Haushalts beisteuern. Also schloß ich ab, ohne zu handeln, und machte mich unverzüglich für die Fahrt nach Südafrika bereit.

Ankunft in Natal

Abdulla Sheth erwartete in Durban meine Ankunft. Das Schiff legte am Kai an. Ich sah die Leute, die an Bord kamen, um ihre Freunde abzuholen, und es fiel mir auf, daß die Inder wenig Achtung genossen. Ein gewisser Dünkel in der Art, wie die Leute, die Abdulla Sheth kannten, ihm begegneten, konnte mir nicht entgehen, und das verletzte mich. Abdulla Sheth hatte sich daran gewöhnt. Die, die mich anschauten, taten es mit einer gewissen Neugier. Durch meine Kleidung stach ich von den übrigen Indern ab; ich trug einen schwarzen Rock und auf dem Kopf einen kleinen Turban.

Abdulla Sheth war ein ungebildeter Mann, aber er verfügte über einen reichen Schatz an Erfahrung. Er hatte einen scharfen Verstand und war sich dessen bewußt. Durch Übung hatte er sich gerade so viel Englisch angeeignet, als er zur Konversation brauchte, aber das genügte ihm, um alle seine Geschäfte durchführen zu können, ob er es nun mit Bankdirektoren oder europäischen Kaufleuten zu tun hatte oder ob er mit seinem Anwalt verhandeln mußte. Bei den Indern stand er in hohem Ansehen. Seine Firma war damals die bedeutendste oder jedenfalls eine der bedeutendsten Indiens. Bei allen diesen Vorzügen hatte er einen Fehler: er war von Natur mißtrauisch.

Er war stolz auf den Islam und diskutierte leidenschaftlich gern philosophische Fragen des islamischen Glaubens. Obwohl er nicht arabisch sprach, war seine Kenntnis des heiligen Korans und der islamischen Literatur ziemlich umfassend. Eine Menge von Schriftstellern hatte er stets zur Hand. Der Umgang mit ihm trug mir eine leidlich gute praktische Kenntnis des Islams ein. Als wir uns nähergekommen waren, führten wir lange Gespräche über religiöse Fragen.

Am zweiten oder dritten Tag nach meiner Ankunft in Durban nahm er mich mit vor Gericht. Dort stellte er mich allerlei Leuten vor und setzte mich neben seinen Anwalt. Der Richter stierte mich eine Zeitlang an und forderte mich schließlich auf, meinen Turban abzunehmen, was ich mich zu tun weigerte; darauf verließ ich den Saal. Also auch hier lag Kampf für mich in der Luft. Abdulla Sheth erklärte mir, warum manche Inder ihren Turban abnehmen mußten. Die, die mohammedanische Tracht tragen, sagte er, durften den Turban aufbehalten, die übrigen Inder aber hatten ihn beim Betreten des Gerichts in der Regel abzunehmen.

Ich muß hier auf einige Einzelheiten eingehen, um diese säuberliche Unterscheidung verständlich zu machen. Im Verlauf dieser zwei oder drei Tage wurde mir klar, daß die Inder in verschiedene Gruppen eingeteilt waren. Eine war die der mohammedanischen Kaufleute, die sich selbst ›Araber‹ nannten, eine zweite die der Hindu- und eine dritte die der Parsi-Angestellten. Die Hindus hatten nirgends eine rechte Position, wenn sie sich nicht mit den ›Arabern‹ zusammentaten. Die Parsis nannten sich ›Perser‹. Diese drei Klassen standen in einer gewissen sozialen Beziehung zueinander, aber bei weitem die stärkste Klasse setzte sich aus den Tamil-, Telugu- und nordindischen kontraktlich verpflichteten oder freien Arbeitern zusammen. Die Kontraktarbeiter waren die, die nach Natal mit der Verpflichtung gegangen waren, fünf Jahre Dienste zu leisten. Die andern Klassen hatten lediglich geschäftliche Beziehungen zu dieser Klasse. Die Engländer nannten sie ›Kulis‹, und da die Mehrzahl der Inder zur arbeitenden Klasse gehörte, wurden kurzweg alle Inder ›Kuli‹ oder ›Sammy‹[1] genannt.

Aus diesem Grunde wurde ich bald als ›Kuli-Advokat‹ bekannt. Die Kaufleute wurden ›Kuli-Kaufleute‹ genannt. Die ursprüngliche Bedeutung des Wortes ›Kuli‹ war dabei in Vergessenheit geraten; es war nur noch eine allgemeine Bezeichnung für alle Inder. Der mohammedanische Kaufmann pflegte sich dagegen zu verwahren mit einem entrüsteten »Ich bin kein Kuli, ich bin Araber« oder »Ich bin Kaufmann«, und der Engländer, wenn er höflich war, entschuldigte sich, falls er ihn so genannt hatte.

Die Frage des Turbantragens hatte unter diesen Umständen eine große Bedeutung. Seinen indischen Turban abzunehmen, hieß soviel wie eine Beleidigung einstecken. So dachte ich, daß es besser wäre, wenn ich dem indischen Turban Lebewohl sagte und einen englischen Hut trüge, um mir weitere Insulte und unangenehme Auseinandersetzungen zu ersparen. Abdulla Sheth aber war mit diesem Gedanken nicht einverstanden. Er sagte: »Wenn Sie etwas Derartiges tun, wird das eine sehr üble Wirkung haben: Sie werden denen, die darauf bestehen, ihren indischen Turban zu tragen, Schande machen. Außerdem sitzt der indische Turban gut auf Ihrem Kopf. Wenn Sie einen englischen Hut tragen, wird man Sie für einen Kellner halten.«

In diesem Rat war praktische Klugheit, patriotisches Gefühl und ein klein wenig Engherzigkeit. Die Klugheit lag auf der Hand; der Eifer für den indischen Turban war ehrlicher Patriotismus; die geringschätzige Anspielung auf den Kellner verriet eine gewisse Engherzigkeit. Unter den Kontraktarbeitern fanden sich Hindus, Mohammedaner und Christen. Die letzteren waren Kinder von kontraktlich verpflichteten Indern, die zum Christentum übergetreten waren. Schon 1893 war ihre Zahl groß. Sie trugen englische Kleidung, und die meisten von ihnen verdienten ihren Unterhalt als Kellner in Hotels. Abdulla Sheths Kritik spielte auf diese Klasse an. Es galt als erniedrigend, als Kellner in einem Hotel zu dienen.

Im großen und ganzen war Abdulla Sheths Rat nach meinem Sinn. Ich berichtete den Zwischenfall an eine Zeitung und verfocht mein Recht darauf, den Turban im Gerichtssaal aufzubehalten. Die Frage wurde viel in der Presse besprochen, wo man mich als ›unerwünschten Gast‹ bezeichnete. So wurde dieser Zwischenfall innerhalb weniger Tage nach meiner Ankunft für mich zu einer unerwarteten Reklame in Südafrika. Einige unterstützten mich, andere verurteilten meine Unverfrorenheit auf das strengste.

Am siebenten oder achten Tage nach meiner Ankunft verließ ich Durban wieder. Ein Platz in einem Wagen erster Klasse war für mich bestellt worden. Gewöhnlich zahlte man fünf Schillinge extra, wenn man ein Bett haben wollte. Abdulla Sheth wollte durchaus, daß ich ein Bett bestellen sollte; aber aus Eigensinn und Stolz und auch aus Sparsamkeitsgründen lehnte ich es ab. Abdulla Sheth warnte mich. »Schauen Sie«, sagte er, »das ist ein anderes Land als Indien. Gott sei Dank haben wir genug und können's uns leisten. Bitte, tun Sie sich ja keinen Zwang an, wenn Sie irgend etwas brauchen.«

Der Zug kam in Maritzburg, der Hauptstadt von Natal, gegen neun Uhr abends an. In dieser Station wurden gewöhnlich die Betten gemacht. Ein Eisenbahnbediensteter kam herein und fragte mich, ob ich eins wollte. Ich dankte, und er ging wieder. Aber dann kam ein Reisender und schaute mich von oben bis unten an. Er sah, daß ich ein ›Farbiger‹ war – das störte seinen Frieden. Also schoß er hinaus und kam gleich darauf mit einem oder zwei Beamten zurück. Zunächst sagte keiner ein Wort, bis ein dritter Beamter zu mir kam und sagte: »Kommen Sie mit, Sie müssen ins Gepäckwagen-Abteil!«

»Aber ich habe eine Fahrkarte erster Klasse«, erwiderte ich.

»Das macht nichts. Ich sage Ihnen, Sie müssen ins Gepäckwagen-Abteil.«

»Man hat mich in Durban in diesem Abteil sitzen lassen, und ich bestehe darauf, weiter hier sitzen zu bleiben.«

»Nein, das werden Sie nicht«, sagte der Beamte, »Sie müssen hier raus, oder ich muß einen Schutzmann rufen, damit er Sie rauswirft.«

»Ja, das können Sie«, antwortete ich. »Ich weigere mich, freiwillig herauszugehen.«

Der Schutzmann kam. Er nahm mich beim Arm und stieß mich hinaus. Mein Gepäck wurde auch herausgenommen. Ich weigerte mich, in das andere Abteil einzusteigen, und der Zug dampfte ab. Ich nahm meinen Handkoffer und setzte mich in den Wartesaal; das große Gepäck ließ ich, wo es war; die Bahnbeamten nahmen es in Gewahrsam.

Es war Winter, der in den höheren Gegenden Südafrikas bitter kalt sein kann. Da Maritzburg ziemlich hoch liegt, herrschte eine empfindliche Kälte. Mein Mantel war im andern Gepäck, aber ich wagte nicht, darum zu bitten, um nicht nochmals insultiert zu werden. So saß ich denn da und fröstelte. Außerdem war kein Licht in dem Raum. Um Mitternacht kam ein Reisender herein und wollte sich wahrscheinlich mit mir unterhalten; aber ich war nicht in der Stimmung zu reden.

Ich fing an, darüber nachzudenken, was ich zu tun hätte. Sollte ich für mein Recht kämpfen oder nach Indien zurückkehren; oder sollte ich nach Pretoria weiterfahren, ohne mich um den Schimpf zu kümmern, und erst nach Indien zurückkehren, wenn ich meinen Auftrag ausgeführt hatte? Es wäre Feigheit gewesen, unverrichteter Sache nach Indien zurückzufahren. Die Belästigungen, die ich persönlich hier zu dulden hatte, waren nur oberflächlicher Art. Sie waren nur ein Symptom der tiefer liegenden Krankheit des Rassenvorurteils. Ich mußte, wenn möglich, versuchen, diese Krankheit auszurotten und die Leiden auf mich nehmen, die daraus entstehen würden. Nach Entschädigung für erlittenes Ungemach durfte ich nur trachten, soweit es um der Sache willen unbedingt notwendig war.

So entschloß ich mich, mit dem nächsten Zug nach Pretoria zu fahren, und schickte am Morgen ein langes Telegramm an den Generaldirektor der Eisenbahn, telegraphierte auch an Abdulla Sheth, der sich sofort mit dem Generaldirektor in Verbindung setzte. Der Direktor suchte das Verhalten der Bahnbeamten zu rechtfertigen, teilte ihm jedoch mit, daß er den Stationsvorstand bereits angewiesen hätte, dafür zu sorgen, daß ich mein Reiseziel unbehelligt erreiche. Abdulla Sheth telegraphierte an die indischen Händler in Maritzburg und an verschiedene Freunde an anderen Orten, sie möchten mich aufsuchen und sich meiner annehmen. Sie kamen denn auch zu mir auf den Bahnhof und versuchten, mich zu trösten, indem sie mir erzählten, was sie selber schon alles durchgemacht hätten; was mir passiert sei, sei nichts Ungewöhnliches. Inder, die erster oder zweiter Klasse reisten, hätten immer Belästigungen von den Bahnbeamten und den weißen Reisenden zu gewärtigen. So verging mir der Tag mit dem Anhören dieser Leidensberichte. Der Abendzug lief ein; ein Abteil war für mich belegt. Diesmal nahm ich mir in Maritzburg die Bettkarte, die ich in Durban nicht hatte bestellen wollen.

Der Zug kam am nächsten Morgen in Charlestown an. Zu der Zeit gab es noch keine Eisenbahn zwischen Charlestown und Johannesburg, nur eine Postkutsche verkehrte, die in Standerton über Nacht haltmachte. Ich hatte eine Fahrkarte für die Kutsche, die durch die eintägige Fahrtunterbrechung in Maritzburg ihre Gültigkeit nicht verloren hatte; überdies hatte Abdulla Sheth noch eigens ein Telegramm an den Leiter der Postlinie in Charlestown geschickt.

Dieser lauerte jedoch nur auf einen Vorwand, um mich zurückzuweisen; als er daher merkte, daß ich Fremder war, sagte er: »Ihre Fahrkarte ist ungültig.« Ich gab ihm die geziemende Antwort darauf. Der wahre Grund, der dahintersteckte, war nicht etwa Mangel an Platz, sondern etwas ganz anderes. Die Reisenden mußten im Innern des Wagens untergebracht werden, da ich aber als ›Kuli‹ galt und wie ein Fremder aussah, dünkte es dem Schaffner ungehörig, mich zu den weißen Reisenden zu setzen. Zu beiden Seiten der Kutsche befand sich je ein Außensitz. Gewöhnlich saß der Schaffner auf dem einen davon. Heute jedoch setzte er sich in den Wagen und wies mir seinen Platz an. Ich wußte, daß das völlig ungerecht und eine Unverschämtheit war, aber ich dachte, daß es klüger wäre, nachzugeben. Mit Gewalt hätte ich mich doch nicht ins Wageninnere hineindrängen können; und wenn ich Protest erhoben hätte, wäre die Kutsche einfach ohne mich abgefahren. Dadurch hätte ich wieder einen Tag verloren, und Gott weiß, was am nächsten Tag geschehen wäre! Also setzte ich mich, so sehr es auch in meinem Innern arbeitete, wohlweislich neben den Kutscher.

Gegen drei Uhr traf die Kutsche in Pardekop ein. Jetzt wollte der

Schaffner mit einemmal da sitzen, wo er mich hingewiesen hatte, weil er rauchen und vermutlich frische Luft schnappen wollte. Er ließ sich also vom Kutscher ein Stück schmutzige Sackleinwand geben, breitete es auf dem Fußbrett aus und sagte zu mir: »Sammy, du setzt dich jetzt da drauf, ich will beim Kutscher sitzen.« Diese Schmach ging über meine Geduld. Mit Furcht und Zittern sagte ich: »Sie haben mich selbst hierher gesetzt, obwohl ich Anspruch auf einen Platz im Wagen gehabt hätte. Ich habe diese Beleidigung hingenommen. Jetzt, wo Sie draußen sitzen und rauchen wollen, soll ich mich vor Ihre Füße setzen. Ich weigere mich, das zu tun, aber ich bin bereit, mich hinein zu setzen.«

Während ich mit Mühe diese Worte herauswürgte, kam der Kerl auf mich zu und schlug mir rechts und links um die Ohren. Er packte mich beim Arm und versuchte, mich herunterzuziehen. Ich klammerte mich an dem Messinggeländer der Kutsche an und war entschlossen, meinen Platz zu behaupten, selbst auf die Gefahr hin, mir das Handgelenk zu brechen. Die Reisenden waren Zeugen dieses Auftritts, wie der Kerl auf mich losschimpfte und mich bearbeitete, während ich mich nicht rührte. Er war stark, und ich war schwach. Ein paar von den Reisenden hatten Mitgefühl und riefen: »Mensch, lassen Sie ihn doch gehen! Er ist im Recht; wenn er nicht dort bleiben kann, lassen Sie ihn doch zu uns herein!« – »Nicht zu machen«, schrie der Schaffner. Immerhin war er jetzt etwas klein geworden und sah davon ab, auf mich loszuschlagen. Er ließ meinen Arm los, schimpfte noch eine Weile und rief dann dem Hottentottenboy, der auf der andern Seite der Kutsche gesessen hatte, zu, er solle sich auf das Fußbrett setzen, und erklomm dann selbst den so frei gewordenen Sitz.

Die Reisenden nahmen ihre Plätze ein, ein Pfiff ertönte, und die Kutsche ratterte davon. Das Herz schlug mir zum Zerspringen in der Brust, und ich dachte bei mir, ob ich wohl je mein Reiseziel lebend erreichen würde. Der Schaffner warf mir ab und zu einen wütenden Blick zu und murmelte, mit dem Finger auf mich deutend: »Nimm dich in acht, laß uns nur erst in Standerton sein, dann werd' ich dir schon zeigen...« Ich saß da, ohne ein Wort herauszubringen, und betete zu Gott, daß er mir helfen möge.

Nach Anbruch der Dunkelheit erreichten wir Standerton, und ich stieß einen Seufzer der Erleichterung aus, als ich ein paar indische Gesichter sah. Sobald ich heruntergeklettert war, stellten sie sich als Freunde vor und sagten: »Wir sind hier, um Sie in Empfang zu nehmen und Sie zu dem Geschäft von Isa Sheth zu führen. Wir haben ein Telegramm von Dada Abdulla bekommen.« Ich war herzlich froh, und wir gingen zusammen in das Geschäft von Sheth Isa Haji Sumar. Der Sheth und seine Angestellten umringten mich sogleich. Ich berichtete ihnen alles, was ich erlebt hatte. Sie bedauerten mich sehr und suchten mich zu trösten, indem sie mir ihre eigenen bitteren Erfahrungen erzählten.

Ich wollte den Leiter der Postlinie von der ganzen Angelegenheit in Kenntnis setzen. Ich schrieb ihm daher einen Brief, in dem ich ihm alles mitteilte, was geschehen war, und machte ihn besonders auf die Drohung aufmerksam, die der Schaffner gegen mich ausgestoßen hatte. Ich bat ihn auch um die ausdrückliche Versicherung, daß er mich bei der Abfahrt morgen früh mit den andern Reisenden zusammen im Innern des Wagens unterbringen würde. Hierauf bekam ich folgende Antwort von ihm: »Von Standerton ab geht eine größere Kutsche mit anderem Personal. Der Schaffner, über den Sie sich beschweren, wird morgen nicht da sein, und Sie werden bei den andern Reisenden sitzen.« Das beruhigte mich einigermaßen. Ich hatte natürlich nicht die Absicht, gegen den Mann, der mich angegriffen hatte, gerichtlich vorzugehen, und so endete dieses Kapitel.

Am Morgen begleiteten die Leute Isa Sheths mich zur Postkutsche. Ich bekam einen guten Platz und erreichte wohlbehalten am selben Abend Johannesburg.

Standerton ist ein kleines Dorf und Johannesburg eine große Stadt. Abdulla Sheth hatte auch nach Johannesburg depeschiert und mir den Namen und die Adresse von Muhammad Kasam Kamruddins Firma dort angegeben. Ein Diener war zur Poststelle gekommen, um mich in Empfang zu nehmen, aber entweder sah ich ihn nicht, oder er hatte mich nicht erkannt. So beschloß ich, in ein Hotel zu gehen. Ich nahm eine Droschke und ließ mich nach dem Grand National-Hotel fahren. Hier wandte ich mich an den Direktor und verlangte ein Zimmer. Er sah mich einen Augenblick erstaunt an und sagte höflich: »Es tut mir leid, wir haben alles besetzt.« Daraufhin sagte ich zu dem Droschkenkutscher, er solle mich zu Muhammad Kasam Kamruddin fahren. Hier traf ich Abdul Gani Sheth, der mich erwartete und mich sehr freundschaftlich begrüßte. Er lachte herzlich über mein Hotelerlebnis. »Wie konnten Sie nur erwarten«, sagte er, »daß man Sie in einem Hotel aufnehmen würde?«

»Warum denn nicht?« fragte ich.

»Wenn Sie ein paar Tage hier gewesen sind, werden Sie es begreifen. Wir können in diesem Land nur leben, wenn wir bereit sind, zu dulden. Wenn wir Geschäfte machen wollen, dürfen wir uns nicht scheuen, Beleidigungen einzustecken. So steht es mit uns!« Darauf erzählte er mir die ganze Leidensgeschichte der Inder in Südafrika.

Später sagte er zu mir: »Dieses Land ist nichts für Leute wie Sie. Schauen Sie: morgen wollen Sie weiter nach Pretoria. Sie werden dritte Klasse fahren müssen. Die Verhältnisse in Transvaal sind noch schlimmer als in Natal. Fahrkarten erster und zweiter Klasse werden überhaupt nicht an Inder abgegeben.«

»Sie haben offenbar nie etwas Ernstliches gegen diese Zustände unternommen.«

»Wir haben verschiedentlich Vorstellungen erhoben; aber ich muß gestehen, daß unsere eigenen Landsleute meistens selber nicht erster oder zweiter Klasse reisen wollen.«

Ich ließ mir die Bahndienstvorschriften kommen und las sie durch. Aber da war ein Loch – die Sprache der alten Transvaal-Gesetzgebung war nie sehr bestimmt und genau gewesen; die der Eisenbahnvorschriften war es noch weniger.

Ich sagte zum Sheth: »Ich wünsche erster Klasse zu fahren, und wenn ich das nicht kann, nehme ich mir lieber einen Wagen nach Pretoria, es sind ja nur siebenunddreißig Meilen.«

Sheth Abdul Gani machte mich auf die Zeit- und Geldverschwendung aufmerksam, die das bedeuten würde, war aber mit meinem Entschluß, erster Klasse zu fahren, einverstanden, und wir schickten daher ein Schreiben an den Stationsvorstand. Ich erklärte darin, ich sei Advokat und reise immer erster Klasse. Ich betonte auch, daß ich so schnell wie möglich nach Pretoria gelangen müßte und daß ich mir, da keine Zeit mehr sei, seine Antwort abzuwarten, den Bescheid persönlich auf dem Bahnhof holen würde. Dahinter war natürlich eine Absicht. Ich sagte mir, daß der Stationsvorstand in einer schriftlichen Antwort auf alle Fälle ›Nein‹ sagen würde, zumal da anzunehmen war, daß er eine ganz bestimmte Vorstellung von einem ›Kuli‹-Advokaten hatte. Ich hatte mir daher vorgenommen, in tadelloser englischer Aufmachung vor ihm zu erscheinen, mit ihm persönlich zu sprechen und ihn, wenn irgend möglich, dazu zu bringen, mir eine Fahrkarte erster Klasse auszustellen. Ich ging also in langem Rock und Krawatte zum Bahnhof, legte ein Pfund auf den Schalter und bat um eine Fahrkarte erster Klasse nach Pretoria.

»Haben Sie mir den Brief geschickt?« fragte er.

»Jawohl. Ich wäre Ihnen sehr verbunden, wenn Sie mir die Fahrkarte geben würden. Ich muß noch heute in Pretoria sein.« Er lächelte und sagte freundlich: »Ich bin kein Transvaaler, ich bin Holländer, also verstehe ich Ihre Gefühle und kann mich in Sie hineindenken. Ich will Ihnen die Karte geben, aber unter einer Bedingung: daß Sie, wenn der Schaffner Sie in die dritte Klasse abschieben will, mich nicht in die Sache hineinziehen – ich meine, daß Sie nicht die Eisenbahngesellschaft dafür verantwortlich machen werden. Ich wünsche Ihnen eine gute Reise. Ich sehe, daß Sie ein Gentleman sind.«

Mit diesen Worten reichte er mir die Fahrkarte. Ich dankte ihm und gab ihm die gewünschte Versicherung.

Sheth Abdul Gani war zum Abschied an den Bahnhof gekommen. Er war angenehm überrascht von meinem Erfolg, aber er warnte mich und sagte: »Es soll mich freuen, wenn Sie Pretoria unbehelligt erreichen; aber ich fürchte, der Schaffner wird Sie nicht in der ersten Klasse lassen, und wenn ja, so werden die Reisenden es nicht zugeben.«

Also nahm ich meinen Platz in einem Abteil erster Klasse ein, und der Zug fuhr ab. In Germiston kam der Schaffner, um die Fahrkarten zu kontrollieren. Es paßte ihm gar nicht, mich hier zu sehen, und er machte mir mit dem Finger ein Zeichen, daß ich in die dritte Klasse gehen solle. Ich zeigte ihm meine Fahrkarte. »Das macht nichts«, erwiderte er. »Gehen Sie vor in die dritte Klasse!«

Es war nur noch ein englischer Mitreisender in dem Abteil. Der stellte den Schaffner zur Rede. »Was fällt Ihnen denn ein«, rief er, »den Herrn zu belästigen? Sehen Sie nicht, daß er eine Fahrkarte erster Klasse hat? Ich habe nicht das geringste dagegen, daß er mit mir fährt.« Dann wandte er sich zu mir und sagte: »Machen Sie sich's, bitte, bequem hier.«

Der Schaffner murmelte: »Wenn Sie mit einem ›Kuli‹ reisen wollen! Mich geht das nichts an.« Und er ging.

Gegen acht Uhr abends kam der Zug in Pretoria an. Ich hatte erwartet, daß mich irgendein Sendling von Dada Abdullas Anwalt auf dem Bahnhof erwarten würde. Da ich ausdrücklich ausgemacht hatte, daß ich nicht in einem indischen Haus absteigen würde, wußte ich, daß kein Inder da sein würde. Aber der Anwalt hatte niemanden geschickt. Später erfuhr ich, daß er nur mit großen Schwierigkeiten jemanden hätte schicken können, weil ich an einem Sonntag angekommen war. Ich war ratlos und fragte mich, wo ich hingehen sollte, da ich fürchtete, daß kein Hotel mich aufnehmen würde.

Der Bahnhof von Pretoria sah im Jahre 1893 ganz anders aus als heute. Die Lampen brannten nur trüb. Reisende gab es nur wenige. Ich beschloß, erst einmal abzuwarten, bis alle die andern Reisenden sich verlaufen hatten und der Beamte, der die Fahrkarten abnahm, einigermaßen frei war. Alsdann wollte ich ihm meine Karte einhändigen und ihn dabei fragen, ob er mir irgendein kleines Hotel oder sonst eine Unterkunft empfehlen könne; andernfalls wollte ich die Nacht über auf dem Bahnhof bleiben. Ich muß gestehen, mir war bange davor, ihn auch nur danach zu fragen, denn ich hatte Angst, mich wieder einer Beschimpfung auszusetzen.

Die letzten Reisenden verließen den Bahnhof; ich gab dem Mann an der Sperre meine Karte und begann mit meinen Erkundigungen. Er antwortete mir sehr zuvorkommend; ich sah aber bald, daß er mir nicht helfen konnte. Aber ein amerikanischer Neger, der neben uns stand, mischte sich ins Gespräch.

»Ich sehe«, sagte er, »daß Sie hier ganz fremd sind, ohne alle Bekannte. Wenn Sie mit mir kommen wollen, will ich Sie zu einem kleinen Hotel bringen. Der Besitzer ist ein Amerikaner, den ich sehr gut kenne. Ich denke, der wird Sie aufnehmen.«

Ich hatte zwar meine Bedenken bei diesem Angebot, aber ich dankte ihm und nahm sein Anerbieten an. Er führte mich zu ›Johnstons Familien-Hotel‹. Er nahm den Direktor beiseite, um den Fall mit ihm zu besprechen, und der war einverstanden, mich für die Nacht aufzunehmen, unter der Bedingung, daß mir das Essen auf dem Zimmer serviert würde.

»Ich versichere Ihnen«, sagte er, »daß ich persönlich keinerlei Vorurteil gegen Farbige hege; aber ich habe nur europäische Kundschaft, und wenn ich Ihnen gestattete, im Speisesaal zu essen, könnten meine Gäste sich verletzt fühlen und vielleicht sogar mein Haus verlassen.«

»Ich danke Ihnen«, sagte ich, «daß Sie mich überhaupt für die eine Nacht aufnehmen wollen. Ich bin jetzt schon einigermaßen mit den Verhältnissen hier vertraut, und ich verstehe Ihre schwierige Lage. Es macht mir gar nichts, wenn Sie mir das Essen auf meinem Zimmer servieren lassen, und ich hoffe sowieso, daß ich mich morgen anders einrichten kann.«

Man führte mich auf mein Zimmer, wo ich nun saß und auf mein Essen wartete, vor mich hindösend im meiner Einsamkeit. Es waren nur wenige Gäste im Hotel, und ich hatte erwartet, daß der Kellner recht bald mit dem Essen kommen würde. Statt dessen erschien Mr. Johnston in eigener Person. »Ich habe mich geschämt«, sagte er, »daß ich Sie bitten mußte, Ihr Essen hier oben einzunehmen. Ich habe daher mit den andern Gästen über Sie gesprochen und sie gefragt, ob sie etwas dagegen hätten, wenn Sie im Speisesaal äßen. Sie sagten, daß sie gar nichts dagegen hätten und daß Sie so lange hier bleiben könnten, wie Sie Lust hätten. Kommen Sie also bitte ins Eßzimmer hinunter und bleiben Sie bei uns, solange Sie wollen.«

Ich dankte ihm nochmals, begab mich in den Speisesaal und aß mit herzhaftem Appetit mein Abendessen.

Am nächsten Morgen machte ich Mr. A. W. Baker, dem Gerichtsadvokaten, meine Aufwartung. Abdulla Sheth hatte mir schon eine gewisse Beschreibung von ihm gemacht, so daß mich sein herzlicher Empfang nicht überraschte. Er kam mir sehr freundlich entgegen und erkundigte sich liebenswürdig nach allem. »Wir haben für Sie als Rechtsanwalt hier eigentlich nichts zu tun«, sagte er, »denn wir haben schon den besten Anwalt genommen. Der Fall ist recht verwickelt. Immerhin kann ich Ihre Hilfe brauchen. Sie können mir den Verkehr mit meinem Klienten wesentlich erleichtern, weil ich mir jetzt alle nötigen Informationen durch Sie beschaffen kann. Das ist auf alle Fälle eine Entlastung. Es herrscht hier ein unglaubliches Vorurteil gegen die Farbigen, es wird also nicht ganz leicht sein, für jemand wie Sie ein Unterkommen zu finden; ich kenne aber eine arme Frau hier, deren Mann ein kleines Lädchen hat, die wird Sie, denke ich, aufnehmen, um sich auf diese Weise einen kleinen Nebenverdienst zu verschaffen.«

Er brachte mich also zu ihr und sprach mit ihr unter vier Augen; und sie war wirklich einverstanden, mich für fünfunddreißig Schillinge die Woche in Pension zu nehmen.

Mr. Baker war ein rechtschaffener, christlicher Laienprediger. Er lebt heute noch und beschäftigt sich ausschließlich mit Missionstätigkeit, seitdem er den Rechtsberuf aufgegeben hat. Es geht ihm recht gut dabei. Er schreibt mir noch heute regelmäßig und versteift sich in seinen Briefen immer wieder auf dasselbe Thema: Er besingt die Herrlichkeit des Christentums und kämpft für den Gedanken, daß man den ewigen Frieden unmöglich finden kann, wenn man nicht Christus als den eingeborenen Sohn Gottes und den Erlöser der Menschheit anerkennt.

Gleich bei der ersten Unterredung vergewisserte sich Mr. Baker über meine religiösen Anschauungen. »Von Geburt bin ich ein Hindu«, sagte ich zu ihm, »und doch weiß ich nicht viel von der Hindulehre und noch weniger von andern Religionen. Ich weiß wirklich kaum, was ich in religiösen Fragen für einen Standpunkt einnehme und was mein Glaube ist oder sein sollte. Ich habe mir aber vorgenommen, mich mit dem eingehenden Studium meiner Religion und, soweit ich es kann, auch anderer Religionen zu beschäftigen.«

Mr. Baker war sehr erfreut, alles das zu hören. »Ich bin einer der Direktoren der South Africa General Mission«, meinte er, »und habe auf meine eigenen Kosten eine Kirche gebaut, in der ich regelmäßig Predigten halte. Von Vorurteil gegen die Farbigen bin ich persönlich frei. Ich habe noch einige Mitarbeiter, und wir kommen jeden Tag um ein Uhr für ein Viertelstündchen zusammen und beten um Frieden und Erleuchtung. Ich würde mich freuen, wenn Sie mitkämen, und könnte Sie dann gleich meinen Mitarbeitern vorstellen, die sich sehr freuen werden, Sie kennenzulernen. Ich glaube sicher, Sie werden sich in ihrer Gesellschaft wohl fühlen. Ich möchte Ihnen auch ein paar religiöse Bücher zum Lesen geben; freilich, das Buch der Bücher ist natürlich die Heilige Schrift, die ich Ihnen ganz besonders ans Herz legen möchte.« Ich dankte Mr. Baker und versprach, daß ich die Ein-Uhr-Betstunde so regelmäßig wie möglich besuchen würde. »Also erwarte ich Sie morgen hier um ein Uhr, und dann werden wir zusammen beten gehen«, sagte Mr. Baker, ehe wir uns verabschiedeten.

Fürs erste hatte ich wenig Zeit zum Nachdenken. Ich ging zu Mr. Johnston, bezahlte meine Rechnung und siedelte in die neue Wohnung über, wo ich zu Mittag aß. Die Wirtin war eine freundliche Frau; sie hatte sogar ein vegetarisches Essen für mich gekocht, und es dauerte nicht lange, bis ich mich in der Familie ganz zu Hause fühlte. Danach suchte ich den Landsmann auf, an den mir Dada Abdulla eine Empfehlung mitgegeben hatte. Von ihm erfuhr ich über die Leiden der Inder in Südafrika noch mehr. Er wollte durchaus, daß ich bei ihm wohnen sollte. Ich dankte ihm und sagte, daß ich schon ein Unterkommen gefunden hätte; worauf er mich dringend bat, ja nicht mit einer Bitte zu zögern, wenn ich irgend etwas nötig hätte.

Es war inzwischen dunkel geworden. Ich ging nach Hause, aß zu Abend, suchte dann mein Zimmer auf und lag dort in tiefes Nachdenken versunken. Es gab augenblicklich keine Arbeit für mich. Ich sann nach. Was konnte Mr. Bakers lebhaftes Interesse für mich bedeuten? Was konnte ich von diesen religiösen Mitarbeitern für einen Gewinn haben? Wie weit sollte ich mich in das Studium der christlichen Lehre einlassen? Wie sollte ich das Christentum in seinem rechten Sinn erfassen, ohne meine eigene Hindureligion von Grund auf zu kennen? Ich konnte nur zu dem einen Ergebnis kommen: Ich wollte alles, was an mich herankam, ohne Voreingenommenheit prüfen und durchdenken und mich zu Mr. Bakers Gemeinschaft stellen, wie Gott es mir eingeben würde; ich wollte mich keiner andern Religion in die Arme werfen, ehe ich nicht meine eigene vollkommen verstand. In solches Sinnen versunken schlief ich ein.

Am nächsten Tag um ein Uhr ging ich zu Mr. Bakers Betstunde. Ich wurde Miss Harris, Miss Gabb, Mr. Coates und noch einigen Leuten vorgestellt. Alle knieten nieder, um zu beten, und ich folgte ihrem Beispiel. Die Gebete waren inbrünstige Bitten zu Gott um verschiedene Dinge, je nach den Bedürfnissen der einzelnen. Die immer wiederholte Formel war, daß der Tag in Frieden hingehen und daß Gott die Herzen der Menschen öffnen möge. Dann wurde ein ernstes Gebet für mein Seelenheil gesprochen: »Herr, zeige diesem neuen Bruder, der zu uns gekommen ist, den Weg. Gib ihm, Herr, den Frieden, den du uns gegeben hast. Möge der Herr Jesus, der uns erlöst hat, ihn auch erlösen. Wir bitten all dies im Namen Jesu.« Bei diesen Zusammenkünften gab es keinen Gesang oder Musik. Nach dem täglichen besonderen Bittgebet gingen wir auseinander, jeder zu seinem Mittagessen, zu dem es dann gerade Zeit war. Das Gebet dauerte nicht länger als etwa fünf Minuten.

Miss Harris und Miss Gabb waren beide ältliche Fräuleins, Mr. Coates war Quäker. Die beiden Damen wohnten beisammen und hatten mich ein für allemal für Sonntag zum Vier-Uhr-Tee in ihrer Wohnung eingeladen. Ich brachte dazu jedesmal mein religiöses Wochentagebuch mit, das ich Mr. Coates zu lesen gab, und sprach mit ihm über die Bücher, die ich kannte, und über den Eindruck, den sie in mir hinterlassen hatten. Die Damen erzählten meist von ihren inneren Heilserfahrungen und priesen den Frieden, den sie so gefunden hatten. Mr. Coates war ein offenherziger, rechtschaffener junger Mann. Wir machten zusammen lange Spaziergänge, und er nahm mich auch zu anderen seiner christlichen Freunde mit. Als wir uns nähergekommen waren, gab er mir Bücher nach seiner eignen Wahl, bis mein Bücherbrett ganz voll davon war. Ich versprach getreulich, alle diese Bücher zu lesen, und während der Lektüre sprachen wir sie zusammen durch.

Wie mit neuen Büchern, so machte er mich auch mit mancherlei Freunden bekannt, die er als tüchtige Christen schätzte; unter anderen mit einer Familie, die zur Gemeinschaft der Plymouth-Brüder gehörte. Die meisten von denen, die ich durch Mr. Coates kennenlernte, machten auf mich den Eindruck von guten, gottesfürchtigen Menschen. Einmal indessen überraschte mich einer dieser Plymouth-Brüder mit einer Heilsauffassung, auf die ich nicht vorbereitet war:

»Sie können die Schönheit unserer Religion nicht verstehen. Nach dem, was Sie sagen, müssen Sie ja jede Minute Ihres Lebens über Ihren Fehlern und Sünden brüten, immer daran herumflicken und Buße dafür tun! Wie kann diese endlose innere Geschäftigkeit Ihnen Erlösung bringen? Sie können nie Frieden finden. Sie geben zu, daß wir alle Sünder sind. Nun bedenken Sie, wie wundervoll unser Glaube ist; unser eigenes Trachten nach Vervollkommnung und Sühne ist vergeblich; aber Erlösung müssen wir finden. Wie können wir die Last der Sünde tragen? Wir können sie nur Jesus aufbürden. Er ist der alleinige Sohn Gottes, frei von Sünden. Es ist Sein Wort, daß die, die an ihn glauben, das ewige Leben haben werden. Darin liegt die unendliche Gnade Gottes. Und indem wir an die Erlösung durch Jesus glauben, sind wir unserer Sünden entbunden. Sündigen müssen wir; es ist unmöglich, in dieser Welt sündenlos zu leben. Deshalb hat Jesus für uns gelitten und alle die Sünden der Menschheit gesühnt. Nur wer *Seine* große Erlösungstat annimmt, kann ewigen Frieden erlangen. Denken Sie, was für ein Leben der Unrast das Ihre ist und welche Gewißheit des Friedens wir haben.«

Diese Darlegung hatte nicht im geringsten den Erfolg, mich zu überzeugen. Ich erwiderte bescheiden: »Wenn das das Christentum ist, kann ich es nicht annehmen. Ich suche nicht die Erlösung von den Folgen meiner Sünden; ich suche die Erlösung von der Sünde an sich oder eigentlich von der Idee der Sünde überhaupt. Solange ich dieses Ziel nicht erreicht habe, werde ich mich mit meinem Leben in Unrast begnügen.«

Worauf der Plymouth-Bruder entgegnete: »Ich versichere Ihnen, Ihr Bemühen ist vergeblich. Denken Sie nochmals über das nach, was ich Ihnen gesagt habe.«

Und der Bruder erwies sich in der Tat seiner Rede würdig. Er beging mit Absicht Sünden und bewies mir durch den Augenschein, daß ihn der Gedanke daran nicht im mindesten beschwerte.

Aber ich wußte schon vor dieser Bekanntschaft, daß nicht alle Christen eine solche Auffassung von Sühne hatten. Mr. Coates selbst wandelte in der Furcht des Herrn; sein Herz war rein, und er glaubte an die Möglichkeit der Selbstläuterung. Die beiden Damen teilten seinen Glauben. Manche der Bücher, die mir in die Hände kamen, waren voll wahrer Frömmigkeit. So konnte ich denn Mr.

Coates, der sich über dieses Erlebnis sehr aufgeregt hatte, wieder beruhigen und ihm mit gutem Gewissen sagen, daß der Irrglaube eines Plymouth-Bruders mich keineswegs gegen das Christentum einnehmen könne. Meine Bedenken lagen ganz woanders. Sie bezogen sich auf die Bibel und ihre anerkannte Auslegung.

Ehe ich weiter erzähle, wie es mir mit dem Christentum erging, muß ich von anderen Erfahrungen aus derselben Zeit berichten. Sheth Tyeb Haji Khan Muhammad hatte in Pretoria die gleiche Stellung wie Dada Abdulla in Natal. Keine öffentliche Bewegung wäre denkbar gewesen ohne ihn. Ich machte seine Bekanntschaft gleich in der ersten Woche nach meiner Ankunft in Pretoria und teilte ihm meine Absicht mit, mit jedem dort lebenden Inder in Fühlung zu kommen. Das erste, was ich tat, war, daß ich eine Versammlung einberief, die hauptsächlich von Meman[1]-Kaufleuten besucht war, obwohl auch ein paar Hindus darunter waren. Die Hindus waren in Pretoria überhaupt dünn gesät.

Meine Ansprache in dieser Versammlung war eigentlich die erste öffentliche Rede in meinem Leben. Ich war ziemlich gut vorbereitet auf mein Thema, das von der Ehrlichkeit im geschäftlichen Leben handelte. Ich hatte die Kaufleute immer sagen hören, Ehrlichkeit im Geschäft sei nicht möglich. Ich dachte damals anders und tue es auch heute noch. Auch heute noch weiß ich von mir befreundeten Kaufleuten, die behaupten, daß Ehrlichkeit und Geschäft unvereinbar seien. Geschäft, sagen sie, ist eine durchaus praktische Angelegenheit und Wahrheit eine Sache der Religion; und praktische Dinge und Religion hätten nichts miteinander zu tun. Ich bekämpfte diesen Standpunkt in meiner Rede heftig und suchte in der kaufmännischen Zuhörerschaft das Gefühl für ihre Pflicht zu erwecken.

Ich hatte gefunden, daß die Lebensgewohnheiten unserer Landsleute hier, verglichen mit denen der Engländer um sie herum, unhygienisch genannt werden mußten, und lenkte ihre Aufmerksamkeit auf diesen Punkt. Ich betonte besonders die Notwendigkeit, alle Rassen- und Glaubensunterschiede auszuschalten. Zum Schluß schlug ich die Gründung einer Gesellschaft vor, die die Aufgabe haben sollte, die unterdrückte Lage der indischen Einwanderer bei den zuständigen Behörden zur Sprache zu bringen. Ich erbot mich, dafür alle Zeit und Kräfte zur Verfügung zu stellen, die ich nur aufbringen könnte.

Mit dem Ergebnis der Versammlung war ich zufrieden. Es wurde der Beschluß gefaßt, in jeder Woche einmal wieder zusammenzukommen. Das geschah denn auch mehr oder weniger regelmäßig, und es kam jedesmal ein allgemeiner freier Gedankenaustausch zustande. Die Folge war, daß es bald in Pretoria keinen Inder gab, den ich nicht kannte oder mit dessen Verhältnissen ich nicht vertraut war. Hieraus ergab sich dann wieder, daß ich mit dem britischen Regierungsvertreter in Pretoria, Mr. Jacobus de Wet, in Verbindung kam. Er war den Indern wohlgesinnt, aber er hatte sehr wenig Einfluß. Immerhin erklärte er sich bereit, uns zu helfen, so gut er konnte, und forderte mich auf, zu ihm zu kommen, sooft ich wollte.

Nun trat ich mit den Eisenbahnbehörden in Verbindung und schrieb ihnen, daß selbst auf Grund ihrer eigenen Vorschriften die Mißstände, unter denen die reisenden Inder zu leiden hätten, nicht zu rechtfertigen seien. Als Antwort erhielt ich einen Brief, in dem es hieß: Fahrkarten erster und zweiter Klasse werden an Inder abgegeben, die anständig gekleidet sind. Das klang freilich keineswegs nach wirklicher Abhilfe, da es ja ganz dem Stationsvorstand überlassen blieb, zu entscheiden, wer ›anständig gekleidet‹ war.

Der britische Regierungsvertreter zeigte mir verschiedene Akten über indische Angelegenheiten. Tyeb Sheth hatte mir auch schon ähnliche Schriftstücke gegeben. Ich ersah daraus, wie brutal die Inder aus dem Oranje-Freistaat hinausgehetzt wurden.

So verschaffte mir mein Aufenthalt in Pretoria die Möglichkeit, die Lage der Inder in Transvaal und dem Oranje-Freistaat sorgfältig zu studieren. Ich hatte keine Ahnung, daß dieses Studium mir in Zukunft von unschätzbarem Werte sein sollte, denn ich hatte ursprünglich die Absicht, gegen Ende des Jahres nach Hause zurückzukehren, oder sogar schon früher, falls der Prozeß vor Jahresschluß zu einem Ende käme. Aber Gott hatte es anders gewollt.

Das Jahr in Pretoria war höchst wertvoll für mein ganzes Leben. Hier fand ich Gelegenheit, mich mit öffentlicher Tätigkeit vertraut zu machen und mir über das Maß meiner Befähigung dazu klarzuwerden. Hier wuchs religiöser Sinn in mir zu einer treibenden Kraft; hier verschaffte ich mir auch eine gründliche Kenntnis der Gerichtspraxis. Hier lernte ich alles, was ein junger Anwalt von seinen älteren Kollegen bei Gericht lernen kann; hier bekam ich auch das Vertrauen zu mir selbst, daß ich als Anwalt nicht versagen würde. Hier ging mir endlich auch das Geheimnis auf, wie man als Anwalt Erfolg hat.

Dada Abdullas Prozeß war keine Kleinigkeit. Es handelte sich um eine Forderung von vierzigtausend Pfund. Da der Prozeß aus geschäftlichen Transaktionen hervorgegangen war, gab es eine Menge verwickelter Verrechnungen. Ein Teil der Forderung stützte sich auf Handwechsel, ein anderer Teil auf die besondere Betätigung eines Versprechens, Handwechsel auszuliefern. Die Verteidigung behauptete, daß die Partei sich die Handwechsel in betrügerischer Weise angeeignet hätte.

Ich geriet ordentlich in Leidenschaft über den Fall und studierte das ganze Aktenmaterial, das sich auf die Transaktionen bezog. Mein Klient war ein Mann von großen geistigen Fähigkeiten und brachte mir uneingeschränktes Vertrauen entgegen; das machte mir die Arbeit leicht. Ich beschäftigte mich eingehend mit Buchführung. Mein Übersetzertalent wurde dadurch gefördert, daß ich die Korrespondenz übersetzen mußte, die zum größten Teil in Gujarati abgefaßt war.

Obwohl ich, wie ich schon sagte, ein lebhaftes Interesse für religiöse Gemeinschaft und für alle öffentliche Tätigkeit hatte und mir stets einen Teil meiner Zeit dafür absparte, standen diese Dinge für mich damals doch nicht an erster Stelle. Die Vorarbeiten für den Prozeß gingen allem andern vor. Ich vertiefte mich in das Gesetz und auch in andere Rechtsfälle, und die Folge war, daß ich die Tatbestände des Prozesses so im Kopf hatte, wie es vielleicht nicht einmal die Parteien selbst von sich sagen konnten, weil ich ja die Akten beider Parteien zur Hand hatte.

Ich erinnerte mich an das, was Mr. Pincutt mir einmal gesagt hatte: der Tatbestand ist Dreiviertel des Rechtsverfahrens. Das bestätigte sich mir später noch in einem andern Fall, wo der verstorbene Mr. Leonard, einer der berühmtesten Anwälte Südafrikas, diesen Standpunkt genauso nachdrücklich vertrat. Es handelte sich dabei um einen Prozeß, bei dem ich überzeugt war, daß das Recht auf seiten meines Klienten lag, obwohl das Gesetz anscheinend gegen ihn war. In Verzweiflung wandte ich mich an Mr. Leonard um Hilfe. Er hatte auch den Eindruck, daß die Tatsachen in dem Falle sehr überzeugend waren: »Gandhi«, rief er, »eins hab' ich gelernt: für den Tatbestand muß man sorgen, dann sorgt das Recht schon selber für sich. Wir wollen uns noch mal eingehender mit dem Tatbestand dieses Falles beschäftigen.« Er bat mich also, den Fall noch genauer zu studieren und ihm dann weiter zu berichten. Bei einer nochmaligen Prüfung des Tatbestandes sah ich ihn auf einmal in einem ganz neuen Licht und geriet dabei auch auf einen alten südafrikanischen Fall, an dem der springende Punkt klar wurde. Ich war hocherfreut, ging zu Mr. Leonard und berichtete ihm das alles. »Famos«, sagte er, »wir werden den Prozeß gewinnen. Nur müssen wir achtgeben, welcher Richter ihn übernimmt.«

Als ich mich auf Dada Abdullas Prozeß vorbereitete, war ich mir dieser überragenden Bedeutung des Tatsachenmaterials noch nicht klar bewußt. Tatsachen sind Wahrheit, und wenn wir uns nur an die Wahrheit halten, dann kommt uns das Recht von selbst zu Hilfe. Ich sah, daß die Tatsachen in Dada Abdullas Fall sehr überzeugend waren und daß das Gesetz unbedingt auf seiner Seite sein mußte. Ich sah aber auch, daß dieser Rechtsstreit, wenn man wirklich auf seiner Durchführung bestand, Kläger wie Beklagten, die verwandt und beide aus derselben Stadt waren, ruinieren mußten. Niemand hatte eine Ahnung, wie lange der Prozeß dauern würde. Wenn man es zur Gerichtsverhandlung kommen ließ, konnte er sich endlos hinschleppen, keiner Partei zum Vorteil. Es lag also in beider Interesse, der Sache so schnell wie möglich ein Ende zu machen.

Ich ging zu Tyeb Sheth und riet ihm, einen Vergleich anzustreben. Ich empfahl ihm, sich mit seinem Anwalt zu besprechen, und stellte ihm vor, daß ein Schiedsrichter, der das Vertrauen beider Parteien genösse, den ganzen Prozeß im Handumdrehen beenden könne. Die Anwaltskosten waren bereits zu so schwindelnder Höhe gestiegen, daß sie alle Mittel der Klienten, so mächtige Handelsmagnaten sie auch waren, zu verschlingen drohten. Der Prozeß nahm alle ihre Willenskräfte dermaßen in Anspruch, daß ihnen keine Ruhe und Zeit für irgendwelche andere Arbeit blieb. Mittlerweile wuchs der Groll auf beiden Seiten. Sie spannten daher alle Nerven an, um einen Vergleich zustande zu bringen. Endlich willigte Tyeb Sheth ein. Ein Schiedsrichter wurde ernannt, der Fall wurde vor ihm verhandelt, und Dada Abdulla gewann.

Aber das befriedigte mich nicht. Bestand mein Klient jetzt auf sofortiger Vollstreckung des Urteils, so war Tyeb Sheth ruiniert. Denn er war außerstande, die ganze Summe des durch Schiedsspruch zuerkannten Betrages auf einmal aufzubringen, und ein ungeschriebenes Gesetz bei den Memans aus Porbandar in Südafrika lautete: Lieber den Tod als einen Bankerott. Da es nun, wie gesagt, für Tyeb Sheth ausgeschlossen war, die ganze Summe von ungefähr siebenunddreißigtausend Pfund und außerdem die Kosten glatt auszubezahlen, er andrerseits aber nicht gewillt war, auch nur einen Heller weniger als den festgesetzten Betrag zu zahlen, weil er nicht für bankerott erklärt werden wollte, so gab es nur einen Ausweg: Dada Abdulla mußte ihm gestatten, in mäßigen Raten zu zahlen. Er zeigte sich verständnisvoll und gewährte Tyeb Sheth langfristige Ratenzahlungen. Es kostete mich mehr Mühe, diese Zahlungserleichterung durchzusetzen, als es mich gekostet hatte, die Parteien vor den Schiedsrichter zu bringen. Aber beide waren froh über den Erfolg, und beide stiegen in der Wertschätzung der Öffentlichkeit. Meine Freude war unbändig. Ich hatte den wahren Sinn der Rechtsprechung verstehen gelernt, nämlich die gute Seite im Menschen herauszufinden und in die Herzen der Menschen einzudringen. Ich hatte begriffen, daß es die wahre Aufgabe des Anwalts ist, die Parteien, die der Hader entzweit hat, wieder zusammenzuführen. Diese Lehre hat sich so unauslöschlich in mein Bewußtsein eingebrannt, daß ein großer Teil meines Wirkens in den zwanzig Jahren meiner Anwaltstätigkeit darin bestand, in Hunderten von Fällen persönliche Vergleiche zustande zu bringen. Ich habe dabei nichts verloren – nicht einmal Geld, jedenfalls nicht meine Seele.

Ich ging damals in Pretoria oft abends mit Mr. Coates spazieren, und wir kamen meistens nicht vor zehn Uhr nach Hause. Nun bestand eine Verordnung für Farbige in Transvaal, nach der Inder nicht auf dem Fußsteig gehen und nicht nach neun Uhr abends ohne Erlaubnisschein das Haus verlassen durften. Wenn mich nun die Polizei verhaftete? Mr. Coates regte sich mehr darüber auf als ich. Er stellte seinen schwarzen Dienstboten jedesmal Scheine aus. Aber mir? Nur der Arbeitgeber war berechtigt, einem Angestellten einen Erlaubnisschein auszustellen. Selbst wenn ich es gewünscht und er bereit gewesen wäre, hätte er mir keinen geben können, denn es wäre Betrug gewesen.

Also brachte mich Mr. Coates oder einer seiner Freunde zum Staatsanwalt Dr. Krause. Es stellte sich heraus, daß wir Anwälte aus derselben Innung waren. Die Tatsache, daß ich einen Schein brauchte, um nach neun Uhr ausgehen zu dürfen, brachte ihn ganz aus dem Häuschen. Er versicherte mir, er könne meine Empfindungen nachfühlen. Anstatt mir einen Passierschein ausstellen zu lassen, gab er mir einen Brief, der mich berechtigte, mich jederzeit außer dem Hause frei zu bewegen, ohne besondere polizeiliche Genehmigung. Ich hatte diesen Brief immer bei mir, wenn ich ausging. Daß ich nie gezwungen war, von ihm Gebrauch zu machen, war ein reiner Zufall.

Das Verbot, auf dem Fußsteig zu gehen, hatte ernstere Folgen für mich. Ich ging täglich nach einem frei gelegenen Platz durch die Präsidentenstraße spazieren. Das Haus des Präsidenten Krüger lag in dieser Straße, ein sehr bescheidenes, unaufdringliches Gebäude ohne Garten, das sich in keiner Weise von den Häusern seiner Umgebung unterschied. Die Häuser vieler reicher Leute in Pretoria waren viel anspruchsvoller und von Gärten umgeben. Die Einfachheit des Präsidenten war ja sprichwörtlich. Nur ein Polizeiposten vor dem Hause zeigte an, daß eine offizielle Persönlichkeit hier wohnte. Ich ging fast immer auf dem Fußsteig an diesem Posten vorbei, ohne daß mir auch nur das geringste geschah.

Nun kamen dort von Zeit zu Zeit andere Leute auf Posten. Einer von ihnen rempelte mich eines Tages an und stieß mich, ohne mich auch nur aufgefordert zu haben, den Fußsteig zu verlassen, mit einem Fußtritt einfach auf die Straße hinunter. Ich war wie aus den Wolken gefallen. Ehe ich ihn wegen seiner Grobheit zur Rede stellen konnte, rief mich Mr. Coates an, der zufällig gerade vorbeiritt, und sagte: »Gandhi, ich habe alles gesehen. Ich will mit Vergnügen Ihren Zeugen machen, wenn Sie den Mann verklagen. Es tut mir schrecklich leid, daß man Sie so brutal behandelt hat.«

»Es braucht Ihnen nicht weiter leid zu tun«, sagte ich, »was weiß denn der arme Kerl? Alle Farbigen sind für ihn ein und dasselbe. Sicher behandelt er jeden Neger genauso wie mich. Ich habe es mir zum Grundsatz gemacht, nie wegen irgendeines Angriffs auf meine Person vor Gericht zu gehen. Also habe ich auch nicht die Absicht, ihn zu verklagen.«

»Das sieht Ihnen wieder ähnlich«, sagte Mr. Coates, »aber überlegen Sie sich's noch mal. Man sollte solchen Leuten eine Lektion geben.« Er wandte sich dann an den Polizisten und stellte ihn zur Rede. Ich konnte ihrem Gespräch nicht folgen, weil es holländisch geführt wurde, der Polizist war Bure. Jedenfalls entschuldigte er sich bei mir, was gar nicht mehr nötig war, da ich ihm schon verziehen hatte.

Aber ich ging nie mehr durch diese Straße. Ich sagte mir: Andere kommen an seine Stelle, die von dem Vorfall nichts wissen, und machen es vielleicht geradeso. Warum soll ich unnötigerweise nochmals einen Fußtritt herausfordern? – Ich suchte mir deshalb einen andern Spazierweg.

So erfuhr ich immer gründlicher, nicht nur durch Lesen und Hören, sondern auch am eigenen Leibe, wie es um die indischen Ansiedler stand. Ich kam mehr und mehr zu der Überzeugung, daß Südafrika kein Land für einen Inder war, der Achtung vor sich selber hatte, und mein ganzes Denken richtete sich immer dringlicher auf die Frage, wie man diesem Zustand abhelfen könnte.

Mittlerweile zeigte sich Mr. Baker immer besorgter um mein Seelenheil. Er nahm mich mit zum Wellington-Konvent. Die protestantischen Christen veranstalteten solche Zusammenkünfte alle paar Jahre zum Zwecke der religiösen Erleuchtung oder, mit anderen Worten, der inneren Läuterung. Man könnte es auch religiöse Wiedergeburt nennen. Der Wellington-Konvent gehörte zu dieser Art von Veranstaltungen. Der Vorsitzende war der berühmte Seelenhirt, der Reverend Andrew Murray. Mr. Baker hatte gehofft, daß die Atmosphäre religiöser Erhobenheit auf dem Konvent und die Begeisterung und der Ernst der daran Teilnehmenden mich dem Christentum in die Arme führen würde.

Aber seine entscheidende Hoffnung hatte er auf die Wirksamkeit des Gebets gesetzt. Er hatte einen felsenfesten Glauben an die Macht des Gebets. Es war seine innige Überzeugung, daß Gott gar nicht anders könne, als ein inbrünstiges Gebet zu erhören. Er pflegte dann Beispiele anzuführen, wie das eines gewissen Georg Müller aus Bristol, der sich einzig und allein auf das Gebet verlassen hatte, auch für seine irdischen Bedürfnisse. Ich hörte seine Betrachtungen über die Wirksamkeit des Gebets mit unbefangener Aufmerksamkeit an und versicherte ihm, daß mich nichts davon abhalten würde, das Christentum anzunehmen, wenn ich den inneren Ruf dazu verspürte. Ich trug keine Bedenken, ihm diese Versicherung zu geben, da ich schon längst gelernt hatte, meiner inneren Stimme zu folgen. Ich unterwarf mich ihr mit Freuden; gegen sie zu handeln wäre mir schwer und schmerzlich gewesen.

Also fuhren wir nach Wellington. Für Mr. Baker war es nicht gerade angenehm, einen Farbigen wie mich zum Begleiter zu haben. Verschiedene Male hatte er lediglich meinetwegen Unannehmlichkeiten. Wir mußten die Reise unterwegs unterbrechen, da ein Tag zufällig auf den Sonntag fiel und Mr. Baker und seine Gesellschaft am Sabbat nicht reisen wollten. Nach langem Hin und Her ließ sich der Direktor des Bahnhofhotels herbei, mich aufzunehmen, aber er schlug es rundweg ab, mich in den Speisesaal zu lassen. Mr. Baker war nicht der Mann, ohne weiteres nachzugeben. Er nahm

Partei für die Rechte der Hotelgäste; aber ich sah wohl, wie peinlich es ihm war. Auch in Wellington wohnte ich mit Mr. Baker zusammen. Obwohl er sich ehrlich bemühte, mir die kleinen Unannehmlichkeiten, die er hinnehmen mußte, zu verheimlichen, bemerkte ich sie alle nur zu gut.

Der Konvent war eine große Versammlung fromm ergebener Christen. Ich war hoch erfreut über ihre Gläubigkeit. Hier lernte ich auch den Reverend Andrew Murray persönlich kennen und bemerkte, daß viele für mich beteten. Einige ihrer Kirchenlieder gefielen mir sehr gut, sie waren sehr innig.

Der Konvent dauerte drei Tage. Ich konnte die Hingabe der Teilnehmer verstehen und achten, aber ich sah keinen Grund, warum ich meinen Glauben hätte ändern sollen. Es wollte mir durchaus nicht einleuchten, daß ich in den Himmel kommen oder das Heil erlangen sollte nur dadurch, daß ich Christ wurde. Als ich das freimütig einigen der guten Christenfreunde sagte, waren sie entsetzt; aber ich konnte es nicht ändern. Meine Bedenken lagen tiefer. Es ging über mein Glaubensvermögen, daß Christus der alleinige Sohn Gottes sein und daß nur der, der an ihn glaubte, das ewige Leben haben sollte. Wenn Gott Kinder haben konnte, dann waren wir alle seine Kinder. Wenn Christus wie Gott war, oder Gott selbst, dann waren alle Menschen wie Gott und konnten Gott selbst sein. Mein Verstand war nicht fähig, wörtlich zu glauben, daß Christus durch seinen Tod und sein Blut die Sünden der Welt gesühnt habe. Bildlich genommen mochte etwas Wahres daran sein. Dann weiter: nach dem christlichen Glauben hatten nur menschliche Wesen eine Seele, aber nicht andere Lebewesen, für die der Tod vollkommene Vernichtung bedeutete, während ich entgegengesetzter Meinung war. Ich konnte Christus als Märtyrer, als Verkörperung des Opferwillens und als göttlichen Lehrer anerkennen, aber nicht als den vollkommensten Menschen, der je gelebt hat. Sein Tod am Kreuz war ein gewaltiges Beispiel für die Welt, aber daß darin irgend so etwas wie ein geheimnisvolles Heilswunder zu sehen wäre, das war für mein Gefühl unannehmbar. Das gottgefällige Leben der Christen gab mir nicht mehr als das Leben Andersgläubiger auch. Ich hatte an andern Menschen genau die gleiche innere Neuwerdung erlebt, wie man sie mir von Christen berichtete. Philosophisch betrachtet war nichts Außerordentliches an den christlichen Lehrsätzen. In ihrer Auffassung des Opfergedankens schienen mir die Hindus die Christen bei weitem zu überragen. Es war mir einfach unmöglich, das Christentum als eine vollkommene Religion oder gar als die größte aller Religionen anzuerkennen.

In dieses innere Gären ließ ich meine Christenfreunde hineinblikken, sooft sich die Gelegenheit bot, aber ihre Entgegnungen konnten mich nicht befriedigen. Ebensowenig freilich, wie ich das Christentum als vollkommen oder als die größte Religion anerkennen konnte, war ich überzeugt, daß die Hindulehre vollkommen sei. Ihre Mängel waren mir nur zu deutlich bewußt. Wenn Unberührbarkeit ein Glaubenssatz der Hindulehre war, so konnte man das nur ein faules Glied oder einen Auswuchs dieser Lehre nennen. Auch konnte ich nicht den Sinn der Unmenge von Sekten und Kasten begreifen. Und was hatte der Satz zu bedeuten, daß die Vedas das vom Geist eingegebene Wort Gottes seien? Wenn sie vom Geist eingegeben waren, warum denn nicht auch die Bibel und der Koran?

Wie meine Christenfreunde sich um meine Bekehrung bemühten, so taten es auch meine mohammedanischen Bekannten. Abdulla Sheth drängte mich immer wieder, mich in die Lehren des Islam zu vertiefen, und dabei hatte er natürlich immer etwas Rühmliches über seine Schönheit zu sagen.

Ich teilte meine Nöte Raychandbhai in einem Briefe mit, korrespondierte auch mit andern Glaubensgrößen in Indien und bekam Antworten von ihnen. Raychandbhais Brief beruhigte mich einigermaßen. Er ermahnte mich, Geduld zu haben und mich tiefer in die Hindulehre zu versenken. Einer seiner Sätze lautete: »Bei einer unbefangenen Betrachtung der Frage fühle ich mich überzeugt, daß keine andere Religion so scharfsinnige und tiefe Gedanken hat wie die Hindulehre, noch ihr inneres Schauen der Seele, noch ihre Menschenliebe.«

Ich kaufte mir Sales Übersetzung des Korans und fing an, darin zu lesen; ich schaffte mir auch noch andere Bücher über den Islam an. Außerdem setzte ich mich mit Christenfreunden in England in Verbindung. Einer von ihnen gab mir eine Empfehlung an Edward Maitland, mit dem ich einen Briefwechsel anfing. Er schickte mir den ›Vollkommenen Weg‹, ein Buch, das er gemeinsam mit Anna Kingsford geschrieben hatte. Das Buch war eine Ablehnung der geläufigen Auffassung des christlichen Glaubens. Außerdem sandte er mir noch ein anderes Buch: ›Die neue Auslegung der Heiligen Schrift‹. Ich fand an beiden Gefallen; ihr Inhalt schien mir die

Idee der Hindulehre zu bekräftigen. Tolstois Buch ›Das Wort Gottes ist in dir‹ überwältigte mich und hat einen bleibenden Eindruck in mir hinterlassen. Vor der unabhängigen Denkungsweise, der tiefen Sittlichkeit und Wahrhaftigkeit dieses Buches verblaßten all die andern, die Mr. Coates mir gegeben hatte, zu Nichtigkeiten.

Wenn ich mich in dieser Zeit mehr und mehr dem Dienst an der indischen Gemeinschaft hingab, so war das eigentliche Motiv, das dahinter stand, mein Streben nach Selbstverwirklichung. Ich hatte den Gedanken des Dienens zu meiner Religion gemacht, weil ich fühlte, daß Gott nur im Dienen erlebt werden kann. Und Dienst war für mich Dienst an der indischen Sache, weil das zu mir kam, ohne daß ich es suchte, und weil ich eine bestimmte Eignung dafür besaß. Ich war nach Südafrika gegangen, um den Intrigen in Kathiawar zu entgehen und mir meinen Lebensunterhalt zu verdienen. Aber, wie ich schon sagte, ich fand mich unwillkürlich immer wieder auf der Suche nach Gott und im Kampf um Selbstverwirklichung.

Christenfreunde hatten meinen Wissenshunger gereizt, der fast unersättlich geworden war; sie ließen mich nicht in Ruhe, auch wenn ich von ihnen nichts wissen wollte. In Durban spürte mich Mr. Spencer Walton auf, der Leiter der South Africa General Mission, und wir wurden so befreundet, daß ich fast wie ein Sohn im Hause bei ihm war. Hinter dieser Beziehung steckten natürlich auch die Christenfreunde in Pretoria. Mr. Walton hatte seine ganz besondere Art; ich erinnere mich nicht, daß er mich je zu bewegen gesucht hätte, das Christentum anzunehmen. Aber er breitete sein Leben wie ein offenes Buch vor mir aus und ließ mich sein ganzes Tun und Lassen schauen. Mrs. Walton war eine sehr feine und begabte Frau. Die Art dieser beiden Menschen sagte mir zu. Wir wußten um die Grundverschiedenheit unserer Ansichten; alles Reden konnte sie nicht aus der Welt schaffen. Aber auch Verschiedenheiten können nützlich sein, wo Duldung, Liebe und Wahrheit herrscht. Mir gefiel die Demut der beiden, ihre Beharrlichkeit und die Hingabe an ihr Werk; häufig kamen wir zusammen.

Diese Freundschaft hielt mein religiöses Interesse wach. Freilich war mir jetzt nicht die Muße vergönnt, die ich in Pretoria für meine religiösen Studien hatte. Aber jede Minute Zeit, die ich erübrigen konnte, wandte ich nutzbringend an. Mein Briefwechsel über Religionsfragen ging weiter, Raychandbhai war mein Führer. Ein Bekannter schickte mir Narmadachankars Buch ›Dharma Vichar‹.

Das Vorwort war für mich von großer Bedeutung. Ich hatte von dem leichtsinnigen Leben des Dichters gehört, und die Art, wie er in dieser Vorrede die Wandlung schilderte, die die Vertiefung in religiöse Dinge in seinem Leben bewirkt hatte, machte einen tiefen Eindruck auf mich. Das Buch wurde mir ein guter Freund, und ich las es von der ersten bis zur letzten Seite mit Aufmerksamkeit durch. Ich las mit Interesse Max Müllers Buch ›Indien – was es uns lehren kann‹ und die Übersetzung der Upanishaden, von der Theosophischen Gesellschaft herausgegeben. All dies verstärkte meine Achtung vor der Hindulehre, und ihre Schönheiten fingen allmählich an, mich in ihren Bann zu ziehen. Das machte mich indessen keineswegs blind gegen die anderen Religionen. Ich las Washington Irvings ›Leben Mohammeds und seiner Nachfolger‹ und Carlyles Lobgesang auf den Propheten; diese Bücher lehrten mich Mohammed höher schätzen. Ich vertiefte mich auch in ein Buch, das sich ›Die Sprüche Zarathustras‹ nannte.

So erweiterte ich meine Kenntnis der verschiedenen Religionen. Das Studium führte mich zur Selbstbetrachtung und nährte in mir die Gewohnheit, in die Praxis umzusetzen, was mir besonders gefiel. So fing ich verschiedene Yogiübungen an, so gut sie mir aus der Lektüre der Hindubücher verständlich wurden. Aber ich kam nicht sehr weit und beschloß, sie mit Beistand eines Sachkundigen fortzusetzen, wenn ich wieder in Indien wäre. Der Wunsch ist nie in Erfüllung gegangen.

Ich ließ mir auch das Studium von Tolstois Werken ›Kurze Darstellung der Evangelien‹, ›Was ist zu tun‹ und anderer seiner Bücher angelegen sein, die einen tiefen Eindruck auf mich machten. Ich fing an, immer mehr die unerschöpflichen Möglichkeiten der All-Liebe zu erfassen.

Ungefähr zu gleicher Zeit kam ich mit einer andern christlichen Familie in Berührung. Auf ihre Aufforderung hin besuchte ich jeden Sonntag die Wesleysche Kirche[2]; an diesem Tag war ich auch ein für allemal bei ihnen zum Mittagessen eingeladen. Die Kirche machte keinen guten Eindruck auf mich. Die Gemeinde schien weniger eine Versammlung religiös gesinnter Menschen, weniger eine Vereinigung frommer Seelen zu sein als eine Gesellschaft weltlich gesinnter Menschen, die zur Erholung und um der Sitte zu genügen in die Kirche gingen. Hier konnte es mir bisweilen geschehen, daß ich unversehens einnickte. Ich schämte mich darüber; verschiedene meiner Nebenmänner, denen es nicht besser ging, erleichterten indessen mein Schuldgefühl. Das konnte ich nicht lange mitmachen und gab es bald auf, den Gottesdienst zu besuchen.

Meine Beziehungen zu der Familie, zu der ich jeden Sonntag ging, fanden ein jähes Ende. Ich könnte auch sagen, man verbat sich meine weiteren Besuche. Das ging so zu. Die Frau des Hauses war ein guter und einfacher Mensch, aber dabei etwas engherzig. Wir unterhielten uns immer über religiöse Fragen. Ich las damals gerade wieder Arnolds ›Leuchte Asiens‹. Einmal verglichen wir das Leben Jesu mit dem Buddhas. »Schauen Sie sich Gautamas *Mitleiden* an!« sagte ich. »Es war nicht auf die Menschheit beschränkt, es erstreckte sich auf alle Lebewesen. Strömt unser Herz nicht über von Liebe, wenn wir an das Lamm denken, das er froh und friedlich auf seinen Schultern trägt? Man vermißt diese Liebe für die gesamte Kreatur im Leben Christi.« Der Vergleich verletzte die alte Dame. Ich konnte es ihr nachfühlen; ich brach daher das Thema ab, und wir gingen ins Eßzimmer. Ihr Junge, ein kleiner Engelskopf von kaum fünf Jahren, war auch bei uns. Ich fühle mich am glücklichsten, wenn ich unter Kindern bin, und dieses kleine Kerlchen und ich waren gute Freunde geworden. Während des Essens machte ich eine geringschätzige Bemerkung über das Stück Fleisch auf seinem Teller und sprach lobpreisend über den Apfel, der auf meinem lag. Das begeisterte die kleine Unschuld so, daß er auch anfing, in mein Loblied auf die Frucht einzustimmen.

Und die Mutter? Sie war entrüstet und verbat sich das. Ich verbiß mir die Antwort und sprach von etwas anderem. Am nächsten Sonntag fand ich mich zur gewohnten Zeit wieder ein, wenn auch nicht ohne ein bißchen Herzklopfen. Ich sah nicht ein, warum ich nicht mehr kommen sollte, und hätte das auch nicht anständig gefunden. Aber die gute Dame machte mir die Lösung leicht.

»Mr. Gandhi«, sagte sie, »bitte, nehmen Sie mir's nicht übel, wenn ich Ihnen sage, daß meinem Jungen der Umgang mit Ihnen nicht guttut. Jeden Tag macht er Geschichten, wenn er Fleisch essen soll, und will immer Obst haben, wobei er mich jedesmal an das erinnert, was Sie gesagt haben. Das geht zu weit. Wenn er kein Fleisch mehr ißt, wird er mir ja schwach, wenn nicht gar krank. Das könnte ich nicht ertragen. Reden Sie, bitte, von jetzt ab lieber nur mit uns Erwachsenen von diesen Dingen. Auf Kinder wirkt das bestimmt schädlich.«

»Das tut mir sehr leid«, erwiderte ich. »Ich kann Ihre Gefühle als Mutter verstehen, denn ich habe selbst Kinder. Wir können aber dieser unerquicklichen Situation sehr leicht ein Ende machen. Was ich esse oder nicht esse, macht jedenfalls auf das Kind einen stärkeren Eindruck, als was ich sage. Das beste wird daher sein, wenn ich diese Besuche ganz einstelle. Das braucht sicherlich unsere Freundschaft in keiner Weise zu beeinträchtigen.«

»Ich danke Ihnen«, sagte sie, sichtlich erleichtert.

Obwohl ich einen andern Weg eingeschlagen habe, als meine Christenfreunde es gern gewollt hätten, fühle ich mich doch für alle Zeit in ihrer Schuld für den religiösen Eifer, den sie in mir erweckt haben. Ich werde immer die Erinnerung an das Zusammensein mit ihnen hochhalten. Der weitere Verlauf meines Lebens trug mir nicht weniger, eher noch mehr solcher innigen und teuren Freundschaften ein.

Ausschreitungen in Durban

Mitte des Jahres 1896 kehrte ich nach Indien zurück. In Natal waren damals leichter Dampfer nach Kalkutta als nach Bombay zu bekommen, da die Kontraktarbeiter sich von Kalkutta oder Madras her einzuschiffen pflegten. Ich nahm also einen Dampfer nach Kalkutta. Auf der Fahrt von da nach Bombay verpaßte ich unterwegs meinen Zug und mußte einen Tag in Allahabad haltmachen. Dort begann meine Aufklärungsarbeit über Südafrika. Ich sprach mit Mr. Chesney vom ›Pionier‹. Er unterhielt sich höflich mit mir, sagte aber ganz offen, daß seine Sympathien auf seiten der Kolonisten wären. Indessen versprach er mir, daß er, wenn ich irgend etwas schriebe, es lesen und in seiner Zeitung besprechen würde. Das genügte mir.

Während meines Aufenthaltes in Indien verfaßte ich eine Broschüre über die Lage der Inder in Südafrika. Sie wurde von fast allen Zeitungen besprochen und brachte es zu zwei Auflagen. Fünftausend Exemplare wurden in verschiedenen Orten Indiens verteilt. Es war mir auch vergönnt, die indischen Führer kennenzulernen, und ich hatte Gelegenheit, in Bombay, Puna und Madras Ansprachen zu halten. Ich denke nicht, mich eingehend mit diesen Dingen zu beschäftigen, denn just während eine öffentliche Versammlung in Kalkutta vorbereitet wurde, erhielt ich ein Kabeltelegramm aus Natal mit dem Ersuchen, sofort zurückzukehren, und dies machte meinem Aufenthalt ein plötzliches Ende. Aus dem Telegramm schloß ich, daß irgendeine feindliche Bewegung gegen die Inder im Gange sein mußte; ich ließ also in Kalkutta alles stehen und liegen und fuhr nach Bombay, wo ich mit meiner Familie den ersten besten Dampfer nahm, den ich erlangen konnte. Er hieß ›Courland‹ und war von der Firma Dada Abdulla erworben worden – ein neues Unternehmen dieses höchst wagemutigen Handelshauses, das sich in den Kopf gesetzt hatte, einen eigenen Dampfer zwischen Porbandar und Natal verkehren zu lassen. Die ›Naderi‹, ein Dampfer der persischen Dampfschiffahrtsgesellschaft, fuhr unmittelbar danach von Bombay nach Natal. Die Gesamtzahl der Passagiere auf den beiden Schiffen belief sich auf etwa achthundert.

Die Bewegung in Indien hatte immerhin schon solche Bedeutung gewonnen, daß die führenden indischen Zeitungen in ihren Spalten davon Notiz genommen hatten und daß Reuter darüber nach England gekabelt hatte. Dies erfuhr ich erst, als ich in Natal ankam. Reuters Vertreter in England hatte ein kurzes Kabeltelegramm nach Südafrika geschickt, das einen übertriebenen Auszug aus meinen Reden in Indien enthielt. Derlei ist nichts Ungewöhnliches, und die Übertreibung ist nicht immer absichtlich. Stark beschäftigte Leute, die gewohnt sind, alles durch ihre eigene Brille anzuschauen, lesen da irgend etwas oberflächlich und drechseln sich dann einen Auszug zurecht, der mitunter teilweise ein Produkt der Einbildungskraft ist. Dieser Auszug wiederum wird an verschiedenen Orten verschieden ausgelegt. So tritt Verzerrung ein, ohne daß irgend jemand es beabsichtigt. Das ist die Gefahr, die immer mit öffentlicher Tätigkeit verbunden ist, und darin liegt auch das Begrenzte ihrer Wirkung.

Während meines Aufenthalts in Indien hatte ich die Europäer in Natal gerügt. Ich hatte sehr entschieden gegen die Dreipfundsteuer der Kontraktarbeiter gesprochen. Ich hatte eine lebendige Schilderung der Leiden eines solchen Arbeiters namens Subrahmanyam gegeben, der von seinem Herrn geschlagen worden war, dessen Wunden ich gesehen hatte und dessen Fall in meinen Händen lag. Als die Europäer in Natal den verzerrten Auszug aus meinen Reden lasen, waren sie sehr erbittert gegen mich. In Wahrheit war das, was ich zuvor in Natal darüber geschrieben hatte, weit strenger und eingehender gewesen als das, was ich hernach in Indien sprach. Ich hatte mich absichtlich bei meinen Reden in Indien sorgfältig vor Übertreibung gehütet. Da ich aus Erfahrung wußte, daß, wenn man einen Vorfall einem Fremden schildert, er meistens mehr heraushört, als man sagen will, hatte ich die südafrikanischen Verhältnisse wohlweislich in Indien weniger drastisch beschrieben, als es den Tatsachen entsprach. Aber sehr wenige Europäer hatten gelesen, was ich in Natal geschrieben hatte, und noch weniger kehrten sich daran. Kurz und gut: der Fall lag angeblich anders, als ich es in meinen Reden und Schriften in Indien dargestellt hatte. Tausende von Europäern lasen Reuters Auszüge. Dazu kommt, daß eine Sache, für die man eigens eine Kabeldepesche aufwendet, schon dadurch eine Bedeutung annimmt, die sie an sich nicht hat. So phantasierten die Europäer von Natal in meine Tätigkeit in Indien eine übertriebene Tragweite hinein und sahen infolgedessen schon das ganze System der Kontraktarbeit bedroht, zum Schaden von Hunderten von europäischen Plantagenbesitzern. Außerdem fühlten sie sich Indien gegenüber verleumdet.

In diesem gereizten Zustand kam ihnen zu Ohren, ich sei mit meiner Familie auf der ›Courland‹ wieder unterwegs nach Natal, das Schiff brächte drei- bis vierhundert indische Passagiere mit, und gleichzeitig rücke auch die ›Naderi‹ mit ebensoviel Indern an. Dies brachte sie erst recht in Hitze, und es kam zu einem gewaltigen Ausbruch. Sie hielten große Versammlungen ab, an denen sich fast alle bedeutenden Mitglieder der Kolonie beteiligten. An den indischen Passagieren im allgemeinen und im besondern an mir wurde weidlich und scharf Kritik geübt. Die erwartete Ankunft der ›Courland‹ und der ›Naderi‹ wurde als eine ›Invasion‹ von Natal dargestellt. Die Redner behaupteten, ich hätte diese achthundert Passagiere nach Natal gebracht, und dies sei mein erster Schritt zur Überschwemmung Natals mit freien Indern. Eine einmütige Entschließung wurde angenommen, daß die Passagiere der beiden Dampfer, einschließlich meiner Person, an der Landung in Natal gehindert werden sollten. Würde oder könnte die Regierung von Natal den Passagieren das Landen nicht verbieten, so sollte der von der Versammlung ernannte Ausschuß sich eigenmächtig Recht verschaffen und die Inder mit aller Gewalt am Landen hindern. Beide Dampfer erreichten am gleichen Tage Durban.

In diesem Jahre 1896 war gerade die Beulenpest zum erstenmal in Indien aufgetreten. Das wurde nun als Vorwand benutzt, unsere Landung zu verhindern. Die Regierung von Natal konnte an sich nichts dazu tun, da das Gesetz zur Beschränkung der Einwanderung noch nicht in Kraft getreten war. Ihre Sympathien waren jedoch durchaus auf seiten des Europäerausschusses. Mr. Escombe, ein Mitglied der Regierung, spielte eine hervorragende Rolle bei den Maßnahmen dieses Ausschusses. Nun ist in allen Häfen eine Verordnung in Kraft, daß, wenn ein Fall von ansteckender Krankheit auf einem Dampfer vorkommt oder ein Dampfer aus einem verseuchten Hafen kommt, er eine gewisse Zeit unter Quarantäne gehalten werden muß. Das kann jedoch nur auf Befehl des Hafengesundheitsamts geschehen. Trotzdem verhängte die Regierung von Natal, ihre Befugnisse zu einem politischen Zweck mißbrauchend, die Quarantäne über uns; obgleich keinerlei ansteckende Krankheit an Bord herrschte, wurden diese Dampfer aufgehalten, weit über die übliche Frist hinaus, volle dreiundzwanzig Tage lang. Inzwischen setzte der Europäerausschuß seine Tätigkeit fort. Die Herren Dada Abdulla, die die Eigentümer der ›Courland‹ waren, und die Vertreter der ›Naderi‹ wurden scharf von ihnen ins Gebet genommen. Lockmittel wurden ihnen angeboten, wenn sie einwilligten, die Passagiere zurückzubringen; und man drohte ihnen, ihr Geschäft zu ruinieren, wenn sie sich weigerten. Aber die Teilhaber der Firma waren keine Feiglinge. Sie sagten, sie kümmerten sich nicht darum, falls man sie zugrunde richtete; sie würden sich bis zum äußersten zur Wehr setzen, aber sich nicht zwingen lassen zu dem Verbrechen, diese hilflosen, unschuldigen Passagiere wieder nach Hause zu schicken; sie wüßten, was sie ihrem Vaterlande schuldig wären. Auch der alte Rechtsbeistand der Firma, Mr. F. A. Laughton, Kronanwalt, hielt tapfer stand.

Ich brauche wohl kaum zu sagen, daß ich nicht das geringste zu schaffen hatte mit der Reise der Passagiere, die auf der ›Naderi‹ und der ›Courland‹ ankamen. Die meisten von ihnen waren seit langem in Südafrika ansässig. Viele von ihnen waren überhaupt nach Transvaal unterwegs. Selbst diesen wurden Drohbriefe von dem Europäerausschuß zugestellt. Die Kapitäne der Dampfer lasen sie den Passagieren vor. Es hieß darin unumwunden, die Europäer von Natal seien in einer gefährlichen Stimmung, und wenn die indischen Passagiere trotz der Warnung versuchen sollten zu landen, würden die Mitglieder des Ausschusses am Hafen aufpassen und jeden Inder ins Meer werfen. Ich verdolmetschte das den Passagieren auf der ›Courland‹. Ein englisch sprechender Passagier an Bord der ›Naderi‹ besorgte dasselbe für seine Mitreisenden. Die Passagiere auf beiden Dampfern lehnten entschieden ab, wieder umzukehren, und setzten hinzu, daß viele von ihnen auf dem Wege nach Transvaal und einige andere altansässig in Natal seien, daß auf jeden Fall jeder einzelne von ihnen gesetzlich berechtigt sei, zu landen, und daß sie, der Drohungen des Ausschusses ungeachtet, entschlossen seien, zu landen und für ihr Recht einzustehen.

Die Regierung von Natal wußte sich nicht mehr zu helfen. Wie lange war dieser gesetzwidrige Zwangszustand aufrechtzuerhalten? Dreiundzwanzig Tage waren schon verstrichen. Weder Dada Abdulla noch die Passagiere gaben nach. So wurde die Quarantäne nach dreiundzwanzig Tagen aufgehoben, und die Dampfer durften in den Hafen einlaufen. Mittlerweile beruhigte Mr. Escombe den erregten Europäerausschuß. Auf einer Versammlung, die einberufen wurde, sagte er: »Die Europäer von Durban haben lobenswerte Einigkeit und Beherztheit bewiesen. Ihr habt alles getan, was ihr tun konntet. Auch die Regierung hat euch geholfen.

Die Inder sind dreiundzwanzig Tage lang aufgehalten worden. Ihr habt euern Gefühlen und euerm Gemeinsinn hinreichend Ausdruck verliehen. Das wird auf die kaiserliche Regierung tiefen Eindruck machen. Euer Vorgehen hat der Regierung von Natal den Weg geebnet. Wenn ihr jetzt auch nur einen einzigen indischen Passagier mit Gewalt am Landen hindert, schadet ihr nur euren eigenen Interessen und bringt die Regierung in eine peinliche Lage. Die Passagiere sind nicht alle zu verurteilen; es sind Frauen und Kinder unter ihnen. Als sie sich in Bombay einschifften, hatten sie keine Ahnung, wie hier eure Stimmung ist. Ich möchte euch deshalb raten, jetzt auseinander zu gehen und diese Leute nicht länger aufzuhalten. Ich versichere euch jedoch, daß die Regierung Natals sich vom Gesetzgebenden Rat die nötigen Vollmachten verschaffen wird, künftig die Einwanderung zu beschränken.« Dies ist nur ein Auszug aus Mr. Escombes Rede. Seine Zuhörer waren enttäuscht, aber er hatte großen Einfluß auf die Europäer von Natal. Infolgedessen zerstreuten sie sich auf seinen Rat, und die beiden Dampfer liefen in den Hafen ein.

Mir selbst ging eine Botschaft von Mr. Escombe zu, ich möge nicht mit den anderen an Land gehen, sondern bis zum Abend warten, wo er den Chef der Hafenpolizei schicken wollte, um mich heimgeleiten zu lassen; meiner Familie stünde es jedoch frei, jederzeit an Land zu gehen. Dies war eigentlich kein Befehl, sondern gleichsam ein Rat an den Kapitän, mich nicht landen zu lassen, und eine Warnung an mich vor der Gefahr, die über meinem Haupte schwebte. Der Kapitän hatte nicht die Macht, mich gewaltsam am Landen zu hindern, aber ich kam zu dem Entschluß, diesen Wink zu beherzigen. Ich schickte meine Familie in die Wohnung meines alten Freundes und Klienten Parsi Rustomji und sagte ihnen, daß ich sie dort treffen würde. Als die Passagiere ausgebootet waren, kam Mr. Laughton, der Rechtsbeistand Dada Abdullas und ein persönlicher Freund von mir, an Bord und suchte mich auf. Er fragte mich, weshalb ich noch nicht an Land gegangen wäre. Ich erzählte ihm von Mr. Escombes Brief. Er sagte, das gefiele ihm nicht, daß ich bis zum Abend warten und dann wie ein Dieb oder Verbrecher die Stadt betreten sollte; ich sollte ihn, wenn ich keine Angst hätte, begleiten und zusammen mit ihm in die Stadt gehen, als wenn nichts vorgefallen wäre. Ich erwiderte, daß es sich bei mir nicht etwa um Angst handelte, sondern lediglich darum, ob ich nicht aus Anstand verpflichtet wäre, Mr. Escombes

Wink zu beherzigen. Und wir müßten auch bedenken, ob der Kapitän des Dampfers dann nicht etwa zur Verantwortung gezogen werden würde. Mr. Laughton lächelte und sagte: »Was hat Mr. Escombe für Sie getan, daß Sie verpflichtet wären, seinen Wink zu beachten? Und wer sagt Ihnen, daß er das aus Wohlwollen geschrieben hat und nicht aus anderen Gründen? Ich weiß besser als Sie, was in der Stadt geschehen ist und welche Rolle Mr. Escombe bei den Ereignissen dort gespielt hat.« Ich wollte ihn mit Kopfschütteln unterbrechen, aber Mr. Laughton fuhr fort:

»Nehmen wir meinetwegen an, daß er aus den besten Motiven handelt; aber wenn Sie seinem Wink folgen, werden Sie gedemütigt dastehen. Ich möchte Ihnen deshalb raten, sobald Sie fertig sind, jetzt mit mir zu kommen. Der Kapitän ist unser Mann, und seine Verantwortung ist unsere Verantwortung. Er ist nur Dada Abdulla Rechenschaft schuldig. Und wie die Herren in der Sache denken, weiß ich, denn sie haben sich bei dem ganzen Vorfall sehr tapfer gehalten.« Ich entgegnete: »Also gehen wir. Fertig bin ich, brauche nur meinen Turban aufzusetzen. Wir wollen aber dem Kapitän noch Bescheid sagen.« Wir verabschiedeten uns von dem Kapitän.

Mr. Laughton war ein alter und wohlbekannter Rechtsanwalt in Durban, mit dem ich schon seit längerer Zeit vertraut war; ich hatte ihn schon oft in schwierigen Fällen um Rat gefragt und als meinen Senior zugezogen. Er war ein unerschrockener und kraftvoll gebauter Mann. Unser Weg führte durch die Hauptstraße von Durban. Es ging auf halb fünf Uhr abends, als wir aufbrachen. Der Himmel war leicht bedeckt und die Sonne nicht zu sehen. Ein Fußgänger brauchte mindestens eine Stunde, um zu Parsi Rustomjis Haus zu gelangen. Auf dem Kai waren nicht mehr Leute als gewöhnlich. Sobald wir an Land waren, erspähten uns ein paar junge Burschen. Da ich der einzige Inder war, der einen Turban von besonderer Form trug, erkannten sie mich sofort, begannen zu schreien: ›Da ist Gandhi, da ist Gandhi! Haltet ihn auf! Umzingelt ihn!‹ und kamen auf mich zu. Einige begannen Steine zu werfen. Dann gesellten sich auch ein paar ältere Europäer zu den Burschen, und allmählich wuchs die Schar der Krakeeler. Mr. Laughton fand es bedenklich, weiter zu Fuß zu gehen. Deshalb winkte er einer Rikscha herbei. Bis dahin hatte ich nie in einer Rikscha gesessen, da es mir in tiefster Seele widerstrebte, in einem von menschlichen Wesen gezogenen Fahrzeug zu sitzen. Aber in diesem Augenblick schien es mir Pflicht, das Fahrzeug zu benützen. Fünf- oder sechsmal in meinem Leben habe ich erfahren, daß ein Mensch, den Gott zu bewahren wünscht, nicht straucheln kann, wenn er es auch will. Und wenn ich in diesem Augenblick nicht strauchelte, kann ich es mir nicht als Verdienst anrechnen. Diese Rikschas werden von Zulus gezogen. Die älteren Europäer und die jungen Burschen drohten dem Rikschamann, ihn zu verprügeln und ihm sein Fuhrwerk in Trümmer zu schlagen, wenn er mich einsteigen ließe. Deshalb sagte der Rikschajunge ›Kha‹ [Nein] und lief davon. So wurde mir die Schande einer Rikschafahrt erspart.

Es blieb uns nun nichts weiter übrig, als zu Fuß nach unserm Bestimmungsort zu gehen. Der Pöbelhaufen folgte uns. Mit jedem Schritt, den wir vordrangen, wurde er größer und größer. Als wir die West Street erreichten, war er schon ein gewaltiger Schwarm. Ein Mann von kräftiger Gestalt ergriff Mr. Laughton und riß ihn von mir weg. Es gelang ihm nicht, wieder an meine Seite zu kommen. Die Menge begann mich zu mißhandeln und ließ Steine, und was sie sonst erlangen konnten, auf mich herabhageln. Man riß mir den Turban vom Kopf. Inzwischen kam ein vierschrötiger Geselle auf mich zu, schlug mich ins Gesicht und trat mich dann mit Füßen. Ich war nahe daran, in Ohnmacht zu fallen, konnte mich aber gerade noch an dem Gitter eines Hauses festhalten. Eine Weile holte ich Atem, und als der Schwächeanfall vorüber war, setzte ich meinen Weg fort. Zu dieser Zeit hatte ich fast alle Hoffnung aufgegeben, lebendig nach Hause zu gelangen. Aber ich erinnere mich genau, daß selbst damals mein Herz meine Angreifer nicht anklagte.

Während ich mir so langsam meinen Weg bahnte, kam die Frau des Polizeipräsidenten von Durban, Mrs. Alexander, aus der entgegengesetzten Richtung. Wir kannten einander gut, sie war eine tapfere Frau. Obwohl der Himmel bewölkt und die Sonne schon am Untergehen war, öffnete sie ihren Sonnenschirm zu meinem Schutz und ging neben mir her. Die Europäer durften sich an einer Dame nicht vergreifen, besonders nicht an der Gattin des alten, beim Volke beliebten Polizeipräsidenten. Sie mußten sich also hüten, sie etwa zu treffen, während sie nach mir schlugen. Deshalb hatte ich nun nicht mehr allzuviel zu leiden. Inzwischen hatte der Polizeipräsident von dem Angriff auf mich erfahren und einen Trupp Polizisten zu meinem Schutze abgeschickt. Die Polizei nahm mich in die Mitte. Die Polizeiwache lag an unserem Weg. Als wir dort eintrafen, sah ich, daß der Polizeipräsident auf uns wartete. Er bot mir eine Zuflucht in der Polizeiwache an, aber ich lehnte dankend ab und sagte: »Ich muß dahin, wo ich hin will. Ich habe Vertrauen zu der Unparteilichkeit der Bürger von Durban und zu der Gerechtigkeit meiner eigenen Sache. Ich bin Ihnen dankbar, daß Sie die Polizeitruppe zu meinem Schutz abgeschickt haben. Auch Mrs. Alexander hat viel dazu geholfen, daß ich lebend davongekommen bin.«

Ich erreichte Rustomjis Haus ohne weitere Belästigung. Es war fast Abend, als ich dort ankam. Der anwesende Stabsarzt der ›Courland‹ untersuchte meine Wunden. Es waren ihrer nicht viele, eine innere Wunde schmerzte besonders. Aber ich sollte noch keine Ruhe haben. Tausende von Europäern rotteten sich vor Rustomji Sheths Haus zusammen. Nach Einbruch der Dunkelheit mischte sich auch allerlei Gesindel unter die Menge. Sie schrien zu Rustomji Sheth hinauf: wenn er mich ihnen nicht ausliefere, würden sie ihn und sein Haus samt mir verbrennen. Rustomji Sheth war ein zu guter Inder, um sich einschüchtern zu lassen. Als Präsident Alexander erfuhr, wie es stand, gesellte er sich stillschweigend mit einer Anzahl von Kriminalbeamten unter die Menge. Er ließ eine Bank holen und stellte sich darauf. So besetzte er unter dem Vorwand, zu der Menge zu sprechen, den Eingang von Rustomjis Haus, so daß niemand eindringen konnte. Er hatte bereits Kiminalbeamte an geeigneten Orten postiert und gleich anfangs einem Untergebenen Anweisung gegeben, sich ein indisches Gewand anzuziehen, sein Gesicht zu schminken und mich so, als indischer Händler verkleidet, aufzusuchen und mir die folgende Botschaft zu übermitteln: »Wenn Sie Ihren Freund, seine Gäste und sein Eigentum und Ihre eigene Familie retten wollen, rate ich Ihnen, sich als indischer Polizist zu verkleiden, durch Rustomjis Warenlager herauszukommen, sich mit meinem Beamten durch die Menge zu stehlen und nach der Polizeiwache zu fahren. An der Straßenecke wartet ein Wagen auf Sie. Das ist die einzige Möglichkeit, wie ich Sie und die andern retten kann. Die Menge ist so erregt, daß ich nicht imstande bin, sie in Schach zu halten. Wenn Sie nicht auf der Stelle meinen Weisungen folgen, fürchte ich, daß die Leute Rustomjis Haus dem Boden gleichmachen werden, und es ist nicht auszudenken, wieviele Menschenleben und wieviel Eigentum dabei vielleicht umkommen werden.« Ich erfaßte die Lage sofort, verkleidete mich schnell als Polizist und verließ Rustomjis

Haus. Der Polizeibeamte und ich erreichten unangefochten die Polizeiwache. Inzwischen hielt Mr. Alexander die Menge bei Laune, indem er allerlei volkstümliche Gassenhauer mit ihnen sang und mit ihnen plauderte. Als er erfuhr, daß ich die Polizeiwache glücklich erreicht hatte, wurde er ernst und fragte:

»Was wollt ihr eigentlich?«

»Gandhi wollen wir.«

»Was wollt ihr mit ihm machen?«

»Verbrennen wollen wir ihn.«

»Was hat er euch denn getan?«

»Er hat uns in Indien schlecht gemacht und will Natal mit Kulis überschwemmen.«

»Und wenn er nicht herauskommt?«

»Dann stecken wir sein Haus in Brand.«

»Seine Frau und seine Kinder sind auch dort. Außerdem auch noch andere Männer und Frauen. Würdet ihr euch nicht schämen, Frauen und Kinder zu verbrennen?«

»Die Verantwortung dafür tragen Sie. Wir wollen keinem etwas zuleide tun, aber Sie sollen uns Gandhi ausliefern.«

Der Präsident lächelte sanft und teilte der Menge mit, daß ich Rustomjis Haus verlassen hätte, durch ihre Mitte entwischt und bereits ganz woanders sei. Die Menge rief:

»Das ist eine Lüge, das ist eine Lüge!«

Der Präsident sagte: »Wenn ihr euerm alten Polizeipräsidenten nicht glauben wollt, so ernennt unter euch, bitte, einen Ausschuß von drei oder vier Mann. Laßt die anderen versprechen, daß sie nicht in das Haus eindringen werden und daß ihr, wenn der Ausschuß Gandhi nicht zu finden vermag, friedlich nach Hause gehen werdet. Ihr habt euch heute von der Erregung hinreißen lassen und der Polizei nicht gehorcht. Das macht euch Unehre, nicht der Polizei. Die Polizei hat euch deshalb einen Streich gespielt; sie hat euch eure Beute entführt, und ihr habt das Spiel verloren. Das werdet ihr der Polizei sicherlich nicht verübeln. Die Polizei, die ihr ernannt habt, hat lediglich ihre Pflicht getan.«

Der Präsident sprach mit solcher Sanftmut und Bestimmtheit, daß alle seinem Vorschlag zustimmten. Ein Ausschuß wurde gewählt. Er durchsuchte Rustomjis Haus von oben bis unten und berichtete der Menge, daß der Präsident recht und sie überlistet hätte. Die Leute waren enttäuscht, aber sie hielten ihr Wort und verliefen sich, ohne irgendwelches Unheil anzurichten. Dies geschah am 13. Januar 1897.

Am gleichen Morgen, nachdem die Quarantäne über die Dampfer aufgehoben war, hatte der Berichterstatter einer Durbaner Zeitung mich auf dem Dampfer aufgesucht. Er hatte mich über alles ausgefragt. Es fiel mir nicht schwer, die Beschuldigungen gegen mich zu entkräften. Ich machte ihm ausführlich klar, daß ich mich nicht der geringsten Übertreibung schuldig gemacht hätte. Was ich getan hätte, sei nur meine Pflicht gewesen. Hätte ich sie nicht erfüllt, so wäre ich des Namens Mensch nicht wert. All das erschien am nächsten Tag in den Zeitungen. Einige Vernünftige unter den Europäern gaben ihr Unrecht zu. Die Zeitungen erklärten sich zwar mit dem Standpunkt der Europäer in Natal solidarisch, verteidigten aber gleichzeitig nachdrücklich meine Handlungsweise. Dies erhöhte sowohl mein Ansehen als das der indischen Gemeinde. Es war bewiesen, daß die Inder, so arm sie auch waren, keine Feiglinge und daß die indischen Kaufleute gesonnen waren, für ihre Selbstachtung und für ihr Vaterland einzustehen, ungeachtet aller geschäftlichen Verluste. So war, obwohl die indische Gemeinde Ungemach erdulden mußte und obwohl Dada Abdulla große Verluste erlitt, das Endergebnis, glaube ich, durchaus segensreich. Die Gemeinde hatte Gelegenheit, ihre eigene Kraft zu erproben, und infolgedessen wuchs ihr Selbstvertrauen. Ich war um eine wertvolle Erfahrung reicher, und wann immer ich an diesen Tag zurückdenke, fühle ich, daß Gott mich dadurch auf die Ausübung von Satyagraha vorbereiten wollte. Die Ereignisse in Natal fanden ihren Widerhall in England. Mr. Chamberlain, Staatssekretär der Kolonien, ersuchte die Regierung von Natal telegraphisch, meine Angreifer zu verfolgen und dafür zu sorgen, daß mir Gerechtigkeit widerfahre.

Mr. Escombe, damals Kronanwalt bei der Regierung von Natal, ließ mich kommen. Er erzählte mir von Mr. Chamberlains Kabeldepesche. Er drückte sein Bedauern über die Verletzungen aus, die ich erlitten hatte, und seine Freude darüber, daß die Folgen des Überfalls nicht ernster waren. Er setzte hinzu: »Ich kann Ihnen versichern, daß es durchaus nicht in meiner Absicht lag, daß Sie oder irgendein anderes Mitglied Ihrer Gemeinde irgendwelchen Gewalttätigkeiten ausgesetzt werden sollten. Da ich fürchtete, daß Ihnen womöglich etwas zustoßen könnte, ließ ich Ihnen sagen, Sie möchten erst bei Nacht an Land gehen. Mein Vorschlag sagte Ihnen nicht zu. Ich möchte Sie nicht im mindesten tadeln, daß Sie

Mr. Laughtons Rat annahmen. Sie waren durchaus berechtigt, zu tun, was Sie für richtig hielten. Die Regierung von Natal erkennt Mr. Chamberlains Forderung vollkommen an. Wir wünschen, daß die Missetäter zur Rechenschaft gezogen werden. Können Sie irgendeinen von Ihren Angreifern feststellen?«

Ich erwiderte, daß ich vielleicht imstande wäre, einen oder zwei von ihnen festzustellen, aber mich bereits entschlossen hätte, niemanden zu verfolgen. Was sie erfahren hätten, hätten sie von ihren Führern erfahren, und es sei zu viel verlangt, daß eine Volksmenge hätte beurteilen sollen, ob etwas Wahres daran war oder nicht. Es sei nur natürlich, daß sie sich darüber erhitzt und zur Gewalt gegriffen hätten. Das pflege bei erregten Menschen seit jeher so zu gehen. Wenn irgend jemand einen Vorwurf verdiene, sei es der Europäerausschuß. Trotz noch so verzerrter Reuterberichte wäre es die Pflicht der führenden Europäer und des Ausschusses gewesen, als sie von meiner Rückkehr nach Natal erfuhren, zunächst mich über meine so arg verdächtigte Tätigkeit in Indien zu befragen.

Mr. Escombe antwortete: »Ich verstehe vollkommen, was Sie sagen, und würdige es. Ich war nicht darauf gefaßt, zu hören, daß Sie nicht gewillt seien, Ihre Angreifer zu verfolgen. Ich wäre keineswegs dagegen gewesen, wenn Sie es getan hätten. Aber da Sie nunmehr Ihren Verzicht auf Strafverfolgung kundgetan haben, zögere ich nicht, zu sagen, daß Sie nicht nur zu einer richtigen Entscheidung gekommen sind, sondern auch durch Ihre Selbstbeherrschung Ihrer Gemeinde einen weiteren Dienst erweisen. Gleichzeitig muß ich zugeben, daß Ihr Verzicht die Regierung von Natal vor einer höchst peinlichen Situation bewahrt. Wie gesagt, wenn Sie es wünschen, wird die Regierung dafür sorgen, daß Ihre Angreifer verhaftet werden; aber es ist wohl kaum nötig, Ihnen zu sagen, daß dies die Europäer reizen und zu allerlei Kritik Anlaß geben würde, wie keine Regierung sie gerne sieht. Falls jedoch Ihr Entschluß endgültig ist, wäre es mir lieb, wenn Sie mir ein paar Zeilen schrieben und die Sache schwarz auf weiß darlegten. Es genügt nicht für die Rechtfertigung meiner Regierung, daß ich Mr. Chamberlain nur einen Auszug aus meiner Unterredung schicke, ich müßte ihm schon einen Auszug aus Ihrem Schreiben jetzt gleich einhändigen. Ziehen Sie lieber erst Ihre Freunde zu Rate. Fragen Sie auch Mr. Laughton. Und wenn Sie nach diesen Beratungen noch an Ihrem Entschluß festhalten, schreiben Sie mir. Aber Ihr Schreiben müßte klar erkennen lassen, daß Sie, auf Ihre eigene Verantwortung hin, darauf verzichten, Ihre Angreifer zu verfolgen. Nur dann hat es Wert für mich.«

Ich sagte: »Ich hatte keine Ahnung, daß Sie mich deswegen herkommen ließen. Ich habe bisher noch niemand in der Sache um Rat gefragt und wünsche es auch jetzt nicht. Als ich beschloß, an Land zu kommen und mit Mr. Laughton weiterzugehen, hatte ich bereits mit mir ausgemacht, etwaige Tätlichkeiten ruhig hinzunehmen. Eine Verfolgung meiner Angreifer kommt deshalb nicht in Betracht. Dies ist für mich eine religiöse Frage.« Hierauf erhielt ich ein leeres Blatt Papier, schrieb die gewünschten Zeilen nieder und händigte sie ihm aus.

Der Burenkrieg

Als der Burenkrieg im Jahre 1899 ausbrach, wurde sofort die Frage brennend, was die Inder in Südafrika tun sollten. Die gesamte männliche Burenbevölkerung zog in den Krieg. Rechtsanwälte gaben ihre Praxis auf, Farmer ihre Farmen, Kaufleute ihr Geschäft, und Angestellte verließen ihre Stellung. Die Briten in Südafrika taten keineswegs so vollzählig mit. Immerhin stellten sich eine große Menge Bürger in der Kapkolonie, in Natal und Rhodesia als Freiwillige, darunter viele angesehene englische Kaufleute und Rechtsanwälte. Nun hieß es hierzulande immer, die Inder kämen nur nach Südafrika, um Geld zusammenzuscharren, und seien nur eine unnütze Last für die Briten. Wie Würmer, die im Holz nisten und es hohl fressen, so säßen die Inder in Südafrika, nur um sich zu mästen; sie würden den Engländern nicht die geringste Hilfe leisten, wenn einmal das Land überfallen und ihre Behausungen geplündert würden. Vielmehr würden die Briten in einem solchen Falle sich nicht nur gegen den Feind zu wehren haben, sondern auch gleichzeitig gegen die Inder. Wir Inder erwogen reiflich diese Beschuldigung. Wir fühlten, daß dies eine vortreffliche Gelegenheit für uns war, ihre Grundlosigkeit zu beweisen; aber andererseits wurden von einigen auch die folgenden Erwägungen vorgebracht:

»Die Briten unterdrücken uns genauso wie die Buren. Wir sind in Natal oder der Kapkolonie nicht viel besser dran als in Transvaal. Der Unterschied, wenn überhaupt einer vorhanden ist, ist nur ein Unterschied des Grades. Überdies sind wir mehr oder weniger doch alle beide Sklaven, wir und die Buren. Wenn wir also nun sehen, wie ein so kleines Volk wie die Buren um das nackte Leben kämpft, warum sollten wir da zu seiner Vernichtung beitragen? Und schließlich: niemand kann mit Sicherheit voraussagen, ob die Buren unterliegen werden. Und wenn sie siegen, werden sie unfehlbar Rache an uns nehmen.«

Es war eine starke Partei unter uns, die sich dafür einsetzte. Ich begriff und würdigte auch diesen Standpunkt. Aber er sagte mir nicht zu, und ich widerlegte ihn mir und der Gemeinde folgendermaßen:

»Unsere Existenz in Südafrika beruht nur auf unserer Stellung als britische Untertanen. In jeder Bittschrift, die wir eingereicht haben, berufen wir uns auf unsere Rechte als britische Untertanen. Wir waren stolz auf unser britisches Bürgerrecht oder taten unseren Beherrschern und der Welt gegenüber so, als ob wir stolz darauf wären. Unsere Beherrscher bekennen sich dazu, unser Recht zu schirmen, weil wir britische Untertanen sind, und das wenige, was wir noch an Rechten haben, haben wir nur, weil wir britische Untertanen sind. Es wäre unvereinbar mit unserer Würde als Nation, mit den Händen im Schoß zuzuschauen in einem Augenblick, wo die Briten sowohl wie wir selber bedroht sind, bloß weil sie uns hier schlecht behandeln. Und solche sträfliche Untätigkeit wird sich unter Umständen bitter an uns rächen. Wenn wir diese unverhoffte Gelegenheit, zu beweisen, daß eine Beschuldigung, die wir für falsch halten, auch wirklich falsch ist, jetzt versäumen, so sprechen wir uns damit unser eigenes Urteil und brauchen uns nachher nicht zu wundern, wenn die Engländer uns noch schlechter behandeln als vorher und verächtlicher auf uns herabschauen denn je. Die Schuld würde in diesem Falle ausschließlich auf unserer Seite liegen. Wir könnten dann unmöglich länger behaupten, daß die gegen uns erhobenen Beschuldigungen wirklich grundlos und unhaltbar seien. Gut, wir können sagen, wir sind nichts als Heloten im Britischen Reich; aber bis jetzt sind wir doch immer noch im Britischen Reich verblieben, und wenn wir versucht haben, unsere Lage zu verbessern, so geschah das immer nur innerhalb des Britischen Reiches. Das war die Politik aller unserer Führer in Indien und auch die unsrige. Und wenn wir uns Freiheit erringen und unsern Wohlstand fördern wollen als Mitglieder des Britischen Reiches, so bietet sich uns hier eine vortreffliche Gelegenheit, dies zu erreichen, indem wir den Briten mit allen uns zur Verfügung stehenden Mitteln im Kriege helfen. Man mag der Überzeugung sein, daß das Recht auf seiten der Buren ist; aber es geht nicht an, daß jeder einzelne Untertan eines Staates seine eigene Meinung in allen Fällen durchsetzt. Die Behörden mögen nicht immer recht haben, aber solange die Untertanen einem Staate pflichtig sind, gehört es sich im allgemeinen unbedingt für sie, sich den Handlungen des Staates zu fügen und sie zu unterstützen.

Ferner: wenn irgendeine Klasse von Untertanen der Ansicht ist, daß die Handlungsweise der Regierung von einem religiösen Standpunkt aus unmoralisch sei, dann muß sie sich, bevor sie dafür oder dagegen eintritt, ernstlich und selbst mit eigener Lebensgefahr bemühen, die Regierung von einem solchen Wege abzubringen. Wir haben nichts dergleichen getan. Ein solcher moralischer Zwiespalt liegt für uns nicht vor, und niemand behauptet, daß wir diesem Kriege fernbleiben müssen aus einem derartigen allgemeinen und allumfassenden Grund. Unsere einfache Untertanenpflicht ist es deshalb nicht, uns den Kopf zu zerbrechen, ob dieser Krieg berechtigt sei oder nicht, sondern nach besten Kräften mitzuhelfen. Sich endlich darauf berufen, daß im Fall eines Burensieges – und der lag durchaus im Bereich der Möglichkeit – unsere Lage hinterdrein noch schlimmer sein würde als zuvor und die Buren schreckliche Rache an uns nehmen würden, heißt sowohl den ritterlichen Buren als uns selber Unrecht tun. Jeder leiseste Gedanke an eine solche Möglichkeit ist eines Mannes unwürdig und ein Vergehen gegen unsere Untertanentreue. Würde ein Engländer nur einen Augenblick überlegen, was aus ihm wird, wenn die Engländer den Krieg verlieren? Ein Mann, der im Begriffe ist, in den Krieg zu ziehen, kann sich auf so etwas nicht berufen, ohne seine Mannesehre zu verwirken.«

Meine Gründe leuchteten vielen ein; aber nun erhob sich die praktische Frage: Wer wird der schwachen Stimme der Inder Gehör schenken im Getöse des Kriegssturms? Was hat unsere Hilfe für einen Wert? Keiner von uns hatte je eine Kriegswaffe geführt. Auch die Tätigkeit von Nichtkämpfern in einem Kriege erfordert Schulung. Keiner von uns konnte in Reih und Glied marschieren. Kein leichtes Ding, mit Gepäck auf den Schultern weite Märsche zu machen. Überdies würden die Weißen uns wieder nur als ›Kulis‹ behandeln, uns verhöhnen und auf uns herabsehen. Wie war das alles zu ertragen? Und wenn wir uns nun freiwillig zum Kriegsdienst meldeten, wie konnten wir die Regierung dazu bringen, unser Anerbieten auch wirklich anzunehmen? Schließlich kamen wir zu dem Ergebnis, daß Gott uns, wenn wir nur den Willen hätten, schon die Fähigkeit schenken würde, uns nützlich zu machen; daß wir uns nicht zu ängstigen brauchten, wie wir die anvertraute Aufgabe bewältigen könnten, sondern uns selbst darauf vorbereiten mußten, so gut es ging; und daß wir, einmal entschlossen, zu dienen, gar nicht daran denken durften, ob es auf diese oder jene Weise geschehen würde, und bereit sein mußten, auch Hohn und Spott einzustecken, wenn es dazu käme.

Wir hatten die größte Mühe, unser Angebot glücklich an den Mann zu bringen. Die Geschichte ist interessant, aber hier ist nicht der Ort, sie ausführlich zu erzählen. Hier sei nur gesagt, daß die

Führenden unter uns sich als Pfleger ausbilden ließen, ärztliche Atteste über ihre körperliche Tauglichkeit beibrachten und ein feierliches Schreiben an die Regierung schickten. Dieses Schreiben und unser Eifer, uns nützlich zu machen, in welcher Eigenschaft die Regierung uns auch verwenden würde, machten einen sehr guten Eindruck. Die Regierung dankte uns dafür, lehnte aber unser Anerbieten vorerst ab. Inzwischen drangen die Buren wie eine gewaltige Flut vor, und man befürchtete, daß sie Durban erreichen könnten. Überall gab es Unmengen von Verwundeten und Toten. Wir erneuerten immer wieder unser Angebot, und endlich wurde uns die Genehmigung zur Bildung einer indischen Sanitätskolonne erteilt. Wir hatten uns bereit erklärt, zur Not auch Scheuerarbeit in den Lazaretten zu tun. Kein Wunder also, daß uns der Gedanke einer Sanitätskolonne höchst willkommen war. Wir hatten darauf hingewiesen, daß es erwünscht wäre, wenn man auch den indischen Arbeitern gestattete, sich den übrigen anzuschließen. Da die Regierung damals alle Hände brauchte, die sie nur bekommen konnte, legte sie den Arbeitgebern nahe, ihren Leuten zu erlauben, sich freiwillig zu melden. So brach eine große und prächtige Kolonne, bestehend aus etwa elfhundert Indern, von Durban nach der Front auf. Beim Abmarsch begleiteten uns die Glücks- und Segenswünsche Mr. Escombes.

All das war etwas völlig Neues für die englischen Zeitungen. Niemand hätte gedacht, daß die Inder irgendwie am Krieg teilnehmen würden. Doktor Booth, der auf unsern Wunsch unsere Ausbildung geleitet hatte, stieß in der Eigenschaft eines Oberstabsarztes zu der Kolonne. Er war ein frommer Geistlicher, und obgleich sein Arbeitsfeld hauptsächlich bei den indischen Christen lag, ging er doch ebenso ungezwungen mit Indern aller Konfessionen um. Es gab auch eine europäische Sanitätskolonne außer der indischen, und beide arbeiteten Seite an Seite an demselben Ort.

Wir bekamen bald Arbeit, und zwar härtere, als wir erwartet hatten. Die Verwundeten sieben oder acht Meilen weit zu tragen, gehörte zu unserm gewöhnlichen Dienst. Aber bisweilen mußten wir schwerverwundete Soldaten und Offiziere noch viel weiter tragen, bis zu fünfundzwanzig Meilen. Der Marsch begann jeweils um acht Uhr morgens, Arzneien mußten unterwegs verabreicht werden, und um fünf mußten wir im Hauptlazarett sein. Das war wirklich sehr hart. Dazu kam, daß die britische Armee zu Beginn des Krieges Niederlage auf Niederlage erlitt und sehr viele Verwundete hatte. Deshalb sahen sich die Offiziere genötigt, von dem Grundsatz abzugehen, uns nicht in die Feuerlinie zu holen. Es sei jedoch gesagt, daß man uns mitteilte, General Buller habe nicht die Absicht, uns ins Feuer zu zwingen, wenn wir nicht wollten, da wir nach unserm Vertrag nicht dazu verpflichtet wären; wenn wir aber freiwillig gingen, würde uns das hoch angerechnet werden. Wir waren nur allzu bereit, denn es hatte uns längst gewurmt, daß wir nie ins Feuer kamen. Deshalb begrüßten wir diese Gelegenheit mit Freuden, aber keiner von uns erhielt eine Schußwunde oder irgendeine andere Verletzung. Obgleich unsere Kolonne oft in Berührung mit der europäischen Hilfskolonne wie mit den europäischen Soldaten kam, hatte keiner von uns das Gefühl, daß die Europäer uns mit Verachtung oder auch nur mit Unfreundlichkeit behandelten. Die Hilfskolonne bestand aus südafrikanischen Europäern, die vor dem Kriege an der inderfeindlichen Bewegung teilgenommen hatten. Aber die Kunde, daß die Inder, ihre Unbill vergessend, an der Front waren, um ihnen in der Stunde ihrer Not zu helfen, hatte ihre Herzen für diesmal aufgetaut. Unsere Tätigkeit wurde von General Buller in seinen Depeschen erwähnt. Auch Tapferkeitsmedaillen wurden den siebenunddreißig Führern verliehen.

Als General Bullers Operationen zur Entsetzung von Ladysmith beendet waren, wurde sowohl unsere Kolonne als die europäische aufgelöst. Der Krieg ging noch lange weiter. Wir hielten uns immer bereit, wieder einzugreifen, und es war in dem Auflösungsbefehl unserer Kolonne vermerkt, daß die Regierung sich unserer Hilfe bestimmt wieder bedienen würde, falls neue Operationen größeren Maßstabs erforderlich würden.

Eine denkwürdige Geschichte muß ich noch erzählen. Unter denjenigen, die in Ladysmith waren, als es von den Buren eingeschlossen wurde, befanden sich außer Engländern ein paar versprengte indische Kolonisten, darunter einige Kaufleute, die übrigen Kontraktarbeiter, die an den Eisenbahnen oder als Bediente englischer Herren angestellt waren; einer von ihnen war Parbhu Singh. Der Kommandant von Ladysmith übertrug jedem Bewohner des Ortes seine besonderen Pflichten. Die gefährlichste und verantwortungsvollste Aufgabe wurde Parbhu Singh übertragen, obwohl er nur ein ›Kuli‹ war. Auf einem Hügel bei Ladysmith hatten die Buren ein Feldgeschütz aufgestellt, dessen Feuer viele Gebäude zerstörte und auch Verluste an Menschenleben verursachte. Es dauerte jedesmal ein oder zwei Minuten, bis die abgefeuerte Granate ihr Ziel erreichte. Wenn nun die Belagerten gerade noch rechtzeitig Warnung erhielten, konnten sie Deckung nehmen, ehe die Granate in die Stadt einschlug, und sich so retten. Parbhu Singh mußte also hoch oben in einem Baume hocken, solange das Geschütz in Tätigkeit war, die Augen auf den Hügel gerichtet, und jedesmal mit einer Glocke läuten in dem Augenblick, wo er einen Abschuß aufblitzen sah. Bei dem Glockenzeichen eilten die Bewohner von Ladysmith sofort in Deckung und brachten sich vor der tödlichen Granate in Sicherheit.

In seinem rühmenden Bericht über die unschätzbaren Dienste, die Parbhu Singh geleistet hatte, betonte der Kommandant von Ladysmith, er sei so eifrig bei der Sache gewesen, daß er nicht ein einziges Mal versäumt habe, zu läuten. Und es bedarf wohl kaum der Erwähnung, daß sein eigenes Leben dabei ständig in Gefahr gewesen war.

Die schwarze Pest

In Johannesburg, wo ich eine Zeitlang wohnte, nachdem der Burenkrieg zu Ende war, wuchs meine Praxis als Rechtsanwalt immer mehr. Zu jener Zeit hatte ich nicht weniger als vier indische Angestellte, die ich, ich darf wohl sagen, mehr als meine Söhne denn als meine Angestellten behandelte. Aber selbst die reichten nicht aus, so viel hatte ich zu tun.

Ich wußte mir nicht mehr zu helfen. Rückstände häuften sich schnell an, dermaßen, daß es mir, so emsig ich mich auch bemühte, fast unmöglich war, mit der beruflichen und öffentlichen Arbeit zu Rande zu kommen. Ich hätte sehr gern einen europäischen Angestellten beschäftigt, aber ich war nicht sicher, ob ich einen Weißen oder eine Weiße fände, die bei einem Farbigen wie mir in Stellung gehen würden. Aber ich beschloß, es zu versuchen. Ich wandte mich an einen Stellenvermittler, den ich kannte, und bat ihn, mir, wenn möglich, eine Stenotypistin zu besorgen. Es standen einige zur Verfügung, und er versprach, es zu versuchen. Er verfiel auf eine junge Schottin namens Miss Dick, die damals gerade aus Schottland gekommen war. Sie hatte nichts dagegen, sich ehrlich ihren Unterhalt zu verdienen, wo es auch sein mochte, und sie war in Not. So schickte sie der Vermittler zu mir. Sie nahm mich sofort für sich ein.

»Haben Sie nichts dagegen, unter einem Inder zu arbeiten?« fragte ich.

»Durchaus nicht«, lautete ihre bestimmte Antwort.

»Auf welches Gehalt rechnen Sie?«

»Wären siebzehn Pfund, zehn Schillinge im Monat zu viel?«

»Nein, wenn Sie mir die Arbeit leisten, die ich von Ihnen verlange. Wann können Sie eintreten?«

»Sofort, wenn Sie wollen.«

Ich war sehr froh und diktierte ihr Briefe. Schon sehr bald wurde sie für mich mehr eine Tochter oder Schwester als eine bloße Stenotypistin. Nur selten hatte ich etwas an ihrer Arbeit auszusetzen. Oft betraute ich sie mit der Verwaltung von Geldern bis zu tausend Pfund und mit der Führung der Bücher. Sie erwarb sich mein völliges Vertrauen, aber was vielleicht noch mehr war, sie vertraute mir ihre innersten Gedanken und Gefühle an. Sie zog mich zu Rate, ehe sie sich über die Wahl ihres Gatten entschied, und es war mir vergönnt, sie zu verheiraten. Sobald Miss Dick Mrs. Macdonald geworden war, mußte sie mich verlassen, aber auch nach ihrer Heirat zeigte sie sich allezeit bereit, einzuspringen, wenn ich mich in der Not an sie wandte.

Aber nun brauchte ich an ihrer Stelle eine neue ständige Stenotypistin und fand glücklich ein anderes junges Mädchen. Es war Miss Schlesin, mir durch Mr. Kallenbach empfohlen. Zur Zeit ist sie Leiterin einer Mädchenschule in Transvaal. Sie war etwa siebzehn Jahre, als sie zu mir kam, und hatte gewisse fixe Ideen, die manchmal für Mr. Kallenbach und mich unerträglich waren. Weniger, um als Stenotypistin zu arbeiten, als um Erfahrungen zu sammeln, war sie eingetreten. Jedes Vorurteil gegen Farbige war ihrem Wesen fremd. Weder Alter noch Erfahrung schienen ihr sonderlichen Respekt einzuflößen. Sie scheute nicht einmal davor zurück, einen Menschen zu beleidigen und ihm ins Gesicht zu sagen, was sie von ihm hielt. Ihr Ungestüm verstrickte mich oft in Schwierigkeiten, aber ihr offenes und aufrichtiges Wesen verjagte diese Wolken jedesmal ebenso schnell, wie sie sie heraufbeschworen hatte.

Ihre Aufopferung war groß. Eine geraume Weile bekam sie nicht mehr als sechs Pfund und sträubte sich auch später, jemals mehr als zehn Pfund im Monat anzunehmen. Wenn ich sie drängte, mehr zu nehmen, zankte sie mich tüchtig aus und sagte: »Ich bin doch nicht hier des Gehalts wegen. Ich bin hier, weil ich gern mit Ihnen arbeite und weil mir Ihre Ideale gefallen.« So aufopfernd sie war, so tapfer war sie auch. Sie ist eine von den wenigen Frauen, an denen ich einem kristallklaren Charakter und einem Mut begegnen durfte, der einen Krieger beschämen könnte. Nun ist sie eine reife Frau. Ich kenne ihre Gesinnung nicht mehr ganz so gut wie damals, als sie bei mir war, aber mein Zusammensein mit dieser jungen Dame wird mir stets eine heilige Erinnerung sein. Deshalb würde ich mich gegen die Wahrheit versündigen, wenn ich für mich behielte, was ich von ihr weiß. Sie kannte bei ihrem Wirken für die Sache weder Nacht noch Tag. Ganz allein unternahm sie ihre Werbegänge im Dunkel der Nacht und lehnte zornig jeden Vorschlag eines Schutzgeleits ab. Tausende von kampfbegeisterten Indern blickten zu ihr als Lenkerin auf. Als in den Tagen des Satyagraha fast sämtliche Führer im Gefängnis saßen, leitete sie die Bewegung selbständig. Sie hatte mit der Sorge für Tausende, mit einem gewaltigen Berg von Post und dem Wochenblatt ›Indian Opinion‹ [Indische Meinung] alle Hände voll zu tun, aber nie ermattete sie.

Gokhale kannte jeden einzelnen von meinen Mitarbeitern. Er hielt mit seiner Meinung über sie nie hinterm Berge. Viele lobte er, aber Miss Schlesin stellte er am höchsten unter allen meinen indischen und europäischen Mitarbeitern. »Ich bin selten einem solchen Opfermut, einer solchen Lauterkeit und Unerschrockenheit begegnet wie bei Miss Schlesin«, sagte er. »Ich achte sie am höchsten von allen.«

Um diese Zeit trat Sjt. Madanjit mit dem Vorschlag an mich heran, die ›Indian Opinion‹ zu gründen. Er hatte schon einmal einen Zeitungsbetrieb geleitet, und ich stimmte zu. So wurde die Zeitung vom Jahre 1904 an herausgegeben. Sjt. Mansukhlal Nazar wurde zwar Hauptschriftleiter, aber ich hatte die Last der ganzen Arbeit, da in Wahrheit meistens ich die Zeitung redigieren mußte. Nicht daß Sjt. Mansukhlal unfähig dazu gewesen wäre – er hatte sich in Indien sehr eifrig als Journalist betätigt –, aber über die verwickelten südafrikanischen Probleme zu schreiben, getraute er sich nie, solange ich da war. Er setzte das größte Vertrauen in mein Urteil und schob deshalb die verantwortliche Schriftleitung mir zu.

Ich darf heute, nach all den Jahren, sagen, daß die Zeitung der Gemeinde viel genützt hat. Sie sollte nie ein geschäftliches Unternehmen sein. Solange sie unter meiner Leitung stand, waren die Wandlungen in der Zeitung jeweils das Abbild der Wandlungen in meinem Leben. Die ›Indian Opinion‹ spiegelte, wie heutzutage ›Young India‹ und ›Navajivan‹[1], einen Teil meines Lebens wider. Woche für Woche schüttete ich mein Herz in ihren Spalten aus und verkündigte die Grundsätze und Anwendung von Satyagraha. Zehn Jahre lang, das heißt bis 1914 – die Pausen meiner erzwungenen Ruhe im Gefängnis ausgenommen –, erschien kaum eine Nummer ohne einen Artikel von mir. Ich kann mich nicht auf ein einziges Wort in diesen Artikeln besinnen, das ohne Nachdenken oder Überlegung zu Papier gebracht, oder ein Wort bewußter Übertreibung oder irgend etwas, was jemandem zu Gefallen geschrieben worden wäre. Die Zeitung war für mich eine rechte Schule der Selbstbeherrschung geworden und für Freunde ein Mittel, durch das sie in Fühlung mit meinen Gedanken bleiben konnten. Die Kritik fand sehr wenig Nahrung darin. Im Gegenteil, ich entsinne mich, daß der Ton der ›Indian Opinion‹ die Kritik zwang, ihre eigene Feder zu zügeln. Satyagraha wäre wahrscheinlich unmöglich gewesen ohne dieses Wochenblatt. Für mich wurde es zu einer wahren Fundgrube an Erkenntnissen über die menschliche Natur in allen ihren Schattierungen. Da ich stets danach trachtete, eine vertraute und reinliche Beziehung zwischen dem Herausgeber und den Lesern zu schaffen, wurde ich mit Briefen voller Herzensergüssen überschwemmt. Sie waren freundlich, kritisch oder bitter, je nach der Gemütsverfassung des Schreibers. Es erwies sich als eine ausgezeichnete Erziehung für mich, all diese Schreiben zu prüfen, innerlich zu verarbeiten und zu beantworten. Es war, als wenn die ganze Gemeinde laut dächte in diesem Briefwechsel mit mir. Er brachte mir die Verantwortung eines Journalisten deutlich zum Bewußtsein, und der Einfluß, den ich durch ihn auf die Gemeinde gewann, machte den künftigen Kampf erst wirklich ausführbar und gab ihm zugleich die rechte Würde und unwiderstehliche Kraft.

Gleich im ersten Monat des Bestehens dieser Zeitung hatte ich erkannt, daß aller Journalismus einzig und allein darauf ausgehen muß, sich nützlich zu machen. Die Zeitungspresse ist eine große Macht, aber wie entfesselte Fluten ganze Landstriche unter Wasser setzen und Ernten verwüsten können, genauso dient eine unbeherrschte Feder nur der Zerstörung. Wird die Beherrschung von außen aufgezwungen, so wirkt sie verderblicher als Mangel an Beherrschung. Ersprießlich kann sie nur sein, wenn sie von innen her geübt wird.

Bei uns in Indien werden gewisse Volksschichten, die für uns von größtem sozialen Nutzen sind und die wir Hindus willkürlicherweise als ›Unberührbare‹ verfemen, in die entlegensten Viertel einer Stadt oder Ortschaft verbannt. Genauso waren im christlichen Europa einst die Juden ›unberührbar‹, und die Viertel, die ihnen zugewiesen wurden, hatten den verhaßten Namen ›Ghetto‹. In ähnlicher Weise sind wir heutzutage die ›Unberührbaren‹ von Südafrika geworden.

Die alten Juden betrachteten sich als das auserwählte Volk Gottes unter Ausschluß anderer, mit dem Ergebnis, daß ihre Nachkommen von einer durchaus ungerechten Vergeltung durch fremde Völker heimgesucht wurden. Fast genauso erklärten die Hindus sich für die einzigen wahren ›Aryas‹ oder Zivilisierten und einen Teil ihrer eigenen Blutsbrüder für ›Unberührbare‹, und genauso werden sie nun dafür in einem fremden Lande, in Südafrika, heimgesucht durch eine nicht minder ungerechte Vergeltung, die dort nicht nur an den Hindus, sondern auch an den Mohammedanern und Parsen geübt wird, insofern sie dem gleichen Lande angehören und die gleiche Farbe haben wie sie.

In Südafrika haben wir den verhaßten Namen ›Kulis‹ erhalten. Das Wort ›Kuli‹ bezeichnet in Indien einfach einen Lastträger, aber in Südafrika hat es einen verächtlichen Beiklang und die gleiche Bedeutung, die das Wort ›Paria‹ oder ›Unberührbarer‹ für uns hat; und die den Kulis zugewiesenen Viertel sind als ›Kuliviertel‹ verrufen. Auch Johannesburg hatte ein solches Viertel. Die indische Bevölkerung wurde in Mengen da hineingezwängt und der Raum nie ihrem Wachstum entsprechend vergrößert. Abgesehen von einer gelegentlichen Reinigung der Latrinen tat die Stadtbehörde nicht das geringste für die sanitären Verhältnisse, geschweige denn für gute Straßen oder Beleuchtung. Die Inder selbst, die da hausten, wußten zu wenig von städtischer Hygiene, um ohne die Fürsorge der Stadtbehörde auszukommen.

Die sträfliche Nachlässigkeit der Stadtbehörde und die Unkenntnis der indischen Siedler wirkten so zusammen, um die Siedlung höchst ungesund zu machen. Die Stadtbehörde, weit davon entfernt, etwas zur Besserung zu tun, machte Miene, diese durch ihre eigene Lässigkeit verursachten Zustände als Vorwand zu benutzen, um die ganze Siedlung zu zerstören, und erwirkte zu diesem Zwecke von der Bezirksverwaltung Vollmacht zur Austreibung der Siedler.

Während die Inder noch über diese drohende Entwicklung in größter Unruhe waren, brach plötzlich die schwarze Pest aus, genannt die Lungenpest, die noch furchtbarer und verhängnisvoller als die Beulenpest ist. Zum Glück war nicht die indische Siedlung, sondern eine der Goldgruben in der Umgebung von Johannesburg schuld daran. Die Arbeiter in dieser Grube waren größtenteils Neger, für deren Reinlichkeit ihre weißen Arbeitgeber allein verantwortlich waren. Auf der Grube arbeiteten auch einige Inder, von denen dreiundzwanzig plötzlich angesteckt wurden und eines Abends in ihre Wohnungen in der Siedlung zurückkehrten mit einem akuten Anfall von Pest. Sjt. Madanjit, der damals überall umherging, um Abonnenten für die ›Indian Opinion‹ zu werben, war zufällig gerade in der Siedlung. Er war ein besonders unerschrokkener Mann. Das Herz blutete ihm, als er diese Opfer der Seuche erblickte, und er schickte mir ein paar mit Bleistift geschriebene Zeilen folgenden Inhalts: »Hier ist plötzlich die schwarze Pest ausgebrochen. Sie müssen sofort herkommen und schnellste Maßregeln ergreifen, sonst müssen wir uns auf schreckliche Folgen gefaßt machen. Bitte, kommen Sie sofort!«

Sjt. Madanjit brach mutig das Schloß an einem leeren Hause auf und brachte alle Kranken dort unter. Ich radelte nach der Siedlung und benachrichtigte den Stadtsekretär schriftlich von der Lage. Dr. William Godfrey, der eine Praxis in Johannesburg hatte, eilte zu Hilfe, sobald er die Nachricht erhielt, und wurde Pfleger und Arzt zugleich für die Kranken. Aber dreiundzwanzig Patienten waren mehr, als wir drei versorgen konnten. Es ist mein auf Erfahrung begründeter Glaube, daß, wenn man nur reinen Herzens ist, das Unglück in seinem Verlauf immer auch zugleich Menschen und Mittel mit sich bringt, es zu bekämpfen. Ich hatte damals vier Inder in meinem Büro – die Sjts. Kalyandas, Maneklal und zwei, an deren Namen ich mich nicht erinnern kann. Kalyandas war mir von seinem Vater anvertraut worden. Ich bin selten in Südafrika irgend jemandem begegnet, der hilfsbereiter und williger unbedingten Gehorsam leistete als er. Zum Glück war er damals unverheiratet, so daß ich keine Bedenken trug, ihn der großen Gefahr auszusetzen. Maneklal war in Johannesburg zu mir gekommen. Auch er war, soviel ich mich erinnern kann, unverheiratet. Deshalb beschloß ich, alle vier – mag man sie nun Angestellte, Mitarbeiter oder Söhne nennen – zu opfern. Bei Kalyandas bedurfte es keiner Frage. Die anderen erklärten sich auf meine Frage hin sofort bereit. »Wo Sie sind, dorthin gehen wir auch«, lautete die kurze und liebe Antwort, die sie gaben.

Es war eine furchtbare Nacht – diese Nacht des Wachens und Pflegens. Ich hatte schon früher eine Reihe von Kranken gepflegt, aber noch nie einen Pestkranken. Dr. Godfreys Mut steckte an. Viel Pflege war nicht erforderlich: ihnen Arznei einflößen, für ihre Bedürfnisse sorgen, sie und ihre Lagerstätten sauber und ordentlich halten und sie aufheitern, war alles, was wir tun konnten. Der unermüdliche Eifer und die Furchtlosigkeit, mit der die jungen Leute tätig waren, erfreute mich über alle Maßen. Die Unerschrockenheit Dr. Godfreys und eines erfahrenen Mannes wie Sjt. Madanjit war zu verstehen. Aber Hut ab vor dem Geist dieser jungen Leute!

Der Stadtsekretär drückte mir seine Dankbarkeit dafür aus, daß ich mich des leeren Hauses und der Kranken angenommen hatte. Er gab offen zu, daß der Stadtrat auf einen solchen Fall nicht vorbereitet sei, aber daß er nach besten Kräften helfen wolle. Einmal zum Bewußtsein ihrer Pflicht erweckt, ergriff die Stadtbehörde unverzüglich die nötigen Maßregeln.

Am nächsten Tage stellte man mir einen leeren Schuppen zur Verfügung und schlug vor, die Kranken dorthin zu schaffen; aber die Stadtbehörde tat nichts dazu, die Räumlichkeiten zu säubern. Das Gebäude war verwahrlost und verschmutzt. Wir machten es mit eigenen Händen sauber, verschafften uns ein paar Betten und was sonst not tat in den Geschäften wohltätiger Inder und errichteten ein Notlazarett. Die Stadtbehörde überließ uns eine Pflegerin; Dr. Godfrey blieb weiterhin Leiter.

Die Pflegerin war eine gütige Dame und hätte die Kranken gern gepflegt, aber wir ließen sie nur selten die Patienten berühren, damit sie sich nicht anstecken sollte.

Zwanzig starben, während wir noch in dem Schuppen hausten. Mittlerweile war die Stadtbehörde eifrig bemüht, anderweitig Rat zu schaffen. Etwa sieben Meilen von Johannesburg entfernt lag ein Lazarett für ansteckende Krankheiten. Die drei überlebenden Patienten wurden in Zelte in der Nähe des Lazaretts gebracht, und man vereinbarte, auch frische Fälle dorthin zu schicken. So wurden wir unserer Arbeit enthoben. Nach wenigen Tagen erfuhren wir, daß die wackere Pflegerin einen Anfall erlitten hatte und ihm sofort erlegen war.

Beim Ausbruch der Pest hatte ich ein entrüstetes Schreiben an die Presse gerichtet, in dem ich die Stadtbehörde verantwortlich machte für die Vernachlässigung in der bereits in ihrem Besitz befindlichen Siedlung und für den Ausbruch der Pest selbst. Das Schreiben gewann mir Mr. Henry Pollak zum Freund und gab teilweise Anlaß zu der Freundschaft mit dem verstorbenen Rev. Joseph Doke.

»Unto this Last«

Ich habe zuvor erwähnt, daß ich meine Mahlzeiten in einem vegetarischen Speisehaus einzunehmen pflegte, wo ich Mr. Albert West kennenlernte. Wir trafen uns dort fast jeden Abend und gingen nach dem Essen spazieren. Mr. West war Teilhaber einer kleinen Druckerei. Dort las er meinen Brief über den Ausbruch der Pest; und da er seit einigen Tagen vergebens in dem Speisehaus auf mich gewartet hatte, fühlte er sich beunruhigt.

Meine Mitarbeiter und ich hatten seit Ausbruch der Pest unsere Nahrung eingeschränkt, da ich es mir schon lange zur Regel gemacht hatte, während Epidemien von leichter Kost zu leben. Deshalb hatte ich in diesen Tagen auf mein Abendbrot verzichtet. Ich kannte den Inhaber des Speisehauses sehr gut und hatte ihm mitgeteilt, daß ich mit der Pflege der Pestkranken zu tun hätte und aus diesem Grunde die Berührung mit Freunden nach Möglichkeit vermeiden möchte und speisen würde, ehe die anderen Gäste kämen.

Nach einigen Tagen klopfte Mr. West eines Morgens früh an meine Tür, als ich gerade weggehen wollte. Während ich die Tür öffnete, sagte er: »Ich fand Sie nicht in dem Speisehaus und befürchtete ernstlich, daß Ihnen etwas zugestoßen sein könnte. Deshalb beschloß ich, herzukommen, und zwar möglichst früh, um Sie bestimmt zu Hause anzutreffen. Nun, hier stehe ich zu Ihrer Verfügung. Ich bin bereit, bei der Pflege der Kranken zu helfen. Sie wissen doch, daß ich keine Angehörigen habe.«

Ich dankte ihm herzlich und erwiderte, ohne auch nur eine Sekunde zu überlegen: »Als Pfleger möchte ich Sie nicht verwenden. Wenn nicht weitere Fälle auftreten, dürften wir in ein bis zwei Tagen frei sein. Aber etwas anderes...«

»Ja, was denn?«

»Könnten Sie sich um den Druck der ›Indian Opinion‹ in Durban kümmern?«

»Sie wissen, daß ich selber eine Druckerei habe. Höchstwahrscheinlich werde ich hinfahren, aber darf ich Ihnen meine endgültige Antwort erst heute abend geben? Wir werden es auf unserem Abendspaziergang besprechen.«

Ich war sehr froh. Wir sprachen darüber, und er willigte ein. Das Gehalt spielte bei ihm keine Rolle, da nicht Geld sein Beweggrund war. Aber ein Gehalt von zehn Pfund im Monat und eine Beteiligung am Gewinn wurden ausgemacht. Schon am nächsten Tage fuhr Mr. West mit dem Abendzug nach Durban. Von diesem Tage an bis zu der Zeit, da ich die Gestade Südafrikas verließ, blieb er mein treuer Gefährte in Freud und Leid.

Mr. West stammte aus einer Bauernfamilie in Louth. Er hatte nur eine bescheidene Schulbildung genossen, aber viel in der Schule der Erfahrung und aus eigner Kraft hinzugelernt. Ich habe ihn stets als einen lauteren, nüchternen, gottesfürchtigen, wahrhaft menschlichen Engländer kennengelernt.

Obgleich meine Mitarbeiter und ich der Sorge um die Kranken enthoben waren, blieb noch vielerlei zu tun. Ich habe schon von der Gleichgültigkeit der Stadtbehörde gegenüber der Siedlung gesprochen. Aber sie zeigte sich sogleich sehr rege, als nun die Gesundheit ihrer weißen Bürger auf dem Spiele stand. Jetzt regnete es Geld wie Wasser zur Bekämpfung der Pest. Trotz der vielen Unterlassungs- und Begehungssünden gegen die Inder, die ich der Stadtbehörde zur Last legte, konnte ich nicht umhin, ihre Besorgnis um die weißen Bürger anzuerkennen, und unterstützte sie nach Kräften bei ihren lobenswerten Bemühungen. Ich habe den Eindruck, daß die Aufgabe, wenn ich meine Mitarbeit versagt hätte, für die Behörde weit schwieriger gewesen wäre; sie hätte sicherlich nicht gezögert, Waffengewalt anzuwenden, und das größte Unheil angerichtet. Aber all das wurde nun verhütet. Ich bot meinen ganzen Einfluß bei den Indern auf, um sie zur Unterwerfung unter die Forderungen der Stadtbehörde zu bewegen. Das war keineswegs eine leichte Sache, aber ich erinnere mich nicht eines einzigen, der sich meinem Rat widersetzt hätte.

Die Siedlung wurde unter strenge Bewachung gestellt, eigenmächtiges Ein- und Ausgehen verboten. Nur meine Mitarbeiter und ich gingen ungehindert ein und aus. Auf diese Art sollten die Leute dazu gebracht werden, die Siedlung zu räumen, die man dann in Brand stecken wollte. Sie sollten unterdessen in einem Zeltlager auf freiem Feld, etwa dreizehn Meilen von Johannesburg, Unterkunft finden. Es dauerte notgedrungen eine Weile, bis sie sich mit Vorräten und allem, was sie sonst brauchten, in den Zelten eingerichet hatten, und es mußte für Bewachung während dieser Zeit gesorgt werden. Die Leute waren in schrecklicher Angst, aber meine ständige Gegenwart war ein Trost für sie.

Die Siedlung wurde sofort nach ihrer Räumung angezündet.

Gleichzeitig und aus demselben Grund verbrannte die Stadtbehörde sämtliche Holzanlagen auf dem Marktplatz, was einen Verlust von etwa zehntausend Pfund bedeutete. Der Grund zu dieser drastischen Maßnahme war der, daß man einige tote Ratten auf dem Marktplatz gefunden hatte. Es war eine kostspielige Sache für die Stadtbehörde, aber das weitere Vordringen der Pest wurde auf diese Weise erfolgreich verhindert, und die Stadt atmete wieder auf.

Diese Vorgänge erhöhten meinen Einfluß bei den ärmeren Indern und trugen mir noch mehr Verantwortung und Arbeit ein. Meine neuen Beziehungen zu einigen Europäern gestalteten sich so eng, daß meine moralischen Verpflichtungen beträchtlich dadurch gesteigert wurden.

Ich lernte Mr. Henry Pollak in dem vegetarischen Speisehaus kennen, genau wie Mr. West. Eines Abends schickte mir ein junger Mann, der an einem Nebentisch speiste, seine Karte und drückte den Wunsch aus, mich kennenzulernen. Ich forderte ihn auf, an meinen Tisch zu kommen, was er tat.

»Ich bin zweiter Redakteur der ›Critic‹«, sagte er. »Als ich Ihr Schreiben an die Presse über die Pest las, fühlte ich den lebhaften Wunsch, Ihre Bekanntschaft zu machen. Ich freue mich, daß sich jetzt die Gelegenheit dazu bietet.«

Mr. Pollaks Aufrichtigkeit zog mich zu ihm hin. Gleich an diesem ersten Abend wurden wir miteinander vertraut. Es stellte sich heraus, daß wir fast genau dieselben Ansichten über die wesentlichen Dinge hatten. Er war ein Freund einfacher Lebensweise und besaß eine erstaunliche Fähigkeit, sogleich alles in die Tat umzusetzen, was seinem Verstand einleuchtete. Er hatte mancherlei Wandlungen in seinem Leben durchgemacht, und immer ebenso schnell wie gründlich.

Die ›Indian Opinion‹ wurde jeden Tag kostspieliger. Gleich der erste Bericht von Mr. West war beunruhigend. Er schrieb: »Ich erwarte von dem Unternehmen nicht den Gewinn, den Sie sich davon versprechen. Ich fürchte, es kann sogar ein Verlust dabei herauskommen. Die Bücher sind nicht in Ordnung. Gewaltige Rückstände müssen aufgearbeitet werden, aber man kann aus ihnen nicht klug werden. Eine gründliche Nachprüfung ist notwendig. Aber all das braucht Sie nicht zu beunruhigen. Ich werde versuchen, die Dinge in Ordnung zu bringen, so gut ich kann. Ich bleibe, mag Gewinn abfallen oder nicht.«

Mr. West hätte ausscheiden können, als er entdeckte, daß kein Gewinn heraussprang, und ich hätte ihm keinen Vorwurf daraus machen dürfen. Im Gegenteil, er hätte ein Recht gehabt, mir Vorwürfe zu machen, daß ich ihm ein Unternehmen als gewinnbringend geschildert hatte, ohne das wirklich nachzuweisen. Aber er äußerte nie, auch nicht ein einziges Mal, ein Wort der Klage. Ich habe jedoch den Eindruck, daß Mr. West mich seitdem für einen leichtgläubigen Menschen hielt.

Nach Empfang von Mr. Wests Brief reiste ich nach Natal ab. Ich hatte Mr. Pollak in mein vollstes Vertrauen gezogen. Er brachte mich zum Bahnhof und gab mir zum Abschied ein Buch, das ich auf der Reise lesen sollte und das mir sicherlich gefallen würde. Es war Ruskins ›Unto this Last‹.

Es war unmöglich, das Buch beiseite zu legen, sobald man es einmal angefangen hatte. Es nahm mich völlig gefangen. Die Reise von Johannesburg nach Natal dauerte vierundzwanzig Stunden. Der Zug erreichte Durban am Abend. Ich konnte in dieser Nacht nicht einschlafen. Ich beschloß, mein Leben nach diesem Buche umzugestalten. Ich hatte bisher nicht ein einziges Buch Ruskins gelesen. Während der Zeit meiner Ausbildung hatte ich in der Tat nichts als Lehrbücher gelesen, und hernach im tätigen Leben blieb mir sehr wenig Zeit zum Lesen. Deshalb kann ich keinen Anspruch auf ein großes Bücherwissen machen. Ich glaube, durch diese Unterlassung wider Willen nicht viel eingebüßt zu haben. Im Gegenteil, gerade weil ich so wenig las, konnte ich das Gelesene vielleicht um so gründlicher verdauen. Das einzige Buch, das eine sofortige, praktische Wandlung in mein Leben brachte, war ›Unto this Last‹; ich habe es später ins Gujarati übersetzt.

Ich glaube, ich fand einige meiner tiefsten, zum Teil noch unbewußten Überzeugungen in diesem großartigen Buche Ruskins widergespiegelt, und deshalb nahm es mich so gefangen und bewog mich, mein Leben umzustellen. Ein Dichter ist ein Mensch, der das in der Brust verborgene Gute hervorzaubern kann. Dichter wirken nicht auf alle gleich stark, denn jeder ist nicht in gleicher Weise entwickelt.

Ich verstand Ruskins Lehren folgendermaßen:

1. Das Wohl des einzelnen ist in dem Wohl aller enthalten.
2. Die Tätigkeit eines Rechtsanwalts hat den gleichen Wert wie die eines Barbiers, da alle das gleiche Recht haben, sich durch ihre Arbeit ihren Lebensunterhalt zu verdienen.

3. Ein Leben der körperlichen Arbeit, das heißt des Ackerbauers oder Handwerkers, ist das wahrhaft lebenswerte Leben.

Die erste Lehre war mir bereits bewußt. Die zweite hatte ich dunkel gefühlt. Die dritte war mir nie in den Sinn gekommen. Ruskin machte es mir so klar wie nur möglich, daß die zweite und dritte in der ersten enthalten sind. Ich erwachte im Morgengrauen, bereit, diese Grundsätze zur Ausführung zu bringen.

Dann besprach ich die ganze Sache mit Mr. West, beschrieb ihm die Wirkung, die Ruskins Buch auf mich ausgeübt hatte, und machte den Vorschlag, die ›Indian Opinion‹ auf eine Farm zu verlegen, auf der jeder Feldarbeit verrichten, den gleichen auskömmlichen Lohn bekommen und in seinen Mußestunden bei der Drukkerarbeit helfen sollte. Mr. West billigte den Vorschlag, und drei Pfund wurden als Monatslohn festgesetzt, ohne Rücksicht auf Farbe oder Nationalität.

Aber es war fraglich, ob alle von den zehn Arbeitern in der Drukkerei einwilligen würden, mitzukommen, sich auf einer Farm anzusiedeln und sich mit dem bescheidenen Auskommen zu begnügen. Wir schlugen deshalb vor, daß diejenigen, die sich nicht in den neuen Wirtschaftsplan fügen könnten, ihre Gehälter weiterbeziehen und allmählich versuchen sollten, das Ziel zu erreichen, Mitglieder der Siedlung zu werden.

Unter den in der Druckerei Arbeitenden war auch Chhaganlal Gandhi, einer von meinen Vettern. Ich hatte ihn gleichzeitig mit West in meine Idee eingeweiht. Er hatte Frau und Kinder, hatte sich jedoch von Kindheit an meiner Erziehung anvertraut und unter mir gearbeitet. Er hatte vollen Glauben an mich. So erklärte er sich denn ohne weiteres mit dem Vorschlag einverstanden und ist seitdem immer bei mir geblieben. Da war ferner der Maschinist, Govindswami, der gleichfalls darauf einging. Die übrigen schlossen sich dem Wirtschaftsplan nicht an, willigten aber ein, überallhin mitzukommen, wohin ich die Druckerei verlegen würde.

Ich glaube nicht, daß ich mehr als zwei Tage brauchte, um diese Dinge mit den Leuten auszumachen. Dann gab ich sofort eine Anzeige auf wegen eines Grundstückes in der Nähe einer Eisenbahnstation in der Umgebung von Durban. Daraufhin kam ein Angebot aus Phoenix. Mr. West und ich fuhren hin, um die Ländereien zu besichtigen, und binnen einer Woche kauften wir zwanzig Morgen Land. Es hatte eine hübsche kleine Quelle und ein paar Orangen- und Mangobäume. Daran grenzte ein Grundstück von achtzig Morgen, mit recht vielen Obstbäumen und einer zerfallenen Hütte. Wir kauften auch dieses, beide zusammen für tausend Pfund.

Mr. Parsi Rustomji war allezeit mein Helfer bei solchen Unternehmungen. Ihm gefiel der Plan. Er stellte mir altes Wellblech von einem Schuppen und anderes Baumaterial zur Verfügung. Ein paar indische Zimmerleute, die mit mir im Burenkrieg gewesen waren, halfen mir beim Bau eines Schuppens für die Druckerei.

Ich versuchte nun, die Verwandten und Freunde mit nach Phoenix zu locken, die mit mir aus Indien gekommen waren, um hier in Südafrika ihr Glück zu versuchen, und nun dies oder jenes Geschäft betrieben. Sie waren hergekommen, um reich zu werden, und es war daher eine schwierige Aufgabe, sie zu überreden; aber einige willigten ein. Von diesen kann ich nur Maganlal Gandhis Namen hier rühmlich hervorheben. Die andern kehrten bald wieder ins Geschäftsleben zurück. Maganlal Gandhi gab sein Geschäft für immer auf, um sein Schicksal an das meinige zu knüpfen, und dank seiner Geschicklichkeit, seinem Opfermut und seiner Anhänglichkeit steht er noch heute an erster Stelle unter meinen ursprünglichen Mitarbeitern bei diesem ethischen Experiment; mit seinen Fähigkeiten als selbstgelernter Handwerker kann sich keiner vergleichen.

So wurde die Phoenix-Siedlung im Jahre 1904 gegründet, und trotz mancherlei Unstimmigkeiten wird die ›Indian Opinion‹ noch immer in der Siedlung herausgegeben.

Es war nicht leicht, die erste Nummer der Zeitung von der Phoenix-Siedlung aus herauszubringen. Wenn ich nicht zwei Vorsichtsmaßregeln getroffen hätte, wäre die erste Ausgabe wohl ganz unter den Tisch gefallen. Ich hatte eine gewisse Abneigung dagegen, eine Maschine zum Betrieb der Druckerpresse zu verwenden, und gedacht, daß Handbetrieb besser zu der Umgebung passen würde, wo die landwirtschaftliche Arbeit auch mit der Hand verrichtet wurde. Aber da das nicht durchführbar erschien, hatten wir einen Motor eingebaut. Ich hatte jedoch West geraten, irgend etwas zur Hand zu haben, worauf man zurückgreifen könnte, wenn der Motor versagte. Er hatte deshalb ein Rad mitgebracht, das mit der Hand bedient werden konnte.

Die erste Nacht war unvergeßlich. Die Druckbogen waren eingespannt, aber der Motor wollte nicht in Gang kommen. Wir hatten aus Durban einen Ingenieur kommen lassen, um den Motor aufzustellen. Er und West mühten sich nun weidlich ab, aber ohne Erfolg. Alle waren in größter Sorge. Voll Verzweiflung, mit feuchten Augen, kam West schließlich zu mir und sagte: »Der Motor geht nicht, und ich fürchte, wir können die Zeitung nicht rechtzeitig herausbringen.«

»Wenn das wirklich so kommt«, tröstete ich ihn, »können wir nichts machen. Aber es hilft nichts, Tränen darüber zu vergießen. Wir wollen tun, was sonst noch menschenmöglich ist. Wie wäre es mit dem Handrad?«

»Wo haben wir die Leute dazu? Wir sind nicht genug dafür. Das braucht eine Ablösung von je vier Mann, und unsere eigenen Leute sind todmüde.«

Die Bauarbeit in der Siedlung war noch nicht vollendet, die Zimmerleute waren noch bei uns. Sie schliefen auf dem Boden der Druckerei. Ich zeigte auf sie und sagte:

»Aber können wir nicht die Zimmerleute verwenden? Wir haben noch eine ganze Arbeitsnacht vor uns. Ich denke, das wäre immerhin eine Lösung.«

»Ich getrau' mich nicht, die Zimmerleute zu wecken«, entgegnete West, »und unsere Leute sind wirklich zu müde.«

»Gut, ich werde schon mit ihnen reden«, sagte ich.

Ich weckte also die Zimmerleute und bat sie um Hilfe. Es bedurfte keines langen Zuredens. Sie meinten: »Wenn wir nicht einspringen sollten in der Not, wozu wären wir dann hier? Ruht ihr euch aus, und wir werden die Presse bedienen. Für uns ist das eine leichte Arbeit.« Unsere eigenen Leute waren natürlich bereit.

West war hocherfreut und stimmte ein Loblied an, indes wir uns an die Arbeit machten. Ich schloß mich den Zimmerleuten an, alle übrigen sprangen abwechselnd ein, und so arbeiteten wir bis sieben Uhr morgens durch. Aber es blieb immer noch eine ganze Menge zu tun. Deshalb schlug ich West vor, daß der Ingenieur geweckt werden und es noch einmal versuchen sollte, den Motor in Gang zu bringen, so daß wir vielleicht doch noch rechtzeitig fertig werden könnten.

West weckte ihn, und er ging sogleich in den Maschinenraum. Und – siehe da! – kaum hatte er die Hand an den Motor gelegt, so kam er auch schon in Gang. Die ganze Druckerei hallte wider von Freudengeschrei. »Wie ist das möglich? Wie kommt es, daß wir uns gestern den ganzen Abend umsonst bemüht haben und daß er heute morgen in Gang gekommen ist, als wenn nichts daran entzwei gewesen wäre?« fragte ich.

»Das läßt sich schwer sagen«, meinte West. »Maschinen benehmen sich manchmal so, als wenn sie Ruhe brauchten wie wir.«

Ich habe es immer bedauert, daß ich, der ich doch die Siedlung in Phoenix gegründet hatte, nur kurze Zeit dableiben konnte. Meine ursprüngliche Absicht war, mich allmählich von der Praxis als Rechtsanwalt zurückzuziehen, mich in Phoenix niederzulassen, dort durch Handarbeit meinen Lebensunterhalt zu verdienen und das Glück des Dienens in der Vervollkommnung von Phoenix zu suchen. Aber es sollte nicht sein. Ich habe im Laufe meiner Erfahrungen gefunden, daß der Mensch oft seine Pläne schmiedet, anscheinend nur, damit sie von Gott wieder umgestoßen werden; aber ich habe auch erkannt, daß, wenn das Endziel die Wahrheit ist, das Ergebnis nie schädlich ist und oft besser, als der Mensch erwartet hatte, sooft ihm auch seine Pläne durchkreuzt worden sind. Die unerwartete Entwicklung, die Phoenix nahm, und alle die unerwarteten Ereignisse waren sicher nicht schädlich.

Um es jedem einzelnen zu ermöglichen, sich mit seiner Hände Arbeit zu ernähren, teilten wir das Land um die Druckerei in Parzellen von je drei Morgen auf. Eine von diesen fiel mir zu. Auf allen diesen Parzellen mußten wir, gegen unsern Willen, Häuser aus Wellblech errichten. Es war unser Wunsch, mit Stroh gedeckte Lehmhütten zu bauen oder kleine Ziegelhäuser, wie es sich für richtige Bauern gehörte, aber es war nicht möglich. Sie wären kostspieliger gewesen und hätten mehr Zeit erfordert, und jeder war bestrebt, sich sobald wie möglich einen Hausstand zu gründen.

Bei meiner Rückkehr nach Johannesburg erzählte ich Pollak von der bedeutsamen Wandlung, die ich vollzogen hatte. Seine Freude kannte keine Grenzen, als er hörte, was für gute Früchte das geliehene Buch getragen hatte. »Könnte ich denn nicht«, fragte er, »auch bei dem neuen Unternehmen mitmachen?« »Freilich«, sagte ich, »Sie können sich, wenn Sie wollen, der Siedlung anschließen.« »Von Herzen gern«, erwiderte er, »wenn Sie mich haben wollen.« Und so gesellte er sich zu uns.

Dieser Entschluß gewann ihm mein Herz. Er reichte sein Gesuch um Entlassung aus der Redaktion des ›Critic‹ für den nächsten Monat bei seinem Chef ein und kam just zur rechten Zeit in Phoenix an. Durch sein geselliges Wesen gewann er sich alle Herzen und wurde bald ein Mitglied der Familie. Eine einfache, natürliche

Lebensweise war so nach seiner Art, daß er, weit davon entfernt, das Leben in Phoenix als ungewohnt oder hart zu empfinden, vielmehr sich darin wohl befand wie ein Fisch im Wasser.

Der Zulu-Aufstand

Bald darauf veröffentlichten die Zeitungen Nachrichten von dem Ausbruch eines Zulu-›Aufstandes‹ in Natal. Ich hatte keinen Groll gegen die Zulus; sie hatten keinem Inder in Südafrika etwas zuleide getan, und ich hegte ernste Zweifel an dem angeblichen ›Aufstand‹. Aber ich war damals noch des Glaubens, daß das Britische Reich zum Heile der Welt bestünde. Ein aufrichtiges Gefühl von Untertanentreue hinderte mich daran, dem Reiche Böses zu wünschen. Die Frage, ob der ›Aufstand‹ berechtigt sei oder nicht, konnte deshalb meinen Entschluß nicht beeinflussen. Natal hatte eine Schutztruppe von Freiwilligen, und es stand ihm frei, noch mehr Leute auszuheben. Ich las, daß diese Truppe schon mobilisiert worden sei, um den ›Aufstand‹ zu unterdrücken. Da ich mich selbst als einen Bürger Natals betrachtete und eng mit ihm verwachsen war, schrieb ich an den Gouverneur und erklärte mich bereit, wenn nötig, eine indische Sanitätskolonne zu bilden. Er schickte mir sogleich eine bejahende Antwort. Ich hatte nicht mit einer so schnellen Annahme meines Anerbietens gerechnet. Zum Glück hatte ich alle notwendigen Anstalten getroffen, noch bevor ich den Brief schrieb. Für den Fall eines ›Ja‹ hatte ich beschlossen, den Haushalt in Johannesburg aufzulösen. Pollak sollte eine kleinere Wohnung mieten und Frau Gandhi nach Phoenix übersiedeln. Sie unterstützte mich aus vollen Kräften bei diesem Entschluß, und ich erinnere mich nicht, daß sie mir je bei solchen Angelegenheiten im Wege gestanden hätte. Sobald die Antwort vom Gouverneur eintraf, fuhr ich also nach Durban und rief Freiwillige auf. Eine große Mannschaft war nicht nötig. Wir bildeten eine Truppe von vierundzwanzig Mann, unter denen sich, außer mir, vier Gujaratis befanden. Die übrigen waren ehemalige Kontraktarbeiter aus Südindien, mit Ausnahme eines ›freien‹ Pathans[1].

Um mir eine gewisse Stellung zu geben und meine Tätigkeit zu erleichtern, wie auch gemäß den bestehenden Vorschriften, verlieh der Oberstabsarzt mir fürs erste den Rang eines Feldwebels und ernannte drei von mir ausgewählte Leute zu Unteroffizieren und einen zum Gefreiten. Als ich auf dem Schauplatz des ›Aufstandes‹ ankam, sah ich, daß es dort nichts gab, was den Namen ›Aufstand‹ gerechtfertigt hätte. Kein Widerstand war zu entdecken. Der Grund, weshalb eine gewisse Unzufriedenheit zu einem Aufstand aufgebauscht wurde, war lediglich der, daß ein Zuluhäuptling zur Verweigerung einer neuen, den Zulus auferlegten Steuer geraten und einen Unteroffizier, der die Steuer eintreiben wollte, mit dem Assagai getötet hatte. Wie der Fall auch liegen mochte, mein Herz war auf seiten der Zulus, und ich war sehr erfreut, als man mir bei der Ankunft im Hauptquartier mitteilte, daß wir hauptsächlich die verwundeten Zulus pflegen sollten. Der diensthabende Stabsarzt hieß uns willkommen. Er sagte, die Weißen sträubten sich, die verwundeten Zulus zu pflegen; ihre Wunden fingen bereits an zu eitern, und er sei schon ganz ratlos. Er begrüßte unsere Ankunft als ein wahres Gottesgeschenk für diese unschuldigen Menschen, versah uns mit Verbandzeug, Desinfektionsmitteln usw. und führte uns zu dem Notlazarett. Die Zulus freuten sich wie die Kinder, als wir kamen. Die weißen Soldaten spähten anfangs immer durch das Gitter, das uns von ihnen trennte, und versuchten uns abzureden, uns der Zulus anzunehmen. Und als wir ihnen kein Gehör schenkten, gerieten sie in Wut und überschütteten die Zulus mit Schmähungen. Allmählich wurde ich jedoch vertrauter mit diesen Soldaten, und sie hörten auf, uns dreinzureden.

Die unserer Obhut Anvertrauten waren nicht im Kampfe verwundet, sondern ein Teil von ihnen war als verdächtig eingesperrt worden. Der General hatte sie zur Auspeitschung verurteilt, und das Peitschen hatte schwere Wunden verursacht. Diese eiterten infolge unzulänglicher Behandlung. Die anderen gehörten einem den Zulus befreundeten Stamm an. Obgleich sie Abzeichen erhalten hatten, damit man sie vom ›Feind‹ unterscheiden könne, waren sie aus Versehen von den Soldaten angeschossen worden. Neben meiner Tätigkeit als Pfleger mußte ich Arzneien für die weißen Soldaten mischen und ausgeben. Das war ziemlich leicht für mich, da ich eine einjährige Ausbildung in Dr. Booths kleinem Lazarett genossen hatte. Diese Tätigkeit brachte mich in enge Berührung mit vielen Europäern. Wir waren einer fliegenden Kolonne zugeteilt. Sie hatte Befehl, überallhin zu marschieren, wo Gefahr gemeldet wurde, und bestand größtenteils aus Kavallerie. Sobald unser Lager verlegt wurde, mußten wir zu Fuß mit Tragbahren auf den Schultern folgen. Zwei- oder dreimal mußten wir vierzig Meilen weit am Tag marschieren. Aber so schwer das oft auch war, ich bin dankbar dafür, daß wir Gotteswerk verrichten durften.

Der ›Zulu-Aufstand‹ brachte mir viele neue Erfahrungen und viel Stoff zum Nachdenken. Der Burenkrieg hatte mir die Greuel des

Krieges nicht annähernd mit der gleichen Lebendigkeit zu Bewußtsein gebracht wie dieser ›Aufstand‹. Das war kein Krieg, sondern eine Menschenjagd, nicht nur nach meiner Meinung, sondern auch nach derjenigen vieler Engländer, mit denen ich gelegentlich sprach. Jeden Morgen Berichte zu hören, wie die Soldaten in friedliche Dörfer hineingeknallt hatten, und dabei mitten unter ihnen zu leben, war eine Prüfung. Aber ich schluckte die Bitternis, zumal da ja meine Kolonne hauptsächlich mit der Pflege der verwundeten Zulus zu tun hatte. Ich sah wohl, daß ohne uns kein Mensch sich um die Zulus gekümmert haben würde. So war dieser Samariterdienst Balsam für mein Gewissen.

Aber auch sonst gab einem noch vieles zu denken. Es war eine spärlich bevölkerte Gegend des Landes. Vereinzelt zwischen Hügeln und Tälern lagen die zerstreuten Krale der anspruchslosen, ›unzivilisierten‹ Zulus. Wenn wir mit oder ohne Verwundete durch diese feierliche Einsamkeit marschierten, versank ich oft in tiefes Sinnen.

Ich dachte über Brahmacharya und seine Folgerungen nach, und meine Überzeugungen faßten tiefer Wurzel. Ich hatte damals noch nicht erkannt, wie unerläßlich Enthaltsamkeit zur Selbsterkenntnis ist, aber ich sah deutlich, daß ein Mensch, der der Menschheit mit ganzem Herzen dienen will, nicht darauf verzichten kann. Es stellte sich mir vor Augen, daß ich in Zukunft immer mehr und mehr Gelegenheit finden würde zu dienen, wie ich hier diente, und daß ich solchem Tun nicht gewachsen wäre, wenn ich in den Freuden des Familienlebens und in der Zeugung und Erziehung von Kindern befangen bliebe. Mit einem Wort, ich konnte nicht dem Geiste und dem Fleisch zugleich leben. Hier in diesem Fall zum Beispiel hätte ich nicht einspringen können, wenn meine Frau ein Kindchen erwartete. Ich sah: *ohne* Brahmacharya war der Dienst an der Familie unvereinbar mit dem Dienst an der Allgemeinheit. *Mit* Brahmacharya dagegen waren beide durchaus miteinander vereinbar. Indem ich so dachte, regte sich der ungeduldige Wunsch in mir, ein entscheidendes Gelübde abzulegen. Bei diesem Entschluß erwachte ein Frohlocken in mir. Die Einbildungskraft begann lebendig zu spielen, und ein unendlicher Blick tat sich auf in eine Fülle dienender Freuden.

Bei meiner Ankunft in Phoenix weihte ich voll Eifer Chhanglal, Maganlal, West und andere in das Wesen des Brahmacharya ein. Der Gedanke gefiel ihnen, und sie erkannten die Notwendigkeit an, ein Gelübde abzulegen; aber sie wiesen auch auf die Schwierigkeit der Aufgabe hin. Einige von ihnen schickten sich mutig an, Brahmacharya zu üben, und einigen gelang es, wie ich weiß. Auch ich tat den entscheidenden Schritt – das Gelübde, zeit meines Lebens Brahmacharya zu üben. Ich muß gestehen, daß ich damals die Größe und Tragweite der Aufgabe noch nicht klar erfaßt hatte, die ich auf mich nahm. Auch heute noch stehen mir die Schwierigkeiten bedrohlich vor Augen. Aber die Bedeutsamkeit des Gelübdes drängt sich mir mehr und mehr auf. Ein Leben ohne Brahmacharya erscheint mir schal und tierisch. Das Tier kennt von Natur aus keine Selbstbeherrschung. Der Mensch ist Mensch, weil er der Selbstbeherrschung fähig ist. Was mir früher als eine übertriebene Verherrlichung des Brahmacharya in unseren Religionsbüchern erschienen war, offenbarte sich mir nun jeden Tag mit wachsender Klarheit als vollkommen richtig und auf Erfahrung begründet.

Ich erkannte, daß Brahmacharya, wenn es wirklich erfüllt sein soll von jener herrlichen Kraft, keineswegs etwas Leichtes sein kann und sicher nicht nur eine Sache des Körpers. Brahmacharya beginnt mit körperlicher Enthaltsamkeit, aber es hört damit nicht auf. Ein echter Brahmachari wird auch nicht einmal träumen von der Befriedigung fleischlicher Lust, und bis er dazu imstande ist, muß er einen weiten Weg durchlaufen.

Für mich war schon die Ausübung des körperlichen Brahmacharya voller Schwierigkeiten. Heute kann ich sagen, daß ich mich leidlich sicher fühle; aber ich muß noch die vollkommene Herrschaft über das Denken erringen. Nicht daß es mir an Willen oder Bestreben fehlt, aber es ist immer noch ein Problem für mich, woher unerwünschte Gedanken ihre tückischen Überfälle anbahnen. Ich bezweifle nicht, daß der Mensch den Schlüssel besitzt, unerwünschte Gedanken auszusperren; aber jeder muß ihn allein finden. Heilige und Propheten haben uns ihre Erfahrungen hinterlassen; aber sie haben uns keine unfehlbaren und allgemeinen Vorschriften gegeben. Denn Vollkommenheit oder Sündlosigkeit kommt nur aus göttlicher Gnade, und deshalb haben die Gottsucher uns heilige Schriften, wie das ›Ramanama‹, vermacht, die geheiligt sind durch ihre eignen Kasteiungen und erfüllt von ihrer eignen Reinheit. Ohne rückhaltlose Hingabe an seine Gnade ist vollkommene Herrschaft über das Denken unmöglich. Das ist die Lehre jedes großen Religionsbuches, und ich erkenne ihre Wahrheit in jeder Stunde meines Strebens nach jenem vollkommenen Brahmacharya.

Wenn ich bedenke, wie sich die Ereignisse in Johannesburg gestalteten, so erkenne ich, daß diese meiner Selbstläuterung gleichsam eine Vorbereitung zu Satyagraha war. Ich kann nun sehen, daß alle wichtigen, in diesem Gelübde gipfelnden Ereignisse meines Lebens mich heimlich darauf vorbereiteten. Der Grundsatz, genannt Satyagraha, tauchte bereits auf, bevor der Name erfunden wurde. Ich konnte damals bei der Geburt dieses Grundsatzes selber noch nicht ausdrücken, was damit gemeint war. Auch im Gujarati bedienten wir uns des englischen Ausdrucks ›passive resistance‹, um seinen Sinn zu beschreiben. Bei einer Versammlung von Europäern erkannte ich, daß der Ausdruck ›passiver Widerstand‹ zu eng gefaßt war; daß man ihn so verstand, als ob eine Waffe der Schwachen damit gemeint sei und als ob er etwas mit Haß zu tun habe oder sich schließlich gar als Gewalt äußern könne. Ich sah mich daher genötigt, gegen alle diese Deutungen Einspruch zu erheben und die wirkliche Natur der indischen Bewegung darzulegen. Es war klar, daß ein neues Wort von den Indern geprägt werden mußte, um das Wesen ihres Kampfes zu bezeichnen.

Aber nicht ums Leben wollte es mir gelingen, einen neuen Namen zu finden, und ich schrieb deshalb in der ›Indian Opinion‹ einen bescheidenen Preis für denjenigen Leser aus, der den besten Vorschlag machen würde. Daraufhin prägte Maganlal Gandhi den Namen ›Sadagraha‹ [Sat = Wahrheit, Agraha = Stärke] und gewann den Preis. Aber um es noch klarer zu machen, verwandelte ich das Wort in ›Satyagraha‹, das seitdem im Gujarati als Bezeichnung für diese Kampfesweise geläufig geworden ist. Die Geschichte des Satyagraha-Kampfes ist in jeder Hinsicht eine Geschichte meines Lebens in Südafrika und im besonderen meiner Versuche mit der Wahrheit in diesem Erdteil.

Dreimal in ihrem Leben entrann Frau Gandhi mit knapper Not dem Tode aus ernster Krankheit. Die Heilung war jedesmal Hausmitteln zu verdanken. Beim erstenmal war Satyagraha schon im Gange oder sollte gerade beginnen. Sie litt häufig an Blutungen. Ein befreundeter Arzt riet zu einem chirurgischen Eingriff, zu dem sie nach einigem Zögern ihre Einwilligung gab. Sie war äußerst entkräftet, und der Arzt mußte die Operation ohne Chloroform ausführen. Sie verlief glücklich, aber sie mußte viele Schmerzen erdulden. Sie ertrug sie jedoch mit bewundernswertem Mut. Der Arzt und seine Gattin, die sie pflegten, waren die Fürsorge selbst. Dies geschah in Durban. Der Arzt erlaubte mir, nach Johannesburg zu fahren, und sagte mir, ich sollte mir keine Sorgen um die Kranke machen.

Nach wenigen Tagen jedoch erhielt ich einen Brief, daß es Kasturbai schlechter gehe, daß sie zu schwach sei, aufrecht im Bett zu sitzen, und einmal ohnmächtig geworden sei. Der Arzt wußte, daß er ihr ohne meine Zustimmung weder Wein noch Fleisch geben durfte. Deshalb rief er mich telephonisch in Johannesburg an und bat um Erlaubnis, ihr Fleischbrühe verordnen zu dürfen. Ich telephonierte zurück, ich könnte die Erlaubnis nicht erteilen; aber wenn sie imstande sei, selber zu sagen, wie sie darüber dächte, so möchte man sie fragen, und es stünde ihr frei, zu tun, was sie wolle. »Nein«, sagte der Arzt, »ich lehne es ab, die Kranke darüber entscheiden zu lassen. Sie müssen selbst herkommen. Wenn Sie es mir nicht freistellen, die Krankenkost nach meinem Belieben zu verordnen, kann ich die Verantwortung für die Genesung Ihrer Frau nicht übernehmen.«

Ich nahm noch selbigen Tages den Zug nach Durban und suchte den Arzt auf, der mir in aller Ruhe folgende Mitteilung machte: »Ich hatte Frau Gandhi bereits Fleischbrühe gegeben, als ich Sie anrief.«

»Nun, Doktor, das nenne ich einen Betrug«, sagte ich.

»Man kann das doch nicht Betrug nennen«, erwiderte er, »wenn man einem Kranken Arznei oder Diät verordnet. Im Gegenteil, wir Ärzte halten es für sehr löblich, unsere Patienten oder ihre Verwandten hinters Licht zu führen, wenn wir dadurch ein Menschenleben retten können.«

Ich war tief betrübt, blieb aber ruhig. Der Arzt war ein guter Mensch und mein persönlicher Freund. Er und seine Gattin hatten mich zu Dank verpflichtet, aber ich war nicht gesonnen, mich mit seiner ärztlichen Moral abzufinden.

»Doktor, sagen Sie mir, was Sie nun zu tun beabsichtigen. Ich würde es niemals dulden, daß man meiner Frau Fleisch gibt, nicht einmal, wenn es um ihr Leben geht, ausgenommen natürlich, wenn sie es selbst verlangt.«

»Ihre Weltanschauung steht Ihnen frei. Ich sage Ihnen nur das eine: solange Sie Ihre Frau in meiner Behandlung lassen, muß ich freie Wahl haben, ihr alles zu geben, was ich will. Wenn Sie das nicht wollen, muß ich Sie zu meinem Bedauern bitten, sie von hier wegzuschaffen. Ich kann sie nicht unter meinem Dach sterben lassen.«

»Wollen Sie damit sagen, daß ich sie sofort wegschaffen muß?«

»Wann habe ich je gesagt, Sie sollen sie wegschaffen? Ich wünsche nur, daß man mir vollkommen freie Hand läßt. Wenn Sie dazu bereit sind, werden meine Frau und ich alles für sie tun, was in unsern Kräften steht, und Sie können ohne die geringste Angst um sie weggehen. Aber wenn Sie etwas so Einfaches nicht begreifen wollen, zwingen Sie mich, Sie zu ersuchen, Ihre Frau aus meinem Hause wegzuschaffen.«

Wenn ich mich recht erinnere, war einer von meinen Söhnen bei mir. Er war vollkommen meiner Ansicht und sagte, daß Kasturbai auf keinen Fall Fleischbrühe bekommen solle. Ich sprach nun zunächst mit meiner Frau. Sie war eigentlich wirklich zu schwach, als daß man sie jetzt darüber hätte befragen dürfen. Aber ich hielt es für meine schmerzliche Pflicht, es dennoch zu tun. Ich erzählte ihr, was zwischen dem Arzt und mir vorgefallen war. Sie gab eine entschlossenen Antwort: »Ich werde keine Fleischbrühe trinken. Es ist eine Gnade in dieser Welt, als Menschenwesen geboren zu werden; und ich würde lieber in deinen Armen sterben, als meinen Leib mit solchen Greueln zu beflecken.«

Ich redete ihr zu und sagte ihr, daß sie mir nicht zu folgen brauchte. Ich führte ihr die Beispiele von befreundeten und bekannten Hindus an, die keine Bedenken trugen, Fleisch oder Wein als Arznei zu nehmen. Aber sie war unerschütterlich. »Nein«, sagte sie, »bringe mich, bitte, sofort weg!«

Ich war hocherfreut. Nicht ohne eine gewisse Unruhe beschloß ich, sie wegzubringen. Ich teilte dem Arzt ihren Entschluß mit. »Was sind Sie für ein gefühlloser Mensch!« rief er. »Sie hätten sich schämen sollen, ihr bei ihrem augenblicklichen Zustand etwas davon zu sagen. Ich erkläre Ihnen, Ihre Frau ist nicht in der Verfassung, weggebracht zu werden. Es sollte mich nicht wundern, wenn sie Ihnen unterwegs stirbt. Aber wenn Sie darauf bestehen, bitte, so bringen Sie sie weg. Wenn Sie ihr keine Fleischbrühe geben wollen, nehme ich nicht das Risiko auf mich, sie auch nur noch einen Tag unter meinem Dach zu behalten.«

So beschlossen wir, das Haus sofort zu verlassen. Ein feiner Regen fiel, und der Bahnhof war weit. Wir mußten den Zug von Durban nach Phoenix nehmen, von wo es noch zweieinhalb Meilen bis zu unserer Siedlung waren. Ich nahm zweifellos eine sehr große Verantwortung auf mich, aber ich vertraute auf Gott und tat, was ich tun mußte. Ich schickte einen Boten nach Phoenix voraus, mit der Bitte an West, uns am Bahnhof zu empfangen, mit einer Flasche heißer Milch und einer Flasche heißen Wassers und sechs Leuten, die Frau Gandhi in der Hängematte tragen sollten. Ich besorgte eine Rikscha, um sie an den Bahnhof zu fahren, brachte sie in diesem gefährlichen Zustand darin unter und machte mich auf den Weg.

Kasturbai bedurfte nicht der Ermutigung. Im Gegenteil, sie tröstete mich mit den Worten: »Nichts wird mir zustoßen. Sei unbesorgt!«

Sie war nur noch Haut und Knochen, da sie tagelang keine Nahrung zu sich genommen hatte. Der Bahnsteig war sehr lang, und da die Rikscha nicht in den Bahnhof gefahren werden konnte, mußten wir ein Stück zu Fuß gehen, ehe wir den Zug erreichen konnten. So trug ich sie auf meinen Armen und brachte sie in den Zug. Von Phoenix aus trugen wir sie in der Hängematte, und dort kam sie langsam wieder durch eine Wasserkur zu Kräften.

Zwei oder drei Tage nach unsrer Ankunft in Phoenix erschien ein Swami in unserer Behausung. Er hatte von der entschlossenen Art und Weise gehört, wie wir den Rat des Arztes abgelehnt hatten, und war aus Mitgefühl hergekommen, um uns zuzureden. Mein zweiter und dritter Sohn, Manila und Ramdas, waren anwesend, als der Swami kam. Er wies auf die religiöse Harmlosigkeit des Fleischgenusses hin und führte Belege aus Manu[2] an. Ich sah es nicht gern, daß er diese Erörterung in Gegenwart meiner Frau führte, aber ich ließ ihn aus Höflichkeit gewähren. Ich kannte die Verse aus Manu und brauchte sie nicht zu meiner Belehrung. Ich wußte auch, daß es eine Schule gab, die diese Verse für apokryph hielt; aber auch wenn sie dies nicht waren, änderte das nichts, denn meine Anschauungen über Pflanzenkost waren unabhängig von religiösen Schriften, und Kasturbais Glaube war unerschütterlich. Die heiligen Schriften waren für sie ein Buch mit sieben Siegeln, aber es genügte ihr, zu wissen, wie ihre Vorfahren es gehalten hatten. Die Kinder schworen auf den Glauben ihres Vaters und ließen sich durch die Rede des Swami nicht anfechten. Aber Kasturbai machte dem Zwiegespräch mit einem Male ein Ende. »Swamiji«, sagte sie, »was du auch sagen magst, ich will nicht durch Fleischbrühe gesund werden. Bitte, quäle mich nicht länger! Du kannst die Sache mit meinem Mann oder meinen Kindern besprechen, wenn du willst. Aber mein Entschluß steht fest.«

Ich hatte in einigen Büchern über Pflanzenkost gelesen, daß Salz kein notwendiger Nahrungsstoff für den Menschen sei, daß im Gegenteil salzlose Kost gesünder sei. Daraus hatte ich gefolgert, daß ein Brahmachari durch salzlose Kost gewinnt. Ich hatte auch gelesen und erkannt, daß die Schwachleibigen Hülsenfrüchte vermeiden sollten. Ich selbst aß sie sehr gern. Nun hatte Kasturbai, der nur kurze Ruhe nach dieser Operation vergönnt war, abermals an Blutungen zu leiden, und die Krankheit schien diesmal sehr hartnäckig zu sein. Eine Wasserkur allein half nicht. Kasturbai hatte nicht viel Zutrauen zu meinen Mitteln, obgleich sie sich nicht gegen sie sträubte. Als alle meine Mittel versagten, bat ich sie deshalb inständig, auf Salz und Hülsenfrüchte zu verzichten. Das wollte sie aber durchaus nicht, so sehr ich ihr auch zuredete und mich auf Quellen berief. Schließlich forderte sie mich mit den Worten heraus, daß nicht einmal ich auf diese Dinge verzichten könnte, wenn man mir dazu riete. Ich war betrübt und erfreut zugleich – erfreut, weil ich dadurch Gelegenheit bekam, meine Liebe über sie zu ergießen. Ich sagte zu ihr: »Du irrst dich. Wenn ich leidend wäre und der Arzt mir riete, diesen oder irgendwelchen anderen Dingen zu entsagen, würde ich es ohne Zögern tun. Aber paß auf! Ohne jeden ärztlichen Rat verzichte ich ein Jahr lang auf Salz und Hülsenfrüchte, ob du es tust oder nicht.« Sie war heftig erschüttert und rief in tiefem Kummer: »Bitte, verzeih mir! Da ich dich kenne, hätte ich dich nicht reizen sollen. Ich verspreche, mich dieser Dinge zu enthalten; aber um Gottes willen nimm dein Gelübde zurück. Das ist zu grausam für mich!«

»Es ist sehr lieb von dir«, sagte ich, »daß du auf diese Dinge verzichten willst, und ich habe nicht den leisesten Zweifel, daß du dich ohne sie viel wohler fühlen wirst. Was mich betrifft, so kann ich ein ernstlich abgelegtes Gelübde nicht rückgängig machen, und es wird mir sicher guttun; denn jede Enthaltung, aus welchem Grunde auch immer, ist gut für den Menschen. Du wirst mich deshalb in Frieden lassen. Es wird eine Probe für mich sein und ein sittlicher Ansporn für dich, deinen Entschluß auszuführen.«

So ließ sie mich gewähren. »Du bist zu eigensinnig und willst auf keinen Menschen hören!« sagte sie und suchte Erleichterung in Tränen.

Ich möchte diesen Vorfall als ein Beispiel für Satyagraha und als eine der köstlichsten Erinnerungen meines Lebens bezeichnen.

Hierauf begann Kasturbai, sich schnell zu erholen. Ob es an der salz- und hülsenfrüchtelosen Kost lag oder an den andern sich daraus ergebenden Veränderungen, ob es die Folge meiner strengen Aufsicht bei der genauen Beachtung der sonstigen Lebensregeln war oder eine Wirkung der durch dieses Ereignis hervorgerufenen geistigen Erheiterung, kann ich nicht sagen. Aber sie kam schnell wieder zu Kräften, die Blutungen hörten vollkommen auf, und mein Ansehen als Naturheilarzt war dadurch um einiges gestiegen.

Was mich betrifft, so fühlte ich mich viel wohler dank den neuen Entsagungen. Ich spürte nie ein Verlangen nach den Dingen, die ich aufgegeben hatte; das Jahr verging im Fluge, und ich entdeckte, daß die sinnlichen Begierden gebändigter waren denn je. Das Experiment regte den Hang zur Selbstbeherrschung an, und ich enthielt mich dieser Dinge auch weiterhin noch lange Zeit, als ich bereits wieder in Indien war.

Ich habe das Experiment einer salz- und hülsenfrüchtelosen Kost bei vielen meiner Mitarbeiter erprobt und mit guten Erfolgen in Südafrika. Vom ärztlichen Standpunkt aus mag es zwei Meinungen über seinen Wert geben, aber vom sittlichen Standpunkt aus bezweifle ich nicht, daß jede Selbstverleugnung für die Seele nützlich ist. Die Nahrung eines Menschen der Selbstbeherrschung muß verschieden sein von der eines Menschen der Lust, genauso wie ihre Lebenswege verschieden sind. Die nach Brahmacharya streben, verfehlen oft ihr Ziel, indem sie Bahnen einschlagen, die einem Leben der Lust zugehören.

Seelische Erziehung

Die seelische Erziehung der Knaben war eine viel schwierigere Aufgabe als ihre körperliche oder geistige Erziehung. Ich verließ mich wenig auf religiöse Bücher bei dieser Erziehung der Seele. Natürlich war ich überzeugt, daß jeder Schüler mit den Grundbegriffen seiner Religion vertraut sein und eine allgemeine Kenntnis von seinen Religionsbüchern haben müsse, und deshalb sorgte ich dafür, so gut ich konnte. Aber dies gehörte meiner Meinung nach nur zur geistigen Erziehung. Lange bevor ich die Erziehung der Kinder auf der Tolstoi-Farm übernahm, hatte ich erkannt, daß die Erziehung der Seele ein Ding für sich ist. Die Seele entwickeln, heißt den Charakter ausprägen und zum Wissen von Gott und zur Selbsterkenntnis führen. Und ich war der Ansicht, daß dies ein wesentlicher Teil der Erziehung des jungen Menschen und daß jedwede andere Ausbildung ohne Pflege der Seele unnütz und unter Umständen sogar verderblich sei.

Wie also nun diese Seelenpflege üben? Ich ließ die Kinder fromme Lieder auswendig lernen und singen, und ich las ihnen aus Büchern über sittliche Erziehung vor. Aber das befriedigte mich keineswegs. Als ich engere Fühlung mit ihnen gewann, sah ich, daß man nicht durch Bücher erzieherisch auf die Seele einwirken kann. Genauso wie körperliche Erziehung durch körperliche Übung vermittelt werden muß und die geistige durch geistige Übung, genauso ist die Erziehung der Seele nur möglich durch die Übung der Seele. Und diese wieder hängt von dem Leben und dem Charakter des Lehrers ab. Wenn ich ein Lügner wäre und wollte meine Schülern lehren, die Wahrheit zu sagen, so wäre das ein vergebliches Bemühen. Einem Lehrer, der ein Feigling ist, wird es nie gelingen, seine Knaben tapfer zu machen, und ein in der Selbstbeherrschung Unerfahrener kann niemals seinen Schülern den Wert der Selbstbeherrschung beibringen. Ich erkannte also, daß ich selber gleichsam ein ständiger, leibhaftiger Anschauungsunterricht für die Knaben und Mädchen sein mußte, die mit mir zusammenlebten. So wurden sie wiederum *meine* Lehrer, und ich sah mich schon um ihretwillen genötigt, gut zu sein und rechtschaffen zu leben. Ich darf behaupten, daß ich die wachsende Zucht und Enthaltung, die ich mir selbst auf der Tolstoi-Farm auferlegte, hauptsächlich diesen meinen Zöglingen zu verdanken hatte.

Einer von ihnen war wild, widerspenstig, verlogen und streitsüchtig. Bei einer Gelegenheit schlug er höchst ungebärdig über die Stränge. Ich verlor die Geduld. Ich züchtigte meine Schüler nie, aber diesmal war ich sehr böse. Ich versuchte noch einmal, vernünftig mit ihm zu reden. Aber er war unverbesserlich und versuchte sogar, mich zu foppen. Schließlich ergriff ich ein bei der Hand liegendes Lineal und versetzte ihm einen Schlag auf den Arm. Ich zitterte, als ich ihn schlug, und ich glaube, er merkte es. Dies war eine gänzlich neue Erfahrung für sie alle. Der Junge schrie auf und bat um Verzeihung. Er schrie nicht, weil der Schlag ihn schmerzte; er hätte mir, wenn er gewollt hätte, mit gleicher Münze heimzahlen können, da er ein kräftiger Bursche von siebzehn Jahren war. Aber er fühlte, wie weh es mir selber tat, daß ich zu diesem Gewaltmittel greifen mußte. Nie wieder nach diesem Vorfall war er mir ungehorsam. Aber ich bereue diese Heftigkeit noch immer. Ich fürchte, daß ich ihm an diesem Tage nicht die Seele, sondern das Tier in mir zeigte.

Ich bin von jeher gegen körperliche Züchtigung gewesen und erinnere mich nur an eine Gelegenheit, bei der ich einen meiner Söhne körperlich züchtigte. Deshalb war ich bis heute nicht imstande, zu entscheiden, ob ich recht hatte oder nicht, als ich das Lineal gebrauchte. Wahrscheinlich war es unrecht, denn es geschah im Zorn und mit dem Wunsch, zu züchtigen. Wäre es lediglich ein Notbehelf gewesen, so hätte ich es für berechtigt halten können. Aber der Beweggrund in diesem Falle war gemischter Art. Dieser Vorfall gab mir zu denken und lehrte mich eine bessere Methode, Schüler zurechtzuweisen. Ich weiß nicht, wie diese Methode in jenem Fall gefruchtet hätte. Der Junge vergaß den Zwischenfall bald, aber ich glaube, gründlich gebessert hat er sich nie. Aber der Vorfall ließ mich die Pflicht eines Lehrers gegen seine Schüler besser erkennen. Fälle von schlechtem Betragen der Schüler kamen später noch oft vor, aber ich griff nie wieder zu körperlicher Züchtigung. So lernte ich in dem Bemühen, meinen Knaben und Mädchen eine seelische Erziehung angedeihen zu lassen, immer besser die Macht der Seele kennen.

Auf der Tolstoi-Farm lenkte Mr. Kallenbach meine Aufmerksamkeit auf eine Frage, an die ich bis dahin nie gedacht hatte. Wie schon erwähnt, waren einige von den Jungen auf der Farm böse und widerspenstig. Es gab auch Faulpelze unter ihnen. Mit diesen kamen meine drei Jungen täglich in Berührung, wie auch andere

Kinder von dem gleichen Charakter wie die meinigen. Dies beunruhigte Mr. Kallenbach; besonders, daß ich meine eigenen Söhne mit diesen Tunichtguten zusammentat.

Eines Tages sprach er sich aus. »Ihre Methode«, sagte er, »Ihre eigenen Jungen mit diesen üblen Früchtchen zusammenzubringen, gefällt mir nicht. Das kann nur eine Folge haben: sie werden durch die schlechte Gesellschaft verdorben werden.«

Ich weiß nicht mehr, ob die Frage mich in dem Augenblick verwirrte; aber ich entsinne mich, was ich ihm erwiderte:

»Wie kann ich zwischen meinen Söhnen und diesen Faulpelzen einen Unterschied machen? Ich bin für beide gleich verantwortlich. Die Jungen sind hergekommen, weil ich sie dazu aufgefordert habe. Um Ihnen die Wahrheit zu sagen, es ist sehr wahrscheinlich, daß sie und ihre Erzieher glauben, ich müsse ihnen noch dankbar sein dafür, daß sie überhaupt hergekommen sind. Daß sie sich hier in mancherlei Ungemach fügen müssen, wissen wir beide sehr gut. Aber meine Pflicht ist klar. Ich muß sie hier behalten, und deshalb müssen meine Knaben auch mit ihnen zusammenleben. Und Sie wollen doch gewiß nicht, daß ich meinen Jungen beibringen soll, sie seien etwas Besseres als die andern! Ihnen dieses Überlegenheitsgefühl in den Kopf setzen, hieße sie irreführen. Dieses Zusammensein mit andern Jungen wird eine gute Lehre für sie sein, und sie werden von selbst lernen, zwischen Gut und Böse zu unterscheiden. Warum sollten wir nicht glauben, daß, wenn wirklich etwas Gutes in ihnen steckt, es vielmehr auf ihre Gefährten abfärben wird? Wie dem auch sei, ich muß sie hier behalten, und wenn das irgendeine Gefahr bedeutet, müssen wir sie auf uns nehmen.«

Mr. Kallenbach schüttelte den Kopf, aber zu guter Letzt schlug doch wohl alles zum Segen aus. Meinen Söhnen ist dieses Experiment nicht schlecht bekommen. Ich sehe in der Tat, daß sie dabei nur gewonnen haben. Wenn die leiseste Spur von Überlegenheitsgefühl in ihnen war, so wurde es ihnen ausgetrieben, und sie lernten mit allen möglichen Kindern umgehen. Sie lernten sich an andern erproben und sich selbst beherrschen. Diese und ähnliche Versuche haben mir bewiesen, daß gute Kinder nichts einbüßen, wenn sie mit schlechten zusammen erzogen und in ihre Gesellschaft gebracht werden, vorausgesetzt, daß das Experiment unter der wachsamen Obhut ihrer Eltern und Erzieher vor sich geht.

Es ist nicht unbedingt richtig, daß in Watte eingepackte Kinder gegen jede Versuchung oder Befleckung behütet sind. Allerdings ist eine solche gemeinsame Erziehung von Knaben und Mädchen der verschiedensten Herkunft eine sehr harte Probe für die Eltern und Lehrer. Sie müssen ständig auf der Hut sein.

Es wurde mir von Tag zu Tag immer klarer, wie äußerst schwierig es war, Knaben und Mädchen in der richtigen Weise zu erziehen und zu unterrichten. Wenn ich ihr wirklicher Lehrer und Erzieher sein sollte, mußte ich an ihre Herzen rühren, mußte ihre Freuden und Leiden teilen, mußte ihnen helfen, die Probleme zu lösen, die ihnen entgegentraten, mußte den überschwenglichen Wünschen ihrer Jugend den richtigen Weg weisen. Einmal, als ich in Johannesburg war, erhielt ich Nachricht von einer sittlichen Verfehlung zweier Zöglinge des Ashram. Schon mehr als einmal hatte ich davon hören müssen, daß der oder jener im Satyagraha-Kampfe versagt habe oder erlegen sei; das hatte mich nie erschüttert; aber diese Nachricht traf mich wie ein Blitzstrahl. Noch am gleichen Tag nahm ich den Zug nach Phoenix. Mr. Kallenbach bestand darauf, mich zu begleiten. Er hatte bemerkt, in welcher Verfassung ich war. Er konnte den Gedanken, daß ich allein hinführe, nicht ertragen, denn er hatte mir die Nachricht überbracht, die mich so aufgeregt hatte. Unterwegs wurde mir meine Pflicht klar – wurde mir sonnenklar, daß der Erzieher oder Lehrer, wenigstens bis zu einem gewissen Grade, für den Fehltritt seines Schülers verantwortlich ist, und also auch ich in diesem Falle. Meine Frau hatte mich schon gewarnt, aber ich hatte das in meiner vertrauensseligen Art in den Wind geschlagen. Ich fühlte auch, daß den Schuldigen mein Schmerz und die Größe ihrer Verfehlung nur zu Bewußtsein gebracht werden konnten, wenn ich mir irgendeine Buße dafür auferlegte. So nahm ich eine Fastenzeit von sieben Tagen auf mich und das Gelübde, viereinhalb Monate lang täglich nur eine Mahlzeit zu mir zu nehmen. Mr. Kallenbach versuchte abzuraten, aber vergeblich. Schließlich mußte er selber zugeben, daß diese Buße hier das Richtige sei, und bestand nun darauf, sich mir anzuschließen. Ich konnte nicht nein sagen, denn ich sah deutlich, wie sehr er mit mir fühlte.

Dieser Entschluß nahm mir eine große Last vom Herzen, und es wurde mir mit einemmal ganz leicht zumute. Der Zorn gegen die Schuldigen legte sich und wich dem reinsten Mitleid mit ihnen. So erleichtert, traf ich in Phoenix ein. Ich stellte weitere Nachforschungen an und machte mich mit ein paar Einzelheiten vertraut, die ich wissen mußte. Meine Buße betrübte alle, aber sie reinigte die Luft. Jeder kam zu der Erkenntnis, wie schrecklich es ist, sündig zu sein; und das Band, das mich an die Knaben und Mädchen knüpfte, wurde noch stärker und verläßlicher. Noch etwas anderes, das sich aus diesem Vorfall ergab, zwang mich bald darauf, mich einem vierzehntägigen Fasten zu unterziehen, dessen Wirkung selbst meine Erwartungen übertraf.

Es ist nicht meine Absicht, aus diesen Ereignissen zu folgern, daß es die Pflicht jedes Lehrers sei, jedesmal zum Fasten Zuflucht zu nehmen, wenn einer seiner Schüler sich vergangen hat. Aber ich halte dafür, daß manche Fälle nach diesem drastischen Mittel verlangen. Doch es setzt klaren Blick und seelische Tauglichkeit voraus. Wo nicht wahre Liebe zwischen Lehrer und Schüler besteht, wo das Vergehen des Schülers den Lehrer nicht zutiefst erschüttert hat, wo der Schüler keine Achtung vor dem Lehrer hat, ist Fasten nicht am Platze und kann eher schädlich sein.

Die erste Buße erwies sich als leicht, für beide von uns. Ich hatte nicht nötig, irgendeine von meinen normalen Tätigkeiten zu unterbrechen, und man muß sich vor Augen halten, daß ich während dieser ganzen Zeit ausschließlich Obstesser war. Der letzte Teil meiner zweiten Fastenzeit fiel mir jedoch ziemlich schwer. Ich hatte damals noch nicht klar die wunderbare Wirksamkeit des Ramanama erkannt, und meine Leidensfähigkeit war dementsprechend geringer. Ich beherrschte auch noch nicht die Kunst des Fastens, wußte vor allem noch nicht, daß man dabei viel Wasser trinken muß, so übel einem auch davon werden und so zuwider es einem auch sein mag. Dazu kam, daß mir das erste Fasten so leicht geworden war, daß ich etwas leichtfertig an das zweite ging. Während der zweiten Fastenzeit trank ich sehr wenig Wasser, weil es mir zuwider war und mir übel davon wurde. Die Kehle wurde trocken und schlaff, und in den letzten Tagen konnte ich nur ganz leise sprechen. Trotzdem erledigte ich meine Arbeit weiter durch Diktieren, sofern Schreiben nötig war. Ich ließ mir regelmäßig aus dem Ramayana und andern heiligen Büchern vorlesen und hatte Kraft genug, in allen dringenden Angelegenheiten zu verhandeln und zu raten.

Vielerlei Ereignisse in meinem Leben haben zusammengewirkt, mich in enge Berührung mit Angehörigen zahlreicher Glaubensbekenntnisse und zahlreicher Sekten zu bringen; und meine Erfahrung mit allen von ihnen berechtigt mich, zu sagen, daß ich keinen Unterschied gekannt habe zwischen Verwandten und Fremden,

Landsleuten und Ausländern, Hindus und Indern andern Glaubens, Mohammedanern, Parsen, Christen oder Juden. Ich darf sagen, daß meine Seele nicht imstande war, irgendeinen derartigen Unterschied zu machen. Ich kann mir dies nicht als eine besondere Tugend anrechnen, da es in meinem tiefsten Wesen lag und nicht erst das Ergebnis irgendwelchen Bemühens war; dagegen bin ich mir in dem Fall von Ahimsa [Gewaltlosigkeit], Brahmacharya [Zölibat] und anderen Haupttugenden durchaus eines ständigen Strebens bewußt, sie mir zu erringen.

Als ich noch bei Gericht tätig war, wohnten meine Büroangestellten oft bei mir, und es waren Hindus und Christen unter ihnen. Ich entsinne mich nicht, daß ich sie jemals für irgend etwas anderes als für meine Freunde und Verwandten angesehen hätte. Ich behandelte sie als Mitglieder meiner Familie und hatte Ärger mit meiner Frau, wenn sie mir das irgendwie verwehren wollte. Einer von den Angestellten war ein Christ, geboren von Panchama[1]-Eltern.

Die Zimmer des Hauses, die nach europäischem Muster gebaut waren, hatten keinen Ausguß. Jedes Zimmer enthielt seine Spüleimer und Geräte. Ehe ich sie von einer Magd saubermachen ließ, räumten meine Frau oder ich sie lieber selbst auf. Die Angestellten, die schon ganz wie zu Hause waren, brachten natürlich ihre eigenen Zimmer in Ordnung, aber der christliche Angestellte war ein Neuling, und es war unsere Pflicht, sein Schlafzimmer aufzuräumen. So willig das Frau Gandhi nun auch sonst tat –: das Zimmer eines Gastes sauberzumachen, der früher ein Panchama war, schien ihr denn doch zu ungeheuerlich, und wir gerieten in Streit. Sie wollte durchaus nicht zulassen, daß ich diese Arbeit besorgte, und selber wollte sie es auch nicht. Noch heute sehe ich sie vor mir, wie sie scheltend, mit zorngeröteten und tränenüberströmten Augen, mit dem Scheuereimer in der Hand die Treppe hinunterstieg. Aber ich war damals ein grausam liebender Gatte und betrachtete mich als ihren Erzieher, und so quälte ich sie in meiner blinden Liebe zu ihr. Ja, ich gab mich nicht einmal zufrieden damit, daß sie nun wirklich den Eimer schleppte. Sie sollte es auch mit Freuden tun! Und so rief ich denn mit erhobener Stimme: »Ich dulde diesen Unsinn nicht in meinem Hause.«

Diese Worte durchbohrten sie wie ein Pfeil. Sie schrie zurück: »Behalte dein Haus für dich und laß mich gehen!«

Ich kannte mich selber nicht mehr, und der Quell des Mitleids war in mir versiegt. Ich packte sie bei der Hand, schleppte die Hilflose an das Tor, das der Außentreppe gerade gegenüber lag, und schickte mich an, es zu öffnen und sie hinauszustoßen. Die Tränen strömten über ihre Wangen, und sie sagte: »Hast du gar kein Schamgefühl? Mußt du dich so weit vergessen? Wohin soll ich gehen? Ich habe keine Eltern oder Verwandten hier, die mich aufnehmen könnten. Da ich dein Weib bin, glaubst du wohl, ich müßte mir deine Püffe und Stöße gefallen lassen? Um Gottes willen beherrsche dich und mach das Tor zu! Laß die Leute nicht sehen, daß wir hier derartige Szenen aufführen!«

Ich setzte eine kaltblütige Miene auf, aber ich war tief beschämt und schloß das Tor. Wie meine Frau mich nicht verlassen konnte, so konnte auch ich sie nicht verlassen. Wir haben vielmals Streit miteinander gehabt, aber wir haben uns schließlich immer wieder vertragen. Meine Frau, mit ihrer unvergleichlichen Dulderkraft, ist immer Siegerin geblieben.

Heute bin ich imstande, den Vorfall mit einer gewissen Unbefangenheit zu erzählen, da er einer Zeit angehört, aus der ich glücklich heraus bin. Ich bin nicht länger ein blinder, verblendeter Gatte, und ich bin nicht mehr der Erzieher meiner Frau. Frau Gandhi kann, wenn sie will, heute genauso garstig zu mir sein, wie ich es früher so oft zu ihr war. Wir sind erprobte Freunde, einer betrachtet den andern nicht mehr als einen Gegenstand der Leidenschaft. Sie war mir eine treue Pflegerin während all meiner Krankheiten und opferte sich ohne irgendeinen Gedanken an Lohn und Vergeltung für mich auf.

Der erwähnte Zwischenfall ereignete sich im Jahre 1898, als ich noch keine Ahnung von Brahmacharya hatte. Es war eine Zeit, wo ich dachte, die Frau sei ein Ding der Lust für ihren Gatten, dazu geboren, nach ihres Gatten Geheiß zu handeln, nicht ihm eine Gehilfin und Kameradin und eine Gefährtin in Freud und Leid zu sein.

Möge niemand aus dieser Erzählung einer mir heiligen Erinnerung schließen, daß wir nun etwa ein mustergültiges Ehepaar sind oder daß eine vollkommene Eintracht unserer Ideale zwischen uns besteht. Frau Gandhi weiß vielleicht selbst nicht, ob sie, unabhängig von mir, überhaupt Ideale hat. Es ist wahrscheinlich, daß vieles von meinem Tun auch heute noch nicht ihren Beifall findet. Wir sprechen nie darüber; ich sehe nicht ein, welchen Zweck es haben sollte, mit ihr darüber zu sprechen. Denn sie wurde weder von ihren Eltern erzogen noch von mir, als ich es hätte tun sollen. Aber sie ist in sehr hohem Grade mit *einer* wundervollen Eigenschaft gesegnet – einer Eigenschaft, die die meisten Hindufrauen besitzen. Und das ist diese: willig oder unwillig, bewußt oder unbewußt hat sie sich allezeit glücklich geschätzt, meinen Fußstapfen zu folgen, und ist mir nie im Wege gewesen bei meinem Bestreben, ein Leben der Entsagung zu führen. Obwohl also in geistiger Hinsicht ein tiefer Unterschied zwischen uns besteht, habe ich doch stets das Gefühl gehabt, daß wir ein Leben führen voll Zufriedenheit, Glück und Höherentwicklung.

Satyagraha in Natal

Eine Gelegenheit, Satyagraha in Natal in Wirkung treten zu lassen, ergab sich bald nach Gokhales Abreise.[1] Er war in der Überzeugung abgefahren, daß die Kopfsteuer von drei Pfund nunmehr in einem Jahr aufgehoben und das erforderliche Gesetz in der nächsten Sitzung des Union-Parlaments eingebracht werden würde. Statt dessen erklärte General Smuts im Abgeordnetenhaus, die Europäer in Natal seien gegen Aufhebung der Steuer, und somit sei die Regierung der Union außerstande, ein solches Gesetz durchzubringen. Dem war aber gar nicht so. Die Abgeordneten aus Natal allein konnten nichts ausrichten in einer Körperschaft, in der vier Kolonien vertreten waren. Außerdem hätte General Smuts das notwendige Gesetz gegen den schändlichen Tribut in der Kammer vom Kabinett aus einbringen und es dann seinem Schicksal überlassen müssen. Aber er tat nichts dergleichen und gab uns damit einen willkommenen Grund mehr zum ›Krieg‹, und zwar von einem doppelten Gesichtspunkt aus: denn erstens mußte natürlich, wenn im Laufe des Kampfes die Regierung ein Versprechen gab und es dann widerrief, die Stellungnahme gegen diesen Treuebruch ohne weiteres in unser Programm einbezogen werden; und zweitens war ein Wortbruch einem so bedeutenden Vertreter Indiens, wie Gokhale, gegenüber nicht nur ein persönlicher Schimpf für ihn, sondern auch für ganz Indien, und konnte schon aus diesem Grunde nicht stillschweigend hingenommen werden.

Also fühlten wir Satyagrahis uns verpflichtet, den Kampf gegen die Dreipfundsteuer in unser Programm aufzunehmen, womit zugleich für die Kontraktarbeiter die Gelegenheit gegeben war, an dem Kampfe teilzunehmen. Der Leser muß wissen, daß diese Klasse bisher der Bewegung ferngeblieben war. Diese Neuorientierung unserer Politik erhöhte einerseits unsere Verantwortungslast und erschloß andrerseits neue Rekrutierungsmöglichkeiten für unser ›Heer‹.

Bisher war bei den Kontraktarbeitern von Satyagraha noch kaum die Rede gewesen, geschweige denn, daß sie dazu erzogen worden wären, daran teilzunehmen. Da sie Analphabeten waren, konnten sie die ›Indian Opinion‹ oder andere Zeitungen nicht lesen. Trotzdem hatte ich bereits gemerkt, daß diese armen Leute scharfe Beobachter des Kampfes waren und die Bewegung verstanden, ja, einige hatten mir sogar gesagt, wie leid es ihnen täte, daß sie sich nicht anschließen könnten. Aber wie viele nun, nachdem wir die Kopfsteuer in unser Programm einbezogen hatten, wirklich teilnehmen würden, wußte ich keineswegs.

Ich schrieb Gokhale von dem Wortbruch, und er war tief betrübt, davon zu hören. Ich bat ihn, sich nicht zu beunruhigen, und versicherte ihm, daß wir bis zum letzten Blutstropfen kämpfen und die Aufhebung der Steuer von den widerstrebenden Vertretern der Transvaal-Regierung erzwingen würden. An meine ursprüngliche Absicht, nach einem Jahr wieder nach Indien zurückzukehren, sei nun freilich nicht mehr zu denken, und ich könne unmöglich sagen, wann ich hier wegkommen würde. Gokhale war durch und durch Zahlenmensch. Er bat mich, ihn die Höchst- und Mindeststärke unseres Friedensheeres wissen zu lassen sowie die Namen der Kämpfer. Soviel ich mich heute erinnern kann, gab ich ihm fünfundsechzig oder sechsundsechzig Namen als höchste und sechzehn als niedrigste Zahl an und schrieb ihm auch, daß ich keine Geldhilfe von Indien für eine so kleine Schar erwarte.

Während die Vorbereitungen zur Wiederaufnahme des Kampfes noch im Gange waren, kam eine neue Plage über uns, die nun auch den Frauen Anlaß bot, mitzumachen. Einige tapfere Frauen hatten sich bereits erboten, auch das ihrige zu tun, und als einige Satyagrahis wegen unerlaubten Straßenhandels ins Gefängnis gewandert waren, hatten ihre Gattinnen den Wunsch ausgesprochen, ihnen in den Kerker zu folgen. Aber damals hatten wir moralische Bedenken dagegen, Frauen in einem fremden Lande ins Gefängnis zu schicken.

Wie wenn Gott in aller Stille am Werk gewesen wäre, den Indern den Sieg zu bereiten und die Ungerechtigkeit der Europäer in Südafrika noch klarer ins Licht zu rücken, ereignete sich, wie gesagt, etwas, das niemand erwartet hatte.

Viele von den Indern, die nach Südafrika übersiedelten, kamen bereits verheiratet dorthin, während andere wieder erst in Südafrika selbst eine Ehe schlossen. In Indien gibt es kein Gesetz, das die Rechtmäßigkeit einer Ehe von behördlicher Eintragung abhängig macht; die religiöse Feierlichkeit genügt, um jeder Ehe Gültigkeit zu verleihen. Der gleiche Brauch war natürlich auch bei den südafrikanischen Indern in Geltung geblieben, und seit vierzig Jahren war es noch nie jemanden in den Sinn gekommen, die Gültigkeit der Ehen, die nach den Riten der verschiedenen indischen Religionen geschlossen waren, etwa irgendwie anzufechten. Nun aber geschah es, daß in einem bestimmten Falle Mr. Justice Searle vom Obersten Kapgericht am 14. März 1913 ein Urteil fällte dahin, daß alle nicht nach christlichem Ritus vollzogenen und durch den Standesbeamten eingetragenen Ehen in Südafrika rechtsungültig wären.

Dieses furchtbare Urteil machte mit einem Federstrich alle Ehen null und nichtig, die nach Hinduritus sowie nach mohammedanischem oder zoroastrischem Ritus geschlossen waren. Die vielen verheirateten Inderinnen in Südafrika waren nach den Bestimmungen dieses Urteils mit einemmal nicht mehr Ehefrauen ihrer Männer, sondern nur noch Konkubinen, und ihre Nachkommenschaft war des Rechtes beraubt, das Eigentum der Eltern zu erben. Das war ein unerträglicher Zustand, für die Frauen nicht weniger als für die Männer, und eine tiefe Erregung bemächtigte sich aller Inder Südafrikas.

Nach meiner gewohnten Art schrieb ich an die Regierung und fragte sie, ob sie sich mit dem Searleschen Urteil einverstanden erkläre und ob sie, wenn dieser Richter das Gesetz wirklich richtig ausgelegt habe, bereit wäre, das Gesetz selber abzuändern und die Gültigkeit von indischen Ehen anzuerkennen, die nach den religiösen Bräuchen der Parteien vollzogen und in Indien als rechtskräftig anerkannt seien. Die Regierung zeigte sich nicht geneigt, mir Gehör zu schenken, und erklärte sich außerstande, meinem Ersuchen zu willfahren.

Der Satyagraha-Bund hielt eine Beratung ab, ob er gegen das Searlesche Urteil Berufung einlegen sollte, und kam zu dem Ergebnis, daß das in diesem Fall nicht seine Sache sei. Wenn es zu einer Berufung kommen sollte, mußte sie von der Regierung eingelegt werden oder auf Wunsch der Regierung von den Indern, vorausgesetzt, daß die Regierung durch ihren Kronanwalt offen für sie Partei ergriff. Selber Berufung einzulegen, ohne daß diese Bedingungen zuvor erfüllt waren, hätte in Wahrheit nichts andres geheißen, als sich einverstanden erklären mit dieser Vernichtung der indischen Ehen. Waren wir jedoch überhaupt willens, zu Satyagraha unsere Zuflucht zu nehmen, so hätte uns auch die Berufung diesen Schritt nicht erspart, da sie ja doch verworfen worden wäre. Unter diesen Umständen erschien es am besten, keine Berufung gegen diesen unsagbaren Schimpf einzulegen.

Es galt nun, auf der Stelle zu handeln. Erst lange auf einen günstigen Tag oder eine günstige Stunde zu warten, kam nicht in Frage. Geduld war unmöglich angesichts dieser unsern Frauen angetanen Schmach. Wir entschlossen uns zu hartnäckigem Satyagraha, so klein auch unser Heerbann noch sein mochte. Den Frauen konnte die Teilnahme an dem Kampf nun nicht mehr verwehrt bleiben; im Gegenteil, wir beschlossen sogar, sie selber aufzufordern, mit den Männern gemeinsame Sache zu machen. Zunächst wandten wir uns an die Schwestern, die auf der Tolstoi-Farm gelebt hatten. Sie waren sogleich Feuer und Flamme. Ich führte ihnen vor Augen, was für Gefahren damit verbunden seien und was sie alles über sich würden ergehen lassen müssen: Beschränkungen an Nahrung, Kleidung und persönlicher Bewegungsfreiheit; harte Arbeit im Gefängnis, Wäsche waschen und vielleicht gar Zudringlichkeiten von seiten der Aufseher. Aber sie waren alle voller Mut und fürchteten sich vor nichts. Eine von ihnen stand vor der Niederkunft, während sechs von ihnen Säuglinge im Arm hatten. Aber samt und sonders brannten sie darauf, mitzumachen, und ich konnte einfach nichts dagegen tun. Diese Schwestern waren mit einer Ausnahme alle Tamulinnen. Hier sind ihre Namen:

Mrs. Thambi Naidoo, Mrs. N. Pillay, Mrs. K. Murugasa Pillay, Mrs. A. Perumal Naidoo, Mrs. P. K. Naidoo, Mrs. K. Chinnaswami Pillay, Mrs. N. S. Pillay, Mrs. R. A. Mudalingam, Mrs. Bhavani Dayal, Miss Minachi Pillay, Miss Baijum Murugasa Pillay.

Es ist leicht, ins Gefängnis zu kommen, wenn man ein Verbrechen begangen hat, aber schwierig, wenn man unschuldig ist. Der Verbrecher sucht der Verhaftung zu entrinnen; die Polizei verfolgt ihn und nimmt ihn fest. Aber auf den Unschuldigen, der sich aus freiem Willen um Verhaftung bemüht, legt sie ihre Hand nur, wenn sie durchaus nicht mehr anders kann. Die ersten Versuche dieser Schwestern waren nicht von Erfolg gekrönt. Sie betraten ohne Erlaubnis Transvaal bei Vereeniging, aber sie wurden nicht verhaftet. Sie verlegten sich auf unerlaubten Straßenhandel, aber auch dieses Vergehen wurde von der Polizei übersehen. Was sollten sie tun?

Ich dachte mir folgenden Kriegsplan für sie aus: Wie es verboten war, Transvaal ohne Erlaubnis von Natal aus zu betreten, so durftem man auch umgekehrt nicht nach Natal von Transvaal aus. Wurden die Schwestern beim Betreten Natals verhaftet, so war es schön und gut. Wurden sie aber nicht verhaftet, so sollten sie weiter pilgern bis nach Newcastle, dem großen Kohlenbergwerkszentrum von Natal; dort sollten sie bleiben und die indischen Arbeiter dazu aufreizen, in den Ausstand zu treten. Die Muttersprache der Schwestern war Tamil, und außerdem konnten sie ein wenig Hindostani sprechen. Die Mehrzahl der Arbeiter in den Kohlengruben stammte aus dem Madrasgebiet und sprach Tamil oder Telugu, obgleich viele von ihnen auch aus Nordindien waren. Gelang es den Schwestern, die Arbeiter zum Streik zu bewegen, so konnte die Regierung nicht mehr gut anders, als sie zusammen mit den Arbeitern zu verhaften, was wiederum aller Wahrscheinlichkeit nach die Begeisterung der Arbeiter noch mehr entflammen mußte. Dies alles teilte ich den Schwestern in Transvaal mit.

Gleichzeitig beschlossen wir nun, einen Schritt zu unternehmen, den wir bis zuletzt aufgespart hatten und dessen Wirkung vollauf unsere Erwartungen erfüllen sollte. Ich hatte ins Auge gefaßt, im entscheidenden Augenblick alle Siedler in Phoenix zu opfern. Das sollte mein äußerstes Opfer an den Gott der Wahrheit sein. Die Siedler in Phoenix waren größtenteils meine engen Mitarbeiter und nahen Verwandten. Der Plan war, sie alle ins Gefängnis zu schicken, mit Ausnahme einiger weniger, die weiter für die ›Indian Opinion‹ sorgen sollten, und der Kinder unter sechzehn Jahren. Das war das höchste Opfer, das mir den Umständen nach verblieb. Denn es handelte sich dabei um die sechzehn treuen Pioniere der Phoenix-Siedlung, die ich in meinem Schreiben an Gokhale angeführt hatte. Diese ganze Freundesschar sollte also die Grenze von Transvaal überschreiten und sich drüben wegen unerlaubten Betretens des Landes verhaften lassen.

Ich fuhr nach Phoenix und eröffnete den Siedlern meine Pläne. Vor allen Dingen beriet ich mich mit den dort wohnenden Schwestern. Ich wußte, daß es mit ernster Gefahr verbunden war, Frauen ins Gefängnis zu schicken. Die meisten Schwestern in Phoenix sprachen Gujarati. Sie hatten nicht die Erziehung oder Erfahrung der Schwestern in Transvaal. Zudem waren die meisten von ihnen mit mir verwandt und erklärten sich jetzt vielleicht nur unter meinem Einfluß bereit, ins Gefängnis zu gehen. Schreckten sie später, wenn die Zeit der wirklichen Prüfung kam, zurück oder konnten das Gefängnis nicht ertragen, so stand zu befürchten, daß sie sich vielleicht verleiten lassen würden, klein beizugeben, und so nicht nur mir einen schweren Schlag zu versetzen, sondern auch der Bewegung ernstlich zu schaden. Ich beschloß, meiner Frau nichts von allem zu sagen; denn ›nein‹ konnte sie ja nicht gut sagen zu einem

Vorschlag, den ich machte, und wenn sie ›ja‹ sagte, blieb immer noch zweifelhaft, ob das auch ein verläßliches Ja wäre; und überhaupt mußte in einem ernsten Fall wie diesem ein Gatte es seiner Frau anheimstellen, den Schritt zu tun, den sie aus freien Stücken tun wollte, und durfte ihr auch nicht grollen, wenn sie überhaupt keinen Schritt tat. Ich sprach mit den andern Schwestern, die auf meinen Vorschlag freudig eingingen und sich bereit erklärten, ins Gefängnis zu gehen. Sie versicherten mir, daß sie ihre Zeit abbüßen würden, mochte kommen, was da wollte. Meine Frau hörte zufällig mit an, wie ich mit den Schwestern sprach, trat zu mir und sagte:

»Ich bin traurig, daß du mir nichts davon sagst. Was ist für ein Makel an mir, daß ich nicht würdig bin, auch ins Gefängnis zu gehen? Auch ich möchte den Weg beschreiten, zu dem du die andern aufforderst.«

»Du weißt, ich bin der letzte, der dir wehtun möchte«, erwiderte ich. »Glaube mir, es ist nicht Mißtrauen gegen dich. Ich wäre hocherfreut, wenn du ins Gefängnis gingest, aber es dürfte keinesfalls so aussehen, als wenn du es auf meine Veranlassung tätest. In Fällen wie diesem muß sich jeder ausschließlich auf seine eigene Kraft und seinen eigenen Mut verlassen. Wenn ich dich bäte, wärst du vielleicht nur deshalb dazu bereit, weil du mir zu Willen sein möchtest. Und wenn du dann vor Gericht anfingst zu zittern oder wärst verängstigt durch die Leiden im Gefängnis, so könnte ich dich nicht tadeln; aber wie stünde ich dann da? Wie könnte ich dich dann wieder aufnehmen oder der Welt ins Gesicht sehen? Das sind die Befürchtungen, die mich abgehalten haben, dich zum Mitkommen aufzufordern.«

»Du sollst nichts mehr mit mir gemein haben«, sagte sie, »wenn ich das Gefängnis nicht ertragen kann und Abbitte tue, um freizukommen. Wenn du Leiden ertragen kannst und wenn meine Söhne es können, warum soll ich es da nicht auch können? Ich muß an dem Kampf teilnehmen.«

»Dann muß ich dich daran teilnehmen lassen«, erwiderte ich. »Du kennst meine Bedingungen, und du kennst meinen Charakter. Überlege dir die Sache auch jetzt noch, wenn du willst; und wenn du nach reiflichem Nachdenken wohlweislich zu dem Entschluß kommst, nicht an der Bewegung teilzunehmen, steht es dir frei, auszuscheiden. Und du mußt dir klar darüber sein, daß es keine Schande ist, wenn du deinen Entschluß auch jetzt noch änderst.«

»Ich habe nichts zu überlegen, ich bin fest entschlossen«, sagte sie.

Auch die andern Siedler wies ich darauf hin, daß jeder, ob Mann oder Frau, seinen Entschluß unabhängig von allen andern fassen müsse. Immer wieder und in verschiedenster Weise prägte ich ihnen diese Bedingung ein: daß keiner abfallen dürfe, ob der Kampf lang oder kurz sei, ob die Phoenix-Siedlung blühe oder verfalle und ob er oder sie im Gefängnis gesund blieben oder krank würden. Alle waren bereit. Das einzige Mitglied der Schar, das nicht aus Phoenix stammte, war Rustomji Jivanji Ghorkhodu, dem diese Beratungen nicht verheimlicht werden konnten; aber ›Kakaji‹, wie er liebevoll genannt wurde, war nicht der Mann, bei einer Gelegenheit wie dieser zurückzustehen. Er war schon einmal im Gefängnis gewesen, aber er bestand darauf, ihm nochmals einen Besuch abzustatten. Der ›Stoßtrupp‹ bestand aus den folgenden Mitgliedern:

Mrs. Kasturbai Gandhi, Mrs. Jayukunvar Manilal Doctor, Mrs. Kashi Chhaganlal Gandhi, Mrs. Santok Maganlal Gandhi, Parsi Rustomji Jivanji Ghorkhodu, Chhanganlal Khushalchand Gandhi, Ravjibhai Manibhai Patel, Maganbhai Haribhai Patel, Solomon Rayeppen, Raju Govindu, Ramdas Mohandas Gandhi, Shivpuja Badari, V. Govindarajulu, Kuppuswami Moonlight Mudaliar, Gokuldas Hansraj und Revashankar Ratansi Sodha.

So ging denn die ›Invasion‹ nach Transvaal vonstatten. Der Leser, der die Liste der Namen angeschaut hat, wird bemerkt haben, daß einige darunter waren, deren Träger vermutlich nicht verhaftet worden wären, wenn die Polizei vorher ihre Namen erfahren hätte. Auch mir selber wäre es so ergangen; denn nachdem ich bereits zwei- oder dreimal beim Überschreiten der Grenze verhaftet worden war, hatte die Polizei längst darauf verzichtet, sich noch um mich zu kümmern. Es wurde also niemandem etwas von dem Aufbruch unsrer Schar verraten, natürlich auch den Zeitungen nicht. Außerdem hatten alle die Anweisung erhalten, ihre Namen auch der Polizei nicht anzugeben und nur zu erklären, sie würden erst vor Gericht sagen, wer sie wären.

Die Polizei war mit derartigen Fällen bereits vertraut. Seit die Inder sich daran gewöhnt hatten, sich freiwillig verhaften zu lassen, gaben sie oft nur zum Schabernack ihre Namen nicht an, und die Polizei fand daher nichts Besonderes an dem Verhalten des Phoenix-Trupps, der denn also glücklich verhaftet wurde. Dann wurden sie verhört und zu drei Monaten Gefängnis bei Zwangsarbeit verurteilt (am 23. September 1913).

Die Schwestern in Transvaal waren unterdessen nach Natal über die Grenze gegangen, aber auch diesmal wurden sie nicht verhaftet. Also zogen sie weiter, nach Newcastle, und machten sich dort ans Werk, wie es verabredet war. Ihr Einfluß verbreitete sich wie ein Lauffeuer. Die Geschichte von der Dreipfundsteuer und dem Wortbruch der Regierung brachte die Arbeiter in Zorn, und sie traten in den Ausstand. Ich erhielt die Nachricht telegraphisch und war ebenso bestürzt wie erfreut. Was sollte ich tun? Ich war auf dieses wunderbar schnelle Erwachen nicht vorbereitet. Ich hatte weder Leute noch Geld, um alledem gewachsen zu sein, was mir nun bevorstand. Aber ich sah meine Pflicht ganz klar vor mir. Ich mußte nach Newcastle fahren und tun, was ich konnte, und reiste sofort ab.

Die Regierung konnte die tapferen Schwestern aus Transvaal ihre Tätigkeit nun nicht länger ungehindert fortsetzen lassen. Auch sie wurden zu Gefängnis für die gleiche Zeit – drei Monate – verurteilt und in das gleiche Gefängnis gesteckt wie der Phoenix-Trupp.

Die Helden des passiven Widerstandes

Diese Ereignisse rührten alle indischen Herzen, nicht nur in Südafrika, sondern auch im Mutterlande, zutiefst auf. Sir Phirozeshah Mehta hatte unserer Sache bisher gleichgültig gegenüber gestanden und mir im Jahre 1901 ausdrücklich geraten, nicht nach Südafrika zu gehen. Er war der Meinung, man könne nichts für die indischen Auswanderer über See tun, solange Indien seine eigene Freiheit noch nicht errungen hätte, und hielt nicht viel von den Anfängen der Satyagraha-Bewegung. Aber Frauen im Gefängnis, diese Vorstellung rüttelte ihn auf, mehr als alles andere bisher. Wie er selbst in seiner Rede im Bombayer Rathaus erklärte: es koche in ihm beim bloßen Gedanken an diese im Kerker schmachtenden Frauen.

Der Mut der Frauen war unbeschreiblich. Sie wurden im Maritzburger Gefängnis gehalten, wo sie sehr zu leiden hatten. Ihr Essen war jämmerlich, und sie wurden mit Wäschewaschen geplagt. Keinerlei Lebensmittel durften ihnen von draußen geliefert werden, fast bis zum Ende ihrer Gefangenschaft. Eine Schwester stand unter einem frommen Gelübde, das sie verpflichtete, nur ganz bestimmte Dinge zu sich zu nehmen. Nach großen Schwierigkeiten bewilligten die Gefängnisbehörden ihr zwar diese Nahrung, aber was sie dann bekam, war für einen Menschen ungenießbar. Als sie entlassen wurde, bestand sie nur noch aus Haut und Knochen und konnte nur mit großer Mühe am Leben erhalten werden. Eine andere kam mit einem bösen Fieber aus dem Gefängnis, dem sie wenige Tage nach ihrer Entlassung erlag.

Wie könnte ich Valliamma je vergessen? Sie war ein junges Mädchen aus Johannesburg, erst sechzehn Jahre alt und ans Bett gefesselt, als ich zu ihr kam. Da sie groß war, bot ihr abgezehrter Körper einen schrecklichen Anblick.

»Valliamma«, fragte ich, »bereust du, daß du ins Gefängnis gegangen bist?«

»Bereuen?« sagte sie. »Ich bin auch jetzt noch jeden Augenblick bereit, wieder ins Gefängnis zu gehen, wenn ich verhaftet werde.«

»Aber wenn es dein Tod ist?« fuhr ich fort.

»Das ist mir gleich«, erwiderte sie. »Wer würde nicht gern für sein Vaterland sterben?«

Wenige Tage nach diesem Gespräch weilte Valliamma nicht mehr in Fleisch und Blut unter uns, aber sie hinterließ uns das Vermächtnis eines unsterblichen Namens. Trauerversammlungen wurden an verschiedenen Orten abgehalten, und die Inder beschlossen, ein ›Valliamma-Haus‹ zu errichten, zur Erinnerung an das erhabene Opfer dieser Tochter Indiens. Leider ist der Beschluß noch immer nicht in die Tat umgesetzt worden. Viele Schwierigkeiten sind dazwischen gekommen. Die Gemeinde wurde durch innere Unstimmigkeiten zersplittert; die Hauptmitarbeiter gingen einer nach dem andern. Aber ob ein Haus in Stein oder Mörtel erbaut wird oder nicht, Valliammas dienende Tat ist unvergänglich. Mit eigenen Händen hat sie ihren Opfertempel erbaut. Der Name Valliammas wird in der Geschichte des südafrikanischen Satyagraha fortleben, solange Indien lebt.

Es war ein vollkommen uneigennütziges Opfer, das von diesen Schwestern dargebracht wurde, die nichts wußten von dem ganzen Apparat von Recht und Gesetz. Viele von ihnen hatten auch nur eine dunkle Vorstellung von dem Begriff Vaterland, ihre Vaterlandsliebe beruhte lediglich auf Glauben. Einige von ihnen waren Analphabeten und konnten die Zeitungen nicht lesen. Aber sie wußten, daß ein tödlicher Schlag gegen die Ehre der Inder geführt worden war, und ihr Gang ins Gefängnis war ein Notschrei und ein aus der Tiefe ihrer Herzen dargebrachtes Gebet. Wahrlich, das reinste aller Opfer! Ein solches Herzensgebet ist Gott allezeit willkommen. Ein Opfer ist nur ersprießlich, sofern es rein ist. Gott sehnt sich nach Frömmigkeit im Menschen. Gern nimmt er das in frommer Demut, das heißt ohne selbstsüchtigen Beweggrund dargebrachte Scherflein der Witwe an und belohnt es hundertfach. Die einfältige Sudama[1] opferte eine Handvoll Reis, aber das bescheidene Opfer machte einer jahrelangen Hungersnot ein Ende. Hätten sich noch so viele gefangen nehmen lassen, es hätte dennoch fruchtlos bleiben können; aber das fromme Opfer einer einzigen reinen Seele konnte nicht vergeblich sein. Niemand kann sagen, wessen Opfer in Südafrika Gott willkommen war und deshalb Früchte trug. Aber wir wissen, daß Valliammas Opfer Früchte trug, und so auch das Opfer der anderen Schwestern.

Seelen ohne Zahl haben sich geopfert in der Vergangenheit, opfern sich in der Gegenwart und werden sich opfern in Zukunft im Dienste des Vaterlandes und der Menschheit, und das liegt im Lauf der Welt, da niemand weiß, wer rein ist. Aber die Satyagrahis können versichert sein: wenn auch nur einer unter ihnen ist, der rein ist wie Kristall, so wird sein Opfer genügen, um das ersehnte Ziel zu erringen. Die Welt beruht auf dem Grundfelsen von Satya oder Wahrheit. Asatya, gleichbedeutend mit Unwahrheit, bedeutet auch ›nicht vorhanden‹; und Satya oder Wahrheit bedeutet ›das, was ist‹. Wenn Unwahrheit nicht einmal vorhanden ist, kann auch ihr Sieg niemals sein. Und die Wahrheit kann als ›das, was ist‹, niemals vernichtet werden. Das ist in aller Kürze die Lehre von Satyagraha.

Die Einkerkerung der Frauen wirkte wie ein Zauber auf die Arbeiter in den Bergwerken bei Newcastle. Sie legten ihre Werkzeuge weg und zogen in geschlossenen Scharen in die Stadt. Sobald ich das hörte, fuhr ich von Phoenix nach Newcastle.

Die Arbeiter dort haben keine eigenen Häuser. Die Grubenbesitzer bauen Häuser für sie, stellen ihnen Laternen in die Straßen und versorgen sie mit Wasser: mit dem Ergebnis, daß sich die Arbeiter in einem Zustand tiefster Abhängigkeit befinden. Und wie Tulasidas[2] sagt: ein Abhängiger kann nicht auf Glück hoffen, nicht einmal im Traum.

Die Streikenden kamen mit einem ganzen Berg von Klagen zu mir. Einige sagten, die Grubenbesitzer hätten ihnen ihr Licht oder ihr Wasser abgesperrt, andere wieder, sie hätten den Hausrat der Streikenden aus den Wohnungen auf die Straße geworfen. Sayad Ibrahim, ein Pathan[3], zeigte mir seinen Rücken und sagte: »Schauen Sie her, wie sie mich geschlagen haben. Ich habe die Schufte um Ihretwillen gewähren lassen, da es Ihr Befehl war. Aber ich bin ein Pathan, und ein Pathan nimmt sonst niemals Schläge hin, sondern teilt immer nur welche aus.«

»Recht so, Bruder«, erwiderte ich. »Ein solches Verhalten gilt mir allein als wahre Tapferkeit. Mit Menschen wie du werden wir siegen.«

So beglückwünschte ich ihn, aber im stillen dachte ich: der Streik kann nicht anhalten, wenn es vielen so ergeht wie diesem Pathan. Abgesehen von den körperlichen Mißhandlungen lag zwar nicht viel Anlaß zur Beschwerde vor, wenn auch die Bergwerksbesitzer den Arbeitern die Beleuchtung, die Wasserversorgung und andere Annehmlichkeiten nahmen, deren sie sich sonst erfreuten. Aber Beschwerden oder nicht – die Streikenden konnten unter diesen Umständen nicht durchhalten, und ich mußte einen Ausweg finden; andernfalls war es besser, sie erklärten sich lieber gleich für besiegt und kehrten an die Arbeit zurück, als daß sie es erst nach langem zermürbendem Warten taten. Aber zu so etwas Kleinmütigem zu raten, war nicht nach meinem Sinn. Ich schlug deshalb als einzigen Ausweg vor, die Arbeiter sollten die Wohnungen ihrer Herren verlassen und einfach wie Pilger von dannen ziehen.

Die Arbeiter zählten nicht nach zehn oder zwanzig oder dreißig, sondern nach Hunderten, und ihre Zahl konnte leicht auf Tausende anschwellen. Wie sollte ich diese immer wachsende Menge unterbringen und ernähren? In Indien wollte ich nicht um Geldhilfe bitten. Der Goldstrom, der später aus dem Mutterland herüberkam, war damals noch nicht in Fluß. Die indischen Händler hatten gewaltige Angst und hüteten sich wohl, mir öffentlich zu helfen, da sie in Handelsbeziehungen zu den Grubenbesitzern und andern Europäern standen. Sonst hatte ich immer bei ihnen gewohnt, wenn ich nach Newcastle kam; doch diesmal beschloß ich, anderswo einzukehren, um sie nicht in eine peinliche Lage zu bringen.

Ich hatte keine Möglichkeit, alle die Menschen unterzubringen; der Himmel bildete das einzige Dach über ihren Köpfen. Zu unserem Glück war das Wetter günstig, es regnete nicht, war auch nicht kalt. Aber ich vertraute darauf, daß das Händlervolk nicht versäumen würde, uns wenigstens zu beköstigen. Die Kaufleute von Newcastle lieferten auch wirklich Kochtöpfe und Säcke mit Reis. Andere Orte überschütteten uns ebenfalls mit Reis, Dhal, Gemüse, Gewürzen und anderen Dingen. Die Beiträge übertrafen meine Erwartungen. Nicht alle waren bereit, ins Gefängnis zu gehen, aber alle fühlten mit uns, und alle waren gewillt, ihr Scherflein nach bestem Können zu der Bewegung beizusteuern. Die nichts geben konnten, leisteten freiwillige Nothilfe. Wir brauchten angesehene und gebildete Freiwillige, um diese unerfahrenen und ungebildeten Leute zu beaufsichtigen, und sie blieben nicht aus. Sie leisteten unschätzbare Hilfe, und viele von ihnen wurden auch verhaftet. So tat jeder einzelne, was er konnte, und ebnete unsern Weg.

Es war ein gewaltiger Menschenschwarm, der ständig Zuwachs erhielt. Und es war eine gefahrvolle, wenn nicht unmögliche Aufgabe, alle diese arbeitslosen Menschen an einem Ort zu halten und zu betreuen. Im allgemeinen wußten sie nichts von Gesundheitsvorschriften. Einige von ihnen hatten auch schon wegen Verbrechen wie Mord, Diebstahl oder Unzucht im Gefängnis gesessen.

Aber ich hielt mich nicht für berufen, über die Moral der Streikenden zu Gericht zu sitzen. Es wäre töricht von mir gewesen, die Schafe von den Böcken scheiden zu wollen. Meine Aufgabe bestand lediglich darin, den Streik zu führen; mit anderen Reformbestrebungen durfte ich da nicht hineinpfuschen. Ich mußte natürlich dafür sorgen, daß Anstand und Moral im Lager herrschten, aber es war nicht meine Sache, das Vorleben jedes Streikenden zu durchschnüffeln.

Ich dachte mir eine Lösung des Problems aus. Ich mußte diese ›Armee‹ nach Transvaal führen und dafür sorgen, daß sie so sicher im Gefängnis untergebracht wurde wie der Phoenix-Trupp. Die Transvaalgrenze ist sechsunddreißig Meilen von Newcastle entfernt. Die beiden Grenzorte von Natal und Transvaal sind Charlestown und Volksrust. Schließlich beschlossen wir, zu Fuß zu marschieren. Ich befragte die Arbeiter, die ihre Frauen und Kinder bei sich hatten; einige von ihnen zögerten aus diesem Grunde, auf meinen Vorschlag einzugehen. Aber mir blieb nichts weiter übrig, als mein Herz zu verhärten und zu erklären, daß es ihnen freistünde, in die Bergwerke zurückzukehren. Von dieser Erlaubnis wollte keiner Gebrauch machen. Wir beschlossen, daß diejenigen, die schlecht zu Fuß waren, mit der Eisenbahn hingeschickt werden sollten; aber alle Rüstigen erklärten sich bereit, zu Fuß nach Charlestown zu gehen. Der Marsch sollte in zwei Tagen beendet sein. Zu guter Letzt war jedermann froh, daß wir endlich fortkommen sollten. Die Europäer in Newcastle hatten bereits befürchtet, die Pest könnte ausbrechen, und hatten schon fieberhafte Vorkehrungen dagegen getroffen.

Ich suchte die Grubenbesitzer in Durban auf, die mich eingeladen hatten; aber ich versprach mir nicht viel von der Unterredung. Die Demut eines Satyagraha kennt jedoch keine Grenzen. Er läßt sich nicht eine einzige Gelegenheit zu gütlichem Vergleich entgehen und kehrt sich nicht daran, ob irgendwer ihn etwa für feige hält. Der Mensch, der einen Glauben und die Kraft besitzt, die dem Glauben entströmt, fragt nicht danach, ob er von andern über die Achsel angesehen wird. Er verläßt sich einzig und allein auf seine innere Kraft. Deshalb ist er höflich gegen jedermann und erzieht und gewinnt so die Weltmeinung für seine eigene Sache. Aus diesem Grunde kam mir die Einladung der Grubenbesitzer willkommen. Als ich unter sie trat, sah ich gleich, daß die Atmosphäre geladen war mit der Hitze und Leidenschaft des Augenblicks. Statt mich anzuhören und sich die Lage erklären zu lassen, zog ihr Vertreter mich sofort in ein Kreuzverhör. Ich antwortete ihm, wie es mir nötig schien.

»Es steht in Ihrer Macht«, sagte ich, »den Streik zu beenden.«

»Wir sind keine Beamten«, lautete die Antwort.

»Sie können sehr viel tun«, erwiderte ich, »auch wenn Sie keine Beamten sind. Sie können den Kampf der Arbeiter für sie austragen. Wenn Sie die Regierung ersuchen, die Dreipfundsteuer aufzuheben, wird sie sich wohl kaum weigern, sie zu widerrufen. Sie können auch die Europäer dazu bringen, die Sache mit richtigen Augen anzusehen.«

»Aber was hat die Dreipfundsteuer mit dem Streik zu tun? Wenn die Arbeiter irgendeine Beschwerde gegen die Grubenbesitzer haben, sollen sie in der gebührenden Form um Abhilfe nachsuchen.«

»Ich sehe keine andere Waffe für die Arbeiter als den Streik. Die Dreipfundsteuer wurde im Interesse der Bergwerksbesitzer eingeführt, die zwar wollen, daß die Arbeiter für sie arbeiten, aber nicht als freie Menschen. Wenn deshalb die Arbeiter die Arbeit einstellen, um eine Aufhebung der Dreipfundsteuer zu erzwingen, erblicke ich darin keinerlei Ungehörigkeit oder Ungerechtigkeit gegen die Grubenbesitzer.«

Ich kann mich heute nicht mehr an die ganze Unterredung erinnern. Ich sah, daß die Grubenbesitzer erkannt hatten, wie schwach es um ihre Sache stand, denn sie hatten sich bereits mit der Regierung in Verbindung gesetzt.

Auf der Fahrt nach Durban und zurück sah ich, daß der Streik und das friedliche Verhalten der Streikenden einen vorzüglichen Eindruck auf die Eisenbahnbeamten und andere gemacht hatten. Ich fuhr dritter Klasse wie gewöhnlich, aber trotzdem scharten sich der Schaffner und andere Beamte um mich, erkundigten sich eingehend und wünschten mir Erfolg. Diese Beamten waren erstaunt, daß die armen, ungebildeten und unwissenden Arbeiter ein so herrliches Beispiel von Ausdauer gaben. Festigkeit und Mut sind Eigenschaften, die immer Eindruck machen, sogar auf den Gegner.

Dann kehrte ich nach Newcastle zurück. Noch immer strömten Arbeiter aus allen Richtungen herbei, und ich schilderte der ›Armee‹ unverhohlen die ganze Lage und sagte, es stünde ihnen noch immer frei, zur Arbeit zurückzukehren, wenn sie wollten. Ich erzählte ihnen von den Drohungen der Grubenbesitzer, malte ihnen die Gefahren der Zukunft aus und schilderte ihnen die Leiden der Gefangenschaft; und trotzdem wurden sie nicht wankend. Sie erwiderten unerschrocken, ich solle mir keine Sorgen um sie machen, sie seien gegen Leiden abgehärtet.

Es blieb uns nun nur noch übrig, abzumarschieren. Die Arbeiter wurden eines Abends verständigt, daß sie den Marsch früh am nächsten Morgen antreten sollten (am 28. Oktober 1913); die auf dem Marsch zu beachtenden Vorschriften wurden ihnen vorgelesen. Es war kein Kinderspiel, eine Schar von fünf- bis sechstausend Menschen zu leiten. Ich konnte es mir nicht leisten, ihnen irgend etwas auf den Weg mitzugeben außer der täglichen Ration von anderthalb Pfund Brot und dreißig Gramm Zucker für jeden ›Soldaten‹. Wenn möglich, wollte ich unterwegs versuchen, von den indischen Kaufleuten noch etwas zu bekommen; aber wenn das nicht gelang, mußten sie sich mit Brot und Zucker begnügen. Meine Erfahrungen aus dem Burenkrieg und dem ›Zulu-Aufstand‹ kamen mir bei dieser Gelegenheit sehr zustatten. Keiner von meiner ›Invasionsarmee‹ sollte mehr Wäsche als nötig mitnehmen. Keiner durfte fremdes Eigentum unterwegs antasten. Sie sollten es geduldig ertragen, wenn irgendein Europäer, ob Beamter oder nicht, ihnen entgegentrat und sie beschimpfte oder gar schlug. Sie sollten sich ruhig verhaften lassen. Alle diese Punkte wurden den Leuten klargemacht, und ich gab auch die Namen derjenigen an, die der Reihe nach die ›Armee‹ an meiner Stelle führen sollten, falls ich zuerst verhaftet würde. Die Leute nahmen sich alles zu Herzen, und die Karawane erreichte wohlbehalten Charlestown, wo die Kaufleute uns wertvolle Hilfe leisteten. Sie stellten uns ihre Häuser zur Verfügung und erlaubten uns, auf dem Grund und Boden der Moschee abzukochen. Die für den Marsch ausgeteilte Ration war aufgezehrt, als das Lager erreicht wurde, und deshalb brauchten wir Kochtöpfe, die von den Kaufleuten freudig geliefert wurden. Wir hatten einen reichlichen Vorrat von Reis usw. bei uns, zu dem auch die Händler ihr Teil beisteuerten.

Charlestown war ein kleiner Ort mit einer Bevölkerung von kaum tausend Seelen. Nur Frauen und Kinder wurden in Häusern einquartiert. Alle übrigen lagerten im Freien. Viel Köstliches und manches Bittere ist mir von unserem Aufenthalt in Charlestown in Erinnerung. Die angenehmen Erinnerungen knüpfen sich an das Gesundheitsamt und an den Gesundheitsbeamten Dr. Briscoe, der, obwohl beunruhigt über das gewaltige Anwachsen der Bevölkerung, statt irgendwelche strengen Maßregeln zu ergreifen, mich aufsuchte, einige Vorschläge machte und mir seine Hilfe anbot. Europäer achten viel mehr als wir auf die Reinlichkeit der Wasserversorgung und das Sauberhalten der Straßen und sanitären Einrichtungen. Dr. Briscoe bat mich, dafür zu sorgen, daß kein Wasser auf die Straßen gegossen wurde, und zu verhüten, daß unsere Leute den Ort verunreinigten oder Abfälle wahllos wegwarfen. Es war sehr schwierig, unsere Leute zur Beachtung dieser Vorschriften anzuhalten, aber die Pilger und Mitarbeiter erleichterten mir diese Aufgabe. Ich habe immer gefunden, daß viel erreicht werden kann, wenn der Dienende wirklich dient und den Leuten nicht befiehlt. Wenn der Dienende selbst Arbeit auf sich nimmt, werden andere in seine Fußstapfen treten. Und so geschah es auch diesmal. Meine Mitarbeiter und ich zögerten nie, Kehr-, Scheuer- und ähnliche Arbeiten zu verrichten, mit dem Ergebnis, daß auch andere sie freudig auf sich nahmen. Kallenbach war schon in Charlestown, ebenso Miss Schlesin, deren Eifer, Sorgfalt und Herzlichkeit über jedes Lob erhaben waren. Von den Indern weilten der verstorbene P. K. Naidoo und Albert Christopher bei uns und außerdem noch andere, die unermüdlich schafften und wertvolle Hilfe leisteten.

Wenn ich an die Geduld und Ausdauer der Leute denke, werde ich überwältigt von einem Gefühl der Größe Gottes. Unter den Köchen führte ich das Zepter. Manchmal befand sich zuviel Wasser in dem Dhal, und zu andern Zeiten war er nicht gar gekocht. Das Gemüse und sogar der Reis waren mitunter schlecht zubereitet. Ich habe nicht viele Menschen auf der Welt kennengelernt, die dieses Essen freudig hinuntergewürgt hätten. Andererseits habe ich in den südafrikanischen Gefängnissen beobachtet, daß sogar diejenigen, die für wohlerzogene Leute gelten, gleich die Geduld verlieren, wenn sie Essen erhalten, das nicht reichlich genug oder schlecht zubereitet ist, oder schon, wenn sie es etwas zu spät bekommen.

Bai Fatma Mehtab aus Durban konnte nicht länger ruhig zusehen, als die Schwestern aus Tamil in Newcastle ins Gefängnis gesteckt wurden. Sie fuhr deshalb nach Volksrust, um sich auch verhaften zu lassen, zusammen mit ihrer Mutter Hanifabai und einem siebenjährigen Knaben. Mutter und Tochter wurden festgenommen, aber die Regierung lehnte es ab, auch den Knaben in Haft zu nehmen. Fatma Bai wurde aufgefordert, ihre Fingerabdrücke auf dem Präsidium machen zu lassen, aber sie weigerte sich unerschrocken, sich dieser Schmach zu unterwerfen. Schließlich wurden sie und ihre Mutter auf drei Monate ins Gefängnis geschickt.

Unter den Frauen, die am Marsch nach Charlestown teilnahmen, waren zwei, deren Kindchen unterwegs ums Leben gekommen waren. Das eine war erfroren, das andere fiel seiner Mutter aus den Armen, während sie eine Furt durchquerte, und ertrank. Aber die tapferen Mütter ließen sich nicht entmutigen und setzten ihre Wanderung fort. Eine von ihnen sagte: »Wir dürfen nicht um die Toten trauern, die trotz all unsrer Trauer nicht zu uns zurückkehren werden. Wir müssen für die Lebenden streiten.« Ich bin oft unter den Armen solchen Beispielen von stillem Heldenmut, echtem Glauben und heilkräftiger Weisheit begegnet.

In solchem unerschütterlichen Geiste harrten die Männer und Frauen in Charlestown auf ihren schweren Posten aus, denn es war keine Friedensbotschaft, die uns nach diesem Grenzort führte. Wer hier Frieden finden wollte, mußte schon in seinem Innern danach suchen. Draußen waren gleichsam überall die Worte angeschlagen: »Hier gibt's keinen Frieden.« Aber just inmitten solchen Aufruhrs offenbart eine fromme Seele ihre Kraft – führt Mirabai[4] den Giftbecher an die Lippen in heiterem Gleichmut, geht Sokrates gefaßt in seiner dunklen und einsamen Zelle in den Tod und weiht seine Freunde und uns in die geheimnisvolle Lehre ein, daß derjenige, der Frieden sucht, ihn in sich selber suchen muß. Unter den Fittichen solch unbeschreiblichen Friedens lebten die Satyagrahis in ihrem Lager, unbekümmert um das, was der morgige Tag bringen würde.

Ich schrieb an die Regierung, daß wir Transvaal zu betreten gedächten – nicht in der Absicht, uns ansässig zu machen, sondern um auf diese Weise wirksamen Protest zu erheben gegen den Wortbruch des Ministers und in aller Reinheit unseren Kummer kundzugeben über den Verlust unserer Selbstachtung. Die Regierung würde uns aller Schwierigkeiten entheben, wenn sie so freundlich wäre, uns an dem Ort zu verhaften, wo wir zur Zeit wären, also in Charlestown. Es sei kein Geheimnis an unsrer Bewegung. Wir würden es nicht gern sehen, wenn irgendeiner von uns heimlich Transvaal beträte. Aber wir könnten uns nicht verantwortlich halten für das, was etwa einzelne von uns täten, weil wir es mit Tausenden von unbekannten Leuten zu tun hätten, und könnten kein anderes Gesetz walten lassen als das der Liebe. Zum

Schluß versicherte ich der Regierung, daß der Streik, wenn sie die Dreipfundsteuer aufhöbe, sofort abgebrochen werden sollte und die Kontraktarbeiter an die Arbeit zurückkehren würden, denn wir könnten nicht von ihnen verlangen, sich dem allgemeinen, gegen unsere übrigen Leiden gerichteten Kampfe anzuschließen.

Die Lage war zunächst noch ganz ungewiß, und keiner wußte, wann die Regierung uns verhaften würde. Aber unter so kritischen Verhältnissen konnten wir nicht tagelang auf die Antwort der Regierung warten. Wir beschlossen deshalb, Charlestown zu verlassen und sofort nach Transvaal hinüberzuwandern, wenn die Regierung uns nicht vorher festnehmen ließ. Falls wir unterwegs nicht verhaftet wurden, sollte die ›Friedensarmee‹ acht Tage lang täglich vierundzwanzig Meilen weit marschieren mit dem Ziel, die Tolstoi-Farm zu erreichen, dort zu bleiben, bis der Kampf vorbei war, und sich inzwischen durch Bebauung der Farm selbst zu ernähren. Mr. Kallenbach hatte alle notwendige Vorsorge getroffen. Der Plan war, Lehmhütten mit Hilfe der Pilger selbst zu bauen. Die einzige Schwierigkeit bestand darin, daß die Regenzeit nun einzutreten begann und jeder ein Schutzdach über dem Kopf haben mußte, solange es regnete. Aber Mr. Kallenbach war guten Mutes und hoffte zuversichtlich, die Frage so oder so zu lösen.

Volksrust ist eine Stadt etwa doppelt so groß wie Charlestown. Eine dortige große europäische Bäckerei verpflichtete sich bereitwillig, Brot zu liefern. Der Bäcker nutzte unsere mißliche Lage nicht dazu aus, uns mehr abzuverlangen als den Marktpreis, und lieferte uns Brot aus ausgezeichnetem Mehl. Er schickte es rechtzeitig mit der Eisenbahn, und die Bahnbeamten, auch die europäischen, lieferten es uns nicht nur ehrlich ab, sondern gaben auch beim Transport gut darauf acht und gewährten uns einige besondere Erleichterungen. Sie wußten, daß wir keine Feindschaft in unseren Herzen hegten, keiner Menschenseele etwas zuleide tun wollten und Abhilfe nur durch Selbstleiden suchten. So reinigte sich die Luft um uns und blieb weiterhin rein. Das Gefühl der Liebe, das in allen Menschen wohl schlummern kann, aber doch vorhanden ist, wurde zum Leben erweckt. Jeder einzelne fühlte, daß wir alle Brüder, gleichviel ob wir Christen, Juden, Hindus, Mohammedaner oder irgend etwas anderes sind.

Mit zunehmender Nacht verstummte aller Lärm, und auch ich rüstete mich zum Schlafengehen, als ich Schritte hörte. Ich sah einen Europäer kommen, mit einer Laterne in der Hand. Ich erriet, was das bedeutete, aber ich war gefaßt.

»Ich habe einen Haftbefehl für Sie«, sagte der Beamte. »Ich möchte Sie verhaften.«

»Wohin werden Sie mich bringen?«

»Nach der nächsten Bahnstation vorerst, und dann nach Volksrust, sobald wir einen Zug dorthin bekommen.«

»Ich werde mit Ihnen gehen, ohne irgend jemand zu benachrichtigen, aber ich möchte einem Mitarbeiter einige Anweisungen hinterlassen.«

Hierauf weckte ich P. K. Naidoo, der neben mir schlief. Ich sagte ihm, ich sei verhaftet, und bat ihn, die Pilger nicht vor dem Morgen zu wecken. Bei Tagesanbruch sollten sie ihre Wanderung fortsetzen und noch vor Sonnenaufgang abmarschieren; bei der ersten Rast, wenn die Rationen verteilt würden, solle er ihnen meine Verhaftung mitteilen. Falls sie alle unterwegs verhaftet würden und jemand nach mir frage, möge er Bescheid sagen. Andernfalls sollten sie die Wanderung programmgemäß fortsetzen. Naidoo hatte nicht die mindesten Befürchtungen. Ich sagte ihm, was zu geschehen hätte, falls er verhaftet würde. Mr. Kallenbach war damals in Volksrust. Ich ging mit dem Polizeibeamten, und wir nahmen den Zug nach Volksrust, aber der Staatsanwalt selbst verlangte Aufschub bis zum vierzehnten, da er das Beweismaterial noch nicht fertig habe. Die Verhandlung wurde infolgedessen vertagt und ich gegen eine Bürgschaft von fünfzig Pfund entlassen. Mr. Kallenbach hatte einen Wagen für mich bereitgehalten und holte mich sofort ab, um meiner ›Armee‹ nachzufahren. Der Sonderberichterstatter des ›Transvaal Leader‹ wollte mit uns fahren. Wir nahmen ihn mit, und er veröffentlichte kurz darauf eine lebendige Schilderung der ganzen Vorgänge, der Fahrt und des Wiedersehens mit den Pilgern, die mich jubelnd empfingen und über meine Rückkehr außer sich vor Freude waren. Wir setzten den Marsch fort, aber der Regierung kamen alsbald doch wieder Bedenken an, mich in Freiheit zu lassen. So wurde ich in Standerton am achtzehnten abermals verhaftet. Standerton beschenkte uns mit einigen Büchsen Marmelade, und die Proviantverteilung dauerte deshalb etwas länger als gewöhnlich.

Ich bat die Pilger, ihre Wanderung fortzusetzen, und brach dann mit dem Friedensrichter auf, der mich selbst verhaftet hatte. Als ich im Gerichtssaal eintraf, sah ich, daß auch einige von meinen Mitarbeitern festgenommen worden waren. Fünf von ihnen waren da: P. K. Naidoo, Biharilal Maharaj, Ramnarayan Sinha, Rahu Narasu und Rahim Khan. Um nun zu vermeiden, daß die Unsrigen dadurch ins Gefängnis gelockt würden und daß Gefangene bei ihrer Entlassung Botschaften von mir hinaustrügen, beschloß die Regierung, Kallenbach, Pollak und mich abzusondern, uns von Volksrust wegzuschicken und zumal mich an einen Ort zu bringen, wo mich kein Inder aufsuchen konnte.

Ich wurde infolgedessen in das Gefängnis in Bloemfontein verschickt. In Bloemfontein selbst gab es nicht mehr als fünfzig Inder, die alle als Kellner in Hotels tätig waren. Ich war der einzige indische Gefangene, die übrigen waren Europäer und Neger. Über diese Absonderung war ich nicht betrübt, sondern begrüßte sie als einen Segen. Nun brauchte ich meine Augen und Ohren nicht länger offenzuhalten und war froh, daß eine neue Erfahrung meiner wartete. Ich hatte jahrelang, besonders seit 1893, nie Zeit zur Beschaulichkeit gehabt, und die Aussicht auf ein Jahr ungestörter Besinnung erfüllte mich mit Freude. Im Bloemfonteiner Gefängnis hatte ich so viel Einsamkeit, wie ich nur wünschen konnte. Mancherlei Unannehmlichkeiten gab es zwar, aber sie waren alle zu ertragen. Der Anstaltsarzt wurde mein Freund. Der Gefängnisdirektor war ganz und gar erfüllt von seiner eigenen Machtvollkommenheit, aber der Arzt war bestrebt, für die Rechte der Gefangenen einzutreten. Zu jener Zeit war ich ausschließlich Obstesser. Ich ernährte mich von Bananen, Tomaten, Erdnüssen, Zitronen und Olivenöl. Es hätte den Hungertod für mich bedeutet, wenn ich diese Dinge hier nicht bekommen hätte. Aber der Arzt sorgte treulich für mich und ergänzte meine Nahrung durch Mandeln, Walnüsse und Paranüsse. Er prüfte genau alles für mich persönlich Bestimmte. Die Zelle, die mir zugewiesen war, hatte nicht genügend Lüftung. Der Arzt tat sein möglichstes, um zu erreichen, daß die Zellentüren offen gehalten wurden, aber vergeblich. Der Gefängnisdirektor drohte damit, seine Entlassung einzureichen, wenn das geschähe. Er war kein schlechter Mensch, aber er hatte sich zeitlebens immer nur auf einer einzigen Bahn bewegt, von der er nicht abzuweichen vermochte.

Mr. Kallenbach wurde nach dem Gefängnis in Pretoria gebracht und Mr. Pollak nach dem Gefängnis in Germiston. Aber die Regierung hätte sich all diese Mühe sparen können. Es war, als wenn sie versucht hätte, die steigende Meeresflut mit einem Kehrbesen in der Hand aufzuhalten. Die indischen Arbeiter in Natal waren nun einmal erwacht, und keine Macht auf Erden konnte sie mehr aufhalten. Der Goldschmied reibt das Gold am Probierstein; ist es ihm noch nicht rein genug, so legt er es ins Feuer und hämmert es, damit die Schlacke, die etwa noch darin ist, abfällt und nur reines Gold zurückbleibt. Die Inder in Südafrika machten damals eine ähnliche Prüfung durch; sie wurden gehämmert und durchs Feuer geschickt und bekamen den Reinheits-Stempel erst aufgeprägt, als sie unversehrt aus allen Stufen der Läuterung hervorgingen. Nicht zu einer Lustfahrt ging es, sondern zur Feuerprobe, als die Pilger nunmehr auf besonderen Zügen weggebracht wurden. Unterwegs sorgte die Regierung nicht einmal für ihre Beköstigung, und als sie in Natal eintrafen, wurden sie sofort abgeurteilt und unverzüglich ins Gefängnis geworfen. Das war gerade das, was wir erwartet, ja gewünscht hatten. Aber die Regierung erkannte sehr bald, daß es nur Unkosten für sie bedeutete und Propaganda für die Inder, wenn sie Tausende von Arbeitern gefangen hielt, während die Kohlenbergwerke mittlerweile still lagen. Wenn dieser Zustand auch nur einige Zeit andauerte, war sie gezwungen, die Dreipfundsteuer aufzuheben. Deshalb heckte sie einen neuen Plan aus. Sie umgab die Zechen mit Stacheldrahtverhauen, erklärte sie zu Außenstationen der Gefängnisse von Dundee und Newcastle und ernannte das europäische Personal der Grubenbesitzer zu Aufsehern. Auf diese Weise zwang sie die Arbeiter gegen ihren Willen in die Gruben, die nun sofort wieder in Gang kamen. Der Unterschied zwischen der Lage eines Angestellten und der eines Sklaven ist der: verläßt ein Angestellter seinen Posten, so kann nur eine Zivilklage gegen ihn angestrengt werden, während der Sklave, der seinen Herrn verläßt, mit Gewalt zur Arbeit zurückgeholt werden kann. Die Arbeiter wurden also nun zu eindeutiger Sklaverei erniedrigt.

Aber das war zuviel. Die Arbeiter waren tapfere Leute, und sie weigerten sich rundweg, in den Gruben zu arbeiten, mit dem Ergebnis, daß sie grausam ausgepeitscht wurden. Die schamlosen, mit vergänglicher Macht über sie gestellten Menschen traten sie mit Füßen, mißhandelten sie und häuften noch vieles andere Unrecht auf sie, das nie zu Protokoll gegeben wurde. Aber die armen Arbeiter ertrugen geduldig alle Drangsal.

Kabeldepeschen über diese Gewalttaten wurden nach Indien geschickt, adressiert an Gokhale, der auch von sich aus Erkundigungen einzog, sobald er nicht jeden Tag ausführlichen Bericht erhielt. Gokhale sorgte für die Verbreitung dieser Nachrichten von seinem Krankenlager aus, da er damals schwer leidend war. Trotz seiner Krankheit ließ er es sich nicht nehmen, sich selbst um die südafrikanische Not zu kümmern, bei Nacht wie bei Tage. Zu guter Letzt stand ganz Indien in tiefer Empörung, und die südafrikanische Frage war die brennende Frage des Tages.

Damals hielt Lord Hardinge in Madras seine berühmte Rede, die sowohl in Südafrika als in England viel Aufsehen erregte. Der Vizekönig darf eigentlich nicht öffentlich andere Mitglieder des Reiches tadeln, aber Lord Hardinge übte nicht nur strenge Kritik an der Unionsregierung, sondern verteidigte auch von ganzem Herzen die Handlungsweise der Satyagrahis und erklärte sich mit ihrem friedlichen Widerstand gegen eine ungerechte und gehässige Gesetzgebung durchaus einverstanden. Das Verhalten Lord Hardinges machte in England viel böses Blut, aber das bewog ihn keineswegs, zu Kreuze zu kriechen; vielmehr trat er nochmals mit allem Nachdruck für seine Überzeugung ein. Lord Hardinges Festigkeit machte überall einen guten Eindruck.

Wir wollen nun einen Augenblick diese tapferen, aber unglücklichen und in ihre Bergwerke eingesperrten Arbeiter verlassen und die Lage in andern Gegenden Natals betrachten. Die Bergwerke lagen im Nordwesten von Natal, aber die größte Anzahl indischer Arbeiter war an den Nord- und Südküsten beschäftigt. Ich stand auf vertrautem Fuße mit den Arbeitern an der Nordküste, von denen viele im Burenkrieg mit mir gedient hatten. Die Arbeiter an der Südküste waren mir nicht so gut bekannt, und ich hatte nur wenige Mitarbeiter da unten. Aber die Kunde von dem Streik und den Verhaftungen verbreitete sich überall mit Blitzesschnelle, und Tausende von Arbeitern traten unerwartet und freiwillig in den Ausstand, an der Südküste sowohl als an der Nordküste. Einige von ihnen verkauften ihr Hab und Gut, weil sie überzeugt waren, daß es ein langwieriger Kampf werden würde, und sie es nicht darauf ankommen lassen wollten, sich von andern ernähren lassen zu müssen. Als ich ins Gefängnis ging, hatte ich meine Mitarbeiter davor gewarnt, noch mehr Arbeiter streiken zu lassen. Ich hoffte, daß wir den Sieg lediglich mit Hilfe der Grubenarbeiter würden erringen können. Wenn alle Arbeiter – im ganzen sechzigtausend – einberufen wurden, waren Schwierigkeiten zu befürchten. Wir hatten nicht die Mittel, so viele auf den Marsch mitzunehmen; wir hatten weder die Leute, sie zu beaufsichtigen, noch das Geld, sie zu ernähren. Außerdem war es bei einer so gewaltigen Menschenmasse kaum noch möglich, einen Friedensbruch zu verhüten. Aber wenn die Schleusen erst einmal geöffnet sind, läßt sich die Flut nicht aufhalten. Die Arbeiter legten überall von selbst die Arbeit nieder, und auch Freiwillige meldeten sich allenthalben, die die Führung übernahmen.

Nun ging die Regierung zu einer Politik von Blut und Eisen über.

Sie suchte den Arbeitern das Streiken mit roher Gewalt auszutreiben. Berittenes Militär verfolgte die Streikenden und holte sie zu ihrer Arbeit zurück. Die geringste Ruhestörung der Arbeiter wurde mit Gewehrfeuer erwidert. Ein Trupp Streikender widersetzte sich dem Versuch, sie zur Arbeit zurückzuholen. Einige von ihnen warfen sogar Steine. Das Feuer wurde auf sie eröffnet, viele wurden verwundet und einige getötet. Aber die Arbeiter ließen sich nicht unterkriegen. Bei Verulam gaben die Freiwilligen sich die größte Mühe, einen Streik zu verhindern. Trotzdem traten viele Arbeiter in den Ausstand und weigerten sich ungeachtet aller Anstrengungen der Behörden, die Arbeit wieder aufzunehmen. Manche versteckten sich aus Angst und kamen nicht wieder. Ein Vorfall dabei ist erwähnenswert. General Lukin war mit seinen Soldaten auf dem Plan und wollte gerade seinen Leuten befehlen, das Feuer auf die Streikenden zu eröffnen. Der tapfere Sorabji, der Sohn des verstorbenen Parsi Rustomji, damals kaum achtzehn Jahre alt, war gerade aus Durban eingetroffen. Er packte das Pferd des Generals bei den Zügeln und rief: »Sie dürfen nicht schießen lassen. Ich verbürge mich, daß ich meine Leute im Guten dazu bringen werde, an die Arbeit zurückzukehren.« General Lukin war von dem Mut des jungen Mannes bezaubert und ließ ihm Zeit, sein gütliches Verfahren zu versuchen. Sorabji sprach mit den Arbeitern, die auch wirklich einlenkten und an ihre Arbeit zurückkehrten. So wurde ein Blutbad verhütet durch die Geistesgegenwart, Tapferkeit und Herzensgüte eines jungen Menschen.

Auch unsere Siedlung in Phoenix war nun immer mehr gefährdet, und trotzdem waren sogar die Kinder dort so furchtlos, daß sie vor keinem noch so gefahrvollen Auftrag zurückschreckten. West war inzwischen verhaftet worden, obwohl gar kein Grund dazu vorlag. Wir hatten ausgemacht, daß West und Maganlal Gandhi nicht nur nicht danach trachten sollten, verhaftet zu werden, sondern im Gegenteil, soweit wie möglich, jeden Anlaß dazu vermeiden sollten. West hatte sich deshalb sorgfältig gehütet, der Regierung irgendeinen Anlaß zu geben, ihn zu verhaften. Aber es wäre von der Regierung viel verlangt gewesen, daß sie hätte Rücksicht nehmen sollen auf die Wünsche der Satyagrahis, und auf einen Anlaß brauchte sie nicht erst zu warten, um irgendwen zu verhaften, den sie nicht gern in Freiheit sah. Der bloße Wunsch der Behörden war in diesem Falle Anlaß genug.

Sobald Gokhale telegraphisch von der Verhaftung Wests erfuhr, entschloß er sich dazu, fähige Männer aus Indien hinüberzuschikken. Bei einer Versammlung in Lahore zur Unterstützung der Satyagrahis in Südafrika hatte C. F. Andrews alles Geld, das er besaß, zu ihrem Besten hingegeben, und seitdem hatte Gokhale ihn immer im Auge behalten. Kaum hörte er also von Wests Verhaftung, so fragte er bei Andrews telegraphisch an, ob er bereit sei, sofort nach Südafrika zu fahren. Andrews sagte gleich zu. Sein geliebter Freund Pearson erklärte sich auch bereit, mitzufahren, und die beiden Freunde reisten mit dem ersten verfügbaren Dampfer von Indien nach Südafrika ab.

Aber der Kampf neigte sich bereits dem Ende zu. Die Unionsregierung hatte auf die Dauer nicht die Macht, Tausende von unschuldigen Leuten gefangen zu halten. Der Vizekönig wollte es nicht dulden, und alle Welt wartete darauf, was General Smuts tun würde. Die Unionsregierung tat, was alle Regierungen in einer ähnlichen Lage tun. In Wahrheit brauchte es gar keine Untersuchung. Es war Unrecht geschehen, das wußte alle Welt, und jeder sah ein, daß es wieder gutgemacht werden müßte. Auch General Smuts begriff, daß ein Unrecht geschehen war, das Sühne heischte; aber er war in der gleichen Verlegenheit wie eine Schlange, die eine Ratte verschluckt hat, die sie nun weder hinunterwürgen noch ausspeien kann. Er hatte den Europäern in Südafrika zu verstehen gegeben, daß er weder die Dreipfundsteuer aufheben noch irgendeine andere Reform durchführen würde. Und nun sah er sich gezwungen, sowohl die Steuer abzuschaffen als auch andere Reformgesetze zu erlassen. Der öffentlichen Meinung verantwortliche Staaten ziehen sich in dergleichen Fällen aus der Verlegenheit, indem sie eine Kommission ernennen, die eine Untersuchung anstellt – zum Schein, denn was sie dann empfiehlt, steht im voraus fest. Es ist allgemeiner Brauch, daß die Vorschläge einer solchen Kommission ohne weiteres vom Staat angenommen werden, und auf diese Weise übt die Regierung dann, unter dem Vorwand, nur jene Vorschläge auszuführen, die Gerechtigkeit, die sie zunächst versagt hat. General Smuts ernannte eine Kommission von drei Mitgliedern, mit denen die Inder nicht zu verhandeln gelobten, solange gewisse Forderungen ihrerseits von der Regierung nicht bewilligt würden. Eine von diesen Forderungen war, daß die gefangenen Satyagrahis freigelassen werden sollten, und eine andere, daß die Inder in der Kommission wenigstens durch ein Mitglied vertreten sein sollten. Bis zu einem gewissen Grade wurde die erste

Forderung von der Kommission selbst übernommen, die der Regierung empfahl, Mr. Kallenbach, Mr. Pollak und mich bedingungslos freizulassen, »damit die Untersuchung so gründlich wie möglich vorgenommen werden könne«. Die Regierung willigte ein und entließ uns alle drei nach einer Gefangenschaft von kaum sechs Wochen. West wurde auch entlassen, da die Regierung ihm nichts vorzuwerfen hatte.

All das geschah noch vor der Ankunft von Andrews und Pearson, so daß ich sie selber schon begrüßen konnte, als sie in Durban landeten. Sie waren angenehm überrascht, da sie noch nichts von dem wußten, was während ihrer Reise vorgefallen war. Dies war meine erste Begegnung mit diesen edlen Engländern.

Wir waren alle drei über unsere Freilassung enttäuscht. Wir hatten von den Ereignissen draußen nichts gewußt. Aber wir waren uns sofort darüber klar, daß wir in keiner Weise oder Form mit dieser Kommission zusammenarbeiten konnten, falls nicht den Indern das Recht zugestanden wurde, wenigstens einen Vertreter in die Kommission zu entsenden. Wir drei schrieben also bei der Ankunft in Durban, am 21. Dezember 1913, einen Brief folgenden Inhalts an General Smuts:

»Wir begrüßen die Ernennung der Kommission, aber wir erheben nachdrücklich Einspruch gegen zwei ihrer Mitglieder: die Herren Esselen und Wylie. Wir haben nichts gegen sie persönlich. Sie sind angesehene und tüchtige Bürger; aber da sie beide wiederholt ihre Abneigung gegen die Inder bekundet haben, besteht die Wahrscheinlichkeit, daß sie ungerecht handeln werden, ohne sich dessen bewußt zu sein. Der Mensch kann sein Wesen nicht von heute auf morgen ändern. Es ginge gegen die Gesetze der Natur, wenn man annehmen wollte, daß diese Herren plötzlich anders sein werden, als sie waren. Indessen verlangen wir nicht ihre Entfernung aus der Kommission. Wir schlagen lediglich vor, daß noch einige unparteiische Männer dazugewählt werden, und dafür möchten wir Sir James Rose Innes und den Hon. Mr. W. P. Schreiner vorschlagen, die beide wegen ihres Gerechtigkeitssinns bekannt sind. Zweitens fordern wir, daß alle Satyagraha-Gefangenen freigelassen werden. Wenn dies nicht geschieht, können auch wir nicht in Freiheit leben. Es liegt keinerlei Grund mehr vor, die Satyagrahis noch länger gefangen zu halten. Drittens, wenn wir vor der Kommission Aussagen machen sollen, muß man uns gestatten, in die Bergwerke und Fabriken zu gehen, wo die Kontraktarbeiter beschäftigt sind. Sollten diese Forderungen nicht erfüllt werden, so würden wir uns zu unserem Bedauern genötigt sehen, neue Mittel und Wege ausfindig zu machen, um wieder ins Gefängnis zu kommen.«

Als Gokhale erfuhr, daß wir für den Notfall einen neuen Marsch planten, schickte er ein langes Kabeltelegramm: ein solcher Schritt würde Lord Hardinge und ihn selbst in eine höchst mißliche Lage bringen, wir möchten doch ja diesen Gedanken aufgeben und lieber der Kommission behilflich sein.

Wir waren in einer Zwickmühle. Die Inder hatten sich zu einem Boykott der Kommission verpflichtet, wenn deren Mitgliederzahl nicht zu ihrer Zufriedenheit vergrößert wurde. Mochte Lord Hardinge verstimmt und Gokhale betrübt sein – wir konnten unser feierliches Wort nicht zurücknehmen. Andrews gab uns die schwache Gesundheit Gokhales zu bedenken, und was für ein Schlag unser Entschluß für ihn sein würde. Aber daran hatte ich selbst schon immer gedacht. Die Führer hielten eine Beratung ab und kamen zu dem Beschluß, daß es unbedingt bei dem Boykott bleiben müsse für den Fall, daß nicht mehr Mitglieder in die Kommission gewählt würden. Wir schickten also eine lange Kabeldepesche an Gokhale. Auch Andrews war einverstanden mit ihrem Inhalt, der folgendermaßen lautete:

»Wir können Ihren Kummer nachfühlen und würden gern Ihrem Rat, auch unter größten Opfern, folgen. Lord Hardinge hat uns unschätzbaren Beistand geleistet, den wir uns auch weiterhin bis zum Ende erhalten möchten. Aber wir wünschen innigst, daß Sie unsere Lage verstehen möchten. Es handelt sich darum, daß Tausende von Leuten ein Gelübde abgelegt haben, an dem nicht gerüttelt werden darf. Unser ganzer Kampf ist auf einer Grundlage von Gelübden aufgebaut. Viele von uns wären heute schon ohne die zwingende Kraft unserer Gelübde abtrünnig geworden. Alle sittlichen Bande wären sofort gelockert, wenn Tausende von Leuten sich auch nur einmal wortbrüchig gezeigt hätten. Das Gelübde wurde nach langem und reiflichem Überlegen abgelegt, und es ist nichts Unmoralisches dabei. Die Gemeinde hat das unbestreitbare Recht, sich zum Boykott zu verpflichten. Wir bitten Sie, sagen auch Sie uns, daß ein solches Gelübde nicht gebrochen werden darf, sondern von allen eingehalten werden muß, komme, was da wolle. Bitte, zeigen Sie diese Kabeldepesche Lord Hardinge. Wir möchten nicht, daß Sie in ein falsches Licht geraten. Wir haben diesen Kampf begonnen mit Gott als unserem Zeugen und mit seiner Hilfe als unserer einzigen Stütze.«

Als diese Kabeldepesche in Gokhales Hände kam, übte sie eine schlechte Wirkung auf seine Gesundheit aus, aber er half uns weiter mit unvermindertem oder noch größerem Eifer als zuvor. Er telegraphierte deswegen an Lord Hardinge und ließ uns nicht nur nicht fallen, sondern trat im Gegenteil für unseren Standpunkt ein. Auch Lord Hardinge blieb uns unerschütterlich treu.

Ich fuhr mit Andrews nach Pretoria. Damals herrschte gerade ein großer Streik der europäischen Angestellten der Unioneisenbahnen, der der Regierung sehr zu schaffen machte. Es wurde mir nahegelegt, jetzt in diesem günstigen Augenblick mit meinen Indern loszumarschieren und so den streikenden Eisenbahnern zu Hilfe zu kommen; dann würden wir den Frieden diktieren können. Aber als Antwort darauf erklärte ich, auf solche Weise könnten die Inder den streikenden Eisenbahnern nicht beistehen, da sie nicht darauf ausgingen, der Regierung Schwierigkeiten zu bereiten, und da ihr Kampf ganz anderer Art und anders gedacht sei. Wenn wir überhaupt den Marsch anträten, so würden wir es zu einer anderen Zeit tun, wenn der Eisenbahnerstreik beendigt wäre. Dieser unser Bescheid machte tiefen Eindruck und wurde von Reuter nach England gekabelt. Lord Ampthill sandte ein Danktelegramm aus England. Auch englische Freunde in Südafrika würdigten unseren Entschluß. Einer von den Sekretären des Generals Smuts sagte halb im Scherz: »Ich liebe eure Leute nicht und habe durchaus keine Lust, ihnen etwas zuliebe zu tun. Aber was soll ich machen? Ihr helft uns in der Not. Wie können wir da Hand an euch legen? Ich wünschte oft, ihr möchtet zur Gewalt greifen wie die englischen Streiker, dann wüßten wir sofort, wie wir euch loswerden würden. Aber ihr wollt ja nicht mal eurem Feind etwas Böses tun. Ihr wollt siegen lediglich dadurch, daß ihr selber Leiden auf euch nehmt, und übertretet nie eure selbstgesteckten Grenzen der Höflichkeit und Ritterlichkeit. Und eben das verdammt uns zu völliger Hilflosigkeit.« Auch General Smuts verlieh ähnlichen Gefühlen Ausdruck.

Dies war nicht das erstemal, daß die Satyagrahis solche ritterliche Rücksichtnahme bewiesen. Als die indischen Arbeiter an der Nordküste in den Ausstand traten, wären die Plantagenbesitzer am Mount Edgecombe großen Verlusten ausgesetzt gewesen, wenn all das Zuckerrohr, das schon geschnitten war, nicht zur Mühle gebracht und gemahlen worden wäre. Zwölfhundert Inder kehrten deshalb zurück und gesellten sich erst wieder zu ihren Landsleuten, als die Arbeit getan war. Ferner: als die indischen Beamten im Stadtbezirk von Durban die Arbeit niederlegten, wurden die, die in den Gesundheitsämtern oder als Pfleger in den Krankenhäusern tätig waren, zurückgeschickt, und sie nahmen willig ihre Pflichten wieder auf. Wenn die Gesundheitsämter in Unordnung geraten wären und niemand dagewesen wäre zur Pflege der Kranken in den Krankenhäusern, so hätte ja eine Krankheit in der Stadt ausbrechen können, und die Kranken hätten keine ärztliche Hilfe gehabt. Dergleichen wünscht kein Satyagrahi. Bei jedem Schritt, den er tut, muß der Satyagrahi die Lage seines Gegners bedenken. Ich sah immer wieder, daß solche Ritterlichkeit nie ihren unsichtbaren, aber starken Eindruck verfehlte, sondern das Ansehen der Inder erhöhte und die rechte Atmosphäre für friedlichen Vergleich schuf.

So auch diesmal. Sir Benjamin Robertson, der von Lord Hardinge auf einem besonderen Dampfer herübergeschickt wurde, sollte um die gleiche Zeit ankommen, zu der Andrews und ich nach Pretoria mußten, um pünktlich an dem von General Smuts festgesetzten Tage dort zu sein. Daher warteten wir nicht auf ihn, und es lag auch kein Grund dazu vor, denn was wir erreichten, mußten wir aus eigener Kraft erreichen.

Andrews und ich trafen also in Pretoria ein. Aber ich allein sollte mit General Smuts sprechen. Der General war besorgt wegen des Eisenbahnerstreiks, der so ernster Natur war, daß die Unionsregierung das Standrecht erklärt hatte. Die europäischen Arbeiter forderten nicht nur ihre Löhne, sondern trachteten auch danach, die Zügel der Regierung an sich zu reißen. Meine erste Unterredung mit dem General war sehr kurz, aber ich sah, daß er nicht mehr auf dem hohen Pferd saß wie vorher, als der große Marsch begann. Damals wollte der General mich nicht einmal empfangen. Satyagraha war damals nicht minder bedrohlich gewesen als jetzt. Doch er hatte abgelehnt, in Verhandlungen einzutreten. Und nun war er dazu bereit.

So gelangten wir zu einem vorläufigen Abkommen, und Satyagraha wurde für diesmal aufgehoben. Viele englische Freunde waren froh darüber und versprachen ihre Unterstützung bei der endgültigen Regelung der Dinge. Es war ziemlich schwierig, die Inder zur Annahme dieses Abkommens zu bewegen. Einige erinnerten mich an den Fehlschlag im Jahre 1908 und sagten: »General Smuts hat schon einmal ein falsches Spiel mit uns getrieben. Und doch haben Sie leider nicht die nötige Lehre daraus gezogen, ihm nicht mehr zu trauen! Dieser Mann wird Sie wieder verraten, und Sie werden wieder zu Satyagraha aufrufen wollen. Aber wer wird dann auf Sie hören? Kann man denn von Menschen verlangen, daß sie immer wieder ins Gefängnis gehen und immer wieder bereit sein sollen, sich mit einem Manne einzulassen, der erst sein Wort verpfändet und es dann bricht?«

Ich hatte vorausgewußt, daß man so reden würde, und war deshalb nicht überrascht. Aber mag ein Satyagrahi auch noch so oft verraten werden, er wird immer wieder sein Vertrauen in den Gegner setzen, solange nicht zwingende Gründe zum Mißtrauen vorliegen. Leiden ist für einen Satyagrahi Lust. Er wird sich deshalb nie durch bloße Furcht vor Leiden zu grundlosem Mißtrauen verleiten lassen. Andererseits wird er sich, da er sich auf seine eigene Kraft verläßt, nichts daraus machen, wenn der Gegner ihn doch verrät. Er wird dennoch weiter vertrauen in der Überzeugung, daß er dadurch die Kräfte der Wahrheit stärkt und den Sieg näher bringt. Auf einer Reihe von Versammlungen, die in verschiedenen Orten abgehalten wurden, gelang es mir schließlich, die Inder zur Anerkennung des Abkommens zu überreden, und der Geist des Satyagraha ging ihnen nun erst so recht auf. Andrews war Mittler und Zeuge bei diesem Abkommen. Hätte ich mich hartnäckig geweigert, das Abkommen anzunehmen, so hätte man das hernach gegen die Inder ausgemünzt, und es wäre vielleicht nicht zu dem Siege gekommen, der das Ringen der nächsten sechs Monate krönte. Der Verfasser des Sankskrit-Spruchs »Versöhnlichkeit ist ein Schmuck des Mutigen« schöpfte aus seiner reichen Erfahrung mit Satyagrahis, die nie irgend jemand den geringsten Anlaß geben, etwas an ihnen auszusetzen. Mißtrauen ist ein Zeichen von Schwäche, und Satyagraha bedeutet Abtun jeder Schwäche und also auch des Mißtrauens; denn was soll Mißtrauen dem, der ja den Gegner nicht vernichten, sondern zu sich herüberziehen will.

Als der Kampf endgültig vorbei war, fuhr Gokhale nach England. Er hatte mich wissen lassen, ich möge mich dort mit ihm treffen. So fuhren Kallenbach, Kasturbai und ich im Juli 1914 nach Southampton.

In Madeira hörten wir, daß der große Krieg jeden Augenblick ausbrechen könnte. Als wir in den Ärmelkanal einliefen, kam die

Nachricht, daß er wirklich ausgebrochen sei, und wir wurden eine Weile aufgehalten. Es war eine schwierige Sache, das Schiff durch die unterseeischen Minen zu lotsen, die im ganzen Kanal ausgelegt waren, und es dauerte etwa zwei Tage, ehe wir Southampton erreichten.

Am 4. August war der Krieg erklärt worden. Am 6. August trafen wir in London ein.

Bei der Ankunft in England erfuhr ich, daß Gokhale in Paris festsaß, wohin er sich aus Gesundheitsrücksichten begeben hatte; und da die Verbindung zwischen Paris und London abgeschnitten war, wußte niemand, wann er zurückkehren würde. Ich wollte nicht nach Hause fahren, ohne ihn gesehen zu haben, aber niemand konnte mir genau sagen, wann er kommen würde.

Was also sollte ich mittlerweile tun? Wie sollte ich mich zum Krieg stellen? Sorabji Adajania, mein Gefährte im Gefängnis und ein Satyagrahi, bereitete sich damals in London für den Advokatenberuf vor. Als einer der besten Satyagrahis war er nach England geschickt worden, um sich als Anwalt auszubilden, damit er bei der Rückkehr nach Südafrika meinen Posten übernehmen könnte. Mit ihm und durch ihn hatte ich Unterredungen mit Dr. Jivraj Mehta und anderen, die zur Vervollständigung ihrer Studien in England waren. Im Einvernehmen mit ihnen wurde eine Versammlung der in Großbritannien und Irland lebenden Inder einberufen. Ich legte ihnen meine Anschauungen dar.

Ich war der Ansicht, daß die in England lebenden Inder an dem Krieg teilnehmen müßten. Englische Studenten hatten sich freiwillig zum Heeresdienst gemeldet, und die Inder durften nicht zurückstehen. Allerhand Einwände wurden dagegen erhoben. Es bestehe, so hieß es, ein gewaltiger Unterschied zwischen den Indern und Engländern. Wir seien Sklaven, und sie seien Herren. Wie könne ein Sklave mit dem Herrn zusammengehen in der Stunde der Not? Sei es nicht die Pflicht des Sklaven, der frei werden will, sich die Not seines Herren zunutze zu machen? Dieser Grund leuchtete mir damals nicht ein. Ich kannte den Standesunterschied zwischen einem Inder und einem Engländer wohl, aber ich war nicht der Meinung, daß wir ganz zur Sklaverei erniedrigt seien. Ich war damals überzeugt, daß die Schuld mehr an den einzelnen britischen Beamten als an dem britischen System läge und daß wir sie durch Liebe bekehren könnten. Wenn wir aber unsere Lage mit Hilfe und Mitwirkung der Briten verbessern wollten, so war es auch unsere Pflicht, uns ihr Wohlwollen zu verdienen dadurch, daß wir ihnen beistanden in der Stunde ihrer Not. So fehlerhaft das System war, erschien es mir doch damals noch nicht so unerträglich, wie es mir heute erscheint. Wenn ich aber nun heute, wo ich meinen Glauben an das System verloren habe, mich weigere, mit den Briten zusammenzuarbeiten, wie hätten diese Freunde damals dazu bereit sein sollen, da sie doch allen Glauben nicht nur an das System, sondern auch an die Beamten bereits verloren hatten?

Die widersprechenden Freunde waren der Ansicht, dies sei die Stunde, um kühnlich die indischen Forderungen durchzusetzen und die Lage der Inder zu verbessern. Mir schien, daß man Englands Not nicht ausnützen dürfe und daß es zweckmäßiger und weiterblickend wäre, unsere Forderungen ruhen zu lassen, solange der Krieg dauerte. Deshalb hielt ich an meinem Rat fest und rief alle, die sich anwerben lassen wollten, als Freiwillige auf. Es fehlte nicht an reichlichem Widerhall; alle Provinzen und alle Glaubensbekenntnisse waren unter den Freiwilligen vertreten.

Ich schrieb einen Brief an Lord Crewe, berichtete ihm das alles und sagte, wir seien bereit, uns zum Sanitätsdienst ausbilden zu lassen, falls dies als eine Vorbedingung für die Annahme unseres Anerbietens betrachtet werden sollte. Lord Crewe nahm das Angebot nach einigem Zögern an und dankte uns dafür, daß wir dem Reich in dieser kritischen Stunde unsere Dienste zur Verfügung gestellt hätten.

London bot in diesen Tagen ein sehenswertes Schauspiel. Es herrschte keinerlei Panik, sondern alle halfen eifrig nach bestem Können. Wer jung und kräftig war, unterzog sich der militärischen Ausbildung; aber was sollten die Alten, die Schwachen und die Frauen tun? Es gab genug Arbeit für sie, wenn sie wollten: Wäsche zuschneiden und nähen, Verbandszeug herrichten für die Verwundeten und dergleichen.

[Infolge eines ernsten Anfalls von Brustfellentzündung war Mahatma Gandhi genötigt, in ein wärmeres Klima zurückzukehren. Im Dezember 1914 reiste er von England nach Indien ab.]

Endlich zu Hause

Ehe ich noch Indien erreichte, war der Trupp, der von Phoenix aufgebrochen war, schon angekommen. Nach unserem ursprünglichen Plan hätte ich ihnen vorausfahren sollen, aber der Kriegsausbruch hatte alle unsere Berechnungen über den Haufen geworfen. Ich saß in England fest auf wer weiß wie lange noch und sah mich daher vor die Frage gestellt: Wie bringe ich meine Phoenix-Leute in Indien unter? Mein Wunsch war, daß sie, wenn möglich, alle zusammenbleiben und so weiter leben sollten, wie sie in Phoenix gelebt hatten. Ich kannte kein Ashram, wohin ich sie hätte empfehlen können, und deshalb kabelte ich ihnen, sie möchten Andrews aufsuchen und tun, was er ihnen riete.

So wurden sie zunächst in dem Gurukul[1] in Kangri untergebracht, wo Mahatma Munshiram sie wie seine eigenen Kinder aufnahm. Dann siedelten sie in den Ashram in Shantiniketan über, wo der Dichter Rabindranath Tagore und seine Leute sie mit der gleichen Liebe überhäuften. Die Erfahrungen, die sie an diesen beiden Orten sammelten, kamen ihnen und mir sehr zugute.

Der Dichter, Mahatma Munshiram und Sushil Rudra waren für Andrews, wie ich in Südafrika oft lachend zu ihm gesagt hatte, seine Dreieinigkeit. Er war nie müde geworden, von ihnen zu sprechen. Andrews' Gespräche über diese großen Drei, tagein und tagaus, gehören zu meinen liebsten und lebendigsten Erinnerungen an Südafrika. Andrews brachte nun den Phoenix-Trupp auch mit Sushil Rudra zusammen. Rektor Rudra hatte kein Ashram, aber er hatte ein Heim, das er der Phoenix-Familie vollkommen zur Verfügung stellte. Schon einen Tag nach ihrer Ankunft fühlten sie sich dort so heimisch, daß sie Phoenix überhaupt nicht zu vermissen schienen. Erst als ich in Bombay landete, erfuhr ich, daß die Phoenix-Gemeinde in Shantiniketan war. Ich war deshalb begierig, sie so bald wie möglich nach meiner Zusammenkunft mit Gokhale wiederzusehen.

Gleich bei meiner Ankunft in Bombay ließ Gokhale mich wissen, daß der Gouverneur mich zu sprechen wünsche und daß es ratsam für mich sein dürfte, dieser Einladung Folge zu leisten, ehe ich nach Puna fuhr. Infolgedessen besuchte ich Seine Exzellenz. Nach den üblichen Fragen sagte er:

»Ich bitte Sie um eins. Ich möchte, daß Sie zu mir kommen und mit mir sprechen, wann immer Sie irgendwelche Schritte zu unternehmen gedenken, die die Regierung angehen.«

Ich erwiderte: »Das kann ich sehr leicht versprechen, da ich als Satyagrahi den Grundsatz habe, den Standpunkt meines Gegners kennenzulernen und eine Verständigung mit ihm zu versuchen, soweit es möglich ist. Ich habe diesen Grundsatz auch in Südafrika streng gewahrt und gedenke das gleiche hier zu tun.«

Lord Willingdon dankte mir und sagte: »Sie können zu mir kommen, wann immer Sie wollen, und Sie werden sehen, daß meine Regierung nie absichtlich etwas Unrechtes tut.«

Worauf ich erwiderte: »Davon bin ich überzeugt, und daran halte ich mich.«

Hierauf fuhr ich nach Puna. Ich kann unmöglich alle Erinnerungen an diese köstliche Zeit niederschreiben. Gokhale und die Mitglieder der ›Gesellschaft der Diener Indiens‹ überhäuften mich mit Wohlwollen. Er hatte sie zu einer Zusammenkunft mit mir veranlaßt, und ich sprach mich mit ihnen über alle möglichen Dinge offen aus. Gokhale wünschte innig, daß ich in die Gesellschaft eintreten möge, und ich wünschte es auch. Aber die Mitglieder meinten, es bestünde ein zu großer Unterschied zwischen meinen Idealen und Arbeitsmethoden und den ihrigen, und es sei daher wohl nicht ratsam für mich, beizutreten. Gokhale sagte hernach zu mir, er sei überzeugt, ich würde bei aller Treue zu meinen Grundsätzen doch sicherlich bereit und imstande sein, auch die ihrigen gelten zu lassen.

»Aber«, fügte er hinzu, »sie haben Ihre tolerante Gesinnung noch nicht erkannt und halten ihrerseits zäh an ihren Grundsätzen fest. Ich hoffe, daß sie Sie aufnehmen werden; aber wenn sie es nicht tun, dürfen Sie nicht einen Augenblick denken, daß das etwa Mangel an Achtung oder Liebe bedeutet. Sie zögern nur, weil sie fürchten, ihre Hochachtung für Sie könnte dadurch getrübt werden. Aber ob Sie nun in aller Form als Mitglied zugelassen werden oder nicht, ich werde Sie stets als solches betrachten.«

Ich eröffnete nun Gokhale meine Absichten. Ob ich als Mitglied zugelassen wurde oder nicht, ich wollte ein Ashram haben, wo ich mich mit meiner Phoenix-Familie niederlassen konnte, am liebsten irgendwo in Gujarat, da ich ganz Indien am besten nützen zu können glaubte, indem ich mich in Gujarat nützlich machte. Gokhale gefiel der Gedanke. Er sagte: »Das müssen Sie auf alle Fälle tun. Wie auch Ihre Besprechungen ausfallen, Sie müssen sich wegen der

Kosten des Ashram an mich halten; das ist meine Sache.«

Mein Herz floß von Freude über. Es war eine Lust, sich frei zu fühlen von dem Zwang, Geldmittel aufzutreiben, und zu wissen, daß ich nicht genötigt sein würde, mich allein ans Werk zu machen, sondern auf einen sicheren Führer in jeder Not zählen könnte.

So wurde Dr. Dev gerufen und beauftragt, ein Konto für mich in den Büchern der Gesellschaft zu eröffnen und mir alles zu geben, was ich für den Ashram und für öffentliche Ausgaben fordern würde.

Hierauf fuhr ich nach Shantiniketan weiter. Die Lehrer und Schüler überhäuften mich mit Wohlwollen. Der Empfang war ein einziger herrlicher Zusammenklang von Schlichtheit, Schönheit und Liebe.

Die Phoenix-Familie hatte besondere Wohnungen in Shantiniketan angewiesen bekommen. Maganlal Gandhi war ihr Führer und hatte es sich zur Aufgabe gemacht, dafür zu sorgen, daß alle Vorschriften des Phoenix-Ashram getreulich beachtet wurden. Ich sah, daß er dank seiner Liebe, Kenntnis und Ausdauer bereits ganz Shantiniketan in den Bann seiner Persönlichkeit gezogen hatte.

Andrews war da und auch Pearson. Unter den Bengali-Lehrern, mit denen wir in ziemlich enge Fühlung kamen, waren Jagadananda Roy, Nepal Chandra Roy, Santosh Mozumdar, Kshitimohan Sen, Nagen Ganguly, Sarat Roy und Kalimohan Ghose. Wie gewöhnlich mischte ich mich gleich unter die Lehrer und Schüler und zog sie in eine Diskussion über Selbsthilfe. Den Lehrern schlug ich vor, sie und die Schüler sollten auf die Dienste von bezahlten Köchen verzichten und ihr Essen selbst kochen; sie könnten dann am besten dafür sorgen, daß so gekocht würde, wie es für das leibliche und geistige Wohl der Knaben am zuträglichsten sei, und gleichzeitig würde das für die Schüler ein Anschauungsunterricht in Selbsthilfe sein. Ein oder zwei von ihnen schüttelten den Kopf; die andern waren lebhaft dafür. Die Knaben waren begeistert, wenn auch nur aus angeborener Vorliebe für alles Neue. So wagten wir den Versuch. Als ich den Dichter aufforderte, seine Meinung zu äußern, sagte er, daß er nichts dagegen hätte, falls die Lehrer dafür seien. Zu den Knaben sagte er: »Der Versuch birgt den Schlüssel zu Swaraj.«

Pearson gab sich die größte Mühe, dem Experiment zum Erfolg zu verhelfen. Voll Eifer stürzte er sich in die Arbeit. Eine Gruppe wurde gebildet, um Gemüse zu schneiden, eine andere, um Körner zu lesen. Andere wieder übernahmen es, die Küche und was dazu gehörte, blitzblank zu halten. Es war eine Freude für mich, sie arbeiten zu sehen, mit dem Spaten in der Hand. Aber es war zu viel verlangt, daß die Schüler mit den Lehrern all diese körperliche Arbeit wie ein Kinderspiel auf sich nehmen sollten. Es kam täglich zu Auseinandersetzungen.

Einige begannen bald, Müdigkeit zu zeigen, aber Pearson war nicht der Mann, müde zu werden. Immer sah man ihn mit lächelndem Gesicht, wie er sich mit dem oder jenem in oder außerhalb der Küche zu schaffen machte. Er hatte es übernommen, das gröbere Geschirr abzuwaschen. Eine Gruppe von Schülern spielte dieser Abwaschgruppe währenddessen auf ihren ›Sitars‹[2] vor, um ihnen die Zeit zu vertreiben. Alle waren mit gleichem Eifer dabei, und ganz Shantiniketan war ein einziger emsiger Bienenstock.

Ich hatte beabsichtigt, eine Zeitlang in Shantiniketan zu bleiben, aber das Schicksal wollte es anders. Ich war kaum eine Woche dort, als ich aus Puna ein Telegramm erhielt, das mir Gokhales Tod meldete. Shantiniketan versank in tiefe Trauer. Alle kamen zu mir, um mir ihr Beileid auszusprechen. Eine besondere Versammlung wurde in den Ashram-Tempel einberufen, um diesen Nationalverlust zu beklagen. Es war eine feierliche Handlung. Am gleichen Tage fuhr ich mit meiner Frau und Maganlal nach Puna. Alle übrigen blieben in Shantiniketan.

Andrews begleitete mich bis nach Burdan. »Glauben Sie«, fragte er mich, »daß auch in Indien einmal die Zeit für Satyagraha kommen wird? Und wenn ja, haben Sie eine Ahnung, wann sie kommen wird?«

»Das läßt sich schwer sagen«, erwiderte ich. »Ein Jahr lang darf ich nichts unternehmen. Denn Gokhale hat mir das Versprechen abgenommen, vorerst nur in Indien herumzureisen, um Erfahrung zu sammeln, und mich über öffentliche Fragen mit keinem Wort zu äußern, bis die Probezeit vorbei ist. Und auch wenn das Jahr um ist, werde ich es nicht sehr eilig haben, den Mund aufzutun und meine Meinungen zu verkünden. Deshalb glaube ich, daß es vor etwa fünf Jahren wohl kaum zu Satyagraha kommen wird.«

Bei der Ankunft in Puna gerieten wir nach dem Leichenbegängnis in Erörterungen über die Zukunft der Gesellschaft und die Frage, ob ich ihr nun beitreten sollte oder nicht. Diese Frage erwies sich als sehr heikel für mich. Solange Gokhale lebte, hatte ich es nicht nötig gehabt, mich um Aufnahme zu bewerben. Ich hatte nur immer seinen Wünschen zu folgen brauchen, ein Zustand, in dem ich mich sehr wohlgefühlt hatte. Denn ich bedurfte eines sicheren Steuermanns bei dieser meiner ersten Fahrt auf die stürmische See des indischen öffentlichen Lebens hinaus. An Gokhale hatte ich diesen Steuermann gehabt und mich in seiner Obhut sicher gefühlt. Nun, wo er dahingegangen, war ich auf mich allein angewiesen und fühlte, daß es meine Pflicht war, um Aufnahme zu ersuchen.

Die meisten Mitglieder der Gesellschaft waren in Puna anwesend. Ich begann mit ihnen zu verhandeln und versuchte ihre Bedenken zu zerstreuen. Aber ich sah, daß sie geteilter Meinung waren. Ein Teil befürwortete meine Aufnahme, der andere war heftig dagegen. Ich wußte, daß sie mich alle gleich lieb hatten, aber die Treue gegen die Gesellschaft galt ihnen doch wohl mehr, jedenfalls nicht weniger, als ihre Liebe zu mir. Alle unsere Besprechungen waren deshalb frei von Bitterkeit und ausschließlich auf grundsätzliche Fragen gerichtet. Die gegen mich waren, vertraten die Ansicht, sie und ich seien gleichsam die Gegenpole in verschiedenen wesentlichen Fragen, und meine Mitgliedschaft könne unter Umständen die eigentlichen Ziele der Gesellschaft gefährden. Nach langwierigen Debatten gingen wir auseinander, die endgültige Entscheidung wurde auf später verschoben.

Auf der Heimfahrt war ich sehr erregt. War es ratsam für mich, durch einen Mehrheitsbeschluß aufgenommen zu werden? Vereinbarte sich das mit meiner Verehrung für Gokhale? Ich sah deutlich: da nun einmal eine so scharfe Spaltung unter den Mitgliedern der Gesellschaft bestand, war es weitaus das beste für mich, mein Gesuch zurückzuziehen. Das ist, sagte ich mir, die wahre Loyalität gegen die Gesellschaft und gegen Gokhale. Der Entschluß kam mir in einer plötzlichen Erleuchtung, und ich schrieb sofort an Mr. Shastri und bat ihn, die verschobene Beratung ganz abzusagen. Die, die gegen mein Gesuch gewesen waren, würdigten den Entschluß vollauf. Er erlöste sie aus einer mißlichen Lage und knüpfte die Freundschaftsbande zwischen uns noch enger. Gerade dadurch, daß ich mein Gesuch zurückzog, wurde ich in Wahrheit zu einem Mitglied der Gesellschaft. Die Erfahrung sagt mir heute: es war gut, daß ich nicht in aller Form Mitglied wurde, und die, die gegen mich waren, hatten recht. Die Erfahrung hat gezeigt, daß unsere Anschauungen über grundsätzliche Fragen allzuweit auseinandergingen. Aber diese Erkenntnis bedeutete keine Entfremdung oder Bitterkeit zwischen uns. Wir sind wie Brüder geblieben, und das Heim der Gesellschaft in Puna ist allezeit ein Wallfahrtsort für mich geblieben. Ich war immer ihr Mitglied im Geiste. Geistige Verwandtschaft ist viel wertvoller als körperliche. Körperliche Verwandtschaft ohne geistige ist wie ein Körper ohne Seele.

Dieses Jahr, 1915, war das Jahr des Kumbha-Festes[3], das alle zwölf Jahre in Hardwar gefeiert wird. Ich war durchaus nicht begierig, dem Fest beizuwohnen, aber ich sehnte mich danach, Mahatma Munshiram wiederzusehen, der in seinem Gurukul war. Gokhales Gesellschaft hatte eine große Schar Freiwilliger zur Hilfeleistung bei dem Kumbha Mela abgeschickt. Pandit Hridayanath Kunzru war ihr Führer und Dr. Dev leitender Arzt. Ich war aufgefordert worden, die Phoenix-Gemeinde zu Hilfe zu schicken, und so war Maganlal Gandhi schon vorausgefahren.

Die Reise nach Hardwar war besonders beschwerlich. Manchmal hatten die Abteile keine Beleuchtung. Von Saharanpur ab wurden wir in Güter- oder Viehwagen gezwängt. Diese hatten keine Dächer, und teils durch die brennende Mittagssonne über uns, teils durch die glühenden Eisenböden unter uns wurden wir förmlich gebraten. Aber selbst der quälendste Durst konnte die gläubigen Hindus nicht bewegen, Wasser zu trinken, wenn es ›mohammedanisches‹ war. Sie warteten, bis sie ›Hinduwasser‹ bekommen konnten. Die gleichen Hindus, sei nebenbei erwähnt, zögern oder fragen nicht, wenn ihnen der Arzt während einer Krankheit Wein verordnet oder Fleischbrühe verschreibt oder ein mohammedanischer oder christlicher Apotheker ihnen Wasser verabfolgt.

Dr. Dev hatte einige Gruben graben lassen, die als Latrinen benutzt werden sollten. Zu ihrer Reinhaltung mußte er bezahlte Straßenkehrer anstellen. Hier war Arbeit für die Phoenix-Gemeinde. Dr. Dev nahm freudig unser Anerbieten an. Das ging natürlich von mir aus, aber Maganlal Gandhi mußte die Durchführung leiten.

Meine Aufgabe bestand hauptsächlich darin, im Zelt zu sitzen und fromme Gespräche mit zahlreichen Pilgern zu führen, die mich besuchten. Es blieb mir nicht eine Minute, über die ich frei verfügen konnte. Hier kam mir erst so recht zu Bewußtsein, welchen tiefen Eindruck der Kampf in Südafrika in ganz Indien gemacht hatte.

Aber ich befand mich in keiner beneidenswerten Lage. Mir war allenthalben wie zwischen zwei Feuern. Wurde ich nicht erkannt, so mußte ich all die Beschwerden teilen, die Millionen in diesem Lande beschieden sind, wie zum Beispiel die Eisenbahnfahrt dritter Klasse. War ich aber von Leuten umgeben, die von mir gehört hatten, so war ich alsbald das Opfer der Sucht nach ›Darshan‹[4]. Welches von beidem das Ärgere war, wußte ich oft nicht zu entscheiden.

Der Tag des Kumbha-Festes stand uns nun bevor. Ich war nicht mit den Gefühlen eines Pilgers nach Hardwar gefahren. Ich habe nie daran gedacht, Frömmigkeit an einem Wallfahrtsort zu suchen. Aber die zwei Millionen Menschen, die dort sein sollten, konnten ja nicht alle Heuchler oder bloße Schaulustige sein. Ich zweifelte nicht, daß zahllose darunter waren, die herkamen, um sich Heil zu erwerben, und zur Selbstläuterung. Es ist schwierig, wenn nicht unmöglich, zu sagen, bis zu welchem Grade diese Art von Glauben die Seele erhöht. Ich verbrachte die ganze Nacht in tiefem Sinnen darüber. All die frommen Seelen inmitten der Heuchelei ringsum waren vor ihrem Schöpfer sicher frei von Schuld. Wenn der Besuch von Hardwar an sich eine Sünde war, so mußte ich öffentlich dagegen Einspruch erheben und Hardwar am Tage des Kumbha verlassen. Wenn die Wallfahrt nach Hardwar und zu dem Kumbha-Fest nicht sündhaft war, mußte ich mir selbst eine Tat der Selbstverleugnung auferlegen, zur Sühne für die Schlechtigkeit, die sich dort breitmachte, und mich so läutern.

Dies war etwas ganz Natürliches für mich. Mein Leben beruht auf erzieherischen Entschlüssen. Ich dachte an die nutzlose Mühe, die ich meinen Gastgebern in Indien bisher gemacht hatte, die mich so freigebig bewirtet hatten. Ich beschloß deshalb, die Bestandteile meiner Nahrung zu beschränken und meine letzte Mahlzeit immer vor Sonnenuntergang zu mir zu nehmen. Ich sagte mir: wenn ich mir diese Beschränkungen nicht auferlege, werde ich meinen künftigen Gastgebern sehr zur Last fallen, und *sie* werden die Dienenden sein, nicht ich. Deshalb gelobte ich, solange ich in Indien wäre, nie mehr als fünf Speisen in vierundzwanzig Stunden zu mir zu nehmen und nie nach Einbruch der Dunkelheit zu essen. Ich überdachte gründlich alle Schwierigkeiten, die entstehen könnten. Ich wollte mir keine Ausflucht offenlassen. Ich malte mir aus, was bei einer Krankheit geschehen würde, wenn ich die Arznei mit zu den fünf Speisen zählte und keine Ausnahme zugunsten einer besonderen Krankenkost machte. Schließlich beschloß ich jedoch, in gar keinem Fall eine Ausnahme zu machen. Seit fünfzehn Jahren habe ich dieses Gelübde gehalten. Es hat mich oft hart auf die Probe gestellt, aber ich kann bezeugen, daß es mir auch als Schutz gedient hat. Es hat mein Leben um einige Jahre verlängert und mich vor mancher Krankheit bewahrt.

Es war eine ordentliche Erleichterung, in den Gurukul zu kommen und Mahatma Munshiram mit seiner riesigen Gestalt wiederzusehen. Sofort fühlte ich den wunderbaren Gegensatz zwischen dem Frieden des Gurukul und dem Lärm und Geschrei von Hardwar. Der Mahatma überhäufte mich mit Wohlwollen. Die Brahmacharis waren die Aufmerksamkeit selbst. Hier wurde ich zum erstenmal Acharya[5] Ramadevji vorgestellt, und ich konnte sofort sehen, welche Macht und Stärke in ihm sein mußte. Wir hatten verschiedene Ansichten in mehreren Fragen, trotzdem vertiefte unsere Bekanntschaft sich bald zur Freundschaft. Ich führte lange Gespräche mit ihm und andern Professoren über die Notwendigkeit, dem Gurukul eine Gewerbeschule anzugliedern. Als die Zeit zur Abreise herankam, war es mir schmerzlich, den Ort zu verlassen. Ich fuhr nach Hrishikesh.

Viele Sannyasis besuchten mich, als ich ankam. Einer von ihnen fühlte sich besonders zu mir hingezogen. Die Phoenix-Gemeinde war da, und ihre Gegenwart entlockte dem Swami viele Fragen. Wir sprachen über Religion, und er merkte, daß ich religiöse Fragen sehr ernst nahm. Er sah, daß ich barhäuptig und ohne Obergewand von meinem Bad im Ganges zurückkehrte, und war betrübt, die Shikha [Haarbüschel] auf meinem Kopf und die heilige Schnur an mir zu vermissen, und sagte:

»Es betrübt mich, Sie – einen gläubigen Hindu – ohne die heilige Schnur und die Shikha umhergehen zu sehen. Dies sind die beiden äußeren Symbole des Hindutums, und jeder Hindu sollte sie tragen.«

Hier muß ich eine Geschichte einschalten. Als ich ein zehnjähriger Junge war, beneidete ich die Brahmanenknaben, die immer mit den Schlüsselbunden spielten, die an ihren heiligen Schnüren hingen; das wollte ich auch. Der Brauch, die heilige Schnur zu tragen, war damals bei den Vaishya-Familien in Kathiawar nicht üblich. Aber eine Bewegung war gerade im Gange, die darauf abzielte, diesen Brauch für die ersten drei Kasten zur Pflicht zu machen. Infolgedessen legten verschiedene Mitglieder des Gandhi-Stammes die heilige Schnur an. Ein Brahmane versah auch uns mit der Schnur, und obwohl ich gar keine Verwendung für einen Schlüsselbund hatte, verschaffte ich mir einen und spielte nun auch damit. Ob ich die Schnur später, als sie verloren ging, sehr vermißte, weiß ich nicht mehr. Aber ich weiß, daß ich mich nicht nach einer neuen umtat. Als ich heranwuchs, wurden sowohl in Indien als in Südafrika verschiedene wohlmeinende Versuche gemacht, mich wieder zu der heiligen Schnur zu bekehren, aber mit geringem Erfolg. Wenn die Shudras sie nicht tragen dürfen, wandte ich ein, welches Recht haben da die anderen Kasten, sie zu tragen?

Am Tag vor meiner Abreise nach England entledigte ich mich der Shikha, weil ich befürchtete, sie würde mich, wenn ich barhäuptig war, lächerlich machen und mich in den Augen der Engländer zum Barbaren stempeln. Ja, dieses feige Gefühl trieb mich so weit, daß ich in Südafrika meinen Vetter Chhaganlal Gandhi, der gewissenhaft die Shikha trug, veranlaßte, sie zu entfernen. Ich fürchtete, daß sie ihm bei seiner öffentlichen Tätigkeit hinderlich sein könnte, und selbst auf die Gefahr hin, ihm weh zu tun, bewog ich ihn also, sich ihrer zu entledigen. Demgemäß sprach ich mich nun offen über die ganze Frage zu dem Swami aus und sagte:

»Ich will die heilige Schnur nicht tragen, denn ich sehe keine Notwendigkeit dazu, da zahllose Hindus ohne sie umhergehen und doch Hindus bleiben. Außerdem soll die heilige Schnur ein Sinnbild der seelischen Wiedergeburt sein, und wer sie trägt, muß auch wirklich den Willen zu einem höheren und reineren Leben haben. Ich bezweifle, daß bei dem gegenwärtigen Zustand der Hindureligion und Indiens die Hindus ein Anrecht darauf haben, ein solches Sinnbild zu tragen. Sie würden es erst dann haben, wenn zuvor die Hindureligion sich von der ›Unberührbarkeit‹[6] gereinigt, alle Unterschiede zwischen hoch und niedrig beseitigt und eine Menge anderer Übel und Irrlehren abgestreift hätte, von denen sie überwuchert ist. Mein Inneres sträubt sich deshalb gegen den Gedanken, die heilige Schnur zu tragen. Aber Ihr Wink wegen der Shikha ist sicherlich beachtenswert.«

Der Swami wollte nicht wahrhaben, was ich über die heilige Schnur sagte. Die gleichen Gründe, die mich dagegen stimmten, stimmten ihn dafür. Auch heute noch denke ich ungefähr ebenso wie damals in Hrishikesh. Solange es verschiedene Religionen gibt, mag jede von ihnen irgendein äußeres Unterscheidungssymbol benötigen. Aber wenn das Symbol zu einem Fetisch entartet und zu einem Mittel, die Überlegenheit der eigenen Religion über andere zu betonen, verdient es nur, abgelegt zu werden.

Was die Shikha betrifft, so beriet ich mich mit Freunden und beschloß, da Feigheit der Grund gewesen war, weshalb ich sie entfernt hatte, sie wieder wachsen zu lassen.

Als ich zufällig durch Ahmedabad kam, bestürmten mich viele von meinen Freunden, ich möchte mich dort ansiedeln, und erboten sich freiwillig, die Kosten für den Ashram zu bestreiten und auch für ein Haus zu sorgen. Ich hatte eine Vorliebe für Ahmedabad. Da ich ein Gujarati bin, dachte ich, ich könnte mich dem Lande am nützlichsten erweisen, dessen Sprache meine Muttersprache war. Und außerdem war Ahmedabad, als alter Mittelpunkt der Handweberei, wahrscheinlich das günstigste Feld für die Wiederbelebung dieses Gewerbes als Heimindustrie. Da es ferner die Hauptstadt von Gujarat war, stand zu hoffen, daß hier leichter als anderswo Geldhilfe von den wohlhabenden Bürgern zu beschaffen sein würde. Unter anderem wurde natürlich mit den Freunden aus Ahmedabad auch die Frage der ›Unberührbarkeit‹ besprochen. Ich ließ ihnen keinen Zweifel darüber, daß ich die erste Gelegenheit ergreifen würde, einem unberührbaren Bewerber Zutritt zu dem Ashram zu gewähren, wenn er sonst würdig war.

So wurde der Ashram gegründet. Alle nahmen ihre Mahlzeiten in einer gemeinsamen Küche ein und trachteten, wie eine Familie zu leben. Es waren erst ein paar Monate vergangen, als wir auf eine Probe gestellt wurden, wie wir sie kaum erwartet hatten. Ich erhielt einen Brief folgenden Inhalts von Amritlal Thakkar: »Eine bescheidene und ehrliche unberührbare Familie wünscht in Ihr Ashram einzutreten. Wollen Sie sie aufnehmen?«

Ich war betroffen, da ich nicht erwartet hatte, daß eine unberührbare Familie so bald um Aufnahme bitten würde. Ich las den Brief sofort meinen Freunden vor, und sie willigten ein. So schrieb ich an Amritlal Thakkar, wir seien bereit, die Familie aufzunehmen, vorausgesetzt, daß alle Mitglieder bereit wären, sich an die Vorschriften des Ashram zu halten. Die Familie bestand aus Dadubhai, seiner Frau Dhanibehn, ihrer Tochter Lakshmi und einem ganz kleinen Kind. Dadubhai war Lehrer in Bombay gewesen. Alle versprachen, sich an die Vorschriften zu halten, und wurden aufgenommen. Aber bald stellten sich allerhand Mißhelligkeiten ein. Zum ersten Zwist kam es bei der Benutzung des Brunnens, der zum Teil dem Besitzer des Bungalows unterstand. Der Pumpenaufseher behauptete, er sei durch Wassertropfen aus unserem Eimer befleckt worden. Er fing an, auf uns zu schimpfen und Dadubhai zu belästigen. Ich sagte allen, sie sollten die Beschimpfung ruhig hinnehmen und weiter Wasser pumpen. Als er sah, daß wir ihm nicht erwiderten, schämte er sich und gab es auf, uns zu behelligen. Aber auch bei den Freunden, die uns geholfen hatten, rief die Aufnahme der Unberührbaren große Entrüstung hervor. Alle Geldhilfe wurde eingestellt. Gleichzeitig kamen Gerüchte, daß wir in gesellschaftliche Acht getan werden sollten. Wir waren auf alles vorbereitet. Ich hatte meinen Gefährten gesagt, daß wir, falls man uns in die Acht erklären und uns die üblichen Vergünstigungen verweigern sollte, Ahmedabad trotzdem nicht verlassen würden. Wir würden vielmehr in das Viertel der Unberührbaren ziehen und dort wohnen und von dem leben, was wir durch unserer Hände Arbeit verdienen könnten.

Es kam so weit, daß Maganlal Gandhi eines Tages zu mir sagte: »Wir sind ohne Mittel und haben nichts für den nächsten Monat.«

Ich erwiderte ruhig: »Dann werden wir in das Viertel der Unberührbaren ziehen.«

Es war nicht das erstemal, daß ich auf eine solche Probe gestellt wurde, aber jedesmal hat Gott mir im letzten Augenblick Hilfe geschickt. Gleich nachdem Maganlal mich auf unsere Geldnot aufmerksam gemacht hatte, kam eins von den Kindern und sagte, daß ein Sheth in einem Auto draußen warte und mich sprechen wolle. Ich ging zu ihm hinaus. »Ich möchte dem Ashram einige Hilfe leisten. Wollen Sie sie annehmen?«

»Ganz gewiß«, sagte ich. »Und ich gestehe, ich bin im Augenblick mit meinen Mitteln am Ende.«

»Ich werde morgen um diese Zeit wiederkommen«, versetzte er. »Werden Sie da sein?«

»Ja«, sagte ich. Und er fuhr davon. Am nächsten Tag, genau zu der verabredeten Stunde, hielt das Auto vor unserer Behausung und hupte. Die Kinder kamen mit der Kunde. Der Sheth wollte nicht hereinkommen, und ich ging zu ihm hinaus. Er drückte mir Banknoten im Wert von dreizehntausend Rupien in die Hand und fuhr davon. So viel hatte ich nicht erwartet; und was für eine ungewohnte Art zu helfen! Der Herr hatte den Ashram vorher nie besucht. Soviel ich mich erinnern kann, war ich ihm nur einmal begegnet. Kein Besuch, keine Fragen – einfach helfen und davonfahren! Das war ein einzigartiges Erlebnis für mich. Nun brauchten wir nicht in das Viertel der Unberührbaren auszuwandern. Auf ein Jahr waren wir gesichert.

Unruhe draußen – Unruhe drinnen. Obgleich in Südafrika mehr als einmal unberührbare Freunde in mein Haus gekommen waren und bei mir gewohnt und gegessen hatten, schienen meine Gattin und einige andere Frauen die Aufnahme der Familie in den Ashram nicht eben gern zu sehen. Meine Augen und Ohren gewahrten sehr bald Gleichgültigkeit, wenn nicht Abneigung gegen Dhanibehn. Die Geldnot hatte mir keine Sorge gemacht, aber dieser Widerstand im eigenen Haus war mir unerträglich. Dhanibehn war eine gewöhnliche Frau; Dadubhai war ein Mann mit oberflächlicher Bildung, aber von guter Auffassungsgabe. Ich schätzte seine Geduld. Manchmal brauste er auf, aber im großen und ganzen hatte ich einen guten Eindruck von seiner Langmut. Ich redete ihm zu, geringfügige Kränkungen ruhig einzustecken. Er befolgte das nicht nur, sondern redete auch seiner Frau gut zu, es ebenso zu machen.

Die Aufnahme der Familie erwies sich als sehr nützlich für den Ashram. Wir gaben damit der Welt von Anfang an zu erkennen, daß der Ashram gegen den Grundsatz der Unberührbarkeit sei. Wer dem Ashram helfen wollte, war somit gewarnt, und unser Wirken in dieser Richtung war beträchtlich erleichtert. Die Tatsache, daß trotzdem zumeist die wirklich strenggläubigen Hindus die täglich größer werdenden Unkosten des Ashrams bestritten, ist vielleicht ein deutliches Zeichen dafür, daß die Lehre von der Unberührbarkeit bereits in ihrer Grundlage erschüttert ist. Es gibt noch viele andere Beweise dafür; aber daß gute Hindus keine Bedenken trugen, einem Ashram zu helfen, wo die Unberührbaren sogar mit bei Tische aßen, will viel sagen.

Nun drängte sich mir die Frage, die mich in Südafrika so sehr beschäftigt hatte, auch in Indien auf, nämlich die Frage der Kontraktarbeiter, also derjenigen, die aus Indien ausgewandert waren, um fünf Jahre lang unter einem Kontrakt zu arbeiten. Unter dem Smuts-Gandhi-Vergleich von 1914 war die Dreipfundsteuer für die kontraktpflichtigen Auswanderer in Natal abgeschafft worden, aber die Frage dieser Art Auswanderung an sich mußte noch geregelt werden.

Im März 1916 stellte Pandit Madan Mohan Malaviyaji in der Kaiserlichen Gesetzgebenden Kammer[7] einen Antrag auf Abschaffung des Kontraktsystems. Bei Annahme des Antrags erklärte Lord Hardinge, daß er »von der Regierung Seiner Majestät das Versprechen erhalten hätte, das System im geeigneten Zeitpunkt abzuschaffen«. Mir war indessen klar, daß sich Indien mit einer so unbestimmten Versicherung nicht zufrieden geben könnte, sondern für sofortige Abschaffung eintreten müßte. Indien hatte dieses System bisher aus bloßer Nachlässigkeit geduldet, und die Zeit war nun gekommen, wo man erfolgreich auf seine Beseitigung hinwirken konnte. Ich suchte einige Führer auf, schrieb in der Presse und sah, daß die öffentliche Meinung entschieden für eine sofortige Abschaffung war. Lag hier ein geeigneter Anlaß zu Satyagraha vor? Ich zweifelte nicht daran. Inzwischen hatte der Vizekönig sich nochmals darüber geäußert, was mit der ›Abschaffung im geeigneten Zeitpunkt‹ gemeint war: nämlich, wie er sagte, »Abschaffung innerhalb einer vernünftig bemessenen Zeit, die die Durchführung gegenseitiger Abmachungen ermöglicht«.

So stellte denn Pandit Malaviyaji im Februar 1917 den Antrag auf Vorlage eines Gesetzes zur sofortigen Abschaffung des Systems. Lord Chelmsford schlug das ab. Es war Zeit für mich, das Land zu bereisen, um eine allindische Bewegung in Gang zu bringen.

Ehe ich damit begann, hielt ich es für richtig, den Vizekönig zu verständigen. Deshalb bat ich um eine Unterredung, die er sofort gewährte. Mr. Maffey, nun Sir John Maffey, war sein Privatsekretär. Ich verstand mich sehr gut mit ihm und hatte auch ein befriedigendes Gespräch mit Lord Chelmsford, der, ohne etwas Bestimmtes zu versprechen, doch seine Unterstützung zusagte. Ich begann meine Reise von Bombay aus. Mr. Jehangir Petit übernahm es, die Versammlung unter den Auspizien des Reichsbürgerbundes[8] einzuberufen. Die Besprechung galt der Frage, innerhalb welcher Frist die Regierung um Abschaffung des Systems ersucht werden sollte. Es lagen drei Anträge vor: 1. Abschaffung ›bis zum 31. Mai‹; 2. Abschaffung ›sobald wie möglich‹; 3. ›sofortige Abschaffung‹. Ich war für ein bestimmtes Datum, da wir uns dann inzwischen schlüssig werden könnten, was wir zu tun gedächten, wenn die Regierung unsere Forderung nicht innerhalb der gesteckten Frist erfüllte. Sir Lallubhai Samaldas war für ›sofortige‹ Abschaffung. Er sagte, ›sofort‹ bedeutete eine kürzere Frist als ›bis zum 31. Mai‹. Ich erklärte, daß das Volk das Wort ›sofort‹ nicht verstehen würde. Wenn wir es in Schwung bringen wollten, müßte es ein bestimmteres Wort haben. ›Sofort‹ würde jeder auf seine eigene Weise auslegen – die Regierung so, das Volk so. ›Bis zum 31. Mai‹ dagegen sei eindeutig, und wenn bis zu diesem Datum nichts geschehen sei, könnten wir weiter vorgehen. Wir setzten den 31. Mai als das äußerste Datum fest, an dem die Abschaffung bekanntgegeben werden sollte. Ein Antrag in diesem Sinne wurde in den öffentlichen Versammlungen vorgebracht und allenthalben in ganz Indien angenommen.

Mrs. Jaiji Petit war mit allen Kräften bemüht, eine Frauendeputation an den Vizekönig zustande zu bringen. Unter den Damen aus Bombay, die die Deputation bildeten, waren, wie ich mich erinnere, Lady Tata und die verstorbene Dilshad Begam. Die Deputation hatte eine große Wirkung. Der Vizekönig gab eine ermutigende Antwort.

Hierauf besuchte ich Karachi, Kalkutta und verschiedene andere Orte. Es fanden überall herzerhebende Versammlungen statt, und es herrschte grenzenlose Begeisterung. Alle meine Erwartungen waren übertroffen.

Ich pflegte damals allein zu reisen und hatte deshalb wunderbare Erlebnisse. Die Leute vom C. I. D.[9] waren immer hinter mir her. Aber da ich nichts zu verbergen hatte, belästigten sie mich nicht, und auch ich machte ihnen keinen Kummer. Zum Glück war ich damals noch nicht als ›Mahatma‹ abgestempelt, obwohl es durchaus üblich war, daß die Leute mich bei diesem Namen riefen, falls sie mich kannten. Bei einer Fahrt wurde ich von den Detektiven besonders geplagt. Fast auf jeder Station kamen sie, ließen sich meine Fahrkarte vorzeigen und schrieben die Nummer auf. Meine Mitreisenden hielten mich für einen ›Sadhu‹ oder einen ›Fakir‹. Als sie sahen, daß ich auf jeder Station belästigt wurde, waren sie empört und schimpften auf die Detektive. »Warum plagt ihr den armen Sadhu für nichts und wieder nichts?« protestierten sie. »Zeigen Sie doch den Kerlen Ihre Fahrkarte nicht«, wandten sie sich an mich. Ich sagte freundlich zu ihnen: »Es macht mir nichts aus, ihnen meine Fahrkarte zu zeigen. Sie tun ihre Pflicht.« Die Reisenden gaben sich aber nicht zufrieden; sie ereiferten sich immer mehr und erbosten sich heftig über diese Art von Behelligung harmloser Leute.

Aber die Detektive waren durchaus nicht das Ärgste. Die wirkliche Plage war das Reisen in dritter Klasse. Am schlimmsten war die Fahrt von Lahore nach Delhi. Ich war unterwegs von Karachi nach Kalkutta, über Lahore, wo ich umsteigen mußte. Es war unmöglich, einen Platz in dem Zug zu bekommen. Er war überfüllt, und einige drängten sich nur noch mit Gewalt hinein oder krochen durch die Fenster, wenn die Türen verschlossen waren. Ich mußte Kalkutta am festgesetzten Tage erreichen, und wenn ich diesen Zug versäumte, kam ich nicht mehr zu der Versammlung zurecht. Ich hatte die Hoffnung, noch Platz zu bekommen, fast schon aufgegeben. Niemand wollte mich hineinlassen. Da kam ein Gepäckträger, der meine Not sah, auf mich zu und sagte: »Geben Sie mir zwölf Annas, und ich werde Ihnen einen Platz verschaffen.« »Ja«, sagte ich, »Sie sollen zwölf Annas bekommen, wenn Sie mir einen Platz besorgen.« Der junge Mensch ging von Wagen zu Wagen und beschwor die Reisenden, aber niemand achtete auf ihn. Als der Zug gerade abfahren wollte, riefen einige Reisende: »Hier ist kein Platz, aber Sie können ihn hereinschieben, wenn Sie wollen. Er muß eben stehen.« »Nun?« fragte der junge Gepäckträger. Ich willigte sofort ein, und er schob mich wahrhaftig durch das Fenster. So kam ich hinein, und der Gepäckträger verdiente seine zwölf Annas.

Die Nacht war eine Prüfung. Die anderen Reisenden hatten irgendwie einen Sitzplatz gefunden. Ich stand zwei Stunden und hielt mich an der Kette der oberen Schlafbank fest. Unterdessen quälten mich einige von den Reisenden in einem fort. »Warum wollen Sie sich nicht setzen?« fragten sie. Ich versuchte, vernünftig mit ihnen zu reden, und sagte, es sei ja doch kein Platz da; aber sie konnten sich nicht darüber beruhigen, daß ich stand, was sie nicht hinderte, der Länge nach auf den Schlafbänken liegen zu bleiben. Sie wurden nicht müde, mich zu quälen, und ich nicht müde, ihnen freundlich zu antworten. Dies erweichte zuletzt ihre Herzen. Einige von ihnen fragten mich nach meinem Namen, und als ich ihn nannte, fühlten sie sich beschämt. Sie entschuldigten sich und machten mir Platz. So wurde Geduld belohnt. Ich war todmüde, und mein Kopf brummte. Gott schickte Hilfe, gerade als sie am nötigsten war.

Auf diese Weise erreichte ich Delhi und von dort Kalkutta. Der Maharadscha von Kassimbazar, der Vorsitzende der Versammlung in Kalkutta, war mein Gastgeber. Genau wie in Karachi herrschte auch hier grenzenlose Begeisterung. In der Versammlung waren auch mehrere Engländer zugegen.

Noch vor dem 31. Mai gab die Regierung bekannt, daß die kontraktpflichtige Auswanderung nach Südafrika verboten sei.

Im Jahre 1894 hatte ich die erste Beschwerdeschrift gegen das System aufgesetzt in der kühnen Hoffnung, daß die ›Halbsklaverei‹, wie Sir W. W. Hunter das System zu nennen pflegte, eines Tages verschwinden würde. Nun war das Werk vollendet. Viele haben mitgeholfen bei dieser Bewegung, die im Jahre 1894 begann, aber ich kann nicht umhin zu sagen, daß es vor allem Satyagraha war, das den Erfolg beschleunigte.

Champaran

Champaran ist das Land des Königs Janaka.[1] So üppig wie seine Mangowälder waren seine Indigoplantagen bis zum Jahre 1917. Jeder Pächter in Champaran war gesetzlich verpflichtet, drei von je zwanzig Teilen oder Kathas seines Landes (zwanzig Kathas gleich einem Acker) mit Indigo für seine Grundherren zu bepflanzen. Dieses System war als das Tinkathia[2]-System bekannt.

Ich muß gestehen, daß ich damals nicht einmal den Namen, geschweige denn die geographische Lage von Champaran kannte, und ich wußte so gut wie gar nichts von Indigoplantagen. Ich hatte wohl Indigoballen gesehen, aber kaum geahnt, daß er in Champaran unter großer Mühsal von Tausenden armer Menschen angebaut und verarbeitet wurde. Rajkumar Shuklal war einer aus dieser Heerschar Unterdrückter. Erfüllt von dem glühenden Wunsche, den ›Indigomakel‹ von den Tausenden abzuwaschen, die da litten, wie auch er gelitten hatte, war er meinen Spuren nachgefolgt. Er erreichte mich in Lucknow, wohin ich zu dem Kongreß von 1916 gefahren war. »Vakil Babu[3] wird Ihnen von unserer Not erzählen«, sagte er und bestürmte mich, nach Champaran zu fahren. ›Vakil Babu‹ war kein anderer als Vrajakishore Prasad, der mein geschätzter Mitarbeiter in Champaran wurde und der jetzt die Seele allen öffentlichen Wirkens in Bihar ist. Rajkumar Shuklal brachte ihn in mein Zelt. Er war in schwarzen Alpaka gekleidet und machte damals keinen Eindruck auf mich. Ich hielt ihn für irgendeinen Vakil, der die einfachen Raiyats[4] ausbeutete. Nachdem ich von ihm einiges über Champaran gehört hatte, erwiderte ich meiner Gewohnheit nach: »Ich kann keine Meinung äußern, ohne die Dinge mit eigenen Augen gesehen zu haben. Sie werden, bitte, Ihren Antrag im Kongreß stellen, aber mich vorerst aus dem Spiel lassen.« Rjakumar Shuklal erhoffte natürlich Hilfe vom Kongreß. Vrajakishore Prasad stellte den Antrag, der Bevölkerung von Champaran die Teilnahme auszusprechen, der einmütig angenommen wurde. Er drang in mich, Champaran persönlich zu besuchen und mich von der Not der Raiyats dort zu überzeugen. Ich sagte ihm, daß ich bereit sei, Champaran in meinen Reiseplan aufzunehmen und mir ein oder zwei Tage dafür freizuhalten. »Ein Tag wird genügen«, sagte er, »und Sie werden alles mit eigenen Augen sehen.« Von Lucknow fuhr ich nach Cawnpore. Rajkumar

Shuklal folgte mir dorthin. »Champaran ist hier ganz nahe. Schenken Sie uns, bitte, einen Tag«, drängte er. »Bitte, entschuldigen Sie mich für diesmal«, sagte ich. »Aber ich verspreche Ihnen, daß ich später hinkommen werde.« Ich kehrte zu dem Ashram in Sabarmati zurück. Der allgegenwärtige Rajkumar erschien auch hier wieder. »Bitte, setzen Sie den Tag nun fest«, sagte er. »Gut«, erwiderte ich, »ich muß an dem und dem Tage in Kalkutta sein; suchen Sie mich dann auf und holen Sie mich ab.« Ich hatte keine Ahnung, wohin ich fahren, was ich tun, welche Dinge ich sehen würde. Ehe ich noch Kalkutta erreichte, war Rajkumar Shuklal schon hingefahren und dort abgestiegen. So fing mich dieser unwissende, einfältige, aber entschlossene Bauersmann ein. Anfang 1917 brachen wir dann von Kalkutta nach Champaran auf, ganz wie zwei Bauern ausschauend. Ich wußte nicht einmal, mit was für einem Zug wir fahren mußten. Er brachte mich hin, wir reisten zusammen ab und erreichten am Morgen Patna.

Dies war mein erster Besuch in Patna. Ich wußte keinen Freund, bei dem ich einkehren konnte, und hatte anfangs gedacht, Rajkumar Shuklal besäße einen gewissen Einfluß in Patna. Aber unterwegs hatte ich ihn etwas näher kennengelernt, und bei der Ankunft in Patna waren meine trügerischen Hoffnungen verflogen. Er war vollkommen hilflos. Die Vakils, die er für seine Freunde gehalten hatte, waren in Wirklichkeit nichts dergleichen. Der arme Rajkumar war mehr oder weniger nur ihr Knecht. Zwischen diesen Klienten und ihren Vakils gähnte eine Kluft, so breit wie der Ganges zur Überschwemmungszeit. Rajkumar Shuklal führte mich zu Rajendra Prasads[5] Haus in Patna. Er war nach Puri gefahren oder irgendwoanders hin. In dem Bungalow war ein Diener, der uns keine Beachtung schenkte. Ich hatte etwas zum Essen bei mir, aber ich wollte auch Datteln haben, die mein Gefährte mir aus dem Basar besorgte. In Bihar herrschte strenge Unberührbarkeit. Ich durfte kein Wasser an dem Brunnen schöpfen, solange die Diener ihn benutzten, damit nicht etwa Wassertropfen aus meinem Eimer sie befleckten; denn sie wußten ja nicht, zu welcher Kaste ich gehörte. All das war mir durchaus nicht überraschend, denn ich war an solche Dinge gewöhnt. Diese abenteuerlichen Erlebnisse erhöhten meine Achtung für Rajkumar Shuklal, obwohl ich andrerseits sah, daß er außerstande war, mich zu führen, und daß ich selbst die Zügel in die Hand nehmen mußte.

Ich hatte in London Maulana Mazhar ul Haqq kennengelernt,

der sich dort ebenfalls auf den Anwaltsberuf vorbereitete; und als ich ihn auf dem Bombayer Kongreß im Jahre 1915 – dem Jahr, in dem er Vorsitzender des ›Moslem-Bundes‹ war – wiedertraf, hatten wir unsere Bekanntschaft wieder aufgefrischt, und er hatte mich eingeladen, bei ihm zu wohnen, wenn ich einmal zufällig nach Patna käme. Ich besann mich jetzt auf diese Einladung und schickte ihm ein paar Zeilen, in denen ich kurz sagte, warum ich hier wäre. Er kam sofort in seinem Auto und bestürmte mich, seine Gastfreundschaft anzunehmen. Ich dankte ihm und bat ihn, mich mit dem nächsten Zug an meinen Bestimmungsort zu befördern. Er schlug vor, daß ich zuerst nach Muzaffarpur fahren sollte. Es ging noch am gleichen Abend ein Zug dorthin, zu dem er mich brachte.

Professor Kripalani war damals in Muzaffarpur. Ich hatte seit meinem ersten Besuch in Haiderabad schon oft von ihm gehört. Dr. Choithram hatte mir von seiner großen Aufopferung erzählt, von seinem einfachen Leben und von dem Ashram, den Dr. Choithram mit den von Professor Kripalani gestifteten Geldmitteln leitete. Er war bisher Professor an dem Regierungs-College in Muzaffarpur gewesen und hatte seine Stellung gerade aufgegeben, als ich hinkam. Ich hatte ihn telegraphisch von meiner Ankunft benachrichtigt, und er holte mich am Bahnhof mit einer Schar von Schülern ab, obwohl der Zug erst um Mitternacht dort eintraf. Er hatte keine eigene Wohnung und hauste bei Professor Malkani, der so mittelbar mein Gastgeber wurde. Es war in dieser Zeit etwas Außergewöhnliches für einen staatlichen Lehrer, einen Mann wie mich zu beherbergen.

Professor Kripalani erzählte mir von der verzweifelten Lage Bihars, besonders des Tirhutbezirks, und gab mir einen Begriff von der Schwierigkeit meiner Aufgabe. Er stand auf sehr vertrautem Fuße mit den Biharis und hatte ihnen schon von der Mission erzählt, die mich nach Bihar führte.

Vrajakishore kam nun aus Darbhanga an und Rajendra Prasad aus Puri. Vrajakishore machte mir diesmal Eindruck durch seine Bescheidenheit, Einfachheit, Güte und seine ungewöhnliche Glaubenskraft – Eigenschaften, die so bezeichnend sind für die Biharis –, und mein Herz war froh darüber.

Bald fühlte ich mich ihm und seinem Kreis in einer Freundschaft verbunden, die fürs Leben dauern sollte. Er machte mich in aller Eile mit den Verhältnissen bekannt und schilderte mir an Beispielen aus seiner eigenen Rechtspraxis, wie die Raiyats behandelt wurden.

Nachdem er zu Ende erzählt hatte, sagte ich zu ihm: »Wenn die Raiyats so unterdrückt und verschüchtert sind, ist mit den Gerichten nichts zu machen. Man kann ihnen nur wirklich helfen, wenn man sie von der Furcht befreit. Selbstverständlich dürfen wir nicht ruhen, bis wir das Tinkathia-System in Bihar ausgerottet haben. Ich dachte, ich könnte in zwei Tagen wieder von hier abreisen, aber nun sehe ich, daß es zwei Jahre dauern kann, und ich bin bereit, auch zwei Jahre dranzugeben, wenn es sein muß.« Vrajakishore war ein ungewöhnlich besonnener Mann. »Wir wollen gern helfen, soweit wir helfen können«, bemerkte er ruhig, »aber sagen Sie uns, bitte, *wie* sollen wir helfen?« Und so berieten wir bis Mitternacht. »Eure Rechtsgelehrsamkeit werde ich wenig brauchen«, sagte ich zu ihnen, »aber geistliche Hilfe und Dolmetscher werde ich benötigen. Vielleicht müssen wir uns auch auf Gefangenschaft gefaßt machen; aber so gern ich es sähe, wenn ihr auch das auf euch nähmt, dürft ihr doch immer nur so weit gehen, wie es in eurer Kraft steht. Schon daß ihr jetzt nur Hilfsdienste leisten und euern Beruf für unbestimmte Zeit aufgeben sollt, ist keine Kleinigkeit. Es fällt mir schwer, die Hindumundart hier zu verstehen. Ich werde euch als Dolmetscher brauchen. Wir können es uns nicht leisten, für irgendeine Arbeit zu bezahlen. Es muß alles aus Liebe und aus Dienstbereitschaft geschehen.«

Vrajakishore hatte sofort Verständnis für das alles und wandte sich nun abwechselnd an mich und an seine Gefährten mit Fragen, um festzustellen, wie sich praktisch alles gestalten würde – wie lange ich ihre Dienste brauchen würde, wie viele von ihnen nötig wären, ob sie abwechselnd helfen könnten, und so weiter. Zum Schluß fragte er die Vakils, ob sie sich dieses Opfer zutrauten.

Das Ergebnis war, daß sie mir die folgende Versicherung gaben: »Die und die Anzahl von uns wird tun, was Sie verlangen. Einige von uns werden jeweils so lange bei Ihnen sein, wie Sie wünschen. Der Gedanke an Gefangenschaft ist etwas Neues für uns. Wir werden versuchen, uns damit vertraut zu machen.«

Meine Aufgabe war, die Lage der Ackerbauern in Champaran zu erforschen und ihre Beschwerden gegen die Indigopflanzer verstehen zu lernen. Zu diesem Zweck mußte ich Tausende von Raiyats aufsuchen. Aber ich hielt es für wesentlich, ehe ich mich an meine Untersuchung machte, auch den Standpunkt der Pflanzer kennenzulernen und mit dem Kommissar des Bezirkes zu sprechen. Der Sekretär des Pflanzerbundes sagte mir unumwunden, ich sei ein Außenseiter und nicht befugt, mich zwischen die Plantagenbesitzer und ihre Pächter zu drängen; wenn Grund zu einer Beschwerde vorliege, möge ich sie schriftlich einreichen. Darauf erwiderte ich höflich, daß ich mich nicht als einen Außenseiter betrachtete und daß es mein gutes Recht wäre, die Lage der Pächter zu untersuchen, wenn sie es wünschten.

Als ich zu dem Kommissar kam, versuchte er mich einzuschüchtern und riet mir, Tirhut schleunigst zu verlassen. Ich teilte meinen Mitarbeitern all das mit und sagte ihnen, es bestehe die Wahrscheinlichkeit, daß die Regierung mich an weiterem Vorgehen hindern würde und daß ich vielleicht eher ins Gefängnis müßte, als ich erwartet hatte; in diesem Fall wäre es besser, wenn die Verhaftung in Motihari oder, wenn möglich, in Bettiah erfolge. Es wäre deshalb ratsam, daß ich so bald wie möglich dorthin führe. Champaran ist ein Kreis des Tirhutbezirkes, und Motihari ist seine Hauptsiedlung. Rajkumar Shuklals Anwesen lag in der Umgebung von Bettiah, und die Pächter in seiner Nachbarschaft waren die ärmsten in dem Kreis. Rajkumar Shuklal wünschte, daß ich sie sehen sollte, und auch ich war begierig darauf.

So brach ich am selben Tag mit meinen Mitarbeitern nach Motihari auf. Wir hörten, daß in der Nähe, etwa fünf Meilen weit weg, ein Pächter mißhandelt worden war. Wir beschlossen, ihn am nächsten Morgen zu besuchen, und machten uns denn auch auf dem Rücken eines Elefanten nach dem Ort auf. Reit-Elefanten sind übrigens in Champaran etwas fast so Alltägliches wie Ochsenkarren in Gujarat. Wir waren kaum auf halbem Wege, als uns ein Bote vom Polizeipräsidenten einholte und sagte, er hätte ›eine Empfehlung zu bestellen‹. Ich begriff, was das bedeutete, und stieg in den Mietwagen, den der Bote mitgebracht hatte. Darauf händigte er mir eine Aufforderung aus, Champaran zu verlassen, und fuhr mich nach meiner Wohnung. Auf seine Bitte, ihm die Zustellung der Ausweisung zu bestätigen, schrieb ich, daß ich ihr nicht Folge zu leisten gedächte und Champaran nicht verlassen würde, ehe nicht meine Untersuchung beendigt sei. Darauf erhielt ich eine Vorladung für den nächsten Tag, um mich wegen Ungehorsams gegen einen Regierungsbefehl zu verantworten. Die ganze Nacht blieb ich wach, um Briefe zu schreiben und Vrajakishore Prasad die nötigen Anweisungen zu geben. Die Kunde von der Ausweisung und der Vorladung verbreitete sich wie ein Lauffeuer, und man erzählte mir, daß sich an diesem Tag Szenen abgespielt hätten, wie sie in Motihari noch nie dagewesen seien. Gorakh Babus Haus und das Gerichtsgebäude waren von Menschenmengen umlagert. Zum Glück hatte ich meine ganze Arbeit nachts erledigt, so daß ich jetzt Zeit hatte, mich der Masse zu widmen. Meine Gefährten standen mir hilfreich bei. Sie bemühten sich, die Leute zu zügeln; denn sie folgten mir in Scharen, wohin ich ging. Eine Art von Wohlwollen entstand zwischen mir und den Beamten. Ich hätte mich den mir zugestellten Aufforderungen allen rechtens widersetzen können. Statt dessen nahm ich sie alle an, und mein Verhalten gegen die Beamten war korrekt. So erkannten sie, daß ich sie nicht persönlich beleidigen und ihren Befehlen nur friedlichen Widerstand leisten wollte. Das stimmte sie milde, und statt uns zu belästigen, ließen sie es sich gern gefallen, daß wir ihnen halfen, die Menge im Zaum zu halten. Aber sie sahen mit eigenen Augen, daß ihre Autorität erschüttert war. Die Bevölkerung hatte in diesem Augenblick jede Furcht vor Strafe abgelegt und gehorchte nur der Macht der Liebe, die von ihrem neuen Freund ausging.

Man muß wissen, daß mich kein Mensch in Champaran kannte. Die Bauern waren alle unwissend. Champaran, das hoch im Norden vom Ganges und unmittelbar am Fuße des Himalaja in nächster Nähe von Nepal liegt, war von dem übrigen Indien abgeschnitten. Niemand wußte etwas von dem Kongreß in diesen Gegenden.

In Übereinstimmung mit meinen Mitarbeitern hatte ich beschlossen, daß nichts im Namen des Kongresses geschehen sollte. Was uns am Herzen lag, war Arbeit und nicht Name, Wirklichkeit und nicht Schein. Der Name des Kongresses war unbeliebt bei der Regierung und ihren eigentlichen Herren, den Pflanzern. Für sie war ›Kongreß‹ gleichbedeutend mit Advokatengezänk. Niemand war also vom Kongreß vorausgeschickt worden, um den Boden für unsere Ankunft zu bereiten. Rajkumar Shuklal selbst war nicht imstande, mit all den Tausenden von Bauern zu reden. So war noch keinerlei politische Aufklärung unter sie getragen worden. Die Welt außerhalb Champarans war ihnen unbekannt. Und dennoch empfingen mich alle diese Menschen, als ob wir seit Lebzeiten Freunde gewesen wären. Es ist keine Übertreibung, wenn ich sage, daß ich hier bei dieser ersten Begegnung mit den Raiyats von Angesicht zu Angesicht Gott, Ahimsa und der Wahrheit gegenüberstand. Wenn ich darüber nachdenke, was mich zu solchem Erleben ermächtigte, so finde ich nichts als meine Liebe zu dem Volk. Und diese ist wiederum nichts als ein Ausdruck des unerschütterlichen Glaubens an Ahimsa.

Dieser Tag in Champaran war ein unvergeßliches Ereignis in meinem Leben und ein Freudentag für die Bauern und für mich. Nach dem Gesetze sollte mir der Prozeß gemacht werden, aber in Wahrheit wurde der Regierung der Prozeß gemacht. Der Staatsanwalt, der Richter und die anderen Beamten saßen wie auf Nadeln. Sie waren vollkommen ratlos, was sie tun sollten. Der Staatsanwalt ersuchte den Richter, den Fall zu vertagen. Aber ich erhob Einspruch und bat den Richter, das nicht zu tun, da ich mich schuldig bekennen wolle, dem Befehl zum Verlassen Champarans nicht gehorcht zu haben, und las folgende Erklärung vor:

»Mit Erlaubnis des Gerichtshofes möchte ich eine kurze Erklärung abgeben, weshalb ich den sehr ernsten Schritt ergriffen habe, dem laut Paragraph 144 des Strafgesetzbuches erteilten Befehl scheinbar zu trotzen. Meiner bescheidenen Ansicht nach handelt es sich um eine Meinungsverschiedenheit zwischen der Landesverwaltung und mir selbst. Ich bin ins Land gekommen mit dem Bestreben, mich meinen Mitmenschen und dem Vaterland nützlich zu erweisen, und zwar auf einen dringenden Ruf der Raiyats hin, die behaupten, daß sie von den Indigopflanzern nicht gerecht behandelt werden. Ich konnte nicht helfen, ohne zuvor die Verhältnisse kennenzulernen. Deshalb bin ich hergekommen, um sie zu untersuchen, wenn möglich mit Hilfe der Verwaltung und der Pflanzer. Ich habe keinen anderen Beweggrund und vermag nicht zu glauben, daß meine Anwesenheit irgendwie den öffentlichen Frieden stören und Menschenverluste verursachen könnte. Ich darf sagen, daß ich eine ziemlich große Erfahrung in solchen Dingen besitze. Die Verwaltung jedoch war anderer Meinung. Ich erkenne ihre schwierige Lage durchaus an und gebe auch zu, daß sie nur auf Grund der Auskunft verfahren kann, die sie erhalten hat. Da ich ein gesetzestreuer Bürger bin, war es meine erste Regung, dem mir zugestellten Befehl zu gehorchen. Aber ich konnte es nicht tun, ohne meinem Pflichtgefühl gegen die, um derentwillen ich hergekommen bin, Gewalt anzutun. Ich bin überzeugt, daß ich ihnen gerade jetzt nur nützen kann, wenn ich in ihrer Mitte bleibe. Ich konnte mich also nicht freiwillig entfernen. In diesem Konflikt mit meiner Pflicht blieb mir nichts anderes übrig, als die Verantwortung für meine Ausweisung der Behörde zuzuschieben. Ich bin mir durchaus bewußt, daß ein Mann, der im öffentlichen Leben Indiens eine Stellung einnimmt wie ich, sehr vorsichtig sein muß, wenn er ein Beispiel geben will. Es ist mein fester Glaube, daß es bei der verwickelten Verfassung, unter der wir leben, für einen Mann, der sich selbst achtet, in einem solchen Falle der einzig sichere und ehrenhafte Weg ist, das zu tun, wozu ich mich entschlossen habe, nämlich sich widerspruchslos der Strafe zu unterwerfen, die auf Ungehorsam steht.

Diese Erklärung soll nicht etwa ein Versuch sein, mir Strafmilderung zu erwirken, sondern ich will damit nur deutlich machen, daß ich den mir zugestellten Befehl nicht mißachtet habe aus Mangel an Achtung vor der gesetzlichen Obrigkeit, sondern aus Gehorsam gegen das höhere Gesetz unseres Seins, die Stimme des Gewissens.«

Mit dieser Aussage war ich der Vertagung des Verhörs zuvorgekommen; aber da sowohl der Richter als der Staatsanwalt sich überrumpelt fühlten, vertagte der Richter das Urteil. Inzwischen hatte ich alle Einzelheiten an den Vizekönig telegraphiert, an Freunde in Patna wie auch an Pandit Madan Mohan Malaviya[6] und andere.

Noch ehe ich wieder vor Gericht erscheinen konnte, um das Urteil entgegenzunehmen, schickte der Polizeirichter mir eine schriftliche Mitteilung, daß Seine Exzellenz, der Vizegouverneur[7], befohlen hätte, das Verfahren gegen mich einzustellen; und der Bezirksvorsteher schrieb mir, daß es mir freistehe, die beabsichtigte Untersuchung durchzuführen, und daß ich auf jede erforderliche Unterstützung der Behörden rechnen könne. Keiner von uns hatte eine so schnelle und glückliche Lösung erwartet.

Ich besuchte den Bezirksvorsteher, Mr. Heycock. Er schien ein guter Mensch zu sein, eifrig bemüht, Gerechtigkeit zu üben. Er sagte mir, daß ich in alle Akten Einblick nehmen könnte, die ich zu sehen wünschte, und daß es mir freistünde, jederzeit zu ihm zu kommen. Das war der erste unmittelbare Anschauungsunterricht in ›friedlichem Ungehorsam‹ für das Land. Der Fall wurde ausgiebig besprochen, sowohl im Volk als in der Presse, und mein Unternehmen fand unerwarteten öffentlichen Widerhall.

Es war notwendig für meine Untersuchung, daß die Regierung neutral blieb. Aber just deshalb war mir auch mit einer Unterstützung durch Zeitungsberichterstatter oder Leitartikel in der Presse keineswegs gedient. Die Verhältnisse in Champaran waren so heikel und schwierig, daß übereifrige Kritik und sensationelle Berichte der Sache leicht schaden konnten, die ich zu verfechten gedachte. Deshalb schrieb ich an die Schriftleiter der Hauptzeitungen und bat sie, sie möchten sich nicht die Mühe machen, irgendwelche Berichterstatter herzuschicken, da ich ihnen alles, was unbedingt veröffentlicht werden müsse, zukommen lassen und sie auf dem laufenden halten würde. Die Haltung der Regierung hatte das Mißfallen der Pflanzer in Champaran erregt, und ich wußte sehr wohl, daß auch die Beamten, obwohl sie nichts offen sagen durften, durchaus nicht damit einverstanden waren. Unrichtige oder irreführende Berichte mußten sie also erst recht erbittern, und es war anzunehmen, daß ihr Zorn sich dann, statt gegen mich, gegen die armen, verängstigten Raiyats entladen würde, was meine Aufgabe sehr erschwert hätte. Ungeachtet dieser Vorsichtsmaßregeln entfesselten die Pflanzer eine gehässige Hetze gegen mich. Alle möglichen Lügennachrichten über meine Mitarbeiter und mich erschienen in der Presse. Aber ich verschanzte mich so in Vorsicht und hielt mich auch in den geringfügigsten Einzelheiten so beharrlich an die Wahrheit, daß alle ihre Pfeile an mir abprallten. Die Pflanzer ließen nichts unversucht, um vor allem auch Vrajakishore anzuschwärzen, aber je mehr sie es taten, desto höher stieg er in der Achtung des Volkes.

Unter so heiklen Verhältnissen hielt ich es nicht für zweckmäßig, irgendwelche Führer aus anderen Provinzen herbeizurufen. Pandit Malaviyaji hatte mir sagen lassen, wenn ich ihn nötig hätte, brauchte ich ihn nur zu rufen; aber ich bemühte ihn nicht. So wurde verhütet, daß der Kampf einen politischen Charakter annahm. Ich schickte jedoch den Führern und den Hauptzeitungen gelegentlich Berichte, nicht zur Veröffentlichung, sondern damit sie unterrichtet wären. Ich hatte bereits die Erfahrung gemacht, daß man einer Sache, die an sich unpolitisch ist, nur nützt, wenn man sie in einem unpolitischen Rahmen hält, selbst wenn das letzte Ziel, dem man damit dient, politischen Charakter hat. Der Kampf in Champaran war ein Beweis dafür, daß selbstloser Dienst am Volke in jedem Wirkungskreis schließlich dem Lande politisch nützt.

Wollte ich einen vollständigen Bericht über diese Untersuchung in Champaran geben, so müßte ich die ganze Geschichte dieses Landvolkes erzählen, was nicht in Frage kommt. Die Untersuchung in Champaran war ein kühner Versuch mit Wahrheit und Ahimsa. Sie offenbarte die unvergleichliche Macht dieser zwei, menschliches Unrecht gutzumachen. Hätten wir die Untersuchung in Gorakh Babus Haus führen wollen, so hätten wir ihn schlechterdings bitten müssen, es vollständig zu räumen. Die Bevölkerung von Motihari andrerseits hatte ihre Furcht noch nicht so weit abgelegt, um uns ein Haus zu vermieten. Doch der umsichtige Vrajakishore verschaffte uns einen leeren Bungalow mit reichlich freiem Platz ringsum, und so zogen wir denn dorthin.

Es war nicht gut möglich, unsere Aufgabe ohne Geldmittel durchzuführen. Es war bisher nicht der Brauch gewesen, die Öffentlichkeit um Geld für derartige Unternehmungen zu bitten. Vrajakishore und seine Freunde waren größtenteils Vakils, die entweder selbst Gelder beisteuerten oder sie von Freunden aufnahmen, wenn es not tat. Ich hatte mich entschlossen, nichts von den Raiyats in Champaran anzunehmen. Ich war gleichfalls entschlossen, das Land nicht öffentlich um Geldmittel zur Durchführung dieser Untersuchung zu bitten, denn das hätte ihr vermutlich einen politischen Anstrich gegeben. Freunde aus Bombay boten fünfzehntausend Rupien[8] an, aber ich lehnte das Anerbieten ab und beschloß, soviel wie möglich von wohlhabenden Biharis aufzutreiben, die nicht in Champaran lebten, und mich, wenn wir mehr brauchten, an meinen Freund Dr. P. J. Mehta in Rangun zu wenden. Dr. Mehta erklärte sich sofort bereit, mir zu schicken, was ich brauchte. Damit waren wir glücklich diese Sorge los. Es war nicht anzunehmen, daß wir sehr viel brauchen würden, da wir gesonnen waren, die größte Sparsamkeit zu üben, schon mit Rücksicht auf die Armut von Champaran. In der Tat stellte sich zu guter Letzt heraus, daß wir keinen großen Betrag verbraucht hatten. Soviel ich mich erinnere, gaben wir im ganzen nicht mehr als dreitausend Rupien aus und sparten noch ein paar hundert Rupien von dem, was wir gesammelt hatten.

Die sonderbare Lebensweise, der meine Gefährten in der ersten Zeit huldigten, trug ihnen viel Spott von mir ein. Jeder von den Vakils hatte einen Diener und einen Koch und folglich auch eine besondere Küche, und oft nahmen sie erst um Mitternacht ihr Abendbrot ein. Obgleich sie aus eigener Tasche für sich bezahlten, störte mich diese unregelmäßige Tageseinteilung; aber da wir innige Freunde geworden waren, kam trotzdem keinerlei Mißverständnis zwischen uns auf, und sie nahmen meinen Spott im guten hin. Schließlich wurde jedoch vereinbart, daß die Diener entlassen, alle Küchen zusammengelegt und regelmäßige Essenszeiten eingehalten werden sollten. Da nicht alle Vegetarier waren und da zwei Küchen zu kostspielig gewesen wären, entschlossen wir uns zu einer gemeinsamen vegetarischen Küche. Auch sahen alle ein, daß es notwendig war, die Mahlzeiten möglichst einfach zu gestalten.

Dadurch ersparten wir viel Geld und auch eine Menge Zeit und Kraft, die wir nötig genug brauchten. Scharen von Bauern kamen angepilgert, um ihre Aussagen zu machen, jedesmal gefolgt von einem Heer von Genossen, die Hof und Garten überschwemmten. Meine Freunde waren eifrig und mit Erfolg bemüht, mich vor ›Darshan[9]-Suchern‹ zu bewahren. Mindestens fünf oder sechs Freiwillige waren nötig, um die Aussagen niederzuschreiben, und auch so blieben am Abend immer noch ein paar Leute übrig, die wieder weggehen mußten, ohne ausgesagt zu haben. Viele von diesen Aussagen wären überflüssig gewesen, da es oft nur Wiederholungen waren; aber die Leute gaben sich nicht anders zufrieden, und ich konnte ihnen das nachfühlen. Die Aufschreiber mußten gewisse Vorschriften innehalten. Jeder Bauer mußte zuvor einem scharfen Kreuzverhör unterworfen werden, und wer die Probe nicht bestand, wurde abgewiesen. Das kostete viel Zeit, aber die Aussagen wurden dadurch zuverlässiger. Ein Beamter vom C. I. D.[10] war immer dabei, wenn die Aussagen aufgezeichnet wurden. Wir hätten ihn daran hindern können, aber wir hatten von Anfang an beschlossen, die Anwesenheit von Beamten des C. I. D. nicht nur zu dulden, sondern uns auch großer Höflichkeit gegen sie zu befleißigen und ihnen über alles Auskunft zu geben. Das schadete uns durchaus nicht. Im Gegenteil, gerade die Tatsache, daß die Aussagen in Gegenwart von Beamten des C. I. D. aufgeschrieben wurden, machte die Bauern einerseits furchtloser, andererseits vorsichtiger, so daß sie sich vor Übertreibungen hüteten, denn sie wußten, Menschenfang war der Beruf der Herren vom C. I. D.

Da ich die Pflanzer nicht reizen, sondern durch Sanftmut gewinnen wollte, machte ich es mir zum Grundsatz, an diejenigen, gegen die Aussagen ernster Natur gemacht wurden, zu schreiben und sie aufzusuchen. Ich ging auch zu dem Pflanzerbund, legte ihm die Beschwerden der Bauern vor und machte mich mit seinem Standpunkt vertraut. Einige von den Pflanzern haßten mich, einige waren gleichgültig, während ein paar mich höflich behandelten. Vrajakishore und Rajendra Prasad waren ein unvergleichliches Paar. Sie machten sich mir so unentbehrlich, daß ich nicht einen einzigen Schritt ohne ihren Beistand tat. Ihre Schüler oder Freunde waren die ganze Zeit über bei uns. Es waren lauter Biharis. Ihre Hauptarbeit bestand darin, die Aussagen der Raiyats aufzuzeichnen.

Auch Professor Kripalani fühlte sich gedrängt, gemeinsame Sache mit uns zu machen. Obwohl ein Sindhi, war er ein eifrigerer Bihari als mancher gebürtige. Ich habe kaum einen Menschen kennengelernt, der fähig gewesen wäre, so wie er in einem Anschauungsbereich aufzugehen, in den er nicht hineingeboren ist. Man hätte nie geglaubt, daß er nicht als Bihari aufgewachsen war. Er war sozusagen mein Obertorwächter und hatte es sich für diesmal zum Zweck und Ziel seines Lebens gesetzt, mich vor ›Darshan-Suchern‹ zu behüten, wobei er bald seinen unverwüstlichen Humor, bald gutmütige Drohungen zu Hilfe nahm. Abends machte er dann wieder den Lehrer und ließ uns sein reiches historisches Wissen zugute kommen, wußte auch jedem, den etwa Besorgnis anwandelte, flugs wieder Mut zu machen.

Maulana Mazhar ul Haqq hatte seinen Namen in die feststehende Liste von Helfern eingetragen, auf die ich im Notfall zählen konnte, und ließ es sich nicht nehmen, uns ein- oder zweimal im Monat einen kurzen Besuch zu machen. Der Prunk und Glanz, in dem er damals lebte, stand in scharfem Gegensatz zu seinem schlichten Leben von heute. Wer ihn nicht gekannt und den elegant gekleideten Mann so in unserer Mitte gesehen hätte, wäre vielleicht verwundert gewesen; aber seine ganze Art uns gegenüber war so, daß wir fühlten und wußten: er ist einer von uns.[11]

Khaira

Als ich die Verhältnisse in Bihar genauer kennenlernte, kam ich zu der Überzeugung, daß es unmöglich war, hier auf die Dauer Änderung zu schaffen, wenn man nicht vor allem für bessere Erziehung in den Dörfern sorgte. Die Unwissenheit der Raiyats war erschütternd. Ihre Kinder ließen sie entweder müßig herumlungern oder zwangen sie, auf den Indigoplantagen von morgens bis abends für ein paar Pfennige schwer zu arbeiten. Damals betrug der Lohn eines Arbeiters höchstens zehn Pice[1], der einer Arbeiterin sechs und der eines Kindes drei. Wer es fertigbrachte, vier Annas[2] am Tag zu verdienen, galt als besonderer Glückspilz. Im Einvernehmen mit meinen Gefährten beschloß ich, Elementarschulen in sechs Dörfern zu gründen. Wir machten mit den Dorfbewohnern aus, daß sie die Lehrer mit Kost und Wohnung versorgen sollten, während wir die andern Unkosten bestreiten wollten. Die Dorfbevölkerung verfügte kaum über irgendwelches Bargeld, aber sie konnte sehr wohl Lebensmittel beisteuern. Sie selbst hatten sich schon bereit erklärt, Getreide und andere Rohstoffe zu liefern. Aber woher die Lehrer bekommen, war die große Frage. In der Gegend selber waren schwerlich welche zu finden, die für bloßen Lebensunterhalt ohne Entgelt sich dazu hergegeben hätten. Auch wollte ich für die Kinder Lehrer, die über dem landläufigen Durchschnitt stünden. Auf die wissenschaftliche Befähigung kam es mir dabei weniger an als darauf, daß es sittlich hochstehende Persönlichkeiten waren.

So ließ ich einen öffentlichen Aufruf nach freiwilligen Lehrern ergehen. Er fand bereitwilligen Widerhall. Sjt. Gangadharrao Deshpande schickte Babasaheb Soman und Pundarik. Mrs. Avantikabai Gokhale kam aus Bombay und Mrs. Anandibai Vaishampayan aus Puna. Aus dem Ashram ließ ich Chhotalal, Surendranath und meinen Sohn Devdas holen. Um diese Zeit schlossen sich ferner Mahadev Desai[3] und Narahari Parikh mit ihren Frauen an mich an. Auch meine Frau wurde aus Sabarmati zur Arbeit herbeigerufen. Es war eine ziemlich ansehnliche Schar. Shrimati Avantikabai und Shrimati Anandibai waren hinreichend gebildet, aber Mrs. Durgu Desai und Mrs. Manibehn Parikh hatten nur eine dürftige Kenntnis des Gujarati und Kasturbai nicht einmal das. Wie sollten diese Frauen die Kinder in der Hindusprache unterrichten? Ich erklärte ihnen, daß sie den Kindern weniger Grammatik als Sauberkeit und gutes Benehmen beibringen sollten. Aber auch was den eigentlichen Unterricht beträfe, sei der Unterschied zwischen Gujarati, Hindi und Marathi nicht so groß, wie sie meinten; in den Elementarklassen jedenfalls würde es keinerlei Schwierigkeiten bieten, den Kindern die Anfangsgründe des Alphabets und des Rechnens beizubringen. Das Ergebnis war, daß die von diesen Frauen übernommenen Klassen recht gute Erfolge aufwiesen. Diese Erfahrung erhöhte ihr Selbstvertrauen und ihr Interesse an der Arbeit. Avantikabais Schule wurde eine Musterschule. Mit Leib und Seele widmete sie sich ihrer Arbeit und ließ ihr alle ihre ungewöhnlichen Gaben zugute kommen. Dank dieser Frauen kamen wir auch bis zu einem gewissen Grade den Dörflerinnen näher.

Aber mit der Sorge für die Schulbildung war es für mich nicht getan. Die Dörfer waren ungesund, die Straßen voll Unrat, die Brunnen rings voller Schmutz und Gestank und die Höfe unerträglich unsauber. Es galt also vor allen Dingen auch, die Erwachsenen zur Sauberkeit zu erziehen. Sie litten alle an verschiedenen Hautkrankheiten. So beschlossen wir einen großen Reinlichkeitsfeldzug, der möglichst bis in alle Winkel dringen sollte. Dazu brauchten wir Ärzte. Ich bat mir von der ›Gesellschaft der Diener Indiens‹ den Dr. Dev aus. Wir waren alte Freunde, und er stellte bereitwillig seine Dienste für sechs Monate zur Verfügung. Sämtliche Lehrer wurden ihm zugeteilt. Sie alle hatten ausdrückliche Weisung, sich keinesfalls mit etwaigen Beschwerden gegen die Pflanzer oder überhaupt mit Politik zu befassen. Wer Klagen vorzubringen hatte, sollte sich lediglich an mich wenden. Jeder sollte sich streng auf sein Gebiet beschränken. Die Freunde befolgten alle diese Weisungen mit bewundernswerter Treue. Ich erinnere mich nicht an einen einzigen Fall von Pflichtverletzung. Soweit es möglich war, wurde die Aufsicht über jede Schule einem Mann und einer Frau übertragen. Diese Freiwilligen hatten für ärztliche Hilfe und Gesundheitspflege zu sorgen. Die Frauenwelt sollte durch Frauen betreut werden.

Die ärztliche Hilfe war von sehr einfacher Art. Rizinusöl, Chinin und Schwefelsalbe waren die einzigen Heilmittel, die den Freiwilligen zur Verfügung standen. Wenn der Patient eine belegte Zunge hatte oder über Hartleibigkeit klagte, wurde Rizinusöl verordnet; bei Fieber wurde Chinin gegeben nach einer Abführdosis Rizinusöl, und die Schwefelsalbe wurde in Furunkel- und Krätzefällen angewandt nach gründlicher Waschung der erkrankten Stellen. Kein Patient durfte irgendeine Arznei nach Hause mitnehmen. Sobald eine Komplikation eintrat, wurde Dr. Dev hinzugezogen. Dr. Dev pflegte jedes Gebiet an bestimmten Tagen der Woche zu besuchen.

Eine ganze Anzahl von Leuten nahm unsere einfachen Heilmethoden in Anspruch. Diese Behandlungsweise wird nicht seltsam erscheinen, wenn man bedenkt, daß die wenigen Krankheiten, die es gab, fast immer wieder dieselben und auf einfache Art zu heilen waren, ohne besonders erfahrene Hilfe. Bei der Bevölkerung erfüllten unsere Hausmittel ihren Zweck jedenfalls ausgezeichnet.

Mit der Gesundheitspflege stand es schwieriger. Die Leute zeigten sich unfähig, von sich aus etwas zu tun. Selbst die Feldarbeiter waren nicht dazu zu bringen, selber ihre Straßen zu fegen. Aber Dr. Dev war nicht der Mann dazu, so leicht den Mut zu verlieren. Er und die Freiwilligen machten sich mit aller Kraft daran, ein Dorf vorbildlich zu säubern. Sie fegten die Straßen und die Höfe, räumten die Brunnen aus, schütteten die Lachen daneben zu und überredeten die Dorfbewohner in Güte, auch Freiwillige zu stellen. In manchen Dörfern schämten sich die Leute so, daß sie anfingen mitzuarbeiten; in anderen wieder war die Bevölkerung so begeistert, daß sie sogar eigens Straßen anlegten, damit mein Auto von Ort zu Ort fahren konnte. Aber neben solchen köstlichen Erfahrungen gab es auch bittere und manche Not mit der Stumpfheit der Bevölkerung. Ich weiß noch, daß manche Dorfbewohner offen ihr Mißfallen an diesem Säuberungswerk bekundeten.

Es mag hier am Platze sein, ein Erlebnis zu erzählen, das ich bereits in vielen Versammlungen geschildert habe. Bhitiharva war ein kleines Dorf, in dem eine von unseren Schulen lag. Ich besuchte zufällig einen kleineren Ort in seiner Umgebung und fand einige von den Frauen sehr schmutzig gekleidet. So trug ich Frau Gandhi auf, sie zu fragen, weshalb sie ihre Kleider nicht wüschen. Sie sprach mit ihnen. Eine von den Frauen führte sie in ihre Hütte und sagte: »Schauen Sie her, hier ist keine Kiste oder Truhe mit andern Kleidern. Das Sari[4], das ich trage, ist das einzige, das ich besitze. Wie soll ich es waschen? Sagen Sie Mahatmaji, er möchte mir ein anderes Sari beschaffen, und dann werde ich versprechen, zu baden und jeden Tag saubere Kleider anzuziehen.«

Diese Hütte war nicht etwa eine Ausnahme, sondern eine, wie man sie in vielen indischen Dörfern findet. In zahllosen Hütten lebt das indische Volk ohne irgendwelche Möbel und ohne irgendwelche Kleider zum Wechseln, nur mit einem Lumpen, um die Scham zu bedecken.

Noch ein Erlebnis möchte ich berichten. In Champaran fehlt es nicht an Bambusrohr und Gras. Die Schulhütte, die wir in Bhitiharva errichtet hatten, bestand aus diesem Material. Irgend jemand – vermutlich einer von den Knechten der Pflanzer in der Gegend – zündete sie eines Nachts an. Es schien nicht ratsam, die neue Hütte wieder aus Bambusrohr und Gras zu bauen. Die Schule wurde von Sjt. Soman und Frau Gandhi geleitet. Sjt. Soman beschloß, ein festes Haus zu bauen, und dank seiner anspornenden Arbeitsfreude taten sich viele mit ihm zusammen, und so war bald ein Backsteinhaus fertig. Es war nun nicht mehr zu befürchten, daß dieses Gebäude niedergebrannt würde. So gewannen die Freiwilligen mit ihren Schulen, ihrer Gesundheitspflege und ärztlichen Hilfe allmählich das Vertrauen und die Achtung der Dorfbevölkerung und vermochten einen guten Einfluß auf sie auszuüben. Aber zu meinem großen Leidwesen muß ich gestehen, daß meine Hoffnung, diese Aufbauarbeit auf eine dauerhafte Grundlage zu stellen, sich nicht erfüllte. Die Freiwilligen waren nur für eine bestimmte Zeit gekommen. Ich konnte mir nicht wieder neue von auswärts beschaffen, und aus Bihar waren auf die Dauer ohne Entgelt Leute nicht zu bekommen. Auch ich wurde, sobald meine Tätigkeit in Champaran beendigt war, durch andere Arbeit wieder abberufen, die sich inzwischen angesammelt hatte. Trotzdem hatte das, was wir in den paar Monaten in Champaran ausrichten konnten, so tief Wurzeln geschlagen, daß noch heute die Wirkung davon dort zu spüren ist.

Während dieses soziale Hilfswerk so vonstatten ging, schritt auch die Aufnahme der Beschwerden der Raiyats rüstig vorwärts. Tausende von solchen Aussagen wurden aufgezeichnet, und sie konnten nicht ohne Wirkung bleiben. Je mehr Raiyats kamen und aussagten, um so wütender wurden die Pflanzer, und sie setzten Himmel und Erde in Bewegung, um meine Bemühungen lahmzulegen.

Eines Tages erhielt ich ein Schreiben von der Regierung von Bihar, daß meine Untersuchung nun lange genug gedauert habe. Das Schreiben war in höflicher Sprache abgefaßt, aber sein Sinn lag auf der Hand.

Darauf schrieb ich: die Untersuchung müsse noch fortdauern,

und ehe es mir nicht gelungen sei, Abhilfe zu schaffen, hätte ich nicht die Absicht, Bihar zu verlassen. Ich wies darauf hin, daß es bei der Regierung stünde, meine Untersuchung zu beenden, indem sie entweder die Beschwerden der Raiyats als berechtigt gelten lasse und ihnen Genugtuung verschaffe oder wenigstens anerkenne, daß die Raiyats bewiesen hätten, daß ihnen ein Recht auf amtliche Untersuchung zustünde.

Sir Edward Gait, der Vizegouverneur, bat mich zu sich, erklärte sich bereit, eine Untersuchung anzuordnen, und forderte mich auf, selber der Kommission beizutreten. Ich setzte die Namen der anderen Mitglieder fest und willigte nach einer Beratung mit meinen Mitarbeitern ein, in der Kommission mitzuwirken unter der Bedingung, erstens, daß ich das Recht haben sollte, mich jederzeit mit meinen Mitarbeitern zu beraten; zweitens, daß die Regierung mich nach wie vor als Anwalt der Raiyats anerkennen sollte; und drittens, daß es mir, falls das Ergebnis der Untersuchung mich nicht zufriedenstellte, freistehen sollte, die Raiyats nach meinem Gutdünken bei weiteren Schritten zu führen und zu beraten.

Sir Edward Gait ging auf diese Bedingungen ein und ordnete die Untersuchung an. Die Kommission entschied zugunsten der Raiyats und schlug vor, daß die Pflanzer einen Teil der bereits erhobenen Abgaben zurückgeben sollten, die die Kommission für ungesetzlich befunden hatte, und daß das Tinkathia-System gesetzlich abgeschafft werden sollte.

Es war zum großen Teil Sir Edward Gaits Verdienst, daß die Kommission zu einem einstimmigen Gutachten kam, und auch, daß das Agrargesetz gemäß den Vorschlägen der Kommission angenommen wurde. Wäre er nicht so fest geblieben, und hätte er nicht sein ganzes Taktgefühl walten lassen, so wäre es nicht zu dem einstimmigen Gutachten gekommen, und das Agrargesetz wäre nicht durchgegangen. Denn die Pflanzer verfügten über eine gewaltige Macht und taten trotz des Gutachtens alles, was sie konnten, um das Gesetz zu verhindern; aber Sir Edward Gait blieb bis zuletzt fest und führte die Vorschläge der Kommission restlos durch.

So wurde denn das Tinkathia-System, das etwa ein Jahrhundert lang in Kraft gewesen war, abgeschafft, und mit ihm fand das ›Pflanzer-Raj‹ ein Ende in Champaran. Die Raiyats, die all die Zeit über unterdrückt gewesen waren, kamen nun leidlich zu ihrem Recht, und der Aberglaube, daß der ›Indigomakel‹ niemals abgewaschen werden könnte, war verflogen. Es war mein sehnlicher

Wunsch, die Aufbauarbeit noch ein paar Jahre hindurch fortzusetzen, noch mehr Schulen zu gründen und die Dörfer noch wirksamer zu durchdringen. Der Boden war vorbereitet, aber wie schon oft gefiel es Gott nicht, meinen Plänen Erfüllung zu gewähren.

Kaum war der Kampf in Champaran vorbei, so hörte ich, daß im Bezirk Khaira infolge einer weit verbreiteten Mißernte Hungersnot drohte. Die Bauern trugen sich mit dem Gedanken, um Nachlaß der Einkommensteuer für dieses Jahr zu ersuchen. Sjt. Amritlal Thakkar hatte schon über die Lage berichtet und die Frage persönlich mit dem Kommissar besprochen, noch ehe ich dazu gekommen war, den Bauern irgendeinen bestimmten Rat zu geben. Die Sjts. Mohanlal Pandya und Shankarlal Parikh hatten ebenfalls eingegriffen und die Sache in der Gesetzgebenden Kammer in Bombay durch Sjt. Vithalbhai Patel und den verstorbenen Sir Gokuldas Kahandas Parekh zur Sprache gebracht. Schon mehr als eine Deputation hatte beim Gouverneur deswegen vorgesprochen. Ich war damals Vorsitzender der Sabha von Gujarat. Die Sabha schickte immer wieder Bittschriften und Telegramme an die Regierung und steckte sogar geduldig die Beleidigungen und Drohungen des Kommissars ein. Das Verhalten der Beamten bei dieser Gelegenheit war so lächerlich und unwürdig, daß es heute fast unglaublich erscheint.

Die Forderung der Bauern war sonnenklar und so billig, daß sie ohne weiteres hätte angenommen werden müssen. Nach den Reichssteuergesetzen konnten die Bauern, wenn die Ernte vier Annas[5] oder weniger betrug, gänzlichen Nachlaß der Einkommensteuer für das Jahr beanspruchen. Nach den amtlichen Angaben betrug die Ernte angeblich über vier Annas. Die Bauern dagegen behaupteten, daß sie weniger als vier Annas betrüge. Doch die Regierung stellte sich taub. Als schließlich alle Gesuche und Bitten versagt hatten, riet ich, nachdem ich mir bei meinen Mitarbeitern Rat geholt hatte, den Bauern zur Anwendung von Satyagraha.

Außer den Freiwilligen waren meine hauptsächlichen Gefährten in diesem Kampfe die Sjts. Vallabhbhai Patel, Shankarlal Banker, Shrimati Anasuyaben, Sjt. Indulal Yajnik und Mahadev Desai und andere. Um mitmachen zu können, mußte Vallabhbhai eine glänzende und aufblühende Anwaltspraxis aufgeben, die damit so gut wie verloren für ihn war. Wir schlugen unser Hauptquartier in dem Anath-Ashram in Nadiad auf, da kein anderes Gebäude zur Verfügung stand, das groß genug gewesen wäre, uns alle aufzunehmen. Das folgende Gelübde wurde von den Satyagrahis unterschrieben:

»Da wir wissen, daß die Ernten unserer Dörfer weniger als vier Annas betragen, haben wir die Regierung ersucht, die Eintreibung der Einkommensteuer bis zum nächsten Jahr zu erlassen; aber die Regierung hat unser Gesuch nicht bewilligt. Deshalb erklären wir, die Unterzeichneten, hiermit feierlich, daß wir der Regierung nicht freiwillig den vollen oder restlichen Steuerbetrag für das Jahr bezahlen werden. Wir werden alle gesetzlichen Maßnahmen der Regierung ohne Widerstand hinnehmen, die sie für angemessen hält, und freudig die Folgen unserer Steuerverweigerung erdulden. Wir werden lieber unsere Ländereien verloren geben, als durch freiwillige Bezahlung unsern Standpunkt zu verleugnen und unsere Selbstachtung zu verwirken. Sollte die Regierung jedoch einwilligen, die Eintreibung der zweiten Steuerrate im ganzen Gebiet zu erlassen, so werden diejenigen unter uns, die in der Lage dazu sind, den ganzen oder restlichen Steuerbetrag bezahlen, der fällig ist. Der Grund, weshalb diejenigen, die noch bezahlen können, die Bezahlung verweigern, ist folgender: würden sie bezahlen, so stände zu befürchten, daß die ärmeren Bauern aus lauter Angst ihr Vieh verkaufen oder Schulden aufnehmen würden, um auch zahlen zu können; und dadurch würden sie nur noch tiefer ins Elend geraten. Unter diesen Umständen sind wir der Überzeugung, daß es um der Armen willen auch für diejenigen, die imstande wären, zu zahlen, Pflicht ist, die Steuer zu verweigern.«

Der Kampf fand ein unerwartetes Ende. Die Bevölkerung war so offensichtlich erschöpft, daß ich zögerte, sie dem völligen Ruin preiszugeben, der unvermeidlich war, wenn wir unnachgiebig blieben. Ich dachte hin und her, wie ich die Streitfrage gütlich beilegen könnte und doch auf eine Art, die annehmbar wäre für einen Satyagrahi. Ganz unerwartet ergab sich die Lösung. Ich erhielt Nachricht, daß den ärmeren Bauern Nachlaß gewährt werden würde, wenn die wohlhabenden bezahlten. Ich erkundigte mich bei dem Steuereinnehmer, der allein eine für das ganze Gebiet gültige Zusage geben konnte, ob das Versprechen des Mamlatdars für das ganze Gebiet gelte. Er antwortete, daß bereits Verordnungen gemäß jenem Schreiben des Mamlatdars erlassen seien. Ich wußte noch nichts davon, aber wenn das wirklich zutraf, war die Forderung der Bevölkerung erfüllt; denn diese Möglichkeit war ja ausdrücklich in dem Gelübde vorgesehen. So gaben wir uns mit diesen

Verordnungen zufrieden.

Doch dieser Ausgang stimmte mich durchaus nicht froh, da es ihm an der inneren Kraft fehlte, durch die allein jeder Satyagrahakampf erst zum wahrhaft siegreichen Ende geführt werden kann. Der Steuereinnehmer setzte sein Treiben fort, als wenn nie von einer Schlichtung die Rede gewesen wäre. Den Armen wurde wohl Nachlaß gewährt, aber kaum einem kam das in Wahrheit zugute. Es war das Recht der Bevölkerung, zu entscheiden, wer arm sei; aber sie konnten sich nicht dazu aufraffen, es auch wirklich auszuüben. Traurig, daß sie nicht die Kraft dazu hatten. Obwohl also dieses Ende als ein Sieg von Satyagraha gefeiert wurde, vermochte ich mich nicht darüber zu begeistern, denn dieser Sieg war kein wirklicher Sieg. Wahrhaft würdig kann man den Ausgang eines Satyagrahakampfes nur dann nennen, wenn die Satyagrahis stärker und mutiger daraus hervorgehen, als sie zuvor waren.

Da Champaran in einem entlegenen Winkel Indiens liegt und die Presse ferngehalten worden war, hatte unser Indigokampf keinerlei Besucher von auswärts herbeigelockt. Ganz anders stand es in Khaira. Die Gujaratis waren lebhaft interessiert an dem Kampfe, der für sie ein neuer Versuch war. Sie erboten sich, ihr Vermögen an den Erfolg der Sache zu wenden. Sie wollten durchaus nicht einsehen, daß Satyagraha nicht nur mit Geld geführt werden könne. Geld ist etwas, das am wenigsten dazugehört. Trotz meinem Einspruch schickten die Kaufleute in Bombay uns mehr Geld, als wir brauchten, so daß wir zum Schluß noch einen Rest übrig hatten.

Aber auch die Satyagrahi-Freiwilligen mußten die neue Lehre der Einfachheit erst erlernen. Ich kann nicht behaupten, daß sie sich diese Lehre vollkommen zu eigen machten, aber sie änderten ihre Lebensweise immerhin beträchtlich.

Auch für die Bauern war der Kampf etwas ganz Neues. Wir mußten von Dorf zu Dorf ziehen und sie über die Grundsätze von Satyagraha aufklären. Vor allem kam es darauf an, die Ackerbauern von ihrer Furcht zu befreien, indem man ihnen klarmachte, daß die Beamten nicht die Herren, sondern die Diener des Volkes seien, da sie ihre Gehälter ja von dem Steuerzahler erhielten. Dann aber war es wieder nahezu unmöglich, ihnen begreiflich zu machen, daß Furchtlosigkeit dennoch mit Höflichkeit zusammengehen müsse. Jetzt, wo sie die Furcht vor den Beamten glücklich abgelegt hatten, wollte man ihnen verwehren, diesen Grobianen Gleiches mit Gleichem zu vergelten? Sie sahen nicht, daß jedes Wort der Unhöflichkeit ihr Satyagraha vergiften mußte, wie ein Tropfen Arsen die Milch. Ich merkte später, daß sie die Lehre der Höflichkeit doch nicht so gründlich gelernt hatten, wie ich erwartet hatte. Die Erfahrung hat mich gelehrt, daß Höflichkeit der schwierigste Teil von Satyagraha ist. Höflichkeit bedeutet hier nicht bloß äußere, der Gelegenheit angepaßte Höflichkeit in Worten, sondern angeborene Höflichkeit und den inneren Drang, dem Gegner Gutes zu tun. Diese müssen sich in allem Tun eines Satyagrahi offenbaren.

Zu Beginn des Steuerkampfes hatte die Regierung trotz der entschlossenen Haltung der Bevölkerung offenbar gezögert, energische Schritte zu ergreifen. Aber als die Leute auch weiterhin hartnäckig blieben, griff sie doch schließlich zu Zwangsmaßnahmen. Die Vollstreckungsbeamten verkauften das Vieh der Bevölkerung und nahmen alles bewegliche Gut weg, dessen sie habhaft werden konnten. In einigen Fällen wurde die Ernte auf dem Halm beschlagnahmt. Das zermürbte die Bauern so, daß einige ihre Steuern bezahlten, während andere den Beamten allerlei bewegliche Habe, die sie noch gerettet hatten, eigens in den Weg stellten, damit sie sie zur Begleichung ihrer Steuerschulden beschlagnahmen möchten. Einige dagegen blieben entschlossen, bis zum bitteren Ende durchzuhalten.

Es geschah, daß auch einer von den Pächtern Sjt. Shankarlal Parikhs die auf sein Land fällige Steuer bezahlte. Das erregte Aufsehen. Sjt. Shankarlal Parikh machte sofort den Mißgriff seines Pächters wieder gut, indem er das Land, für das die Steuer bezahlt worden war, für wohltätige Zwecke hingab. So rettete er seine Ehre und gab anderen ein gutes Beispiel.

In der Absicht, die Herzen der Eingeschüchterten zu stählen, redete ich den unter Führung von Sjt. Mohanlal Pandyas stehenden Bauern zu, eine Zwiebelernte von einem Feld wegzuschaffen, die meiner Meinung nach zu Unrecht beschlagnahmt worden war. Ich wies darauf hin, daß die Beschlagnahme von noch nicht eingefahrener Ernte vielleicht dem Gesetz nach zulässig, aber ein moralisches Unrecht sei und einer Plünderung gleichkomme, und daß es deshalb die Pflicht der Bevölkerung sei, die Zwiebeln trotz der Beschlagnahme wegzuschaffen. Das war eine gute Gelegenheit, dem Volk ein Beispiel freiwilliger Bereitschaft zu Geldstrafe oder Gefangenschaft zu geben. Für Sjt. Mohanlal Pandya war das so recht nach seinem Herzen. Es wäre ihm schmerzlich gewesen, wenn dieser Steuerfeldzug geendet hätte, ohne daß irgend jemand im Dienste von Satyagraha für irgend etwas ein Ungemach erduldet hätte. Er erbot sich sofort freiwillig, die Zwiebelernte von dem Feld wegzuschaffen, und dabei schlossen sich ihm sieben oder acht Freunde an.

Die Regierung konnte sie unmöglich in Freiheit lassen. Die Verhaftung Sjt. Mohanlals und seiner Genossen entfachte die Begeisterung des Volkes. Haben Menschen erst einmal die Furcht vor dem Gefängnis abgelegt, so befeuert jede Gewaltmaßregel nur um so höher ihren Mut. In dichten Scharen belagerten sie das Gerichtsgebäude am Tage des Verhörs. Pandya und seine Gefährten wurden schuldig gesprochen und zu einer kurzen Gefängnisstrafe verurteilt. Nach meiner Überzeugung war das ein Fehlurteil, denn das Einernten der Zwiebeln war sicherlich kein ›Diebstahl‹ im Sinne des Strafgesetzbuches. Aber es wurde keine Berufung eingelegt, da es zu unserer Taktik gehörte, uns möglichst wenig mit den Gerichten einzulassen.

Ein unabsehbarer Zug gab den ›Schuldigen‹ das Geleit zum Gefängnis, und an diesem Tage erhielt Sjt. Mohanlal Pandya vom Volke den Ehrentitel ›Dungli chor‹ [Zwiebeldieb], dessen er sich bis auf den heutigen Tag erfreut.

Die Kriegskonferenz

Der mörderische Krieg in Europa ging noch immer weiter. Eine Krise war eingetreten, und der Vizekönig hatte verschiedene Führer zu einer Kriegskonferenz in Delhi eingeladen. Auch ich war dazu eingeladen worden. Herzliche Beziehungen bestanden damals zwischen Lord Chelmsford (dem Vizekönig) und mir. Auf die Einladung hin fuhr ich nach Delhi. Ich hatte freilich Bedenken, an der Konferenz teilzunehmen, vor allem weil Führer wie die Brüder Ali davon ausgeschlossen waren. Sie saßen damals im Gefängnis. Ich war ihnen nur ein- oder zweimal begegnet, obwohl ich viel von ihnen gehört hatte. Alle hatten mir begeistert von ihrer Hingabe und ihrem Mut gesprochen. Damals war ich auch noch nicht in nähere Berührung mit Hakim Ajmal Khan Sahib gekommen, aber Rektor Rudra und Charlie Andrews hatten mir sehr viel Rühmliches von ihm erzählt. Mr. Shuaib Qureshi und Mr. Khwaja hatte ich im ›Moslem-Bund‹ in Kalkutta kennengelernt, und auch mit Dr. Ansari und Dr. Abdur Rahman war ich schon in Berührung gekommen. Ich suchte die Freundschaft von guten Mohammedanern und war eifrig bestrebt, den mohammedanischen Geist kennenzulernen dadurch, daß ich seinen reinsten und das Vaterland am meisten liebenden Vertretern nahekam.

Ich hatte in Südafrika sehr bald erkannt, daß keine wirkliche Freundschaft zwischen den Hindus und den Mohammedanern bestand, und nie eine Gelegenheit versäumt, Hindernisse, die ihrer Einigung im Wege standen, beiseite zu räumen. Es lag nicht in meinem Wesen, jemanden durch Schmeichelei zu gewinnen oder auf Kosten der Selbstachtung; aber nach meinen südafrikanischen Erfahrungen war ich überzeugt, daß in der Frage der Hindu-Moslem-Einigkeit meine Ahimsa-Lehre auf die härteste Probe gestellt werden würde. Das gilt auch heute noch. Zu jeder Stunde meines Lebens fühle ich, wie Gott mich mit dieser Frage auf die Probe stellt. Das sah ich klar voraus, als ich aus Südafrika zurückkehrte, und deshalb legte ich besonderen Wert auf die Beziehung zu den Brüdern Ali. Aber ehe wir uns noch wirklich nahekommen konnten, wurden sie ins Gefängnis geworfen. Maulana Mohammed Ali pflegte mir lange Briefe aus Betul und Chhindwara zu schreiben, wenn seine Kerkermeister es ihm erlaubten. Ich bat darum, die Brüder besuchen zu dürfen, aber ohne Erfolg. Nach ihrer Gefangennahme wurde ich von mohammedanischen Freunden aufgefordert, der Sitzung des Moslembundes in Kalkutta beizuwohnen. Auf die Bitte, ein paar Worte zu sprechen, mahnte ich sie an die Pflicht der Mohammedaner, die Freilassung der Brüder Ali zu erwirken.

Hierauf trat ich in einen Briefwechsel mit der Regierung zu dem gleichen Zweck. Das alles gab mir Anlaß, mich näher mit den Anschauungen und der Tätigkeit der Brüder in der Frage des Kalifats zu beschäftigen. Ich hatte eine Aussprache mit meinen mohammedanischen Freunden und kam zu der Überzeugung: wenn ich ein wahrer Freund der Mohammedaner werden wollte, müßte ich alles tun, was in meinen Kräften steht, um die Freilassung der Brüder und eine gerechte Lösung der Frage des Kalifats durchzusetzen. Es war nicht meine Sache, zu den mohammedanischen Forderungen an sich Stellung zu nehmen, vorausgesetzt, daß nichts Unmoralisches darin lag. In religiösen Fragen gehen die Überzeugungen auseinander, und eines jeden Überzeugung ist maßgebend für ihn selbst. Wenn wir alle die gleiche Überzeugung in religiösen Fragen hätten, gäbe es nur eine Religion auf der Welt. Ich erkannte nicht nur, daß alles, was die Mohammedaner in der Frage des Kalifats forderten, moralisch durchaus berechtigt war, sondern erfuhr auch, daß der englische Ministerpräsident die Berechtigung dieser Forderungen anerkannt hatte. Ich fühlte mich deshalb verpflichtet, mein möglichstes zu tun, daß das Versprechen des Ministerpräsidenten auch wirklich erfüllt würde.

Freunde und andere Beurteiler haben meine Haltung in der Frage des Kalifats gerügt. Trotz solchem Tadel habe ich keinen Grund gefunden, mein Urteil zu widerrufen oder mein Zusammenwirken mit den Mohammedanern zu bereuen. Ich würde im gleichen Falle wiederum genauso handeln. Als ich nach Delhi fuhr, hatte ich also durchaus die Absicht, dem Vizekönig die Sache der Mohammedaner zu unterbreiten. Die Frage des Kalifats hatte damals noch nicht die Form angenommen, die sie später erhielt.

Bei meiner Ankunft in Delhi erhob sich ein neues Bedenken. Andrews legte mir die Frage nahe, ob ich gerade jetzt in diesem Augenblick berechtigt sei, an der Kriegskonferenz teilzunehmen. Er erzählte mir von dem Meinungsstreit, der jüngst in der englischen Presse getobt hätte wegen gewisser Geheimverträge zwischen England und Italien. Wie dürfte ich an der Konferenz teilnehmen, fragte Andrews, wo England soeben Geheimverträge räuberischer

Art mit einer anderen europäischen Macht eingegangen wäre? Ich wußte nichts von diesen Verträgen, aber Andrews' Wort genügte mir vollauf. Deshalb schrieb ich einen Brief an Lord Chelmsford, ich hätte Bedenken, an der Kriegskonferenz wegen jener Geheimverträge teilzunehmen. Er forderte mich auf, die Frage mit ihm zu besprechen. Ich hatte eine lange Unterredung mit ihm und seinem Privatsekretär, Mr. Maffey. Das Ergebnis war, daß ich mich bereit erklärte, an der Konferenz teilzunehmen.

Was der Vizekönig ins Feld führte, war im wesentlichen folgendes:

»Ich brauche Ihnen wohl nicht zu sagen, daß der Vizekönig natürlich nicht alles weiß, was das englische Kabinett tut. Ich behaupte auch nicht, daß die britische Regierung unfehlbar ist. Aber wenn Sie zugeben, daß das Britische Reich im allgemeinen eine Macht des Guten war, und wenn Sie glauben, daß Indien im großen und ganzen Nutzen gezogen hat aus der Gemeinschaft mit England, müssen Sie dann nicht auch zugeben, daß es die Pflicht jedes indischen Bürgers ist, dem Reich zu helfen in der Stunde seiner Not? Auch ich habe gelesen, was die britischen Zeitungen über die Geheimverträge schreiben. Ich kann Ihnen versichern, daß ich nichts weiter weiß, als was die Zeitungen sagen, und Sie wissen, was die alles für Lügenberichte bringen. Wollen Sie handeln auf Grund einer bloßen Zeitungsnachricht und dem Reich in so kritischer Stunde die Hilfe versagen? Erheben Sie moralische Einwände, soviel Sie wollen, gehen Sie uns zu Leibe, soviel Sie wollen, aber erst, wenn der Krieg zu Ende ist, nicht heute.«

Diese Argumente waren mir nicht neu, aber in diesem Augenblick und so, wie sie vorgebracht wurden, berührten sie mich doch, als hörte ich sie zum ersten Mal, und ich willigte ein, mich an der Konferenz zu beteiligen. Was die mohammedanischen Forderungen betraf, so ersuchte mich der Vizekönig, schriftlich darüber zu berichten. Ich wohnte der Konferenz also bei. Dem Vizekönig war sehr viel daran gelegen, daß ich mich für den Antrag auf Rekrutenaushebung einsetzte. Ich bedang mir aus, dabei Hindostani sprechen zu dürfen. Der Vizekönig war einverstanden, bat mich jedoch, meinen Satz auch in englischer Sprache zu wiederholen; denn ich hatte keine Rede zu halten, sondern nur einen Satz zu sagen, der lautete: »Im vollen Bewußtsein meiner Verantwortung bitte ich, den Antrag zu unterstützen.« Viele beglückwünschten mich, weil ich Hindostani gesprochen hatte. Dies sei, sagten sie, das erstemal, soweit sie zurückdenken könnten, daß jemand auf einer solchen Versammlung Hindostani gesprochen hätte. Das gab meinem Nationalstolz einen Stich. Mir war, als schrumpfte ich in mich selbst zusammen. Was für ein tragischer Widersinn, daß bei Versammlungen, die mitten in diesem Lande abgehalten wurden und bei denen es um Interessen eben dieses Landes ging, die eigene Landessprache verpönt war, und daß man es für etwas ganz Besonderes hielt und für einen Grund zu Glückwünschen, wenn eine beliebige Persönlichkeit wie ich Hindostani redete! Vorfälle wie dieser werfen ein blitzartiges Licht auf den Tiefstand, zu dem wir erniedrigt sind.

Der eine Satz, den ich auf der Konferenz sprach, war schicksalsschwer für mich. Ich werde diese Konferenz und diesen Antrag, dem ich meine Stimme lieh, niemals vergessen. Eine Verpflichtung hatte ich nun noch zu erfüllen, solange ich in Delhi war. Ich mußte einen Brief an den Vizekönig schreiben. Das war nicht leicht für mich. Ich empfand es als meine Pflicht, sowohl im Interesse der Regierung als des Volkes darin zu erklären, wieso und warum ich an der Konferenz teilgenommen hatte, und klar festzustellen, was das Volk von der Regierung erwarte. In dem Brief drückte ich auch mein Bedauern darüber aus, daß Führer wie Lokamanya Tilak und die Brüder Ali sich nicht an der Konferenz hatten beteiligen können, und legte die politischen Mindestforderungen des Volkes wie auch die Forderungen der Mohammedaner angesichts der durch den Krieg geschaffenen Lage fest. Ich bat um Erlaubnis, den Brief veröffentlichen zu dürfen, und der Vizekönig erteilte sie bereitwillig.

Der Brief mußte nach Simla geschickt werden, wohin der Vizekönig unmittelbar nach der Konferenz gefahren war. Der Brief lag mir sehr am Herzen; ihn mit der Post zu befördern, dauerte mir zu lange; ich wollte Zeit sparen, wollte ihn aber andrerseits nicht dem ersten besten Boten anvertrauen. Ein wahrhaft lauterer und zuverlässiger Mann sollte ihn überbringen und persönlich im vizeköniglichen Palast abgeben. Charlie Andrews und Rektor Rudra rieten zu dem wackeren Mr. Ireland von der Cambridger Mission. Er willigte ein, den Brief zu überbringen, wenn er ihn zuvor lesen dürfe, um zu wissen, ob er ihn auch gutheißen könne. Ich hatte keine Bedenken, da der Brief keineswegs privat war. Er las ihn, hieß ihn gut und erklärte sich bereit, die Botschaft auszuführen. Ich bot ihm eine Fahrkarte zweiter Klasse an, aber er lehnte sie ab und sagte, daß er gewohnt sei, in der ›Zwischenklasse‹ zu reisen. Dies tat er auch, obwohl er bei Nacht fahren mußte. Seine Schlichtheit und sein rechtschaffenes und freimütiges Wesen gefielen mir sehr. Der so einem seelisch lauteren Manne anvertraute Brief hatte den gewünschten Erfolg. Er erleichterte mein Gemüt und ebnete meinen Weg.

Meine nächste Pflicht war nun die Aushebung von Rekruten. Wo sonst hätte ich damit beginnen können als in Khaira? Und wen sonst hätte ich dazu aufrufen können als meine eigenen Mitarbeiter? Sobald ich in Nadiad ankam, hatte ich eine Beratung mit Sjt. Vallabhbhai Patel und anderen Freunden. Einige von ihnen konnten sich nur schwer mit dem Vorschlag befreunden; und die ihm beipflichteten, hegten Bedenken, ob viel dabei herauskommen würde. Die Regierung und der Teil der Bevölkerung, an den ich mich mit meinem Aufruf wenden wollte, standen sich wie Hund und Katze gegenüber. Die bittere Erfahrung, die diese Leute mit den Regierungsbeamten gemacht hatten, war noch frisch in ihrer Erinnerung. Dennoch zeigten sie sich meinem Vorhaben nicht abgeneigt. Sobald ich mich jedoch ans Werk machte, wurden mir die Augen geöffnet. Meine Zuversicht erlitt einen schweren Schlag. Hatten während der Kämpfe gegen die Reichseinkommensteuer die Leute bereitwillig ihre Wagen unentgeltlich zur Verfügung gestellt und zwei Freiwillige sich gemeldet, wo einer gebraucht wurde, so war es nun schwierig, einen Wagen auch nur zur Miete zu bekommen, gar nicht zu reden von Freiwilligen. Aber wir ließen uns nicht abschrecken. Wir beschlossen, auf Fuhrwerk zu verzichten und unsere Wanderungen zu Fuß zu machen. Das bedeutete: etwa zwanzig Meilen am Tag marschieren. Hatten wir schon keine Wagen bekommen, so wäre es müßig gewesen, etwa gar auf Beköstigung durch die Bevölkerung zu rechnen. Besser, wir baten gar nicht erst darum. So wurde beschlossen, daß jeder Freiwillige seinen Proviant in seinem Ranzen mitnehmen sollte. Bettzeug oder Laken brauchten wir nicht, da es Sommer war.

Wir hielten überall Versammlungen ab, wohin wir kamen. Zuhörer hatten wir genug, aber kaum einer oder zwei meldeten sich als Rekruten. »Sie sind ein Anhänger von Ahimsa, wie können Sie uns also zu den Waffen rufen?« – »Was hat die Regierung Gutes für Indien getan, daß wir ihr jetzt helfen sollen?« Solche und ähnliche Fragen bekamen wir immer wieder zu hören. Aber unser unermüdliches Werben machte schließlich doch Eindruck. Eine ganze

Menge Namen wurden eingetragen, und wir durften hoffen, regelmäßig Zulauf zu haben, sobald der erste Trupp abgeschickt war. Ich erwog bereits mit dem Kommissar, wo die Rekruten untergebracht werden sollten.

Die Kommissare in jedem Bezirk hielten Versammlungen nach dem Vorbild der Konferenz in Delhi ab. So auch in Gujarat. Meine Mitarbeiter und ich wurden dazu eingeladen. Wir wohnten ihr bei, aber ich fühlte, daß ich hier noch weniger am rechten Platze war als in Delhi. In dieser Atmosphäre kriecherischer Unterwürfigkeit wurde mir nicht wohl. Schließlich sprach ich ein paar Worte, war aber außerstande, etwas den Beamten zu Gefallen zu sagen, mußte vielmehr einiges aussprechen, was ihnen gewiß nicht lieblich klang.

Ich gab auch Flugblätter heraus, in denen ich die Bevölkerung aufrief, sich als Rekruten anwerben zu lassen. Auch da hatte ich mich auf ein Argument berufen, das dem Kommissar mißfiel. »Unter den vielen Übeltaten der britischen Herrschaft in Indien«, schrieb ich, »wird vor der Geschichte als die schwärzeste das Gesetz erscheinen, das eine ganze Nation der Waffen beraubt hat. Wenn wir danach trachten, daß das Waffengesetz aufgehoben wird, und den Gebrauch der Waffen wieder erlernen wollen, bietet sich hier eine treffliche Gelegenheit. Wenn die mittleren Klassen der Regierung freiwillig Hilfe leisten in der Stunde ihrer Prüfung, wird das Mißtrauen verschwinden und das Waffenverbot zurückgezogen werden.«

Während dieses Werbefeldzuges richtete ich um ein Haar meine Gesundheit zugrunde. Damals bestand meine Nahrung hauptsächlich aus Erdnußbutter und Zitronen. Ich wußte, daß man sich leicht an der Butter überessen konnte zum Schaden der eigenen Gesundheit, und trotzdem ließ ich mich verleiten, des Guten zuviel zu tun. Das führte zu einem leichten Anfall von Ruhr. Ich achtete nicht weiter darauf und ging an diesem Abend nach dem Ashram, wie es hin und wieder mein Verlangen war. Ich nahm zu jener Zeit nur selten irgendeine Arznei. Ich war überzeugt, daß es genügte, eine Mahlzeit zu überspringen, um wieder gesund zu werden; und in der Tat fühlte ich mich auch diesmal sofort wieder frei von Beschwerden, als ich tags darauf meine Morgenmahlzeit ausließ. Aber ich wußte: ganz heilen kann ich mich nur, wenn ich noch länger faste und auf keinen Fall etwas anderes zu mir nehme als höchstens Fruchtsäfte. An diesem Tage war irgendein Fest, und obgleich ich meiner Frau gesagt hatte, daß ich nichts zu Mittag essen würde, führte sie mich in Versuchung, und ich erlag. Da ich unter einem Gelübde stand, keine Milch oder Milcherzeugnisse zu genießen, hatte sie eigens einen süßen Weizenbrei unter Zugabe von etwas Öl für mich bereitet. Dazu gab es noch einen Napf voll ›Mung‹. Da ich diese Dinge sehr gern aß, machte ich mich flugs darüber her, in dem hoffnungsvollen Wahn, ich würde nur eben gerade genug davon essen, um meiner Frau eine Freude zu machen und meinen Gaumen zu laben, ohne mir zu schaden. Aber der Teufel hatte nur auf eine Gelegenheit gewartet. Statt recht wenig zu essen, tat ich mich ordentlich gütlich an dem Mahl. Das war Lokkung genug für den Todesengel. Binnen einer Stunde brach die Ruhr in heftiger Form aus. Am gleichen Abend mußte ich wieder in Nadiad sein und schleppte mich mit größter Mühe bis zum Bahnhof Sabarmati, nur zehn Achtelmeilen weit. Sjt. Vallabhbhai, der sich in Ahmedabad zu mir gesellte, sah, daß ich unpäßlich war, aber ich ließ ihn nicht merken, wie unerträglich der Schmerz war.

Wir trafen gegen zehn Uhr in Nadiad ein. Der Hindu-Anath-Ashram, wo wir unser Hauptquartier hatten, war nur eine halbe Meile vom Bahnhof entfernt, aber für mich waren es so viel wie zehn. Irgendwie gelang es mir, die Siedlung zu erreichen, aber der krampfhafte Schmerz hatte noch zugenommen. Alle meine Freunde umringten mich, waren tief bekümmert und voller Liebe und Fürsorge, aber sie konnten meine Qual nicht lindern. Und mein Eigensinn machte sie noch hilfloser. Ich schlug jede ärztliche Hilfe aus und wollte keine Arznei einnehmen, sondern lieber die Strafe für meine Torheit erdulden. So sahen sie in hilfloser Bestürzung zu. Ich erlitt wohl an die dreißig bis vierzig Entleerungen in vierundzwanzig Stunden. Ich fastete und nahm zu Anfang nicht einmal Fruchtsäfte zu mir. Alle Eßlust war mir vergangen. Ich hatte immer gemeint, eine eiserne Konstitution zu besitzen, aber nun sah ich, daß mein Körper ein Klumpen Lehm geworden war. Ich hatte alle Widerstandskraft verloren. Dr. Kanuga kam und redete mir zu, doch Arznei einzunehmen; ich wollte nicht. Er erbot sich, mir eine Einspritzung zu machen, aber ich lehnte auch das ab. Wie wenig ich damals von Einspritzungen wußte, war geradezu lächerlich, denn ich war der Meinung, eine Einspritzung müsse immer nur eine Art von Tierserum sein. Später erfuhr ich, daß die Einspritzung, die der Arzt mir hatte machen wollen, ein Pflanzenstoff war; aber diese Erkenntnis kam zu spät, um mir noch zu nützen.

Die Entleerungen gingen noch immer weiter und erschöpften mich völlig. Die Erschöpfung wieder hatte hohes Fieber zur Folge. Meine Freunde wurden immer unruhiger und zogen noch mehr Ärzte hinzu. Aber was konnten sie machen mit einem Kranken, der nicht auf sie hören wollte?

Sheth Ambalal[1] kam mit seiner wackeren Frau nach Nadiad, beriet sich mit meinen Mitarbeitern und schaffte mich mit größter Vorsicht nach seinem Bungalow in Ahmedabad. Keine liebevollere und selbstlosere Pflege läßt sich denken, als mir während dieser Krankheit vergönnt war. Aber eine Art von schleichendem Fieber hielt hartnäckig an und schwächte meinen Körper von Tag zu Tag mehr. Ich fühlte, daß die Krankheit sich sicher noch lange hinschleppen und vielleicht verhängnisvoll werden würde. Trotz all der Liebe und Aufmerksamkeit, mit der ich unter Sheth Ambalals Dach überschüttet wurde, begann ich unruhig zu werden und bestürmte ihn, mich nach dem Ashram zu bringen. Er mußte schließlich meinem beharrlichen Bitten nachgeben.

Während ich mich nun auf dem Schmerzenslager im Ashram hin und her wälzte, brachte Sjt. Vallabhbhai die Kunde, daß Deutschland vollkommen besiegt worden sei und daß der Kommissar mitgeteilt habe, die Aushebung sei nicht länger vonnöten. Daß ich mich nun nicht mehr darum zu sorgen brauchte, war ein sehr großer Trost für mich. Ich hatte es inzwischen mit einer Wasserkur versucht, die mir einige Linderung verschaffte, aber es war ein schweres Ding, den Körper wiederherzustellen. Die vielen ärztlichen Helfer überschütteten mich mit Ratschlägen, aber ich konnte mich nicht entschließen, irgend etwas zu mir zu nehmen. Zwei oder drei rieten zu Fleischbrühe, um so das Milchgelübde zu umgehen, und führten Belege aus dem Ayurveda zur Bekräftigung ihres Rates an. Einer von ihnen empfahl nachdrücklich Eier. Aber ich hatte für alle nur eine Antwort: »Nein.« Für mich war die Frage der Krankenkost nicht etwas, das auf Grund der Autorität der Shastras entschieden werden konnte. Es war eine Frage meines ganzen Lebenswandels, der geleitet wird von Grundsätzen, die sich freigemacht haben von aller äußeren Autorität. Sollte ich nur weiterleben auf Kosten dieser meiner Grundsätze, so wollte ich lieber gar nicht mehr leben. Wie konnte ich für meine Person von einem Grundsatz abgehen, auf dem ich meiner Frau, meinen Kindern und Freunden gegenüber unnachsichtig bestanden hatte? Diese erste lange Krankheit meines Lebens bot mir so eine einzigartige Gelegenheit, meine Grundsätze zu prüfen und zu erproben. Eines Nachts überließ ich mich ganz der Verzweiflung. Ich fühlte, daß ich an der Schwelle des Todes stand. Ich ließ Anasuyaben[2] Bescheid sagen. Die kam in den Ashram geeilt. Vallabhbhai traf mit Dr. Kanuga ein, der meinen Puls fühlte und sagte: »Ihr Puls ist ganz gut. Ich sehe durchaus keine Gefahr. Es handelt sich um einen Nervenzusammenbruch infolge Ihrer hochgradigen Schwäche.« Aber ich fühlte mich keineswegs beruhigt und verbrachte die Nacht ohne Schlaf. Der Morgen brach an, ohne daß der Tod kam. Aber ich konnte das Gefühl nicht loswerden, daß das Ende nahe war, und so begann ich denn all meine wachen Stunden dem Anhören der Gita zu widmen, die mir von den Insassen des Ashram vorgelesen wurde. Ich war außerstande, zu lesen, und kaum geneigt, zu sprechen. Die geringste Unterhaltung bedeutete eine geistige Anstrengung. Alles Interesse am Leben war entschwunden. Da mir nie daran gelegen hatte, nur um des Lebens willen zu leben, war es eine Qual für mich, so hilflos hinzudämmern, nichts zu tun, nur die Pflege von Freunden und Mitarbeitern hinzunehmen und mitanzusehen, wie der Körper allmählich verfiel.

Während ich so lag, ständig den Tod erwartend, kam eines Tages Dr. Tadwalker mit einem Fremden aus Maharashtra. Sein Name ist nicht berühmt, aber im Augenblick, da ich ihn sah, erkannte ich, daß er ein Querkopf war wie ich selber. Er war hergekommen, um seine Kunst an mir zu versuchen. Er hatte seinen Lehrgang an dem Grant Medical College in Bombay fast beendet, ohne zu promovieren. Später erfuhr ich, daß er ein Mitglied des Brahma Samaj war. Sjt. Kelkar, so heißt er nämlich, ist ein Mann von unabhängigem und eigenwilligem Charakter. Er schwört auf die Eisbehandlung, die er an mir erproben wollte. Wir gaben ihm den Namen ›Eisdoktor‹. Er ist fest überzeugt, daß er gewisse Dinge entdeckt hat, die Ärzten von Rang entgangen sind. Es ist schade für ihn und mich, daß ich nicht imstande war, mich von seinem Glauben an sein System anstecken zu lassen. Ich glaube bis zu einem gewissen Grade an sein System, aber ich fürchte, er hat sich zu voreiligen Schlußfolgerungen verleiten lassen. Aber wie es auch mit seinen Entdeckungen stehen mag, ich erlaubte ihm, meinen Körper als Versuchskaninchen zu benutzen, wenigstens soweit es bei der äußeren Behandlung blieb. Sie bestand in dem Auflegen von Eis auf den ganzen Körper. Obwohl ich nicht in der Lage bin, die Wirkung zu bestätigen, die diese Behandlung nach seiner Behauptung auf mich hatte, erfüllte sie mich doch ohne Zweifel mit neuer Hoffnung, und der Geist wirkte natürlich auf den Körper zurück. Ich begann wieder Eßlust zu verspüren und bald auch täglich einen leichten Spaziergang von fünf bis zehn Minuten zu machen. Nun riet er zu einer Umstellung in meiner Ernährung. »Ich versichere Ihnen«, sagte er, »daß Sie mehr Kraft haben werden, wenn sie rohe Eier essen. Eier sind harmlos wie Milch. Man kann sie unmöglich unter den Begriff Fleisch rechnen. Und wissen Sie auch, daß nicht alle Eier befruchtet sind? Es gibt auch sterilisierte Eier auf dem Markt.« Ich war jedoch nicht gesonnen, auch nur sterilisierte Eier zu essen. Aber jedenfalls fühlte ich mich nun wohl genug, um mich wieder für öffentliche Angelegenheiten zu interessieren.

Gleich das erste war, daß ich zufällig in den Zeitungen den Bericht der Rowlatt-Kommission[3] las, der soeben veröffentlicht worden war. Ihre Vorschläge erschreckten mich. Ich teilte meine Besorgnis Vallabhbhai mit, der mich fast täglich besuchte. »Irgend etwas muß geschehen sein«, sagte ich zu ihm. »Aber was können wir unter diesen Umständen tun?« fragte er darauf. »Wenn sich nur eine Handvoll Leute«, entgegnete ich, »zur Unterzeichnung des Widerstandsgelübdes bereit findet und die vorgeschlagene Maßnahme trotzdem Gesetz wird, müssen wir sofort mit Satyagraha darauf antworten. Wenn ich nicht so bettlägerig wäre, würde ich ganz allein den Kampf dagegen führen und es darauf ankommen lassen, ob andere sich anschließen. Aber in meinem augenblicklichen hilflosen Zustand fühle ich mich der Aufgabe keineswegs gewachsen.«

Im Anschluß an dieses Gespräch wurde vereinbart, eine kleine Versammlung mir Nahestehender einzuberufen. Die Vorschläge der Rowlatt-Kommission erschienen mir durch das in ihrem Bericht veröffentlichte Beweismaterial in keiner Weise gerechtfertigt und waren der Art, daß nach meiner Überzeugung kein Volk sie hinnehmen konnte, das noch einige Achtung vor sich selber hatte.

Die verabredete Beratung wurde alsbald im Ashram abgehalten. Kaum zwanzig Personen waren dazu eingeladen worden. Das Satyagrahagelübde wurde aufgesetzt und, soviel ich mich erinnere, von allen Anwesenden unterzeichnet. Shankarlal Banker legte sich mit großem Eifer für die Sache ins Zeug, und zum erstenmal bekam ich einen Begriff von seinem wundervollen Organisationstalent und seiner zähen Ausdauer. Da es mir völlig aussichtslos erschien, daß irgendeine von den bestehenden Organisationen sich zur Anwendung einer so neuen Waffe wie Satyagraha verstehen könnte, wurde eine Sondergruppe, genannt die Satyagraha Sabha, auf meine Veranlassung gegründet. Ihre bedeutendsten Mitglieder wurden in Bombay gewählt, wo sie ihr Hauptquartier aufschlug. Immer mehr Kampfbereite drängten sich dazu, das Satyagrahagelübde zu unterschreiben; Tagesberichte wurden herausgegeben, Volksversammlungen tagten überall, kurz, es war wieder ganz das vertraute Bild wie damals in Khaira. Trotzdem war mir von der ersten Stunde an klar, daß der Sabha vermutlich kein langes Leben beschieden sein würde. Ich konnte sehen, daß mein dringliches Bestehen auf Wahrheit und Ahimsa bereits das Mißfallen einiger Mitglieder erregte. Dennoch ging unsere Unternehmung in ihren ersten Anfängen noch flott vonstatten, und die Bewegung nahm rasch überhand.

Mit fortschreitendem Gelingen wuchs auch mein Wunsch zu leben, und ich war voller Ungeduld, wieder gesund zu werden; und da die Ärzte mir sagten, daß ich mich schneller erholen würde, wenn ich nach Matheran[4] übersiedelte, fuhr ich dorthin. Aber das Wasser in Matheran, das sehr hart war, machte es mir unmöglich, dort zu bleiben. Noch ehe eine Woche um war, mußte ich aus Matheran flüchten. Nun warf sich Shankarlal Banker zum Hüter meiner Gesundheit auf und drang in mich, Dr. Dalal zu Rate zu ziehen. Dr. Dalal wurde also geholt. Seine rasche Entschlußkraft bestach mich; er wollte sofort eine Operation vornehmen. Ich stimmte bereitwillig zu. Er sah keine Schwierigkeit darin, die Operation in meinem eigenen Zimmer auszuführen, was denn auch tags darauf mit vollem Erfolg geschah. Aber damit gab er sich noch nicht zufrieden. »Ich kann Ihren Körper unmöglich wieder kräftigen«, sagte er, »wenn Sie keine Milch trinken. Wenn Sie Milch trinken und dazu noch Eisen- und Arsenspritzen nehmen, verbürge ich mich unbedingt, Sie wieder ganz gesund zu machen.«

»Die Spritzen können Sie mir geben«, erwiderte ich, »aber Milch ist eine andere Frage. Ich habe ein Gelübde dagegen abgelegt.«

»Was besagt Ihr Gelübde genau?« fragte der Arzt.

Ich erzählte ihm die ganze Geschichte und welche Gründe mich zu meinem Gelübde veranlaßt hatten. Meine Frau stand an meinem Bette und hörte zu.

»Aber du kannst doch«, warf sie ein, »sicherlich kein Bedenken gegen Ziegenmilch haben.«

Auch der Arzt griff das auf. »Wenn Sie Ziegenmilch trinken wollen«, drängte er, »bin ich schon zufrieden.«

Da erlag ich. Mein leidenschaftlicher Wunsch, den Satyagrahakampf aufzunehmen, hatte einen starken Lebenswillen in mir erweckt. So begnügte ich mich damit, an den Buchstaben meines Gelübdes festzuhalten und seinen Geist zu opfern. Denn obwohl ich nur an Kuh- und Büffelmilch gedacht hatte, als ich das Gelübde ablegte, galt es seinem Sinn nach selbstverständlich auch für die Milch aller Tiere. Dazu kam, daß ich ja überhaupt den Genuß von Milch als etwas Unnatürliches für den Menschen ansah und also auch deshalb schon niemals hätte zustimmen dürfen. Der Wille zu leben erwies sich stärker als die Liebe zur Wahrheit, und für diesmal gab der Wahrheitsjünger sein heiliges Ideal preis für sein Bestreben, den Satyagrahakampf aufzunehmen. Die Erinnerung an diesen Abfall nagt noch heute an meinem Herzen und erfüllt mich mit Reue, und ich sinne ständig darauf, wie ich die Ziegenmilch wieder aufgeben kann. Aber ich vermag mich noch nicht freizumachen von dem, was eigentlich schuld ist an diesen meinen Anfechtungen: von dem Wunsche, zu dienen, der mich gefangenhält. Wenn ich heute noch Ziegenmilch trinke, so tue ich es um meines Trachtens nach Ahimsa willen; und dieser Gedanke gibt mir Erquickung und Freude. Beunruhigt aber bin ich dadurch um der Wahrheit willen, weil ich damit einen Wortbruch begehe. Mir scheint, daß ich das Ideal der Wahrheit besser verstehe als das der Ahimsa; und meine Erfahrung lehrt mich, daß ich, wenn ich von der Wahrheit abweiche, auch nie imstande sein werde, das Rätsel der Ahimsa zu lösen. Das Wahrheitsideal erheischt, daß ein abgelegtes Gelübde sowohl dem Buchstaben als dem Geist nach erfüllt wird. In dem vorliegenden Fall tötete ich den Geist, die Seele meines Gelübdes, indem ich nur an seiner äußeren Form festhielt, und eben das quält mich. Aber trotz dieser klaren Erkenntnis kann ich meinen geraden Weg nicht vor mir sehen. Mit anderen Worten, ich habe nicht den Mut, dem geraden Weg zu folgen. Beides bedeutet im Grunde ein und dasselbe; denn Zweifel ist unwandelbar die Folge von Glaubensschwäche. »Gott, schenke mir Glauben«, ist deshalb mein Gebet bei Tag und Nacht.

Die Rowlatt-Akte

Je mehr die Bewegung gegen den Bericht der Rowlatt-Kommission an Leidenschaftlichkeit zunahm, um so entschlossener wurde die Regierung, die Vorschläge der Kommission zu verwirklichen. Die Rowlatt-Bill wurde in der Kammer eingebracht. Ich habe den Verhandlungen der Indischen Gesetzgebenden Kammer nur einmal in meinem Leben beigewohnt, und zwar während der Aussprache über dieses Gesetz. Shastriji[1] hielt eine leidenschaftliche Rede, in der er eine feierliche Warnung an die Regierung richtete. Der Vizekönig schien wie gebannt zuzuhören, die Augen fest auf Shastriji gerichtet, während dieser den glühenden Strom seiner Beredsamkeit fließen ließ. In diesem Augenblick schien es mir, als müsse der Vizekönig von dieser Rede tiefbewegt werden; sie war so wahr und gefühlvoll, aber man kann einen Menschen nur wecken, wenn er wirklich schlummert; tut er nur so, dann ist alles Bemühen umsonst. Und just das war bei der Regierung der Fall. Ihr lag nur daran, die Komödie gesetzlicher Formalität durchzuführen. Ihr Entschluß war längst gefaßt. Shastrijis feierliche Warnung war daher völlig in die Luft geredet. Unter diesen Umständen konnte auch meine Stimme nur ein Ruf in der Wüste sein. Ich redete dem Vizekönig ernstlich ins Gewissen und schrieb sowohl private als öffentliche Briefe an ihn, worin ich ihm offen sagte, daß die Handlungsweise der Regierung mir keinen anderen Weg lasse, als zu Satyagraha meine Zuflucht zu nehmen. Aber alles war vergeblich.

Die Bill war noch nicht als Gesetz amtlich bekanntgemacht worden. Ich fühlte mich gerade gesundheitlich sehr schwach, als ich eine Einladung aus Madras erhielt; aber ich beschloß dennoch, die lange Reise zu wagen. Ich konnte damals meine Stimme nicht genügend erheben, um in Versammlungen zu reden. Mein ganzer Körper zitterte, und heftiges Herzklopfen befiel mich jedesmal, wenn ich versuchte, auch nur kurze Zeit im Stehen zu sprechen. Dank meiner Tätigkeit in Südafrika glaubte ich ein besonderes Anrecht auf die Tamils und Telugus zu haben, und die wackere Bevölkerung im Süden hatte meinen Glauben nie enttäuscht. Die Einladung war im Namen des verstorbenen Sjt. Kasturi Ranga Iyengar ergangen; aber hinter der Einladung stand, wie ich später auf dem Wege nach Madras erfuhr, Rajagopalachari. Dies war unsere erste persönliche Begegnung. Er hatte erst kürzlich Salem verlassen, um sich auf die dringliche Aufforderung von Freunden wie auf die des verstorbenen Sjt. Kasturi Ranga Iyengar hin als Rechtsanwalt in Madras niederzulassen. Bei ihm hatten wir uns in Madras verabredet.

Wir schmiedeten täglich Pläne miteinander für den kommenden Kampf, aber abgesehen von öffentlichen Versammlungen wollte mir zunächst gar nichts anderes einfallen. Ich war vollkommen ratlos, wie wir es anstellen sollten, friedlichen Widerstand gegen die Rowlatt-Bill zu leisten, wenn sie schließlich rechtskräftig wurde. Man konnte ihr nur trotzen, wenn die Regierung Gelegenheit dazu gab. Tat sie das nicht, durften wir dann anderen Gesetzen friedlichen Widerstand leisten? Und wenn ja, wo war die Grenze zu ziehen? Diesen und vielen ähnlichen Fragen galten unsere Gespräche. Während wir noch am Beraten waren, kam die Nachricht, daß die Rowlatt-Bill als Gesetz verkündet worden sei. An diesem Abend zerbrach ich mir wiederum den Kopf so lange, bis ich endlich einschlief. Gegen Morgengrauen wachte ich etwas früher auf als gewöhnlich. Ich war noch im Dämmerzustand zwischen Schlaf und Wachen, als mich plötzlich die erlösende Idee durchzuckte – es war wie im Traum. Am frühen Morgen erzählte ich die ganze Geschichte Rajagopalachari.

»Gestern nacht im Traum kam mir der Gedanke«, sagte ich, »daß wir das Land zu einem allgemeinen Hartal[2] aufrufen müssen. Satyagraha ist ein Vorgang der Selbstläuterung, unser Satyagraha ist ein heiliger Kampf, und es scheint mir daher nur recht und billig, daß er mit einer Tat der Selbstläuterung begonnen wird. Die ganze Bevölkerung Indiens soll also an diesem Tag ihre Arbeit ruhen lassen und ihn als einen Tag des Fastens und Betens betrachten. Die Mohammedaner werden vermutlich nicht länger als einen Tag fasten; das Fasten soll also vierundzwanzig Stunden dauern. Es läßt sich sehr schwer sagen, ob alle Provinzen dieser Aufforderung nachkommen werden, aber für Bombay, Madras, Bihar und Sindh glaube ich einstehen zu können. Ich denke, wir dürfen schon recht zufrieden sein, wenn alle diese Gegenden das Hartal gebührend beachten.«

Rajagopalachari war sofort begeistert von meinem Vorschlag. Auch andere Freunde stimmten freudig zu, als sie davon erfuhren. Ich entwarf einen kurzen Aufruf. Der Tag des Hartal wurde zunächst auf den 30. März, später auf den 6. April festgesetzt. Die Frist war also kurz; aber da es rasches Handeln galt, konnten wir nicht länger warten. Gott weiß jedoch, wie es zustande kam: Ganz Indien vom einen Ende bis zum andern, Städte sowohl wie Dörfer, standen an diesem Tag vierundzwanzig Stunden lang in Fasten und Trauer. Es war ein wundervolles Schauspiel.

Nach einer kurzen Rundreise in Südindien war ich, glaube ich, am 4. April in Bombay eingetroffen, da ich ein Telegramm von Sjt. Shankarlal Banker erhalten hatte, mit der Bitte, am 6. April dort zu sein.

Aber mittlerweile hatte Delhi schon am 30. März das Hartal durchgeführt. Das Wort Swami Shraddhanands[3] und Hakim Ajmal Khans war dort Gesetz. Das Telegramm mit der Nachricht von der Verschiebung des Hartal auf den 6. April war dort zu spät eingetroffen. Delhi hatte noch nie ein Hartal wie dieses erlebt. Die Hindus und Mohammedaner schienen einig wie ein Mann. Swami Shraddhanand wurde aufgefordert, eine Rede in der Juma Masjid[4] zu halten, was er auch tat. Den Behörden schwoll der Kamm. Die Polizei hielt den Hartal-Zug auf, als er gegen den Bahnhof vorrückte, und eröffnete das Feuer, das eine Anzahl Verluste zur Folge hatte. Gewaltherrschaft hub an in Delhi. Swami Shraddhanand rief mich dringend zu Hilfe. Ich telegraphierte zurück, daß ich gleich nach dem 6. April kommen würde.

Wie in Delhi erging es mehr oder weniger auch in Lahore und Amritsar. Aus Amritsar hatten die Doktoren Satyapal und Kitchlu mir eine dringende Einladung geschickt. Ich kannte die beiden damals noch gar nicht, aber ich antwortete ihnen, ich gedächte von Delhi aus nach Amritsar zu kommen.

Am Morgen des 6. April strömten die Bürger von Bombay zu Tausenden nach dem Chowpati-Strand zu einem Bad im Meer, worauf sie sich in einem feierlichen Zuge nach Thakurdwar bewegten. Viele Frauen und Kinder waren dabei, und auch Mohammedaner entsprechend ihrer Zahl. Von Thakurdwar wurden etliche von uns durch die mohammedanischen Freunde zu einer nahen Moschee geführt, wo Mrs. Naidvo und ich veranlaßt wurden, Ansprachen zu halten.[5] Sjt. Vithaldas Jerajani schlug vor, daß wir hier auf der Stelle dem Volke das Swadeshi-Gelübde und das Gelübde der Verbrüderung zwischen Hindus und Mohammedanern abnehmen sollten; aber ich widersetzte mich dem Vorschlag mit der Begründung, daß Gelübde nicht übereilt abgenommen werden dürften und daß wir uns zufriedengeben sollten mit dem, was das Volk bereits von sich aus getan habe. Ein einmal abgelegtes Gelübde sei unwiderruflich; deshalb müßten alle Beteiligten sich zuvor ganz klar darüber sein, was das Swadeshi-Gelübde bedeute und welche schwere Verantwortung mit der Hindu-Moslem-Verbrüderung verbunden sei. Zu guter Letzt schlug ich vor, daß diejenigen, die die Gelübde ablegen wollten, sich am nächsten Morgen wieder zu diesem Zwecke versammeln sollten.

Ich brauche wohl kaum erst zu sagen, daß das Hartal in Bombay ein voller Erfolg war. Alle Vorbereitungen zum Beginn des friedlichen Widerstands waren getroffen. Über zwei meiner Vorschläge hatte man sich geeinigt. Es war beschlossen worden, nur gegen solche Gesetze Widerstand zu leisten, die Anlaß zu Massenübertretungen boten. Die Salzsteuer zum Beispiel war äußerst unbeliebt, und eine mächtige Bewegung war vor einiger Zeit im Gange gewesen, um ihre Aufhebung zu erwirken. Ich schlug deshalb vor, die Bevölkerung möge dazu schreiten, in ihren eigenen Häusern Salz aus Meerwasser zu gewinnen, unter Mißachtung der Salzgesetze. Mein anderer Vorschlag galt dem Verkauf von verbotener Literatur. Zwei von meinen Büchern, Hind Swaraj und Sarvodaya[6], die schon seit einiger Zeit verboten waren, kamen gelegen zu diesem Zweck. Sie zu drucken und öffentlich zu verkaufen, schien der einfachste Weg. Eine Anzahl Exemplare davon wurden also gedruckt, und es wurde verabredet, sie am Schluß der gewaltigen Versammlung zu verkaufen, die an diesem Abend nach Abbruch des Fastens abgehalten werden sollte.

Am Abend des 6. April zog denn ein Heer von Freiwilligen mit dieser verbotenen Literatur aus, um sie unter dem Volk zu verkaufen. Sowohl Shrimati Sarojini Naidu als ich fuhren in Autos umher. Bald waren alle Exemplare verkauft. Der Ertrag sollte unserm friedlichen Feldzug zugute kommen. Der Preis für die beiden Bücher war mit vier Annas fürs Exemplar angesetzt, aber ich erinnere mich kaum, daß irgend jemand sie mir zum Nennwert abgekauft hätte. Eine Menge Leute gaben alles Geld her, das sie in der Tasche hatten. Fünf- und Zehnrupienscheine flogen heraus für ein einziges Exemplar, und ich weiß noch, daß ich einmal ein Exemplar für fünfzig Rupien verkaufte! Es wurde den Leuten gebührend klargemacht, daß sie wahrscheinlich verhaftet und ins Gefängnis gesteckt werden würden, weil sie verbotene Bücher kauften. Aber in diesem Augenblick hatten sie alle Furcht vor dem Kerker abgelegt.

Später wurde bekannt, daß die Regierung sich auf den bequemen Standpunkt gestellt hatte, die Bücher, die von ihr verboten waren, seien ja gar nicht verkauft worden, sondern was wir verkauft hätten, sei ein Neudruck gewesen; mithin sei der Verkauf nicht strafbar. Diese Nachricht rief allgemeine Enttäuschung hervor.

Am nächsten Morgen wurde eine andere Versammlung abgehalten, in der jene beiden Gelübde – Swadeshi- und Hindu-Moslem-Verbrüderung – abgenommen werden sollten. Nur ein kleines Häuflein von Leuten erschien. Ich erinnere mich noch gut an einige von den Schwestern, die zugegen waren. Auch die Männer waren sehr spärlich gesät. Ich hatte das Gelübde schon entworfen und mitgebracht und machte den Anwesenden seine Bedeutung gründlich klar, ehe ich es ihnen abnahm. Daß so wenige gekommen waren, betrübte mich weder noch überraschte es mich; denn ich hatte schon immer bemerkt, daß die große Masse mit Freuden dabei ist, wo es aufregend hergeht, aber nur schwer zu haben ist für stille, aufbauende Arbeit. Das ist auch heute noch so.

In der Nacht des 7. April reiste ich nach Delhi und Amritsar ab. Das erste, was ich bei der Ankunft in Muttra am 8. April hörte, war das Gerücht, daß ich wahrscheinlich verhaftet werden würde. Der Zug war noch nicht in Palwal eingelaufen, als mir ein schriftlicher Befehl zugestellt wurde, der besagte, daß es mir verboten sei, die Grenze des Pandschab zu überschreiten, da man sonst Ruhestörungen befürchte. Die Polizei forderte mich auf, auszusteigen, aber ich weigerte mich und sagte: »Ich fahre nach dem Pandschab auf eine dringliche Einladung hin; nicht um Unruhe zu stiften, sondern um sie zu beschwichtigen. Deshalb kann ich leider diesem Befehl nicht Folge leisten.«

Endlich fuhr der Zug in Palwal ein. Ich bat Mahadev Desai, der mit mir gekommen war, nach Delhi weiterzufahren, Swami Shraddhanand zu berichten, was vorgefallen sei, und das Volk zur Ruhe zu ermahnen. Er sollte ihnen erklären, aus welchen Gründen ich beschlossen hätte, dem mir zugestellten Befehl nicht zu gehorchen und die Strafe für solchen Ungehorsam auf mich zu nehmen, und daß es den Sieg unserer Partei fördern würde, wenn sie vollkommen ruhig blieben, gleichviel, welche Strafe über mich verhängt werden mochte.

Auf dem Bahnhof von Palwal wurde ich aus dem Zug geholt und in polizeilichen Gewahrsam genommen. Ein Zug aus Delhi traf gleich darauf ein. Ich wurde in ein Abteil dritter Klasse gewiesen, der Polizeitrupp begleitete mich. Bei der Ankunft in Muttra wurde ich nach der Polizeikaserne geschafft, aber kein Beamter konnte mir sagen, was sie eigentlich mit mir vorhatten oder wohin ich nun gebracht werden sollte. Um vier Uhr am nächsten Morgen wurde ich aus dem Schlaf gerüttelt und in einen Güterzug gesteckt, der nach Bombay fuhr. Gegen Mittag mußte ich in Sawai Madhupur wieder aussteigen. Mr. Bowring, Polizeiinspektor, der mit dem Postzug aus Lahore eintraf, nahm mich nun unter Bewachung. Ich wurde mit ihm in einem Abteil erster Klasse untergebracht. Aus einem gewöhnlichen Gefangenen war ich nun ein »Gentleman«-Gefangener geworden. Der Beamte begann mit einer langen Lobrede auf Sir Michael O'Dwyer. Sir Michael hätte nichts gegen mich persönlich, aber er befürchte Ruhestörungen, wenn ich das Pandschab beträte, und so weiter. Schließlich ersuchte er mich, freiwillig nach Bombay zurückzukehren und mich damit einverstanden zu erklären, die Grenze des Pandschab nicht zu überschreiten. Ich erwiderte, daß ich dem Befehl unmöglich Folge leisten könnte und daß ich nicht gesonnen sei, freiwillig umzukehren. Worauf der Beamte, als er sah, daß alles Zureden nicht half, mir sagte, daß er in diesem Falle die Strenge des Gesetzes gegen mich walten lassen müsse. »Aber was wollen Sie mit mir tun?« fragte ich. Er entgegnete, das wisse er selbst nicht, er warte auf weitere Befehle. »Zunächst«, sagte er, »bringe ich Sie nach Bombay.«

So kamen wir nach Surat. Hier wurde ich einem anderen Polizeibeamten in Obhut gegeben. »Jetzt sind Sie frei«, sagte der Beamte zu mir, als wir in Bombay waren. »Es wäre allerdings besser«, setzte er hinzu, »wenn Sie bei den ›Marine Lines‹ aussteigen; ich werde da den Zug für Sie halten lassen. In Colaba sind wahrscheinlich eine große Menge Menschen.« Ich erwiderte ihm, daß ich seinen Wunsch gern befolgen würde. Er war erfreut und dankte mir dafür. Infolgedessen stieg ich bei den ›Marine Lines‹ aus. Der Wagen eines Freundes fuhr gerade zufällig vorbei. Er nahm mich mit und setzte mich vor Revashankar Jhaveris Haus ab. Der Freund erzählte mir, daß die Nachricht von meiner Verhaftung die Bevölkerung entflammt und in wilde Raserei versetzt hätte. »In Pydhuni[7] wird jeden Augenblick ein Aufruhr befürchtet, die Polizei ist schon dort«, setzte er hinzu.

Kaum war ich im Haus, als Umar Sobhani und Anasuyaben ankamen und mich baten, sofort im Auto nach Pydhuni zu fahren. »Die Bevölkerung ist schon ungeduldig und äußerst erregt«, sagten sie, »wir können sie nicht beschwichtigen. Das können nur Sie.«

Ich stieg in das Auto. In der Nähe von Pydhuni sah ich schon von weitem, daß eine riesige Volksmenge sich angesammelt hatte. Bei meinem Anblick geriet das Volk außer sich vor Freude. Ein Zug wurde sofort gebildet, und donnernde Rufe: ›Bande Mataram‹[8] und ›Allahu Akbar‹[9] zerrissen die Luft. Als der Zug aus der Abdur-Rahman-Straße bog und gerade gegen den Crawford-Markt vorrücken wollte, sah er sich plötzlich einem Trupp berittener Polizei gegenüber, der sich dort aufgestellt hatte, um ein weiteres Vorrükken in der Richtung der Festung zu verhindern. Die Menge war dicht eingekeilt. Sie hatte die Polizeikette fast schon durchbrochen. Es bestand kaum irgendeine Möglichkeit, meiner Stimme in diesem gewaltigen Gewühl Gehör zu verschaffen. Just in diesem Augenblick gab der Offizier, der das Kommando hatte, Befehl, die Menge zu zerstreuen, und sofort stürmten die Reiter, ihre Lanzen schwingend, auf das Volk los. Einen Augenblick hatte ich das Gefühl, jetzt würde es mich treffen. Aber meine Besorgnis war grundlos; die Lanzen streiften nur das Auto, indes die Reiter vorbeigaloppierten. Die Reihen des Volkes waren im Nu durchbrochen und in wildes Durcheinander gescheucht, das sich bald in planlose Flucht auflöste. Einige wurden zu Boden getreten, andere schwer mißhandelt und gequetscht. In diesem brodelnden Menschengewühl konnten die Pferde kaum durch, noch war irgendein Ausgang da, durch den die Menge sich hätte zerstreuen können. So bahnten die Lanzenreiter sich blindlings ihren Weg durch die Masse. Ich kann mir kaum denken, daß sie sehen konnten, was sie anrichteten. Das Ganze bot ein grauenhaftes Schauspiel. Reiter und Volk waren ein einziger wilder Wirrwarr.

So wurde die Menge zersprengt und ihr Vorrücken aufgehalten. Unser Auto durfte weiterfahren. Ich ließ es vor dem Amtsgebäude des Kommissars halten. Ich stieg aus, um mich bei ihm über das Verhalten der Polizei zu beschweren. Überall auf der Treppe, die zu dem Amtszimmer des Kommissars führte, sah ich Soldaten stehen, die wie zu einer Schlacht gerüstet waren. Auf der Veranda wimmelte es von ihnen. Als ich in das Amtszimmer geführt wurde, sah ich Mr. Bowring bei Mr. Griffith sitzen. Ich schilderte dem Kommissar die Szenen, die ich miterlebt hatte. Er entgegnete kurz: »Ich wollte nicht, daß der Zug gegen die Festung vorrückte, da ein Aufruhr dort unvermeidlich gewesen wäre. Und da ich annahm, daß das Volk nicht auf gute Worte hören würde, mußte ich der berittenen Polizei notgedrungen Befehl geben, gegen die Menge vorzugehen.«

»Aber«, sagte ich, »Sie wußten doch, wozu das führen mußte. Es war doch vorauszusehen, daß die Pferde die Leute zu Boden treten würden. Meiner Ansicht nach war es ganz unnötig, eine so starke Abteilung Berittener abzuschicken.«

»Das können Sie nicht beurteilen«, entgegnete Mr. Griffith. »Wir Polizeibeamten wissen besser als Sie, was Ihre Lehre beim Volk anrichtet. Wenn wir nicht von vornherein scharf eingreifen, würde uns bald alles aus der Hand gleiten. Glauben Sie mir, das Volk geht Ihnen sicher durch. Auflehnung gegen das Gesetz – gut, das behagt ihnen, das begreifen sie gleich; aber daß sie dabei friedlich bleiben sollen, das geht über ihren Horizont. Ich zweifle nicht, daß Sie das Beste wollen, aber das Volk begreift das nicht. Es folgt seinem natürlichen Trieb.«

»Das Volk ist von Natur aus nicht gewalttätig, sondern friedlich«, antwortete ich.

So stritten wir lange hin und her. Schließlich sagte Mr. Griffith: »Aber angenommen, Sie kämen zu der Überzeugung, daß Ihre Lehre in den Wind geredet ist beim Volk, was würden Sie dann tun?«

»Wenn ich davon überzeugt wäre, würde ich den friedlichen Widerstand aufgeben.«

»Wie meinen Sie das? Sie sagten doch zu Mr. Bowring, daß Sie nach dem Pandschab weiterfahren wollen in dem Augenblick, da Sie freigelassen werden.«

»Ja, ich wollte gleich mit dem nächsten Zug weiterfahren. Aber nun kommt das nicht mehr in Frage.«

»Wenn Sie abwarten, werden Sie sich noch gründlicher davon überzeugen. Wissen Sie, was in Ahmedabad vorgeht? Und was in Amritsar geschehen ist? Überall ist das Volk rein wie toll. Dabei bin ich noch nicht einmal im Besitz aller Nachrichten. Die Telegraphendrähte sind an einigen Orten zerschnitten worden. Die Verantwortung für alle diese Unruhen fällt auf Sie.«

»Ich versichere Ihnen, daß ich alle Schuld jederzeit bereitwillig auf mich nehmen werde. Aber ich würde tief betrübt und überrascht sein, wenn es wirklich in Ahmedabad zu Unruhen gekommen wäre. Für Amritsar kann ich nicht bürgen. Ich bin nie dort gewesen; niemand kennt mich dort. Aber das eine weiß ich ganz sicher: auch dort im Pandschab hätte es nie so weit zu kommen brauchen. Hätte die Pandschabregierung meine Einreise nicht verhindert, so hätte ich viel dazu tun können, daß dort alles ruhig geblieben wäre. Indem sie mich daran hinderte, hat sie das Volk unnötig gereizt.«

So stritten wir weiter und weiter. Es war uns unmöglich, zu einer Verständigung zu gelangen. Ich sagte ihm, daß ich beabsichtige, zu einer Versammlung am Chowpati-Strand zu reden und das Volk zu bitten, ruhig zu bleiben. Damit verabschiedete ich mich von ihm. Die Versammlung wurde am Chowpati-Ufer abgehalten. Ich sprach ausführlich über die Pflicht der Gewaltlosigkeit und über die Grenzen von Satyagraha und sagte: »Satyagraha ist im wesentlichen eine Waffe der Wahrhaftigen. Ein Satyagrahi ist zur Gewaltlosigkeit verpflichtet, und wenn das Volk diesen Grundsatz nicht in Geist, Wort und Tat wahrt, kann ich mich dieser Waffe nicht bedienen.«

Auch Anasuyaben hatte Nachricht von Unruhen in Ahmedabad erhalten. Irgend jemand hatte dort das Gerücht verbreitet, auch ich sei verhaftet worden. Die Spinnereiarbeiter waren über diese angebliche Verhaftung in Wut geraten, hatten die Arbeit niedergelegt und Ausschreitungen begangen, und ein Unteroffizier war getötet worden. So fuhr ich denn nach Ahmedabad. Unterwegs hörte ich, daß man den Versuch gemacht hatte, die Schienen beim Bahnhof Nadiad aufzureißen, daß in Viramgam ein Regierungsbeamter ermordet und daß über Ahmedabad das Standrecht erklärt worden war. Die Bevölkerung war verängstigt. Sie hatte sich zu Gewalttaten hinreißen lassen und sollte nun doppelt und dreifach dafür büßen.

Ein Polizeibeamter wartete am Bahnhof, um mich zu Mr. Pratt, dem Kommissar, zu geleiten. Ich traf ihn in einem Zustand äußerster Wut an. Ich sprach in aller Sanftmut mit ihm und drückte mein Bedauern über die Unruhen aus. Ich wies ihn darauf hin, daß das Standrecht unnötig sei, und erklärte mich bereit, bei allen Bemühungen zur Wiederherstellung des Friedens mitzuwirken. Ich bat um Erlaubnis, eine öffentliche Versammlung auf dem Grund und Boden des Ashrams in Sabarmati abhalten zu dürfen. Der Vorschlag gefiel ihm, und die Versammlung wurde, glaube ich, am Sonntag, dem 14. April, abgehalten. Das Standrecht wurde noch am gleichen Tage oder tags darauf aufgehoben. Bei meiner Ansprache versuchte ich, den Leuten ihr Unrecht zu Gemüte zu führen, erklärte, daß ich zur Buße drei Tage fasten würde, legte dem Volke ans Herz, ebenfalls einen Tag lang zu fasten, und riet denjenigen, die sich Ausschreitungen hatten zuschulden kommen lassen, sich offen zu ihrer Schuld zu bekennen.

Meine Pflicht lag sonnenklar vor mir. Der Gedanke war unerträglich für mich, daß Arbeiter, unter denen ich so lange Zeit gelebt, für deren Bestes ich gewirkt und auf die ich gebaut hatte, bei den Unruhen dabeigewesen waren; ich fühlte mich als ihr Mitschuldiger. Genauso, wie ich ihnen geraten hatte, sich zu ihrer Schuld zu bekennen, riet ich auch der Regierung, das Begangene zu verzeihen. Beide schlugen meinen Rat in den Wind. Der verstorbene Sir Ramanbhai und andere Bürger von Ahmedabad traten mit der Bitte an mich heran, Satyagraha aufzuheben. Sie hätten mich nicht erst zu bitten brauchen, denn ich hatte mich schon entschlossen, auf Satyagraha zu verzichten, solange das Volk die Lehre des Friedens noch nicht gelernt hätte. Die Freunde gingen beglückt weg. Es gab allerdings auch andere, die über meinen Entschluß unglücklich waren. Sie meinten, wenn ich darauf warten wolle, bis alles immer nur in Frieden ginge, so könne es überhaupt nie zu einem Massen-Satyagraha kommen. Zu meinem Leidwesen konnte ich ihnen nicht beipflichten. Wenn selbst diejenigen, unter denen ich wirkte und die ich auf Gewaltlosigkeit und Selbstleiden vorbereitet glaubte, nicht Frieden wahren konnten, war Satyagraha freilich unmöglich. Ich war der festen Überzeugung und bin es auch heute noch, daß, wer das Volk zu Satyagraha führen will, fähig sein muß, es in den Grenzen grundsätzlicher Gewaltlosigkeit zu halten.

Fast unmittelbar nach der Versammlung in Ahmedabad fuhr ich nach Nadiad. Hier war es, wo ich zum erstenmal von meinem Mangel an Voraussicht als von einem ›himalajagroßen Rechenfehler‹ sprach. Schon in Ahmedabad hatte es mir gedämmert, welchem Irrtum ich zum Opfer gefallen war. Aber als ich nun sah, wie es hier in Nadiad stand, und davon hörte, daß eine große Menge Menschen im Khairagebiet verhaftet worden war, kam es mir erst recht zu Gemüte, wie falsch und verfrüht es gewesen war, die Bevölkerung hier und anderswo zum friedlichen Widerstand aufzurufen. Dieses Eingeständnis meines ›himalajagroßen Rechenfehlers‹ hat mir seither nicht wenig Spott eingetragen. Aber ich habe es nie bereut; denn ich bin immer der Ansicht gewesen, daß man nur, wenn man seine eigenen Fehler durch ein Vergrößerungsglas betrachtet und mit denen seiner Mitmenschen genau das Gegenteil tut, zu einer gerechten Beurteilung beider gelangen kann. Auch glaube ich, daß eine peinlich genaue und gewissenhafte Beachtung dieser Regel notwendig ist für jeden, der wahrhaft ein Satyagrahi sein will.

Wir wollen nun sehen, worin dieser ›Himalaja-Rechenfehler‹ bestand. Ehe man zur Anwendung friedlichen Ungehorsams berufen sein kann, muß man zuvor den Staatsgesetzen willigen und ehrerbietigen Gehorsam geleistet haben. Meist gehorchen wir diesen Gesetzen nur aus Furcht vor Strafe; das gilt besonders für solche Gesetze, die nicht Ausdruck eines sittlichen Grundsatzes sind. Ein Satyagrahi gehorcht den Gesetzen der Gesellschaft kraft eigener Einsicht und weil er es für seine heilige Pflicht hält. Nur wenn ein Mensch in solchem Sinne den Gesetzen der Gesellschaft zunächst einmal getreulich gehorcht hat, vermag er zu beurteilen, welche Verordnungen im einzelnen gut und gerecht und welche ungerecht und schlecht sind. Nur dann steht ihm das Recht zu, friedlichen Widerstand gegen gewisse Gesetze anzuwenden, in genau bestimmten Grenzen. Mein Fehler beruhte darauf, daß ich diese Vorbedingung außer acht ließ. Ich hatte die Bevölkerung zu friedlichem Widerstand aufgerufen, ehe sie selber noch dazu reif war; und dieser mein Fehler erschien mir ebenso riesengroß wie der Himalaja. Just hier in Khaira kamen mir alle alten Erinnerungen an den Satyagrahakampf wieder in den Sinn, und ich griff mir an den Kopf, daß ich nicht erkannt hatte, was so offenkundig war.

Man mag mit Recht einwenden: »Wie kann ein Volk, das, wie die meisten Menschen, gewohnt ist, alle Augenblicke ein Gesetz zu umgehen, mit einem Mal den Sinn friedlichen Widerstands begreifen und sich streng in seinen Grenzen halten?« Ich gebe zu, daß es kein Leichtes ist für Tausende und Hunderttausende von Menschen, jene idealen Bedingungen zu erfüllen. So sagte ich mir denn: ehe man wieder zu friedlichem Widerstand im großen Maßstabe greift, muß man eine Schar von wohlerprobten, herzensreinen Freiwilligen schaffen, die den strengen Geist von Satyagraha im Innersten verstehen. Die müssen ihn dem Volke dann erklären und es durch rastlose Wachsamkeit auf dem richtigen Wege halten.

Mit solchen Gedanken im Sinn kam ich in Bombay an, sammelte eine Schar von freiwilligen Satyagrahis und begann mit ihrer Hilfe das Erziehungswerk am Volke, hauptsächlich durch Herausgabe von aufklärenden Flugschriften. Aber ich sah sehr bald, wie schwer es hielt, das Volk für die friedliche Seite von Satyagraha zu interessieren. Auch meldeten sich nicht genug Freiwillige, und die sich meldeten, sträubten sich dagegen, sich einer regelmäßigen systematischen Schulung zu unterziehen. Die Zeit verging, und die Zahl der neuen Rekruten nahm immer mehr ab statt zu. Ich sah ein, daß es mit der Erziehung zu friedlichem Ungehorsam nicht so schnell vonstatten gehen würde, wie ich zunächst erwartet hatte.

Sir Michael O'Dwyer gab mir die Schuld an allem, was im Pandschab geschehen war, und einige junge Hitzköpfe dort machten mich verantwortlich dafür, daß das Standrecht erklärt worden war. Sie behaupteten, wenn ich den friedlichen Ungehorsam nicht aufgehoben hätte, wäre es nicht zu dem Blutbad in Jallianwala Bagh gekommen. Einige drohten mir sogar, sie würden mich umbringen, wenn ich nach dem Pandschab käme. Aber ich vertraute darauf, daß meine Haltung so klar und unzweideutig war, daß kein vernünftiger Mensch sie mißverstehen konnte. Ich war voller Ungeduld, nach dem Pandschab zu fahren, wo ich noch nie gewesen war, und das machte mich erst recht begierig, die Dinge mit eigenen Augen aus nächster Nähe zu sehen. Dr. Satyapal, Dr. Kitchlu und Pandit Rambhaj Dutt Chowdhari, die mich eingeladen hatten, saßen zur Zeit im Gefängnis. Aber ich war überzeugt, daß die Regierung nicht wagen würde, sie und die anderen Gefangenen lange in Haft zu behalten. Viele aus dem Pandschab kamen zu mir, sooft ich in Bombay war. Ich sprach ihnen jedesmal Trost zu. Ich hatte damals so viel Selbstvertrauen, daß es auch andere ansteckte. Aber meine Reise nach dem Panschab mußte immer wieder verschoben werden. Der Vizekönig sagte jedesmal ›noch nicht‹, wenn ich ihn um Erlaubnis bat, und so zog sich die Sache in die Länge.

Inzwischen wurde bekanntgemacht, daß die Hunter-Kommission eine Untersuchung gegen die Pandschabregierung und ihre Schreckensherrschaft unter dem Standrecht einleiten würde. Charlie Andrews war auch dort eingetroffen, und seine Briefe schilderten herzzerreißend, wie es zuging. Ich ersah daraus, daß in Wahrheit noch viel ärger gewütet worden war, als die Presseberichte besagten. Er bat mich inständig, zu ihm zu kommen. Gleichzeitig kamen dringende Telegramme von Malaviyaji. Ich telegraphierte abermals an den Vizekönig und fragte, ob ich nun nach dem Pandschab fahren dürfe. Er telegraphierte zurück: Ja, nach dem 17. Oktober.

Der Anblick, der sich mir bei meiner Ankunft in Lahore bot, wird mir immer unauslöschlich im Gedächtnis bleiben. Der Bahnhof war vom einen Ende bis zum andern eine einzige brausende Menschenmasse. Die ganze Bevölkerung war in leidenschaftlicher Erwartung aus allen Häusern gekommen, wie um einen lieben Verwandten nach langer Trennung wiederzusehen, und gebärdete sich außer sich vor Freude.

Der Kongreß in Amritsar

Im Verlauf meiner Untersuchung der Pandschabgreuel kamen mir Berichte von der Gewaltherrschaft der Regierung und der Willkür ihrer Beamten vor Augen, wie ich sie kaum für möglich gehalten hätte, und die mich mit tiefem Schmerz erfüllten. Mich überraschte vor allem, daß eine Provinz, die der britischen Regierung im Kriege die größte Anzahl von Soldaten gestellt, alle diese brutalen Übergriffe mit gebeugtem Nacken hingenommen hatte. Ich wurde damit betraut, den Untersuchungsbericht für den Kongreß zu entwerfen; ich empfehle jedem, ihn zu lesen, der einen Begriff von den Grausamkeiten bekommen will, die an der Pandschabbevölkerung verübt wurden. Hier möchte ich nur sagen, daß nicht eine einzige bewußte Übertreibung darin steht. Jede Angabe ist durch Beweismaterial belegt. Überdies ist darin nur ein Bruchteil des Materials veröffentlicht, das in den Händen der Kommission war. Nichts, das auch nur im geringsten zweifelhaft war, durfte in Druck gehen. Soviel ich weiß, ist nicht eine einzige Angabe in diesem Bericht je widerlegt worden.

Die Untersuchung im Kongreß hatte gerade begonnen, als ich ein allgemeines Einladungsschreiben erhielt, an einer gemeinsamen Konferenz von Hindus und Mohammedanern teilzunehmen, die in Delhi tagen und über die Frage des Kalifats beratschlagen sollte. Unter den Unterzeichneten befanden sich Hakim Ajmal Khan Sahib und Mr. Asaf Ali. Auch Swami Shraddhanand, verlautete, würde zugegen sein. Das Schreiben erwähnte weiterhin, daß nicht nur die Frage des Kalifats, sondern auch die des Kuhschutzes auf der Konferenz zur Sprache kommen würde. Es wäre also eine vorzügliche Gelegenheit, zu einer Einigung zu gelangen.

Dieser Hinweis auf die Kuhfrage gefiel mir nicht. In meiner Antwort versprach ich zwar, wenn irgend möglich, teilzunehmen, schrieb aber zugleich, daß die beiden Fragen nach meiner Ansicht nicht verquickt oder im Sinn eines Schachers gegeneinander ausgespielt werden dürften, sondern daß jede für sich nach ihrer eigenen Bedeutung behandelt und entschieden werden müsse.

Mit diesen Gedanken fuhr ich zu der Konferenz. Sie war recht gut besucht, obgleich das Bild nicht das gleiche war wie bei späteren Zusammenkünften, zu denen sich Zehntausende einfanden. Ich besprach die eben erwähnte Frage mit Swami Shraddhanandji, der auch da war. Er gab mir recht und überließ es mir, der Konferenz meine Ansicht vorzutragen. Desgleichen besprach ich mich mit Hakim Sahib. Ich trat dafür ein, daß die Hindus unbedingt zu den Mohammedanern halten müßten, wenn die Frage des Kalifats eine gerechte und gesetzliche Grundlage habe, wie es vermutlich der Fall sei, und wenn die Regierung wirklich eine grobe Ungerechtigkeit begangen habe. Aber es wäre ihrer unwürdig, die Kuhfrage damit zu verquicken und ihrerseits den Mohammedanern Bedingungen zu stellen, genauso wie es der Mohammedaner unwürdig sein würde, wenn sie jetzt etwa anböten, keine Kühe mehr zu schlachten, nur zum Entgelt für die Beihilfe der Hindus in der Frage des Kalifats. Ganz etwas anderes und sehr erfreulich wäre es, wenn die Mohammedaner aus freien Stücken das Küheschlachten einstellen würden aus Rücksicht auf die religiösen Gefühle der Hindus. Aber in diesem Falle müßten sie es tun ganz unbekümmert darum, ob die Hindus ihnen zum Kalifat verhülfen oder nicht. Die beiden Fragen müßten unabhängig voneinander erörtert werden, und die Beratungen müßten ausschließlich auf die Frage des Kalifats beschränkt bleiben. Alle Anwesenden stimmten mir bei. Aber trotz meiner Warnung fühlten sich die Mohammedaner dann bei den Verhandlungen doch immer wieder bewogen, darauf anzuspielen, daß sie bereit wären, zum Dank das Küheschlachten einzustellen, falls die Hindus sie in der Frage des Kalifats unterstützten. Und einmal sah es fast so aus, als ob sie tatsächlich ein Ende damit machen wollten.

Maulana Hazrat Mohani wohnte dieser Konferenz bei. Ich hatte ihn schon früher kennengelernt, aber erst hier bekam ich zu spüren, was für ein kampflustiger Gegner er war. Wir waren fast von Anfang an verschiedener Meinung. Unter den Anträgen, die auf dieser Konferenz angenommen wurden, war auch einer, in dem sowohl Hindus als Mohammedaner aufgefordert wurden, das Swadeshi-Gelübde abzulegen und – folgerichtigerweise – ausländische Waren zu boykottieren. Khadi[1] hatte sich damals seinen Platz noch nicht erobert. Dies war nicht nach Hazrat Mohanis Sinn. Ihm kam es darauf an, Rache an dem Britischen Reich zu nehmen, falls die Mohammedaner in der Frage des Kalifats nicht zu ihrem Recht kämen. Daher stellte er den Gegenantrag, lediglich britische Waren zu boykottieren. Ich bekämpfte diesen Antrag aus Prinzip und führte Gründe dagegen an, die inzwischen wohl allgemein bekannt geworden sind. Ich legte der Konferenz auch meine

Auffassung von Ahimsa dar. Meine Ausführungen machten einen tiefen Eindruck auf die Zuhörer. Hazrat Mohanis Rede war mit so lautem Beifall aufgenommen worden, daß ich befürchtet hatte, die meinige würde ungehört verhallen. Ich sprach eigentlich nur, weil ich es für eine Pflichtverletzung gehalten hätte, meine Anschauungen der Konferenz nicht zu unterbreiten. Aber zu meiner angenehmen Überraschung fand meine Rede die gespannteste Aufmerksamkeit aller; und nachdem ich geendet hatte, erhob sich Redner auf Redner, um mir beizupflichten. Die Führer sahen ein, daß sie mit dem Boykott britischer Waren nicht nur ihren Zweck verfehlen, sondern sich geradezu lächerlich machen würden. Kaum einer in dieser Versammlung trug nicht irgendeinen Gegenstand britischen Fabrikates auf dem Leibe. So sagten sich denn viele, daß nur Schaden entstehen würde aus einer Entschließung, die in Wirklichkeit nicht einmal die Jasager hätten ausführen können.

»Der Boykott ausländischer Stoffe genügt freilich nicht allein«, sagte Maulana Hazrat Mohani, »denn wer weiß, wie lange es dauern wird, bis wir selber genug Swadeshi-Stoffe herstellen können? Wir brauchen etwas, das sofort auf die Briten wirkt. Boykott ausländischer Stoffe – gut und schön; aber dazu noch etwas, das schneller und kräftiger wirkt.«

Während er noch sprach, wurde mir klar, daß in der Tat außer dem Boykott noch etwas anderes geschehen müsse. Ein sofortiger Boykott ausländischer Stoffe erschien auch mir als eine reine Unmöglichkeit. Damals wußte ich noch nicht, daß wir, wenn wir nur wollten, Khadi genug für uns alle herstellen könnten; das war erst eine spätere Entdeckung. Dagegen wußte ich schon damals, daß wir verraten und verkauft wären mit unserem ganzen Boykott, wenn wir uns auf die Spinnereien allein verließen. Ich grübelte noch an diesem Dilemma, als der Maulana seine Rede schloß.

Ich war gehemmt, weil es mir an Hindi- oder Urduwörtern fehlte.[2] Dies war das erstemal, daß ich in freier Gegenrede vor einer Zuhörerschaft zu sprechen hatte, die vornehmlich aus Mohammedanern aus dem Norden bestand. Im ›Moslem-Bund‹ in Kalkutta hatte ich in Urdu gesprochen, aber nur ein paar Minuten lang. Hier dagegen stand ich vor einer kritischen, wenn nicht feindlichen Zuhörerschaft, die ich für meinen Standpunkt gewinnen sollte. Aber ich hatte alle Scheu abgeschüttelt. Ich war nicht hier, um mit dem fehlerlosen, eleganten Urdu der Mohammedaner aus Delhi rednerisch zu wetteifern, sondern um der Versammlung meine Anschauungen darzulegen, so gut es in meinem gebrochenen Hindi eben ging. Und es gelang. Diese Erfahrung war mir ein unmittelbarer Beweis dafür, daß einzig und allein eine Hindi-Urdu-Sprache die Umgangssprache Indiens werden kann. Hätte ich in englischer Sprache gesprochen, so hätte ich nicht den Eindruck machen können, den ich in der Tat machte, und der Maulana hätte sich nicht bewogen gefühlt, mit jener Forderung hervorzutreten; und selbst wenn er es getan hätte, hätte ich sie nicht wirksam aufgreifen können.

Ich konnte auf kein geeignetes Hindi- oder Urduwort für den neuen Gedanken kommen, den ich im Sinn hatte. Schließlich umschrieb ich ihn durch das Wort ›non-cooperation‹ [Nichtmitarbeit], einen Ausdruck, den ich zum erstenmal auf dieser Versammlung gebrauchte. Noch während der Maulana seine Rede hielt, hatte ich mir gedacht, daß es ja doch ganz zwecklos wäre, vom wirksamen Widerstand gegen eine Regierung zu sprechen, mit der er selber in mehr als einer Hinsicht zusammenarbeitete. Bewaffneten Widerstand konnten und wollten wir alle nicht leisten. Was hieß also Widerstand? – Der einzig wahre Widerstand gegen die Regierung, sagte ich mir, kann nur darin bestehen, nicht länger mit ihr zusammenzuarbeiten. So kam ich auf das Wort ›Nichtmitarbeit‹. Ich hatte damals noch keine klare Vorstellung davon, was alles daran hing. Soviel ich mich erinnere, nahm diese Versammlung eine Entschließung an, in der ›Nichtmitarbeit‹ gefordert wurde; aber es dauerte mehrere Monate, bevor der Gedanke sich weiter Bahn brach. Monatelang blieb er in den Protokollen dieser Konferenz begraben.

Die Pandschabregierung konnte auf die Dauer nicht Hunderte von Einwohnern gefangenhalten, die unter dem Standrecht auf das dürftigste Beweismaterial hin von Gerichten eingesperrt worden waren, die nur dem Namen nach Gerichte waren. Es erhob sich allenthalben ein solcher Sturm der Entrüstung gegen dieses himmelschreiende Unrecht, daß man ihm Rechnung tragen mußte. Die meisten Gefangenen wurden freigelassen, ehe der Kongreß begann, ferner Lala Harkishanlal und all die anderen Führer, während der Kongreß noch tagte. Auch die Brüder Ali trafen dort unmittelbar aus dem Kerker ein. Die Freude des Volkes kannte keine Grenzen. Pandit Motilal Nehru, der nach der hochherzigen Aufgabe seiner glänzenden Rechtspraxis das Pandschab zu seinem Hauptquartier gemacht hatte, war Vorsitzender des Kongresses.

Die Reformbotschaft des Königs war gerade veröffentlicht worden. Alle fanden sie durchaus unbefriedigend. Auch ich war enttäuscht; aber ich kam trotzdem zu der Überzeugung, daß die Reformen, so mangelhaft sie waren, doch annehmbar seien. Ich spürte in der Botschaft des Königs die Hand Lord Sinhas, und ihr Ton war so, daß immerhin ein Hoffnungsstrahl blieb. Aber erfahrene Streiter wie der verstorbene Lokamanya Tilak und Deshbandhu Chittaranjan Das schüttelten die Köpfe. Pandit Malaviyaji hielt sich neutral.

Er hatte mich bei sich in seinem Zimmer aufgenommen, und so, im gleichen Raum mit ihm, konnte ich seinen Tageslauf so recht in jeder Einzelheit beobachten, und was ich sah, erfüllte mich mit Freude. Sein Zimmer bot den Anblick einer Freistatt für alle Armen. Man konnte kaum vom einen Ende zum andern durchkommen, so überfüllt war es. Zu allen möglichen Stunden kamen Besucher, die so viel von seiner Zeit in Anspruch nehmen durften, wie sie nur wollten. In einem Winkel dieses Asyls stand in aller Würde meine Bettstatt.

So war es mir vergönnt, tägliche Zwiesprache zu halten mit Malaviyaji, der mir gütig, wie ein älterer Bruder, die verschiedenen Standpunkte der verschiedenen Leute zu erklären pflegte. Ich sah immer mehr, daß ich unbedingt an den Beratungen über die Reformen teilnehmen mußte. Da ich mitverantwortlich war für den Kongreßbericht über die Schreckensherrschaft im Pandschab, fühlte ich mich verpflichtet, mich auch für all das einzusetzen, was im Zusammenhang damit noch zu erledigen blieb. Es mußten Verhandlungen mit der Regierung aufgenommen werden. Da war ferner die Frage des Kalifats. Daß man die Reformen annehmen müsse, schien mir immer klarer. Ich glaubte mich damals darauf verlassen zu können, daß Mr. Montagu die Sache Indiens nicht verraten und auch nicht zulassen würde, daß andere sie verrieten. Auch die Freilassung der Brüder Ali und anderer Gefangener schien mir ein günstiges Zeichen zu sein.

Deshbandhu Chittaranjan Das dagegen vertrat entschieden die Ansicht, daß die Reformen als völlig unzulänglich und unbefriedigend abgelehnt werden müßten. Der verstorbene Lokamanya war mehr oder weniger neutral, hatte aber beschlossen, seinen Einfluß zugunsten jedes Antrages in die Waagschale zu werfen, dem Deshbandhu beistimmen würde. Der Gedanke, mich in Gegensatz zu so vernünftigen, wohlerprobten und allgemein verehrten Führern stellen zu müssen, war mir unerträglich. Aber andererseits war die Stimme meines Gewissens klar vernehmlich. Ich verfiel auf den Gedanken, lieber von dem ganzen Kongreß wegzulaufen, und gab Pandit Malaviyaji und Motilalji zu verstehen, es sei vielleicht besser für alle, wenn ich mich für den Rest der Tagung von dem Kongreß entfernte; dann würde es mir doch wenigstens erspart bleiben, meine Meinungsverschiedenheit mit so angesehenen Führern vor aller Welt zur Schau zu stellen.

Aber davon wollten die beiden Alten nichts wissen. Auch Lala Harkishanlal war dieser mein Vorschlag irgendwie zu Ohren gekommen. »Das geht keinesfalls«, sagte er. »Das würde die Gefühle des ganzen Pandschab verletzen.« Ich besprach mich mit Lokamanya, Deshbandhu und Mr. Jinnah, aber kein Ausweg war zu finden. Ich schüttete Malaviyaji mein Herz aus. »Ich sehe keine Aussicht auf einen Vergleich«, sagte ich zu ihm, »und wenn ich wirklich meinen Antrag stellen soll, wird nichts übrig bleiben als namentliche Abstimmung.«

»Sie dürfen den Kongreß nicht verlassen«, beharrte er.

Ich ergab mich, setzte meinen Antrag auf und entschloß mich dann unter gewaltigem Herzklopfen, ihn einzubringen. Pandit Malaviyaji und Mr. Jinnah sollten ihn unterstützen. Ich sah wohl, daß alle tief betrübt waren, obwohl unser Meinungsstreit frei war von jeder Spur von Bitterkeit und unsere Reden nichts enthielten als nüchterne Darlegungen. Aber schon der bloße Gedanke einer Entzweiung zwischen uns schien allen unerträglich.

Während der Reden waren auf der Plattform Bemühungen um einen Ausgleich im Gange, und Zettelchen gingen ganz offen unter den Führern von Hand zu Hand. Malaviyaji ließ nichts unversucht, um die Kluft zu überbrücken; sein Auge forschte in jeder Richtung nach einem Hoffnungsstrahl. Er stand gerade neben mir, als Jayaramdas mir einen Verbesserungsantrag einhändigte, den er entworfen hatte, und in der ihm eigenen einschmeichelnden Art in mich drang, den Abgeordneten doch die Peinlichkeit einer namentlichen Abstimmung zu ersparen. Sein Antrag sagte mir zu. Ich bemerkte zu Malaviyaji, der schon gespannt herschaute, daß Jayaramdas' Verbesserungsantrag mir für beide Parteien annehmbar erschiene. Lokamanya, dem er hierauf gezeigt wurde, meinte: »Wenn C. R. Das zustimmt, habe ich nichts dagegen.« Nun taute auch Deshbandhu endlich auf. Malaviyaji sah es, riß ihm den Zettel weg, noch ehe Deshbandhu ein bestimmtes ›Ja‹ ausgesprochen hatte, und rief: »Brüder Abgeordnete, ihr werdet euch freuen, zu hören, daß ein Vergleich zustande gekommen ist!« Was nun folgte, spottet der Beschreibung. Das Pandal hallte wider von Händeklatschen, und die düsteren Gesichter der Zuhörer leuchteten auf vor Freude.

Die Khadi-Bewegung

Die Anfänge der Khadi-Bewegung nahmen mehr und mehr meine Aufmerksamkeit in Anspruch. Ich erinnere mich nicht, einen Handwebstuhl oder ein Spinnrad zu Gesicht bekommen zu haben bis zum Jahre 1908, wo ich diese Geräte in meinem Buche ›Hind Swaraj‹ als Allheilmittel gegen die wachsende Verarmung Indiens pries. In diesem Buche stellte ich den Grundsatz auf, daß alles, was Indien dazu verhelfen könne, die drückende Armut seiner Massen zu überwinden, auch gleichzeitig die Verwirklichung von Swaraj fördern würde. Selbst im Jahre 1915, als ich aus Südafrika nach Indien zurückkehrte, hatte ich immer noch kein Spinnrad mit eigenen Augen gesehen. Als der Satyagraha-Ashram in Sabarmati gegründet wurde, führten wir dort ein paar Handwebstühle ein. Aber kaum war das getan, so sahen wir uns vor einer neuen Schwierigkeit. Wir alle gehörten entweder freien Berufen oder dem Kaufmannsstande an; keiner von uns war Handwerker. Wir brauchten also einen erfahrenen Weber, bei dem wir weben lernen konnten, um unsere Webstühle in Gang zu setzen. Schließlich gelang es uns, in Palanpur einen aufzutreiben, der uns jedoch nicht alle Geheimnisse seiner Kunst verriet. Maganlal Gandhi war indessen nicht der Mann dazu, sich leicht entmutigen zu lassen. Mit natürlicher Handfertigkeit begabt, brachte er es bald so weit, die neue Kunst zu meistern, und nach und nach wurden dann mehrere Weber in dem Ashram herangebildet.

Wir hatten uns das Ziel gesetzt, so weit zu kommen, daß wir uns nur noch in selbstgewebtes Zeug kleideten. Deshalb verwendeten wir keinerlei Fabrikgewebe aus indischem Garn mehr. Das trug uns eine ganze Welt von Erfahrungen ein. Wir lernten dadurch aus unmittelbarer Nähe die Lebensbedingungen der Weber kennen, den Umfang ihrer Produktion, die Schwierigkeiten, mit denen sie zu kämpfen hatten, um das nötige Garn zu bekommen, die mancherlei Betrügereien, denen sie zum Opfer fielen, und die Ursachen ihrer immer wachsenden Verschuldung.

Wir waren außerstande, sogleich alles Tuch herzustellen, das wir brauchten. So verrann die Zeit, und meine Ungeduld wuchs. Ich ging jeden gelegentlichen Besucher, der allenfalls etwas von Handspinnerei wissen konnte, mit Fragen an. Das Spinnen war seit jeher Frauensache gewesen. Wenn also wirklich noch in irgendeinem verborgenen Winkel eine einsame Spinnerin lebte, so konnte es nur einer Angehörigen des weiblichen Geschlechts gelingen, sie aufzutreiben.

Im Jahre 1917 führte ich auf Wunsch meiner Freunde in Gujarat den Vorsitz bei der Konferenz über Erziehungsfragen in Broach.[1] Bei dieser Gelegenheit entdeckte ich jene außerordentliche Frau, Gangabehn. Sie war Witwe, ihr Unternehmungsgeist kannte keine Grenzen. Sie war nicht sonderlich gebildet im üblichen Sinne des Wortes. An Mut jedoch und praktischer Klugheit übertraf sie bei weitem den Durchschnitt unserer gebildeten Frauen. Sie hatte sich längst befreit von dem fluchwürdigen Vorurteil der ›Unberührbarkeit‹ und bewegte sich furchtlos und hilfreich unter den Verfemten. Sie war bemittelt, und ihre eigenen Bedürfnisse waren gering. Sie hatte sich körperlich vollkommen akklimatisiert und ging ohne Schutz und Begleitung überallhin. Im Sattel war sie wie zu Hause. Bei der Konferenz in Godhra wurde ich näher mit ihr bekannt. Ihr vertraute ich nun meinen Kummer wegen des Charkha[2] an, und sie erleichterte mir das Herz durch das Versprechen, sich überall und bei jeder Gelegenheit danach umzutun.

Endlich, nach vielem, vielem Herumsuchen in Gujarat, entdeckte Gangabehn das heißersehnte Charkha in Vijapur im Staate Baroda. Eine ganze Anzahl Frauen dort hatten noch Spinnräder im Hause, aber sie hatten sie längst als unnützes Gerümpel in die Dachkammern verkramt. Sie erklärten Gangabehn, sie wollten gerne wieder spinnen, wenn jemand ihnen verspräche, sie regelmäßig mit Rocken zu versorgen und ihnen das Garn abzukaufen, das sie spinnen würden. Gangabehn teilte mir sogleich die Freudenkunde mit. Es stellte sich heraus, daß es nicht so leicht war, Rocken zu bekommen. Als ich jedoch mit Umar Sobhani darüber redete, half er dem sogleich ab, indem er versprach, die erforderlichen Rocken aus seiner Spinnerei zu schicken. Ich wiederum schickte diese an Gangabehn, und bald sahen wir uns mit einer solchen Fülle von Garn überschüttet, daß wir kaum wußten, wie wir damit fertig werden sollten.

Auf die Dauer fühlte ich mich dadurch bedrückt, daß ich immerzu Rocken von Umar Sobhani annehmen mußte. Obendrein erschien es mir grundsätzlich unrecht, dazu die Hilfe der Spinnerei in Anspruch zu nehmen. So schlug ich Gangabehn vor, Krempler zu beschaffen, die die Rocken oder ›Züge‹ für uns zubereiten könnten. Sie ging sogleich voller Zuversicht daran und besorgte einen Krempler, der sich bereit erklärte, Baumwolle für uns zu kratzen. Er verlangte 35 Rupien monatlich. Im Augenblick erschien mir kein Preis zu hoch. Sie lernte ein paar junge Burschen an, aus der gekratzten Baumwolle Rocken zu machen. Das Unternehmen gedieh über alles Erwarten. Gangabehn trieb Weber auf, die das in Vijapur gesponnene Garn verarbeiteten, und bald kam es so weit, daß Vijapur-Khadi einen besonderen Ruf genoß.

Während sich diese Entwicklung in Vijapur vollzog, gewann im Ashram das Spinnrad zusehends an Boden. Maganlal Gandhi brachte dank seiner hervorragenden technischen Begabung vielerlei Verbesserungen daran an; die Räder nebst Zubehör wurden mehr und mehr im Ashram selber hergestellt. Das erste im Ashram hergestellte Stück Khadi kostete siebzehn Annas das Yard. Ich trug keine Bedenken, dieses noch sehr rauhe Tuch zu diesem Preise Freunden anzubieten, die den Betrag willig bezahlten.

Ich erkrankte in Bombay und mußte das Bett hüten. Aber ich fand doch Kraft genug, um mich auch dort nach Spinnrädern umzutun. Endlich trieb ich zwei Spinnerinnen auf und ließ sie in das Haus kommen, wo ich lag. Die Räder begannen in meinem Zimmer munter zu surren, und ich kann ohne Übertreibung sagen, daß dieses wohlige Geräusch nicht zum wenigsten dazu beitrug, mich wieder gesund zu machen. Ich gebe zu, diese Wirkung mag mehr seelischer als körperlicher Art gewesen sein. Aber dann beweist das nur, wie mächtig das Seelische im Menschen auf das Körperliche wirkt. Ich legte auch selber Hand an ein Rad, aber ich brachte fürs erste noch nicht viel zustande.

Die Khadi-Bewegung rief von Anfang an viel Kritik bei den Spinnereibesitzern wach. Umar Sobhani, selber ein sehr geschäftstüchtiger Spinnereibesitzer, ließ mir nicht allein seine eigenen Kenntnisse und Erfahrungen zugute kommen, sondern er hielt mich auch auf dem laufenden darüber, was die andern Spinnereibesitzer über die Sache dachten. Eine Unterredung mit einem von diesen machte einen tiefen Eindruck auf mich. Umar Sobhani drängte mich dazu und sorgte dafür, daß wir zusammenkamen. Der Fabrikant eröffnete das Gespräch: »Sie wissen wohl, daß es schon früher einmal eine Swadeshi-Bewegung gegeben hat?«

»Jawohl«, erwiderte ich.

»Es ist Ihnen wohl auch bekannt, daß damals die Spinnereibesitzer diese Bewegung nach Kräften ausgebeutet haben. Als sie auf ihrer Höhe war, haben wir die Preise für Gewebe erhöht und sogar noch Schlimmeres getan.«

»Ja, ich habe davon gehört, und es hat mich bekümmert.«

»Ich kann Ihren Kummer verstehen, aber ich sehe keinen Grund dazu. Wir betreiben unser Geschäft nicht aus Menschenliebe. Wir wollen verdienen, und wir müssen unsere Aktionäre befriedigen. Der Preis einer Ware regelt sich nach der Nachfrage. Wer kann gegen das Gesetz von Angebot und Nachfrage an? Die Bengalis hätten wissen müssen, daß ihre Bewegung den Preis für Swadeshi-Tuche hinauftreiben würde, indem sie die Nachfrage steigerte.«

Ich fiel ihm ins Wort: »Die Bengalis vertrauten auf die anständige Gesinnung der Spinnereibesitzer. Sie bauten fest darauf, daß sie nicht so rücksichtslos selbstsüchtig und unpatriotisch sein würden, ihr Vaterland in der Stunde der Not zu verraten oder gar so weit zu gehen, daß sie ausländisches Tuch betrügerischerweise als Swadeshi verkauften.«

»Ich kenne Ihre gläubige Natur«, erwiderte er, »das ist der Grund, weshalb ich Sie zu mir bemüht habe, um Sie davor zu warnen, nicht in denselben Irrtum zu verfallen wie diese arglosen Bengalis.«

Mit diesen Worten winkte er einem Angestellten, der mit Stoffmustern aus seiner Fabrik bereitstand. Darauf deutend, sagte er: »Schauen Sie den Stoff hier. Das ist das Neueste, was wir herausbringen. Er findet eine sehr ausgedehnte Nachfrage. Wir stellen ihn aus Abfall her. Daher ist er natürlich billig. Wir verschicken ihn nach Norden bis ins Himalajatal. Wir haben überall im Lande unsere Vertreter, selbst in Gegenden, wo Ihre Stimme und Ihre Vertreter niemals hindringen. Sie ersehen daraus, daß wir kein Bedürfnis nach mehr Vertretern haben. Überdies sollten Sie wissen, daß die Stoffproduktion in Indien noch weit hinter dem Bedürfnis zurückbleibt. Die Swadeshi-Frage stellt sich also im wesentlichen als eine Produktionsfrage dar. In dem Augenblick, wo wir unsere Produktion genügend steigern und die Qualität bis zum erforderlichen Maße verbessern können, hört die Einfuhr ausländischer Stoffe von selbst auf. Mein Rat an Sie ist also, Ihre Agitation nicht auf der bisherigen Linie weiterzutreiben, sondern Ihr Augenmerk auf die Errichtung neuer Fabriken zu richten. Was wir brauchen, ist nicht eine Propaganda zur Steigerung der Nachfrage nach unserer Ware, sondern gesteigerte Produktion.«

»Dann werden Sie sicherlich meine Bemühungen gutheißen, wenn ich Ihnen sage, daß sie bereits gerade darauf gerichtet sind«, erwiderte ich.

»Wie ist das zu verstehen?« rief er, einigermaßen verdutzt. »Aber vielleicht haben Sie wirklich inzwischen bereits den Plan gefaßt, neue Fabriken zu errichten. In diesem Falle kann ich Sie nur beglückwünschen.«

»Das trifft nicht ganz zu«, erklärte ich, »aber ich habe es mir zur Aufgabe gemacht, das Spinnrad wieder zu Ehren zu bringen.«

»Was heißt das?« fragte er, noch verwunderter. Ich erzählte ihm die ganze Geschichte von dem Spinnrad und meiner langen Suche danach. »Ich bin völlig Ihrer Meinung«, fügte ich hinzu, »es hat keinen Sinn, daß ich in Wahrheit nur den Fabriken in die Hand arbeite. Das würde dem Lande mehr schaden als nützen. Unsere Fabriken werden noch auf lange Zeit keinen Mangel an Absatz haben. Meine Bemühungen können nur darin bestehen und bestehen auch wirklich nur darin, die Produktion von handgesponnenem Tuch zu organisieren und Mittel und Wege für den Absatz des so produzierten Khadi zu finden. Ich richte also mein ganzes Augenmerk auf die Erzeugung von Khadi. Ich schwöre auf diese Form von Swadeshi, weil ich dadurch den halb verhungerten, halb arbeitslosen Frauen Indiens Arbeit verschaffen kann. Mein Gedanke ist, diese Frauen wieder zum Spinnen zu bringen und die indische Bevölkerung in Khadi zu kleiden, das aus diesem handgesponnenen Garn gewoben ist. Ich weiß nicht, wie weit diese Bewegung Erfolg haben wird. Gegenwärtig steht sie erst in ihren Anfängen. Aber ich glaube felsenfest daran. In jedem Fall kann sie keinerlei Schaden tun. Im Gegenteil, indem sie zu der Stoffproduktion unseres Landes in wenn auch noch so bescheidenem Maße beiträgt, bedeutet sie einen soliden Gewinn. Sie ersehen wohl daraus, daß meine Bewegung frei ist von den Nachteilen, die Sie erwähnten.«

»Wenn Sie«, erwiderte er, »bei der Organisierung Ihrer Bewegung eine Erhöhung der Produktion im Auge haben, so habe ich nichts dagegen zu sagen. Ob sich das Spinnrad in diesem Zeitalter der Maschine durchsetzen kann, ist eine andere Frage. Aber ich wünsche Ihnen jedenfalls guten Erfolg.«

Ich fahre nun fort in der Geschichte der ›Non-cooperation‹-Bewegung. Während die machtvolle, von den Gebrüdern Ali in Gang gesetzte Kalifat-Bewegung in vollem Fortschreiten begriffen war, besprach ich mit dem verstorbenen Maulana Abdul Bari und anderen vor allem gründlich die Frage, inwieweit es einem Mohammedaner erlaubt sei, den Grundsatz der Gewaltlosigkeit zu befolgen. Zu guter Letzt stimmten alle überein, daß der Islam die

Gewaltlosigkeit, den passiven Widerstand, als Mittel der Politik nicht verböte und daß sie ferner, solange sie sich für diese Politik verbürgt hätten, auch verpflichtet seien, sie getreulich durchzuführen. Schließlich wurde denn der Beschluß zugunsten von Non-cooperation in der Kalifat-Konferenz vorgebracht und nach langem Hin und Her angenommen. Ich erinnere mich noch lebhaft, wie einmal in Allahabad ein Komitee die ganze Nacht hindurch über die Frage beratschlagte. Der verstorbene Hakim Ajmal Khan hegte anfangs Bedenken, ob gewaltlose Non-cooperation sich überhaupt würde durchführen lassen. Aber nachdem er einmal seine Zweifel überwunden hatte, setzte er sich mit Leib und Seele dafür ein und wurde mir ein unschätzbarer Helfer dabei.

Der Ausschuß des Allindischen Kongresses beschloß, im September 1920 eine Sondersitzung in Kalkutta abzuhalten, um über Non-cooperation zu beraten, nachdem sich nun die Mohammedaner dafür erklärt hatten. Ungeheure Vorbereitungen wurden getroffen. Lala Lajpat Rai wurde zum Vorsitzenden gewählt. Sonderzüge wurden eingelegt von Bombay nach Kalkutta, wo eine Riesenschar von Abgeordneten und Gästen zusammenströmte. Ich wurde dazu berufen, die Resolution über Non-cooperation für den denkwürdigen Kongreß zu verfassen.

In meiner Resolution wurde Non-cooperation nur gefordert als Mittel, um Wiedergutmachung für das im Pandschab geschehene Unrecht zu erlangen. Das war jedoch nicht nach Sjt. Vijaya Raghavacharis Sinn. »Wenn Non-cooperation proklamiert werden soll«, erklärte er, »weshalb dann nur für einzelne Fälle? Daß uns Swaraj vorenthalten wird, ist das größte Unrecht, unter dem das Land seufzt. Non-cooperation muß sich auch dagegen richten.« Ich stimmte dieser Anregung bereitwillig zu und nahm die Forderung nach Swaraj in meine Resolution auf, die nach einer gründlichen und einigermaßen stürmischen Diskussion angenommen wurde.

Motilalji trat als erster der Bewegung bei. Ich erinnere mich noch an die freundschaftliche Diskussion, die ich mit ihm über die Resolution hatte. Er schlug einige Änderungen im Wortlaut vor, denen ich zustimmte. Er unternahm es, Deshbandhu für die Bewegung zu gewinnen, der ihr wohl im Herzen zuneigte, aber Zweifel hegte, ob das Volk fähig sein würde, das Programm durchzuführen. Erst auf dem Kongreß in Nagpur traten er und Lalaji[3] ihr von ganzem Herzen bei.

Ich empfand bei der Sondersitzung tief schmerzlich, wie sehr mir der verstorbene Lokamanya[4] fehlte. Es ist meine feste Überzeugung, daß Lokamanya, wenn er noch lebte, mir seinen Segen dazu gegeben hätte. Aber selbst wenn es anders gekommen wäre und er sich gegen die Bewegung erklärt hätte, würde ich seine Opposition doch immer noch als eine Gunst und als sehr lehrreich für mich betrachtet haben. Wir hatten oft Meinungsverschiedenheiten, aber sie führten nie zu Bitterkeit. Er ließ mich immer fühlen, daß uns die engsten Bande verknüpften. Während ich diese Zeilen schreibe, steht mir die Stunde seines Todes wieder lebendig vor Augen. Es war um Mitternacht, als Yadvadkhar uns durch das Telephon die Kunde von seinem Hinscheiden übermittelte. Ich war in diesem Augenblick von meinen Gefährten umgeben. Unwillkürlich entschlüpfte meinen Lippen der Ruf: »Mein stärkstes Bollwerk ist dahin.« Die Non-cooperation-Bewegung war damals in vollem Gange, und ich hatte mich innig danach gesehnt, daß er mir Mut und Begeisterung zusprechen sollte.

Der bei der Sondersitzung des Kongresses in Kalkutta gefaßte Beschluß, das Non-cooperation-Programm anzunehmen, mußte bei seiner Jahresversammlung in Nagpur bestätigt werden. Auch hier gab es wieder einen großen Andrang von Gästen und Abgeordneten. Die Zahl der Abgeordneten im Kongreß war damals noch unbegrenzt. Diesmal waren es etwa vierzehntausend. Lala Lajpat Rai riet dringend zu einer geringfügigen Änderung der Klausel über den Schulboykott, die ich annahm. Ebenso wurden einige Verbesserungen auf Veranlassung Deshbandhus angebracht, wonach dann die Resolution einstimmig angenommen wurde.

Die Frage, welches Endziel der Kongreß zu verfolgen habe, wurde lebhaft erörtert. In dem Verfassungsentwurf, den ich vorgelegt hatte, war als letztes Ziel des Kongresses die Durchführung von Swaraj genannt, und zwar, wenn möglich, innerhalb des Britischen Reiches, wenn nötig, jedoch auch außerhalb desselben. Eine Partei war der Ansicht, wir müßten uns darauf beschränken, Swaraj innerhalb des Britischen Reiches zu erstreben. Dieser Standpunkt wurde von Pandit Malaviyaji und Mr. Jinnah verfochten. Aber sie vermochten nur wenige Stimmen für sich zu gewinnen. Ferner legte der Entwurf fest, daß jenes Ziel nur mit ›friedlichen und gesetzlichen‹ Mitteln zu erstreben sei. Auch gegen diese Bedingung erhob sich Widerspruch, indem behauptet wurde, man dürfe die anzuwendenden Mittel keinesfalls von vornherein beschränken. Der Kongreß nahm jedoch nach einer sehr lehrreichen und freimütigen Diskussion den Originalentwurf an. Außerdem wurden bei diesem Kongreß Resolutionen angenommen über die Einigung von Hindus und Mohammedanern, über die Abschaffung der ›Unberührbarkeit‹ und über Khadi. Die Hindumitglieder des Kongresses haben es sich seither angelegen sein lassen, den Hinduismus von dem Fluch der ›Unberührbarkeit‹ zu befreien, und der Kongreß hat den ersten Anstoß gegeben zu einer lebendigen Gemeinschaft mit diesen ›Gespenstern‹, den Ärmsten Indiens, mit Hilfe von Khadi. Die Annahme des Grundsatzes der Non-cooperation auch für die islamische Welt war in sich ein bedeutungsvoller praktischer Versuch, die Einheit zwischen Hindus und Mohammedanern zu verwirklichen.

Aber es ist nun an der Zeit, diese Darstellung zu Ende zu führen. Mein Leben hat sich von hier an so vor aller Welt abgespielt, daß kaum etwas darüber zu sagen ist, was nicht allgemein bekannt wäre. Außerdem habe ich seit 1921 in so enger Gemeinschaft mit den Kongreßführern gearbeitet, daß ich kaum eine Episode meines weiteren Lebens beschreiben könnte, ohne meiner Beziehungen zu ihnen Erwähnung zu tun. Denn wenn auch Lokamanya, Shraddhanandji, Deshbandhu, Hakim Sahib und Lalaji heute nicht mehr unter uns weilen, so haben wir doch das große Glück, daß eine beträchtliche Schar anderer kampferprobter Kongreßführer noch in unserer Mitte lebt und wirkt. Die Geschichte des Kongresses ist noch im Werden, und alle meine wesentlichen Versuche, die Wahrheit lebendig zu machen, sind auf dem Weg über den Kongreß erfolgt. Es wäre deshalb unvermeidlich für mich, mich immer wieder auf meine Zusammenarbeit mit den Führern zu beziehen, wenn ich meine Unternehmungen noch weiter beschreiben wollte. Und das darf ich nicht tun, wenigstens jetzt noch nicht, schon allein aus Gründen der Schicklichkeit. Schließlich und endlich: meine eigenen Schlußfolgerungen aus meinen noch im Gange befindlichen Versuchen sind noch keineswegs als endgültig zu betrachten, und es erscheint mir daher als meine einfache Pflicht, diese Erzählung hier zu beschließen. Ja, meine Feder sträubt sich geradezu dagegen, noch weiterzuschreiben.

Ich muß mir einen gewissen inneren Ruck geben, um Abschied zu nehmen. Diese meine Versuche bedeuten sehr viel für mich. Ich weiß nicht, ob es mir gelungen ist, sie gebührend darzustellen. Ich kann nur sagen, daß ich keine Mühe gescheut habe, um eine getreuliche Schilderung davon zu geben. Die Wahrheit zu beschreiben, so wie sie mir erschienen ist, und ganz genau so, wie sie mir nach und nach aufgegangen ist, war mein unablässiges Bemühen. Ich habe unaussprechlichen geistigen Frieden dabei gefunden, weil es meine innige Hoffnung ist, daß diese Erzählung Glauben an Wahrheit und Ahimsa bringen möge denen, die noch schwanken.

Alle meine Erfahrungen haben mich überzeugt, daß es keinen andern Gott gibt als die Wahrheit. Und wenn nicht jede Seite dieses Buches davon zeugt, daß das einzige Mittel, um die Wahrheit ins Leben zu rufen, Ahimsa ist, würde ich alle Mühe, die ich auf diese Darstellung verwendet habe, für verloren erachten. Aber wenn auch alle diese meine Mühe sich als fruchtlos erweisen sollte, so läge die Schuld doch immer nur an dem Mittler, nicht an dem großen Grundgedanken. Denn so ehrlich mein Streben nach Ahimsa gewesen ist, so war es doch immer noch unvollkommen und unzulänglich. Daher vermag das kleine flüchtige Aufleuchten der Wahrheit, das ich hie und da schauen durfte, schwerlich eine Vorstellung zu vermitteln von ihrem unbeschreiblichen Glanz, der millionenmal strahlender ist als der der Sonne, die wir alltäglich mit unseren Augen schauen. Ja, was ich davon erhascht habe, ist nur der allerschwächste Schimmer dieses gewaltigen Lichts. Aber so viel darf ich auf Grund aller meiner Erfahrungen zuversichtlichen Herzens sagen, daß ein volles Erschauen der Wahrheit nur möglich ist nach einer vollkommenen Verwirklichung von Ahimsa.

Um den allwaltenden und alldurchdringenden Geist der Wahrheit von Angesicht zu Angesicht zu schauen, muß man zuvor gelernt haben, sogar das geringste Wesen der Schöpfung zu lieben wie sich selbst. Und ein Mensch, der danach strebt, kann es sich nicht leisten, sich gegen irgendein Lebensgebiet, es sei, welches es wolle, zu verschließen. Deshalb hat mich auch meine Inbrunst zur Wahrheit auf das Feld der Politik geführt. Und ich darf ohne das geringste Bedenken, wenngleich in aller Demut, sagen, daß die, die da behaupten, Religion habe nichts mit Politik zu tun, nicht wissen, was Religion heißt.

Eins werden mit allem, was lebt, ist unmöglich ohne Selbstläuterung; ohne Selbstläuterung bleibt der Wunsch, nach dem Gesetze der Ahimsa zu leben, ein leerer Wahn; Gott kann niemals lebendig werden in einem, der nicht reinen Herzens ist. Selbstläuterung bedeutet daher Läuterung auf allen Lebenswegen. Und da Läuterung etwas in hohem Grade Ansteckendes ist, führt Selbstläuterung auch notwendig zur Läuterung derer, die um einen sind.

Aber der Pfad der Selbstläuterung ist rauh und steil. Um vollkommene Reinheit zu erlangen, muß ein Mensch emporsteigen über die widerstreitenden Mächte von Liebe und Haß, von Zuneigung und Abneigung, und muß durch und durch frei werden von aller Leidenschaft in Gedanken, Worten und Taten. Ich weiß wohl, daß ich diese dreifache Reinheit noch nicht in mir habe, trotz beständigem unermüdlichem Ringen danach. Deshalb beglückt mich auch das Lob der Welt nicht; im Gegenteil, es schmerzt mich oft. Die Leidenschaften, diese tückischen Feinde, zu besiegen, scheint mir schwerer, als die Welt mit Waffengewalt zu erobern. Seit meiner Rückkehr nach Indien habe ich die schlummernden Leidenschaften tief verborgen in mir immer wieder und wieder zu spüren bekommen. Das Wissen um sie hat mich demütig, aber nicht mutlos gemacht. Meine Versuche und Bemühungen haben mich aufrechterhalten und mir große Freude gegeben. Aber ich weiß, daß ich noch einen schwierigen Weg vor mir habe. Ich muß mich selbst zur Null machen. Solange ein Mensch sich nicht aus eigenem freien Willen an letzte Stelle stellt unter seinen Mitgeschöpfen, ist kein Heil für ihn. Ahimsa ist der äußerste Grad von Demut.

Indem ich dem Leser Lebewohl sage, bitte ich ihn, sich mit mir zu vereinen im Gebet zu dem Gott der Wahrheit, daß er mir die Gnade von Ahimsa gewähren möge in Gedanken, Worten und Taten.

C. F. Andrews
Ausklang

Bis hierher hat der Leser ein umfassendes Bild erhalten von der Lebensgeschichte Mahatma Gandhis, wie er selbst sie mit seinen eigenen Worten erzählt hat und wie ich sie in ihren wesentlichsten Teilen hier zusammengefaßt habe.

Ich glaube, dieses Buch, dem ich mich mit wahrer Liebe gewidmet habe, nicht besser beschließen zu können als mit einem Selbstzeugnis Gandhis. Es ist eine aufschlußreiche Stelle aus einem Schreiben, worin er den Hauptzweck und -sinn des Daseins im Hinblick auf die Befreiung der Seele zusammenfaßt. Es ist geschrieben im Jahre 1924, unmittelbar nachdem er dem Schatten des Todes entronnen war. Einige seiner vertrautesten Freunde hatten ihn des Widerspruchs gegen sich selbst beschuldigt, weil er einer Blinddarmoperation zugestimmt hatte, anstatt sich auf die Seelenkraft als das alleinige Heilmittel gegen körperliche Leiden zu verlassen. Ein Freund, ein alter brahmanischer Asket, hatte ihn gedrängt, sich in die Einsamkeit irgendeiner Höhle zurückzuziehen, um dort die seelische Gewalt über seinen Körper wiederzugewinnen. Zur Antwort schrieb er wie folgt:

»Ich bekenne mich schuldig. Aber das besagt zugleich, daß ich keineswegs ein vollkommener Mensch bin. Zu meinem eigenen Leidwesen bin ich weit davon entfernt, vollkommen zu sein. Ich bin nur einfach ein Mensch, der in aller Demut nach Vollkommenheit strebt. Ich weiß auch den Weg, der zu ihr führt. Aber den Weg wissen, heißt noch nicht, am Ziel sein. Erst wenn ich volle Gewalt hätte über alle meine Leidenschaften, auch in Gedanken, wäre ich vollkommen im Fleisch. Ich gestehe frei, daß ich alltäglich ein großes Maß von geistiger Energie aufwenden muß, um meine Gedanken in die Gewalt zu bekommen. In dem Augenblick, wo es mir ganz gelungen sein wird – gesetzt, daß es mir je gelingt –, denkt euch, welch ein Vorrat an Kraft wäre dann frei zum Dienst an anderen! Wie ich überzeugt bin, daß meine Krankheit eine Folge von Geistes- und Seelenschwäche war, so gebe ich auch zu, daß es abermals und wiederum Seelenschwäche war, mich der chirurgischen Operation zu unterziehen. Wäre ich ganz und gar frei von Eigennutz, so hätte ich mich in das Unvermeidliche ergeben; aber ich war beherrscht von dem Wunsch, zu leben in diesem meinem

Leibe. Völlige Loslösung vom eigenen Ich ist nicht ein Vorgang, der sich von selbst vollzieht, sondern etwas, in das man emporwachsen muß durch geduldige Mühsal und Gebet. Was die Dankbarkeit angeht, so habe ich mehr als einmal dem Obersten Maddock und seinen Mitarbeitern öffentlich meinen Dank ausgesprochen für all die Freundlichkeit, mit der sie mich überschüttet haben.

Nun zu dem Kernpunkt des Briefes meines Freundes, in dem er mich mit den großen Propheten der Menschheit vergleicht. Diese Verwirrung in seinem Geist ist entstanden infolge seiner falschen Vorstellung vom Werk der Propheten und dieses (für mein Gefühl) schiefen Vergleichs zwischen ihnen und mir. Ich halte mich nicht für würdig, auch nur in einem Atem genannt zu werden mit dem Geschlecht der Propheten. Ich bin ein demütiger Sucher nach der Wahrheit, voller Ungeduld, mein wahres Ich zu verwirklichen und seelische Befreiung zu erringen in dieser meiner Verkörperung. Mein Dienst an der Nation ist ein Teil der Zucht, der ich mich unterziehe, um meine Seele aus den Banden des Fleisches zu befreien. So angesehen, kann mein Dienen als reiner Eigennutz gelten. Ich habe kein Begehren nach einem vergänglichen Reich von dieser Welt. Ich strebe nach dem Himmelreich, das da heißt seelische Befreiung. Um dies zu erreichen, brauche ich keine Zuflucht in einer Höhle zu suchen. Ich trage meine Höhle mit mir und wünschte nur, ich wäre mir dessen allezeit bewußt. Ein Höhlenbewohner kann versucht sein, sich Luftschlösser zu bauen, wohingegen einer, der in einem Palaste wohnt, wie Janaka, der ein König war und ein ›Rishi‹ zugleich, sich keine Schlösser zu bauen braucht. Der Höhlenbewohner, der die Welt auf Schwingen des Gedankens umflattert, hat keinen Frieden. Ein König Janaka, obgleich inmitten von ›Pracht und Herrlichkeit‹ lebend, mag den Frieden erlangen, der höher ist als alle Vernunft. Für mich führt der Weg zum Heil durch unablässige Mühsal im Dienste meines Landes und der Menschheit. Ich strebe danach, eins zu werden mit allem, was da lebt. In der Sprache der Gita zu reden: ich strebe danach, in Frieden zu leben mit Freund und Feind. Mag daher ein Mohammedaner oder ein Christ oder ein Hindu mich verachten und mich hassen, so will ich ihn lieben und ihm dienen, gleichwie ich mein Weib oder meinen Sohn lieben würde, auch wenn sie mich haßten. So ist meine Vaterlandsliebe für mich nur eine Strecke auf meiner Reise in das Land ewiger Freiheit und ewigen Friedens. Woraus denn ersichtlich wird, daß es für mich keine Politik gibt, die nicht zugleich Religion wäre. Politik dient der Religion. Politik ohne Religion ist eine Menschenfalle, denn sie tötet die Seele.«

Nachbemerkung des Herausgebers

Mahatma Gandhi hat die Anfänge seiner Lebensbeschreibung während einer langen Kerkerhaft in den Jahren 1922 bis 24 einem politischen Glaubensgenossen und Mitgefangenen in seiner Muttersprache selber diktiert, und zwar unter dem Titel ›Die Geschichte meiner Versuche mit der Wahrheit‹. Das Weitere erschien dann in Fortsetzungen als ein wesentlicher Teil seiner Gujarati[1]-Zeitung ›Navajivan‹, und das Ganze wurde von seinen vertrauten Freunden Mahadew Desai und Piyarelal Nair unter seiner eignen sorgfältigen Aufsicht ins Englische übersetzt. Miss Slade, in Gandhis Ashram als Mirabehn bekannt, half ebenfalls mit bei der endgültigen englischen Fassung. Die ganze Folge kurzer Kapitel ist jetzt vom Navajivan-Verlag in Ahmedabad in zwei umfangreichen Bänden von über zwölfhundert Oktavseiten veröffentlicht worden.

Ein zweites, nicht minder wichtiges Buch ist das, worin Mahatma Gandhi seine Erfahrungen in Südafrika schildert. Dieses Buch heißt ›Satyagraha [Seelenkraft] in Südafrika‹, und wurde von Valji Govindji Desai ins Englische übersetzt. In Indien erschien das Buch 1928 bei S. Ganesan, Triplicane, Madras. Die vorliegende Ausgabe ist eine gekürzte Zusammenstellung aus diesen beiden Werken.

Wenn wir uns diesen Werken zuwenden und den Schlüssel zu Mahatma Gandhis Beurteilung menschlichen Verhaltens zu finden suchen, so werden wir erkennen, daß für ihn drei Grundtugenden im Mittelpunkt stehen, die das Leitmotiv aller seiner Schriften sind: Wahrhaftigkeit, Herzensgüte und innere Reinheit (Satya, Ahimsa, Brahmacharya). Die beiden ersten bilden miteinander den Ausdruck des ewigen Suchens der Seele und ihrer unendlichen Sehnsucht, durch dieses sterbliche Sein hindurch zu gelangen, ohne sich allzusehr und soweit das irgend in ihren Kräften steht gegen das endgültig Geistig-Wirkliche zu versündigen. Der volle Lebenswohllaut vermag nicht zu ertönen ohne den Einklang von Wahrheit und Liebe. So schwer aber ist dieser Wohllaut zu meistern, und so völlige Entsagung ist dazu erforderlich, daß der Erfolg nur durch einen Körper und eine Seele zu erringen ist, die von aller Sinnesleidenschaft rein gehalten werden. Deshalb klingen alle seine Schriften, worin abwechselnd Liebe und Wahrheit das Grundmotiv sind, immer wieder aus in die Forderung nach innerer

Reinheit. Er ist des festen Glaubens, daß nur, wer reinen Herzens ist, Gott schauen kann; und er gibt eine sehr konkrete und freimütige Erklärung dafür, was Reinheit bedeutet. Für seine eigene Person war damit verbunden: Abkehr vom ehelichen Leben zu einem Leben völliger geschlechtlicher Enthaltsamkeit.

An einer Stelle seiner Selbstbiographie erklärt Mahatma Gandhi, er sei in allem, was er geschrieben habe, bestrebt gewesen, sich vom Geiste führen zu lassen. Er habe das sichere Gefühl gehabt, sagt er uns, daß diese Führung ihm nach seinem Maße gewährt worden sei. Dieses aufrichtige Streben, diese dringlich-strenge Bemühung, das Geheimste seines Innenlebens vor Gott und Menschen darzulegen und alles Gute wie Böse ans Licht zu bringen, gibt seinen Schriften die Kraft des lebendig Erlebten.

Zwei Punkte müssen klargestellt werden, wenn der Leser diese gekürzte Ausgabe zur Hand nimmt.

1. Die Schilderung des längsten und schwersten Ringens um passiven Widerstand, dem Gandhi sich je unterzogen hat in Transvaal, habe ich nur ungern in diesem Buche übergangen. Vollständig konnte ich diesen Bericht hier nicht bringen, und ihn zu kürzen, war unmöglich; daher habe ich ihn nach vielem Zögern unter dem Vorbehalt weggelassen, ihn später einmal zu veröffentlichen. Der Zusammenhang der Lebensgeschichte ist indessen dadurch nicht wesentlich unterbrochen, da ich immerhin die Schilderung seines passiven Widerstandes in Natal, der die Krönung seines moralischen Wirkens in Südafrika war, mit ziemlicher Ausführlichkeit in das Buch aufgenommen habe.

2. Einschränkung der Ernährung, verbunden mit Fasten, war einer der Wege, auf denen Mahatma Gandhi einem unverfälschten Menschentum nahe zu kommen strebte. Er spricht immer wieder davon in seinen Werken. Da jedoch die Darstellung dieser Dinge allzuviel Raum beansprucht hätte, war ich gezwungen, sie zu übergehen, abermals nur mit Bedauern, denn man kann daraus ersehen, wie unrichtig die Ansicht ist, seine Lebensauffassung sei durchaus unwissenschaftlich. Hier zeigt sich vielmehr, was für ein unerschrockener Forscher er sein Leben lang gewesen ist, und wie sein Geist, auf seine besondere Art, nach jener wissenschaftlichen Methode vorgeht, die von Hypothese zu strenger Tatsachenprüfung schreitet, um schließlich die Wahrheit herauszukristallisieren.

Seit der Vollendung der vorliegenden Ausgabe hat sich die Lage in Indien sehr verdüstert. Mahatma Gandhi ist abermals in Gefangenschaft. Trotzdem ist es nahezu allgemein anerkannt, daß sein Einfluß nach wie vor einer der Hauptfaktoren in Indien ist. Deshalb ist eine Darstellung seines Charakters, die dokumentarische Gültigkeit beanspruchen darf, ein notwendiges Bedürfnis, wenn die besten Geister in Indien und Großbritannien nicht noch weiter auseinander geraten sollen. Während ich in meinem früheren Buch[2] seine Gedanken und Grundsätze dargestellt habe, war es diesmal meine Absicht, seine eigene Lebensbeschreibung in gekürzter, für ein westliches Publikum lesbarer Form zusammenzufassen.

Die Hauptschwierigkeit bei der Abfassung dieser Ausgabe lag, wie schon angedeutet, in dem Mißverhältnis zwischen der großen Fülle von Material und der Beschränktheit des zur Verfügung stehenden Raumes. Immer wieder wurde bereits Ausgewähltes beiseite getan, um für anderes Raum zu schaffen, das keinesfalls wegbleiben durfte. Als die endgültige Auswahl schon fertig schien, wurde die ganze Arbeit nochmals von vorn begonnen. Immerhin gewann ich im Verlauf dieser Bemühungen eine gewisse Erfahrung, und ich darf nun hoffen, daß die Erzählung den Leser fesseln wird. Ich habe durchweg angestrebt, das Buch für den Westen leicht verständlich zu machen, ohne ihm etwas von seiner eigentümlich östlichen Eigenart zu nehmen

Besonderen Dank möchte ich den indischen Verlegern, M. M. Bhatta und S. Ganesan, aussprechen sowie den Übersetzern Mahadew Desai, Piyarelal Nair und Valji Desai dafür, daß sie mir erlaubt haben, ihre Arbeiten zu benützen. Vor allem bin ich Mahatma Gandhi selbst zu Dank verpflichtet, der mir die ausdrückliche Genehmigung erteilt hat, seine Schriften gekürzt herauszugeben.

Da ich mit diesem Buche zum ersten Male als Herausgeber vor die deutschen Leser trete, darf ich wohl aussprechen, wie sehr es mich freut, auf diese Weise durch Mahatma Gandhi mit dem deutschen Volk in Berührung zu kommen. Von Jugend an war ich ein Bewunderer der deutschen orientalischen Wissenschaft, und ich verdanke deutschen Schriftstellern zum großen Teil meine Neigung zur religiösen Kultur und Philosophie des Ostens, die sie so tief ergründet haben. Keine andere westliche Nation steht in Indien dank ihren Sanskritforschungen so hoch in Ehren wie die deutsche. Es ist mein inniger Wunsch, daß dieses Buch dazu beitragen möge, das deutsche und das indische Volk einander näher zu bringen in gemeinsamer Verehrung für Mahatma Gandhi, der der größte Heilige und Held des Zeitalters ist, in dem wir leben.

1930 *F. C. Andrews*

Curt Ullerich
Nachwort

Gandhis autobiographische Darstellung – nicht die einzige, aber die wichtigste, soweit sein frühes Leben Thema der Beschreibung ist – endet mit einem persönlichen und ersten nationalen Höhepunkt, dem Beginn des Salzmarsches 1930. In den vorangegangenen Kapiteln geht Gandhi mehr auf die für seine geistige Orientierung wichtigeren inneren Erlebnisse ein als auf seine Mitwirkung an der Erweckung Indiens. Da Gandhi für Indien heute historisch in erster Linie als Staatsmann relevant bleibt und auch dem Westen zunächst hauptsächlich als Politiker begegnet ist, empfiehlt es sich, für den europäischen Leser den äußeren Ablauf der Geschichte zu wiederholen, soweit Gandhi an ihrer Gestaltung maßgeblichen Anteil hatte.

Wie der Autor der Selbstbiographie leider etwas zu schlüssig darlegt, hatte sich in ihm schon kurz nach seiner Rückkehr aus Südafrika die Idee festgesetzt, daß sein Land reif sei für die politische Selbstverwaltung – Swaraj. Er war bereit, dieser Idee alle anderen politischen Strömungen in seinem Land unterzuordnen. Er, der gläubige, ja eifernde Hindu, hatte daher von 1918 bis 1922 aktiv für eine politische und religiöse Verständigung zwischen Hindus und Moslems gearbeitet und dabei auch das damals maßgebliche Konzept des politischen Muselmanentums in Indien, das Khilafat, unterstützt, die Errichtung einer national-theokratischen Herrschaft als Gegenmacht zur britischen Raj. Nach dem Zusammenbruch dieser sich als anachronistisch herausstellenden Bewegung hatte sich Gandhi wieder der Kongreßpartei zugewandt, obwohl diese von einem großen Teil ihrer Mitglieder nicht so sehr als Ausdruck eines gesamtindischen Nationalismus denn als Verkörperung der Bestrebungen der Hindugemeinschaft verstanden wurde. Gandhis Beziehungen zum Kongreß waren zu jener Zeit außerordentlich eng, jedoch nicht so eng, daß man von einer Identifizierung mit der Partei hätte reden können. Gandhi behielt sich für jede wichtigere Frage die Freiheit einer persönlichen Stellungnahme vor. Als der Kongreß sich 1925 im Zuge der Montagu-Chelmsford-Reformen entschloß, in die von den Briten geplante gesamtindische Legislative einzutreten, wandte sich Gandhi gegen die Führer des Kongresses, lehnte den vorgeschlagenen Kompromiß mit dem Vizekönig ab und zog sich, da die Partei ihm nicht folgte, in eine Position mißbilligender Verweigerung der Mitarbeit zurück, von der aus er die Heimspinn- oder Khadi-Bewegung ins Leben rief, sein nächster großer Schlag gegen die von den Briten errichtete Ordnung.

Wie erwartet, stellte sich sehr bald heraus, daß die englische Regierung die Einführung von lokalen legislativen Körperschaften keineswegs als ersten Schritt zu einer weitergehenden Autonomie ansah. Der Kongreß war einer Illusion zum Opfer gefallen und gegenüber der indischen Öffentlichkeit in eine schiefe Position geraten. Als darauf 1927 die Simon-Kommission mit dem Auftrag der britischen Regierung erschien, an Ort und Stelle zu prüfen, ob sich ein weiteres Entgegenkommen gegenüber den Autonomiewünschen der Inder mit der Aufrechterhaltung des britischen Kaiser-Königtums vereinbaren ließ, antwortete der radikale Flügel des Kongresses plötzlich mit für die Briten maßlosen Forderungen. Die jungen, unverbrauchten Elemente der Partei unter Jawaharlal Nehru und Subhas Chandra Bose proklamierten jetzt die volle Unabhängigkeit als Ziel. Sofortige schwere Zusammenstöße zwischen den vom Kongreß geführten Massen und der Raj waren die Folge – und das führte Gandhi, der sich zu sozialer Hilfsarbeit nach Gujarat und Bihar zurückgezogen hatte, wieder ins politische Leben.

Schwer bedrängt von der britischen Verwaltung und andrerseits immer weiter vorangetrieben von den leidenschaftlichen Wünschen der mündig werdenden indischen Massen, machte sich die Kongreßführung Gandhis Taktik zu eigen und proklamierte einen neuen Satyagrahafeldzug gegen den britischen Imperialismus. Das genügte jedoch dem radikalen Flügel noch nicht, und eine extremistische Fraktion bereitete offen den Übergang zum gewaltsamen Kampf vor. Wenn sie die Oberhand behalten hätte, wären unermeßliche Blutbäder im Stile des Massakers von Amritsar die Folge gewesen. Denn es war bekannt, daß ein ebenso radikales Element der britischen Verwaltungsbehörden darauf drang, der Unterwühlung der Raj radikal ein Ende zu machen.

Gandhi erkannte wahrscheinlich besser als irgendein anderer, daß ein falscher Schritt das Ende der Swaraj-Bewegung im Rahmen nicht nur der politischen Legalität, sondern auch einer relativen persönlichen Sicherheit von Millionen indischer Nationalisten bedeutet hätte. Aus dieser Erkenntnis heraus war er bereit, die Leitung der vom Kongreß ausgerufenen Ungehorsamskampagne zu übernehmen. In für ihn charakteristischer und für Indien genialer Weise beschloß er, die Raj dort zu untergraben, wo sie von den Massen am stärksten als ungerecht und bedrückend empfunden wurde und wo ihre Exponenten selbst angesichts des Mißverhältnisses von Mitteln und Reaktion am leichtesten erschüttert und damit moralisch in die Defensive gedrängt werden konnten – bei der britischen Steuerpraxis. Der Salzmarsch war Gandhis Offensive im Kampf gegen das britische System.

Der Marsch Gandhis und seiner Anhänger im April 1930 von Sabarmati Ashram nach Dandi an der Arabischen See wirkte auf die indischen Massen wie ein Fanal. Breite Schichten, die bisher den Debatten um Swaraj ferngeblieben waren, wurden durch die Anwesenheit von Indiens hervorragendster zeitgenössischer Führerpersönlichkeit ermutigt, sich der Bewegung anzuschließen. Gandhis Präsenz garantierte dieser Bewegung, daß man nicht mehr einer Utopie nachjagte, sondern ein realistisches Konzept vertrete, das reale Erfolgschancen hatte. Zudem führte Gandhi mit seinem Angriff auf das Salzmonopol, das heißt auf das von der Fremdherrschaft aufgezwungene Steuer- und Ausbeutungssystem, auch den politisch ungebildeten Massen vor Augen, wo die imperialistische Unterdrückung der britischen Raj auf das Leben jedes einzelnen Untertanen einsetzte.

Es war klar, daß die britischen Behörden diese für sie ungeheuerliche Aufwieglungskampagne nicht reaktionslos hinnehmen konnten. Gandhi und Tausende seiner Anhänger kamen in Gefängnishaft. Doch die britische Regierung fühlte sich durch die sanfte, gewaltlose Demonstration solcher Massen von bisher stimmenlosen gefügigen, braunen Untertanen so verunsichert, daß noch 1930 eine Round-Table-Konferenz der maßgeblichen politischen und religiösen Richtungen Indiens nach London einberufen wurde, allerdings unter Ausschluß der Radikalen, also Gandhis und der Kongreß-Führer. Diese Konferenz, von indischer Seite nur mit Konservativen und Gemäßigten beschickt, die das Prinzip der britischen Herrschaft nicht in Frage stellten, endete mit einigen vagen Andeutungen der Empire-Führung, Indien werde eines Tages, wenn auch nicht in naher Zukunft, den Status eines Dominions erhalten. Eine solche Entwicklung hätte, wenn die britische Regierung diesem Versprechen nachgekommen wäre, für beide Nationen ein fruchtbares und friedliches Zusammenleben auf absehbare

Zeit gesichert.

Nach ihrer Rückkehr aus London besuchten die indischen Delegierten Gandhi im Gefängnis und berichteten ihm von ihren positiven Eindrücken. Gandhi, der damals noch dem Gedanken einer indischen Zukunft innerhalb eines lockeren Verbandes des britischen Empires nahestand und einen solchen langsamen Übergang zur nationalen Freiheit innerhalb des Empire waghalsigen Abenteuern vorzog, ließ sich überreden, dem Vizekönig Lord Irwin (dem späteren Lord Halifax des Münchner Abkommens von 1938) mitzuteilen, er sei bereit, ihm einen Besuch abzustatten. Für Irwin, dem liberalen Exponenten des Empiregedankens, verhieß die Möglichkeit eines Ausgleichs mit dem Inspirator des indischen Nationalismus außerordentlich konstruktive Aussichten. Gandhi wurde also freigelassen und begab sich unverzüglich nach Delhi.

Dort kam es zu mehreren höchst pittoresken Begegnungen zwischen dem schottischen Aristokraten, dem Vertreter des britischen Kaiser-Königs, einer Verkörperung des imperialen Herrschaftsprinzips par excellence, und dem »barfüßigen, nur mit einem Lendentuch drapierten Fakir und Volksaufwiegler«, wie Churchill ihn im Unterhaus diffamierte. In der Tat hatte es sich Gandhi nicht nehmen lassen, vor dem Vizekönig so zu erscheinen, wie er in Sabarmati und während des Salzmarsches aufgetreten war – wie ein indischer Ryot, ein armer Bauer, halbnackt, im Dhoti, dem wohl unvorteilhaftesten Männergewand, das die Völkermode kennt, mit dem Pilgerstab in der Hand. Lord Irwin hatte einige Mühe, den rechten Ton zur Eröffnung des Gesprächs zu finden. Er ließ von turbantragenden Dienern in prunkvoller Livree in den Salons des Raj Bhawan Tee servieren, wohl in der Hoffnung, man werde so das rechte Wort am ehesten finden. Gandhi spielte es ihm auch prompt zu – auf seine Weise. Er zog ein zur Tüte gefaltetes Stück Zeitungspapier aus seinem Dhoti und streute aus ihm etwas Salz – »von Dandi am Meer, selbstgewonnen«, wie er lächelnd sagte – in den Tee. Dann fügte er sarkastisch hinzu: »Damit wir alle gebührend an jene andere wichtige Teegesellschaft erinnert werden, die Bostoner Teeparty« (den Beginn des amerikanischen Unabhängigkeitskrieges von 1776).

Trotz dieses halb scherzenden, halb drohenden Geplänkels gelang es im März 1931, ein Übereinkommen über die Einführung einer erweiterten Self-rule, das heißt Autonomie, abzuschließen, das noch im gleichen Jahr einer zweiten Round-Table-Konferenz in London vorgelegt werden sollte. Zu dieser Konferenz war auch Gandhi eingeladen. Begleitet von einem Publicityrummel ohnegleichen in den Annalen des Empire, stieg der Fakir von Sabarmati die Stufen von Westminster Hall hinauf – nur um eine erschütternde Niederlage zu erleben. Die britischen Konservativen, allen voran Churchill, alarmiert von den defaitistischen Nachrichten über Irwins »Verrat«, hatten alle Empire-Fanatiker mobilisiert und dabei die abgegriffensten chauvinistischen Phrasen wiederbelebt.

Die Regierung MacDonald wurde gestürzt und durch eine wesentlich empirefreundlichere ersetzt, Lord Irwin durch den streng konservativen Lord Willingdon abgelöst. Die zweite Round-Table-Konferenz endete mit einem völligen Fehlschlag. Die britische Regierung war weder bereit, die Zusagen Lord Irwins zu bestätigen, geschweige denn Indien den Dominion-Status zu gewähren. Gandhi kehrte mit leeren Händen heim und wurde bei seiner Ankunft sofort erneut verhaftet und ins Gefängnis geworfen.

Er verbrachte das ganze Jahr 1932 im Gefängnis, während der britische Imperialismus, inzwischen alarmiert von der Stärke der nationalen Bewegung von 1930, alles daran setzte, die beginnende nationale Einigung Indiens zu verhindern. Die Briten gingen vor allem daran, Moslems gegen Hindus auszuspielen, Mißtrauen zwischen ihnen zu säen und die vorhandenen Klassengegensätze der indischen Gesellschaft noch zu verstärken. Einer ihrer gefährlichsten Schachzüge bestand darin, den Unberührbaren, den am Ende der Kastenhierarchie in unvorstellbarer Rechtlosigkeit und Isolierung dahinvegetierenden Kastenlosen, die immerhin rund ein Fünftel der indischen Bevölkerung ausmachen, eine gesonderte politische Repräsentation in allen zukünftigen lokalen gesetzgebenden Körperschaften anzubieten. Sie wußten dabei wohl, daß eine solche scheinbare Konzession alle anderen Hindugemeinschaften dauernd und unversöhnlich nicht nur gegen die Urheber dieser Reform, sondern auch gegen die Unberührbaren selbst aufbringen mußte. Angesichts der überaus strengen und damals noch durch nichts gemilderten Vorschriften des Hinduismus den Umgang mit Unberührbaren, der sozialen Tabus und vor allem der Regeln gegen die sozio-religiöse »Befleckung« und die dadurch erforderliche »Säuberung« nach dem »befleckenden Umgang« mit Kastenlosen, blieb den Mitgliedern höherer Hindukasten nichts anderes übrig, als jeden Umgang mit den Vertretern der Unberührbaren in solchen Körperschaften abzulehnen, das heißt diesen überhaupt fernzubleiben. Auf diese Weise hätten die Briten den Kampf um die Self-rule gewonnen und die Schuld für sein Scheitern plausibel auf die Inder und ihre fortschrittshemmenden Sozialverhältnisse schieben können.

Gandhi erkannte sofort, daß damit ein dauernder und unüberbrückbarer Bruch im Gefüge der indischen Nation beabsichtigt war, der, einmal vollzogen, eine Heilung auf Generationen hinaus verhindert und damit dem Imperialismus ermöglicht hätte, seine Herrschaft über Indien auf unbegrenzte Zeit fortzusetzen. Bei allem Idealismus und Opfermut für die Sache der Unterdrückten und Entrechteten hatte Mahatma schon damals wenig Illusionen über die Zeiträume, die für einen Abbau der jahrtausendealten Kastenschranken notwendig sein würden. Gandhi reagierte daher auf die Nachricht von der Einführung von Sondervertretungen für die Unberührbaren auf das heftigste. Er kündigte aus dem Gefängnis heraus an, er werde bis zum Tode gegen den Versuch fasten, eine ständige Spaltung der sich gerade formierenden nationalen Einheit einzuführen und zu institutionalisieren. Diese Ankündigung hatte für die breiten Massen, die um diese Zeit schon gewohnt waren, in ihm den mystisch verklärten Schutzpatron von Indiens Freiheitsbestrebungen zu erkennen, den Effekt, daß binnen Tagen bekümmerte Führer der Hindukasten und der Outcasts sich in den Besuchsräumen des Gefängnisses versammelten und »Bapuji«, Väterchen, versprachen, gemeinsam das Projekt der Sondervertretungen abzulehnen. Statt dessen unterschrieben beide Seiten auf Gandhis Drängen einen Plan, wonach Indien zwar wie jede andere Demokratie nur gemeinsame, allen Wählern offene Wahllisten haben sollte, den Harijans – Gotteskindern, wie Gandhi jetzt die Unberührbaren taufte, um ein für allemal den Begriff der Unberührbarkeit, der Kastenlosigkeit und damit der Ausstoßung zu verbannen (im Englischen lauten die Worte outcast, »kastenlos«, und outcast, »ausgestoßen«, gleich) – jedoch eine feste Zahl von Sitzen in allen Legislatur-Versammlungen vorbehalten sein sollte. Zeit seines Lebens ließ sich Gandhi fortan die Fürsorge für die Ärmsten und Entrechteten der indischen Gesellschaft angelegen sein und begann ein persönliches Wochenblatt, dem er den Titel »Harijan« gab und in dem er bis zu seinem Tode seine Mahnungen und Predigten zu sozialen Fragen Indiens publizierte.

Ende der dreißiger Jahre und zu Beginn des Zweiten Weltkriegs befand sich der Kongreß und die gesamte indische Unabhängigkeitsbewegung in einem wachsenden Dilemma: Die großen Wogen der ersten Begeisterung für die nationale Sache waren verebbt, und es war den Briten gelungen, den spontanen Elan der breiten Massen aufzufangen und zu dämpfen. Die nationalen Kreise waren wegen taktischer Fragen gespalten. Die Moslembewegung geriet immer mehr in eine mißtrauische Ablehnung der vom Kongreß vertretenen Hindu-Mehrheit. Gandhi zog sich wieder auf seine sozialreformerische Arbeit zurück. Die ersten Rückschläge für die Alliierten belebten jedoch sofort die Agitation in den politisch erwachten Schichten, und bei den Briten entstand das Bedürfnis, Indien zu einer aktiveren Kriegsbeteiligung für die alliierte Sache zu gewinnen. Gandhi war zunächst spontan bereit, die britische Sache zu unterstützen – noch immer schwebte ihm das Ideal einer freien indischen Nation im Verband eines geläuterten Britischen Commonwealth vor. Er beugte sich jedoch sofort, als die Führer des Kongresses ihn baten, Indiens Beitrag zum alliierten Sieg über die Achsenmächte nicht ohne feste Zusicherungen von politischen Gegenleistungen zu propagieren.

Über das aber, was Indien von England verlangen sollte, kam es in der Kongreßführung zu einem tiefen und folgenschweren Bruch. S. C. Bose und die Extremisten schlugen vor, die sofortige Unabhängigkeit zu fordern und im Falle der Verweigerung den gewaltsamen Aufstand gegen die britische Unterdrückung auszulösen. Bose und seine Anhänger wurden mit nur einer Stimme von Nehru und der gemäßigten Mehrheit des Kongresses überstimmt, die sich bereit erklären wollten, England Indiens Bundesgenossenschaft im Austausch für ein bindendes Versprechen der Unabhängigkeit nach dem Siege zuzusagen. Die britische Regierung sah mit Genugtuung, wie Bose und die Radikalen ins Exil und später zu den Japanern und Hitler übergingen, während sich Nehru und die anderen Führer von Churchill und Eden mit vagen Formeln ohne echte Versicherungen hinhalten lassen mußten. Wieder sprang Gandhi in die Bresche und eröffnete einen neuen Feldzug des zivilen Ungehorsams; und zwar diesmal für das Recht aller Inder, sich gegen den Krieg und den von England verlangten Beitrag auszusprechen.

Diese Agitation nahm so bedrohliche Formen an – vor allem als die Japaner im Frühsommer 1942 vor den Toren Indiens in Imphal und Arakan eintrafen –, daß London eine Regierungskommission unter dem Labourführer Sir Stafford Cripps nach Indien schickte, um die nationalen Führer zum Einschwenken zu überreden. Cripps' Formel: Mithilfe zum Sieg gegen Unabhängigkeit auf Zeit, war eine glatte Lüge und Täuschung, denn, wie wir heute aus den Unterlagen der maßgeblichen englischen Staatsmänner wissen, hatte Churchill nie die Absicht, solche Zusicherungen einzuhalten. Aber auch der Kongreß war inzwischen mißtrauischer geworden und ließ sich durch Cripps' Verklausulierungen nicht mehr düpieren. Im August 1942 verlangte die Kongreßführung die sofortige volle Unabhängigkeit, was Gandhi, zum damaligen Zeitpunkt, mißbilligte.

Ein solches Ultimatum war für die schwer bedrängten Briten so unannehmbar, daß sie zurückschlugen. Über Nacht kam die gesamte politische Elite Indiens ins Gefängnis, wo Gandhi bereits seit 1941 saß. Ein mehrwöchiges Fasten des Mahatma und die schwersten Unruhen seit dem Sepoy-Aufstand 1857 blieben ergebnislos. Die indischen Führer und besonders Gandhi mußten schreckliche Leiden über sich ergehen lassen, an deren Folgen Gandhis Frau Kasturba im Februar 1944 in der Haft erlag. Mahatma wurde einige Wochen später schwerkrank entlassen, wohl nur, weil die Briten die verheerenden Auswirkungen auf die mit Mühe niedergehaltene indische Öffentlichkeit fürchteten, wenn der populärste Lehrer der Nation im Gefängnis gestorben wäre. Ganz wider Erwarten vermochte er sich aber von den Strapazen der Haft zu erholen.

Die letzten Monate des Krieges verbrachte Gandhi mit aufopferungsvollen Versuchen, Jinnah und die Moslemliga zu einem gemeinsamen Aktionsprogramm für ein geeintes, freies, ungeteiltes Indien zu gewinnen, jedoch ohne Erfolg. Jinnah, dem viel mehr an der Schaffung eines separaten Moslemstaates als an der Erhaltung eines für ihn nur illusionären Gesamtindiens gelegen war, setzte auch den britischen Aktionen, religiöse und kommunale Spannungen zu fördern, kaum Widerstand entgegen. Enttäuscht mußte der greise, nunmehr vereinsamende Lehrer der Versöhnung, barfuß und magerer denn je durch die Dörfer wandernd, zusehen, wie die von ihm so heiß erstrebte Gemeinschaft aller Inder zerbrach. Zudem war es bei Kriegsende alles andere als sicher, daß England Indien das in der Atlantik-Charta versprochene Recht auf Selbstbestimmung gewähren würde. Churchill hatte sich mehrfach vehement und kategorisch gegen die Selbstauflösung des Empires ausgesprochen. Alles deutete darauf hin, daß nicht Gandhi und Nehru, sondern Bose in seiner Einschätzung der Zukunft recht behalten würde und daß nur ein bewaffneter Aufstand Indien befreien könne.

In diesem kritischen Moment kam im Sommer 1945 der Labour-Wahlsieg wie ein Geschenk des Himmels. Die Labour-Führer, staatsmännisch weiterblickend und moralisch integrer als die skrupellosen Imperialisten vom Schlage eines Churchill, Eden, Amery, usw., waren bereit, die im Krieg gemachten Versprechen zu halten – aber nur auf der Basis der Teilung Indiens. Das war trotz aller Lichtblicke ein schwerer Schlag für Gandhi, und der Mahatma kämpfte trotz zunehmender Schwäche und Isolierung leidenschaftlich und verzweifelt gegen die Teilung und den ihr zugrundeliegenden Glaubenskonflikt. Den ganzen Winter 1946/47 verbrachte Gandhi auf Fußmärschen durch Bengalen und Bihar, um gegen die Feindseligkeiten unter den Religionsgruppen zu predigen. Doch selbst seine früheren Gefolgsleute im Kongreß opponierten jetzt hartnäckig gegen seine Mahnungen. Im Frühjahr 1947 entschied sich der Kongreß ohne Rücksicht auf Gandhis dringliche Appelle für die Annahme der Teilung.

In diesem Augenblick vollbrachte der greise Mahatma noch einmal eine Leistung, die wie ein politisches Wunder wirkte. Mitten in den weiter um sich greifenden Feindseligkeiten zwischen den Hindu- und Moslemgemeinden besuchte er Kalkutta und rief einen alten politischen Feind, H. S. Suhrawardy, den Ministerpräsidenten von Bengalen, um Hilfe an, um ein Blutvergießen zu verhindern. Suhrawardy war so ergriffen von den Worten des ehrwürdigen Greises, daß er alle Vorschläge Gandhis annahm. Das Auftreten des großen Lehrers wirkte Wunder auf die zerstrittenen Gemüter der Millionenstadt. Der 15. August 1947, der Tag der Teilung, ging vorüber, ohne daß es in Bengalen zu irgendwelchen Zwischenfällen kam. Erst zwei Wochen später wagten die fanatischen Hindusekten ihre ersten Übergriffe gegen die wehrlosen Moslems. Gandhi, der zur Sicherung des Friedens in Kalkutta geblieben war, begann daraufhin ein öffentliches Fasten – und das anarchische Fieber erlosch sofort.

Aber inzwischen waren schwere Unruhen in Delhi und im Punjab ausgebrochen, und Gandhi eilte jetzt dorthin, um das Schlimmste zu verhüten. Die jetzt gewonnene Einsicht, daß sein lebenslanger Einsatz für Toleranz und Gewaltlosigkeit die Massen so gut wie unbeeindruckt gelassen hatte, war für ihn ein tragisches und doch seine Entschlossenheit bis zur Selbstaufgabe stählendes Erlebnis. Im Januar 1948 begann er in Delhi ein neues Fasten, das er erst beenden wollte, wenn alle, auch die geringsten, Ausschreitungen gegen die Moslemgemeinden aufhörten. Sofort trat wieder Ruhe ein, und die geflohenen Moslems konnten sogar in ihre Dörfer zurückkehren. Aber die extreme Rechte verzieh dem Mahatma diese Störaktionen gegen ihre verbissen betriebene Politik mit dem Ziel eines ausschließlich hinduistischen und orthodoxen Indien nicht. Immer mehr chauvinistisch-nationalistische Führer ereiferten sich in religiös-politischen Versammlungen, und behaupteten, der große Mahatma sei in Wirklichkeit kein Freund, sondern ein Feind Gottes, ein Freund der islamischen Todfeinde. Solange er lebe, werde sich das jahrtausendealte Ideal eines rein hinduistischen Indiens nie verwirklichen lassen. Diese Parolen verfehlten ihre Wirkung beim analphabetischen, religiös verhetzten Mob der Metropole keineswegs. Aus Gandhi, dem Vater und Lehrer, war inzwischen Gandhi, der Feind Gottes, geworden.

Am 30. Januar 1948, zehn Tage nach dem Ende seines letzten Fastens, begab sich Gandhi zu Fuß in den Garten von Birla House, einer opulenten Stadtresidenz in Neudelhi, zum Gebet. Als er sich am Eingang einen Weg durch die Menge bahnte, schoß ihn ein junger Hindufanatiker, R. Godse, aus nächster Nähe nieder.

Das Ende des großen Gurus war seines Lebens würdig. Während das Blut aus seinem Bauch quoll, murmelte Gandhi nur halblaut »Ram, Ram... (Gott, Gott).« Dann verzieh er seinem Mörder und bat die Umstehenden, bei der Regierung Straflosigkeit für den Attentäter zu erwirken. Eine Stunde später starb er.

Trotz des historischen Abstands von mehr als 20 Jahren ist es schwierig, zu einem umfassenden und endgültigen Urteil über Gandhis Bedeutung als Politiker und Staatsmann zu gelangen – und für Ausländer und westliche Betrachter gilt das um so mehr, als wir versucht sind, unsere Werte und Maßstäbe als die allein gültigen auf die ganz anderen Verhältnisse Asiens zu übertragen. Für jeden Beobachter, der Indien in den letzten Jahren etwas genauer kennengelernt hat, ist überraschend, wie umstritten Gandhis Bild und Werk für die Massen geblieben ist und wie oberflächlich seine Wirkung im Bewußtsein dieser von ihm mehr als von irgendeiner anderen Persönlichkeit erweckten Nation. Ja, oft hat der ausländische Beobachter das Gefühl, als sei Gandhi im Westen mehr adoptiert und sogar in die Kultur des Abendlandes aufgenommen worden, als es der südasiatische Osten für seinen eigenen Kulturkreis vollzogen hat.

Das scheint zu einem wesentlichen Teil an der Art zu liegen, wie Gandhi aus der Distanz von so unbeteiligten und idealistischen Betrachtern wie Romain Rolland idealisiert und vereinfacht worden ist. Ein Teil der jungen Generation scheint der Gefahr erlegen zu sein, Gandhi und seine politische Methode zu verabsolutieren und darin die letzte, heute allein gültige Antwort auf die Fragen nach Wert und Grenzen politischen und sozialen Kampfes und seiner moralischen Rechtfertigung zu sehen. Aber auch eher konservative Kreise benutzen Gandhi gern als Vorbild und Beispiel dafür, wie heute politische Opposition allein praktiziert werden dürfe.

Gandhis Methode ist natürlich, aus der Distanz betrachtet, für die einen ebenso bequem wie für die anderen. Die ersteren enthebt der Verweis auf seine Gewaltlosigkeit der anstrengenden und gefahrbringenden Notwendigkeit, die eigene Existenz mehr als verbal aufs Spiel zu setzen. Die Ostermarschierer z. B. sind zwar deklamatorisch zu allerlei Risiken bereit, aber nicht existenziell. Sie scheuen sich, anders als Gandhi, ihre Hände politisch zu beschmutzen. Ihr Gandhibild ist daher eher eine Karikatur und von der Realität ungefähr ebenso verschieden wie das Bild des lieben Jesuleins von dem des historischen Christus. Die Konservativen aber wünschen sich kleine Gandhis auf der Gegenseite, weil sie wissen, daß mit ihnen leicht fertigzuwerden ist.

Gandhis tatsächliches Vorgehen, besonders in seinen frühen Jahren, hat ihm, manchmal durchaus zu Recht, viel öfter den Vorwurf der Kollaboration, der Zweideutigkeit eingetragen, als es westliche Biographen und Historiker, die zeitgenössische Zeugnisse notwendigerweise sieben, erkennen lassen. Zum Beispiel Gandhis taktisches Verhalten im Burenkrieg, bei der Zulu-Expedition in Südafrika und noch im Ersten Weltkrieg könnte oft als Liebedienerei und Kuschen vor der imperialistischen Herrenmacht mißverstanden werden. Auch später noch kritisierten viele, durchaus nicht extremistische indische Nationalisten das Verhalten des Mahatma als unnötig servil und konzessionsbereit.

Vor allem war dem Mahatma ein entscheidender Faktor ganz klar: daß er trotz aller brutaler Machtansprüche der Briten und ihres imperialen Besitzwillens in einem Bezugssystem arbeitete, das die fundamentalen humanitären Regeln respektierte und moralisch gesund genug war, um die unsichtbaren und heute mehr und mehr verwischten Grenzen zur manichäischen Paranoia rassistischer, religiöser oder pragmatisch-machthungriger Ausprägung nicht zu überschreiten. Gandhi hat dies mehrfach und schon sehr früh deutlich ausgesprochen. So sagte er in seiner Festrede als Ehrengast des Law Dinners von Madras 1915: »Ich weiß, daß ein Kämpfer des passiven Widerstandes seinen Anspruch, passiven Widerstand zu leisten, unter allen Umständen verwirklichen muß... und ich habe entdeckt, daß das Britische Empire hierfür gewisse Ideale bereithält, die mir entgegenkommen. Eines dieser Ideale ist, daß jeder Untertan des Reiches den weitestmöglichen Spielraum hat, Anstrengungen in jedem Sinne zu machen, die ihm sein Gewissen vorschreibt. Ich glaube, daß das zwar für das Britische Empire gilt, nicht aber für jede beliebige andere Regierung... Daher meine grundsätzliche Loyalität gegenüber dem Britischen Empire...«

Damit hat Gandhi klar ausgesprochen, was viele seiner heutigen Bewunderer nicht sehen wollen, daß seine Taktik nur sinnvoll und möglich war innerhalb eines bestimmten, humanistisch orientierten Gesellschaftssystems. Man kann sich leicht vorstellen, was diesem Führer der unartikulierten Massen Indiens zugestoßen wäre, wenn er zum Beispiel in einem der beiden unmenschlichsten politischen Zwangssysteme hätte handeln müssen, die wir bisher im 20. Jahrhundert kennengelernt haben. In Hitlers SS-Staat wäre Gandhi wahrscheinlich mundtot gemacht und im KZ vergast worden. In Vietnam hätte er für die amerikanische Vernichtungsmaschine nur Anlaß zu der Frage gegeben, ob es zweckmäßiger sei, ihn mit Napalm zu verbrennen oder mit Giftgas zu ersticken. Beidesmal darf man sicher sein, daß er sehr schnell umgebracht worden wäre und höchstens als obskurer Fanatiker dritten Ranges in eine historische Fußnote eingegangen wäre.

Man kann sich daher bei der Lektüre vieler heute im Westen erschienener Darstellungen eines völlig unrealistischen Gandhibildes des Eindrucks nicht erwehren, daß er im Grunde nur deswegen als Vorbild so willkommen ist, weil er es seinen heutigen potentiellen Gegnern, die über tödlichere Methoden und weniger Skrupel verfügen als die britische Raj, ungeheuer leicht gemacht hätte. Daher z. B. die dringenden Empfehlungen des Establishments der USA an die amerikanischen Neger, sich an Gandhi zu orientieren.

Aber Gandhis politisches Genie hätte sich wahrscheinlich nicht in der Erfindung der besten Methode erschöpft, die mit bewaffneten Aufständen rechnenden Briten an ihrer schwächsten Stelle anzugreifen. Er erkannte Indiens damalige politische Situation: riesigen, unbewaffneten und jedes Waffengebrauchs entwöhnten Menschenmassen hatte ihre Kultur jahrhundertelang Leidensfähigkeit, passive Unterordnung unter nackte Gewalt von oben und Schicksalsergebenheit als Ideal der sozialen Wertskala anerzogen. Ein herkömmlicher Volkstribun wäre an einem solchen Substrat einer Revolution gescheitert – und so scheiterte der Kongreß jedesmal, wenn er sich zu einem aktiveren Vorgehen entschloß, so scheiterte Subhas Chandra Bose mit seinem Versuch, einen regelrechten Befreiungskrieg von außen zu entfachen. Gandhi dagegen verstand, aus der Not eine Tugend zu machen. Für Gandhi und die kleine Schar seiner Jünger beinhaltete Satyagraha natürlich viel mehr, aber für die breiten indischen Massen lag zumindest unbewußt ein enormer Anziehungsfaktor in dem Umstand, daß sich auf diese Weise physische Gewaltlosigkeit mit scharfer psychischer Aggressivität vereinigen ließ.

Dennoch fragt man sich heute auch in Indien, ob Gandhis Strategie des reibungslosen Übergangs zur nationalen Unabhängigkeit ohne gewaltsamen inneren und äußeren Bruch mit der kolonialen Vergangenheit inzwischen nicht zu jenem Hemmschuh geworden ist, der alle Entwicklungsbemühungen zu einem schweren, qualvollen Unternehmen macht. Mehr und mehr scheint es, daß eben dieser Verzicht auf den gewalttätigen, kathartischen Bruch mit der Vergangenheit – das, was die Chinesen heute »Revolution« nennen – Indien um die einmalige Gelegenheit gebracht hat, sich vom toten Ballast der Geschichte zu befreien, von Gesetz und Rechten, die sich wie eine ewige Krankheit forterben, vom Kasten-Unwesen, von den Myriaden der Radschas, Maharadschas und Nawabs, vom Babusystem der imperialen Verwaltung, von der extremen sozialen Hierarchisierung mit dem Bedürfnis jedes orthodoxen Inders, einen Untergebenen zu haben, der sich für ihn die Hände schmutzig macht, von der Verachtung manueller Arbeit, der Neigung zur Korruption und so fort, Mißstände, die von den besten Vertretern der indischen Jugend heute am deutlichsten erkannt werden. Aber die Chance einer revolutionären Befreiung auf einen Schlag ist verpaßt, und der Kampf gegen das Alte wird heute zu einem zähen, langwierigen Ringen.

Gandhis Methode entgeht nicht dem Vorwurf, wesentlich zu diesem Versäumnis beigetragen zu haben. Ihr lag an der Achtung vor dem Gegner; die ideale Lösung eines Konflikts war für den Mahatma der Kompromiß, aus dem beide Seiten mit dem Gefühl hervorgehen, nichts Unerträgliches hingenommen zu haben. Diese Achtung vor der Person und den Lebensinteressen des Gegners macht eine der sympathischsten Seiten der Ahimsa-Idee aus. Aber sie übersieht, daß hinter den Einzelpersonen Institutionen stehen, die beseitigt werden müssen, wenn die Menschen freier leben wollen. Die persönliche Achtung vor den Textilindustriellen Ahmedabads hat Gandhi davon zurückgehalten, den industriellen Frühkapitalismus in Gujarat so anzugreifen, wie es nötig gewesen wäre, um wirklich ein für allemal menschenwürdige Zustände für die Arbeiterschaft zu garantieren. Gandhis Methode des Kompromisses hat nur zu vorübergehenden Erleichterungen, nicht aber zu sozialen Umwälzungen geführt. Der Mahatma ist dahingegangen, aber die Ausbeutung ist geblieben, worüber die »Times of India« im Oktober 1971 noch schreiben konnte, daß Tbc und Staublunge unter den gujaratischen Textilarbeitern so häufig sind, daß ihre durchschnittliche Lebenserwartung das Alter von 32 Jahren nicht übersteigt. Man kann sich bei näherer Betrachtung der Verhältnisse und zeitgenössischen Vorgänge Indiens des Eindrucks nicht erwehren, daß der gute und immer nur an das Gute im Menschen glaubende Mahatma von seinen Gegnern gelegentlich gewaltig hinters Licht geführt worden ist. Mehrere der Gefährten Gandhis sprachen diesen Verdacht auch aus, so C. F. Andrews mit besonderem Hinweis auf die Textilmagnaten von Ahmedabad.

Das Versagen der Methode Gandhis wurde noch offenkundiger am Schicksal des Gramdan, der Bewegung zum Verschenken und zur Neuverteilung von Gemeindeland an landlose Bauern, besonders Harijans, und der Bewegung des Bhoomidan Yagna, der Bemühungen, Großgrundbesitzer zur freiwilligen unentgeltlichen Übergabe von Agrarland an Dorfarme und Outcasts zu veranlassen. Die erste Bewegung ist eingeschlafen, und zu der zweiten mußte Vinobha Bhave, ein Schüler Gandhis, der sich besonders dem menschlichen Problem der Landarmut gewidmet hat, feststellen, daß die Grundeigentümer, die dem Mahatma ihr Land als Gottesopfer übergeben hatten, es nach seinem Weiterzug den Armen wieder abforderten oder später die Schenkung widerriefen und unverfroren Bezahlung verlangten.

All das legt den Schluß nahe, daß Gandhi über seine Achtung des

Menschen auch im Gegner die Bedeutung institutioneller Strukturen übersah. Sein Problem und das des post-gandhischen Indien insgesamt ist in gewisser Weise symmetrisch zu dem der Marxisten der Post-Stalin Ära in den Volksdemokratien: während letztere die strukturellen Unterbauten umwandelten und dann erstaunt feststellen mußten, daß das Bewußtsein der Massen den Reformen mangels revolutionärer Veränderung auch im Denken der Menschen nicht folgte und in die heute in Osteuropa grassierende Kleinbürgerlichkeit zurückfloh, mußten Gandhi und seine Schüler mitansehen, wie trotz aller Bemühungen um das Bewußtsein im Individuum – Christen würden sagen: um seine Gotteskindschaft – alles wieder ins alte Gleis zurückfiel, weil die Institutionen, also die Basis, nicht entsprechend reformiert worden war, um die Abkehr vom gandhischen Humanismus unmöglich zu machen. Erst Mao Tse-tung hat mit seiner Kulturrevolution versucht, das eine mit den anderen organisch zu verbinden und zu synchronisieren.

All das soll nicht bedeuten, daß Gandhis politisch-sozialer Nachlaß zerstoben sei. Der Mahatma hat seinem Land Werke von unschätzbarem Wert hinterlassen, an erster Stelle die Idee der nationalen Einheit – selbst wenn diese nicht, wie er ersehnt hatte, Hindus und Moslems in einem Staat vereinigte. Ihm ist zu danken, daß die Idee der sozialen Gerechtigkeit, der grundsätzlichen Gleichheit der Individuen, der Humanität selbst gegenüber den Unberührbaren, der Landreform etc., wenn nicht aus säkularen, dann aus metaphysischen Begründungen fester Bestandteil des indischen Nationalethos geworden sind. Selbst auf rein wirtschaftlichem Gebiet verdankt Indien Gandhi die ungeheure Bereicherung durch die Khadi-Bewegung, die dem Land einen blühenden, weit verbreiteten Produktionszweig geschenkt hat.

Viel von Gandhis Erbe hat in den letzten zwanzig Jahren eine Eklipse erlebt – zeitweilig, wie man hoffen muß, wenn man Indien nicht aufgeben will. Trotz seiner Bemühungen um die juristische und soziale Gleichstellung der Harijans – etwa 100 Millionen von Indiens 550 Millionen Einwohnern – sind die Verhältnisse dieser Ärmsten der Armen wieder ungefähr so, wic sie zu Beginn von Gandhis erster Kampagne in Bihar vor mehr als 50 Jahren waren. Fast täglich liest man, daß in den Dörfern die Bewohner aus Kastenkreisen ihren unberührbaren Nachbarn wieder die Benutzung der Dorfbrunnen verweigern, weil das Tauchen der Krüge, gehalten von Händen der Unberührbaren, in denselben Wasserlauf angeblich die Oberkasten-Hindus verunreinige. In Rajasthan wie in Bihar oder Mysore werden Harijans seit einigen Jahren wieder öffentlich gesteinigt, lebendig verbrannt, zu Tode geprügelt, wenn sie sich anmaßen, Schuhe zu tragen – ein Privileg, daß die Dorfpandits den Oberklassen vorbehalten. In Kerala wurden Harijans ermordet, weil sie aus Versehen ihren Schatten auf einen vorbeigehenden Nayyar fallen ließen, der auf diese Weise »verunreinigt« wurde. Trotz der großen Bemühungen der Zentralregierung, den Harijans oder wenigstens einer Elite unter ihnen gleiche erziehungsmäßige oder politische Chancen zu sichern, beharren in weiten Teilen des Landes Hindu-Großgrundbesitzer darauf, von den Outcasts ihrer Dörfer unentgeltliche Landarbeit zu verlangen – denn dies sei die göttliche Ordnung von Jahrtausenden her. Die religiösen Lehrer bestärken sie darin nach Kräften, wie überhaupt die Wiederbelebung des Hinduismus keineswegs den von Gandhi gewünschten Verlauf auf Toleranz und Nächstenliebe hin genommen hat. Im Gegenteil, die konservativen, traditionalistischen und politisch-religiösen Parteien, etwa die Jan Sangh, Shiv Sena, RSS, ja auch die westlich-liberale Swatantra-Partei, die sich heute als Bundesgenosse des ›Freien Westens‹ definiert, sie alle schieben Gandhi beiseite oder tun ihn geradezu als Volksfeind ab, weil er es wagte, ein Evangelium der sozialen Gleichheit zu predigen. Nicht umsonst legten es die von den Fürsten und Großgrundbesitzern heimlich angeheuerten, finanzierten und gedeckten Schlägerbanden, vor allem in Rajasthan, Madhya Pradesh und im Punjab, in den Jahren nach der Unabhängigkeit darauf an, nicht nur auf den von ihnen terrorisierten Dörfern die Regierungsbeamten, Lehrer, Gewerkschaftsfunktionäre zu mißhandeln und zu ermorden, sondern bei dieser Gelegenheit auch Gandhis Porträts in den Bauernhäusern zu vernichten, die Chharkas, die symbolischen Spinnräder, zu zerschlagen und die Bauern bei Todesdrohung zu warnen, sich ja nicht von »Schwarmgeistern wie Gandhi und anderen Kommunisten« und ihren Lehren beeinflussen zu lassen. Die Gleichsetzung von Gandhi mit den Kommunisten ist übrigens bezeichnend. Der Mahatma hat es zeitlebens abgelehnt, dem Antikommunismus das Wort zu reden.

Angesichts dieser Lage wird man leicht verstehen, warum viele aufgeklärte Inder heute das Phänomen des Mahatma mehr als ein flüchtiges, von der Geschichte nicht eingehaltenes Versprechen denn als Wendepunkt im Leben der Nation auffassen. Es bedürfte Tausender von Generation zu Generation wiedergeborener Gandhis, um alles das zu realisieren, was der große Lehrer angestrebt hat. Wenn man sich heute in Indien umhört, so findet man, daß »Netaji«, Subhas Chandra Bose und sein Konzept einer bewaffneten Revolution, das ihn zeitweilig in die Nähe der sowjetischen Kommunisten brachte, inzwischen von den breiten Massen instinktiv für relevanter empfunden wird als »Bapuji«. Um Bose rankt sich heute ein üppiger Legendenwuchs – gleich einem indischen Barbarossa soll er nicht auf Taiwan 1945 tödlich verunglückt sein, sondern im Verborgenen, etwa bei Mao, wo ihn Zeugen mit mystischer Erleuchtung gesehen haben wollen, seine Wiederkunft vorbereiten. Gandhi dagegen ist eine ferne, stille Ikone. Doch um gerecht zu sein, darf man mit einem Blick auf die Zukunft sagen, daß Gandhi seine Predigt von Anti-Imperialismus, Gleichheit, sozialer Gerechtigkeit, vom Niederreißen der Kastenschranken und der unveräußerlichen Würde aller Menschen im Lichte einer göttlichen Wahrheit unauslöschlich ins indische Nationalethos eingegraben hat und damit eines Tages jenen Kräften den Weg bereiten wird, die unter Berufung auf ihn die Erneuerung Indiens an Haupt und Gliedern in der Praxis, in jedem Dorf unternehmen werden.

Das wirft die Frage auf: War Gandhi wirklich ein politischer Praktiker und als solcher ein Revolutionär, ein Sozialist? Ohne Zweifel wollte er es auf lange Strecken seines Wirkens sein. Er war unbestritten ein großer, ja genialer Agitator. Im Vergleich zur überwiegenden Mehrzahl seiner politisch eminenten Zeitgenossen war er auch bemerkenswert rational – eine Tatsache, die vom westlichen Beobachtungspunkt her heute meist übersehen wird –, für Leute wie Tilak sogar störend rational und pragmatisch. Sein Bestreben war, unter die kleinen Leute zu gehen, mit ihnen Fühlung zu halten, sie zu mobilisieren, ihnen eine Stimme zu geben – so wie etwa zur gleichen Zeit in bemerkenswert ähnlichen Verhältnissen ein anderer genialer Emanzipator, Mao Tse-tung. Doch ist bei ihm eine eigene Ideologie, ein System nur streckenweise erkennbar.

Gandhi gab sich ausdrücklich als Sozialist, aber als theistischer, nicht als marxistischer und atheistischer. Sein Verhältnis zum Kapitalismus war eindeutig. Einer Versammlung indischer Wirtschaftswissenschaftler in Allahabad sagte er 1922: »Es ist leichter für ein Kamel, durch ein Nadelöhr zu gehen, als für einen Reichen, ins Himmelreich zu gelangen. Hier haben Sie eine der ewigen Lebenswahrheiten niedergelegt in den vornehmsten Worten der englischen Sprache... Ich hörte viele unserer Landsleute sagen, daß wir amerikanischen Reichtum erwerben, aber seine Methoden vermeiden können. Ich wage zu behaupten, daß ein solcher Versuch vom Beginn an zum Scheitern verurteilt wäre. Wir können nicht weise, gemäßigt und zugleich kapitalistisch sein... Ich behaupte, daß wirtschaftliche Expansion wirklichem Fortschritt unvereinbar entgegensteht. Von daher rührt unser uraltes Ideal, Tätigkeiten, die auf die Schaffung von Reichtümern abzielen, minder zu bewerten. Das bedeutet keineswegs ein Ende für alle materiellen Ambitionen. Wir sollen, wie zu jeder Zeit, in unserer Mitte Leute haben, die die Schaffung von Kapital zum Ziel ihres Lebens machen.«

An verschiedenen Stellen erklärte Gandhi, daß wirtschaftliche Aktivität nötig sei, aber nicht zu Zwecken persönlicher Bereicherung, sondern für die Gemeinschaft. Wer mehr vom Sozialprodukt für seine eigenen Zwecke beanspruche, als er brauche, stehle, und die Reichen sollten angehalten werden, ihren Besitz der Gemeinschaft zu vermachen. Freilich war ihm bei alledem mehr darum zu tun, die einzelmenschlichen Motive zu veredeln, als die sozialen Strukturen zu verändern.

Diese Haltung sollte dem christlichen Westen nicht so fremd sein, wie dies heute der Fall ist. So sagt ein Kirchenvater des 4. Jahrhunderts, St. Ambrosius von Mailand, in einer Homilie:... »Denkst Du, daß Du kein Unrecht tust, wenn Du für Dich selbst behältst, was als Lebensunterhalt für viele dienen könnte? Es ist das Brot der Hungrigen, das Du nimmst, die Kleidung der Nackten, jenes Geld, das die Erlösung der Armen darstellt...« Freilich hat das offizielle Christentum seit der Reformation, wie Tawney überzeugend dargelegt hat, alles getan, um diesen Gedankengang zu verdrängen.

Die scharfe Ablehnung der Thesaurierung hat Gandhi den Vorwurf eingetragen, mit seinem archaischen Dorf-Sozialismus rund ums Spinnrad Indiens Industrialisierung verhindert zu haben. Ganz unberechtigt ist dieser Vorwurf nicht, denn mit seinem gewaltigen Einfluß auf zwei Generationen kam Gandhis Warnung vor dem seelenverderbenden Maschinismus schon eine beträchtliche Orientierungskraft zu. Nur muß man bedenken, daß Gandhi kein Ökonom war und auch nicht sein wollte und in seinen Homilien vor allem an das Schicksal der Abermillionen von Landarmen dachte, für die beginnende Industrialisierung zunächst nicht so sehr Ausbeutung und Hungerlöhne verhieß als den Verlust von Arbeit und Brot überhaupt. Als die Chinesen 1936 in ihrem Nanniwan-Projekt zum ersten Mal mit Arbeitskraft-Investitionen und arbeitsintensiven Modellen experimentierten, kam dies für Gandhi viel zu spät. Daß er im Rahmen des damals für Indien Erschwingbaren durchaus ähnliche Gedanken entwarf, beweist seine so überaus erfolgreiche Khadi-Bewegung, durch welche Millionen kleiner und kleinster indischer Erzeuger – Bauern und Handwerker – viele Jahre lang erkleckliche Nebenerwerbe als Hausweber fanden. Nur war Gandhis Augenmerk damals vorwiegend auf die Abwehr des britischen Handelsimperialismus gerichtet. Daß er nebenbei eine rein kommerzielle Goldmine eröffnete, war ihm offenbar nicht klargeworden. Er hätte sie auch nicht geschätzt.

Wäre Gandhi ein bloßer Politiker und politischer Neuerer gewesen, so wäre seine Biographie mit Ausführungen wie den obigen abgeschlossen. Aber Gandhis Leben besaß eine weitere und für uns Abendländer außerordentlich ungewöhnliche Dimension, die er selbst immer wieder betonte und in aller Demut in den Vordergrund schob. Er selbst war nicht zufrieden mit den Epitheta, die ihm seine Zeitgenossen beilegten, sondern beschrieb sich selbst halb ironisch, halb ernst als »nicht nur Reformer und Politiker, sondern Politiker, der danach strebt, ein Heiliger zu werden.« Mit anderen Worten, seine selbstgewählte Mission hatte einen spezifisch religiösen Charakter, ja eine religiöse Teleologie – der Eingang in die Heiligkeit, so wie sie Hindus verstehen, die Vereinigung mit Gott, stand als Ziel am angestrebten Ende seines Lebens – und wenn wir mit menschlichen Maßstäben messen dürfen, hat er diese auch wirklich mit seinem Tod gefunden.

Gandhi betrachtete sich zu Lebzeiten keineswegs als Heiligen, er wollte es erst werden. Daher lehnte er die Bezeichnung »Mahatma«, mit der ihn Tagore und seine Anhänger verehrungsvoll belegten, auch immer etwas verlegen und unangenehm berührt ab. Aber er wollte zugegebenermaßen ein Heiliger werden – eine für uns merkwürdige Ambition für einen praktizierenden Politiker. Diese westliche Verblüffung über einen so ungewöhnlichen, fast peinlichen und seine Zurechnungsfähigkeit in den Augen manch abgebrühter Zyniker in Zweifel stellenden Ehrgeiz ist um so verständlicher, als dem Westen jeder reale Maßstab für etwaige transzendente Möglichkeiten eines Menschenwesens abhanden gekommen ist. Dies nicht zuletzt dank des Eingriffs der organisierten Religionen, die, spätestens seit der Gegenreformation, den Begriff des Heiligen für ihre eigenen engen theologischen Zwecke monopolisiert und dazu noch an so unglücklichen Beispielen exemplifiziert haben, daß »Heiligkeit« heute fast mit »psychopathologisch« gleichgesetzt wird. Erst die moderne Tiefenpsychologie hat hier einen Wandel eingeführt. Heiligkeit, etwa für die Schüler Jungs, würde bedeuten die völlige Integrierung aller Potentialitäten und vorher unaufgehellten Tiefen in die bewußte Persönlichkeit, der »ganzheitliche Mensch«, die geglückte Individuation – oder wie Gandhi und andere Hindus sagen würden, die Verwirklichung des Selbst, die Vereinigung mit dem Atman. Wenn wir diese Definition zugrunde legen, dann gewinnt Gandhis Streben plötzlich eine aktuelle, ja erregende Bedeutung. Aber in diesem Licht wird Gandhis Persönlichkeit auch gleichzeitig – für Devote bestürzend, für den unvoreingenommenen Abendländer vielleicht beruhigend – relativiert.

Gandhis Weg zur Selbstverwirklichung war, wie er selber sagte, ein Marsch von Etappe zu Etappe der Vervollkommnung, und die letzte, absolute Wahrheit lag für ihn bei Gott. Selbstverwirklichung und Gott waren für ihn so eng verschmolzen, daß man bei der Lektüre seiner Schriften oft das Gefühl gewinnt, daß die Wahrheit für ihn ein oder besser *der* depersonalisierte Gott war. Er selbst nennt sein vorliegendes Buch im Untertitel »Geschichte meiner Erfahrungen mit der Wahrheit«. Gewalt war für Gandhi eine Abweichung von der Wahrheit. Ahimsa und Satyagraha, Gewaltlosigkeit und passiver Widerstand im politischen Kampf, waren für ihn Übungen in der Verwirklichung der Wahrheit. Daher ist es von diesem Gesichtspunkt her sicher richtig, wenn manche Zeitgenossen Gandhi als »Anti-Politiker«, ja »Fakir« (Churchill) par excellence bezeichneten – denn ihm war das Haschen nach Gelegenheitsvorteilen, zweckbedingter, moment-bezogener Utilitarismus und der mehr oder minder prinzipienlose Opportunismus der Politiker ein Greuel.

Aber nach welcher Wahrheit suchte Gandhi? Sicher nicht nach der »objektiven Wahrheit« der westlichen Philosophen und auch nicht nach jener der christlichen Offenbarungsreligion, die in unserer Kultur mit der Zeit jede persönliche religiöse Erfahrung und mystische Spontaneität unterbunden hat. Gandhi ging es vielmehr um seine eigene, also um eine subjektive Wahrheit, so wie sie seine Hindureligion ihren Adepten lehrt, für die der wahre Schauplatz jeden Ringens um Wahrheit das eigene Gewissen ist oder, wie Hermann Hesse es vorbildlich ausdrückte, der »Weg nach Innen«.

Hier geht es keineswegs um das kritiklose Annehmen dogmatisch verankerter objektiver Sätze, sondern um die Erarbeitung der Wahrheit eines jeden Suchenden für sich selbst, seines eigenen unverwechselbaren Erlebnisses, das für keine zwei Personen dasselbe sein kann, das sich je nach Lebenslage des Beschauenden verändert und unweigerlich hinwegführt von scheinobjektiven Kategorien, obwohl, wie es ein anderer großer Inder, Krishnamurti, ausdrückte, »man Gott und den Begriff von ihm nicht leichtfertig wegweisen sollte – er ist sehr hilfreich für Kinder und Anfänger.«

Die neue westliche Tiefenpsychologie hat diese Denkwege auch Suchern im Okzident erschlossen. Man versteht z. B. so die Parallele zwischen Gandhis Identifizierung der Wahrheit mit der Gottheit und der Darlegung eines europäischen Psychoanalytikers wie G. Schmaltz, der, einen anderen östlichen Lehrer zitierend, sagt, »das Land, das nirgends ist«, sei »die wahre Heimat« und »der Weg das Ziel«. Von daher hat Gandhi als Persönlichkeit aus Fleisch und Blut in unserer Zeit und im Scheinwerferlicht der kritischen Beobachtung und Zeitgeschichte, als praktischer Zeuge einer Lebenshaltung, die uns traditionell weitgehend fremd ist und doch aus therapeutischen Gründen nähergebracht wird, sicher viel zu sagen, vielleicht dem Westen noch mehr als dem Osten.

Für Gandhi ergab sich diese Hinwendung zur Wahrheitssuche, wenn auch nicht ganz von selbst, so doch aus den mannigfachen, ihn umgebenden Traditionen, die die evolutive Introspektion begünstigen. Gemäß der Hindu-Tradition durchläuft das Individuum die Stadien der Selbstreifung, in denen jeweils gewisse biologisch und sozial unausweichliche Erfahrungen gemacht und verarbeitet werden müssen. Man verlangt nicht, daß das Individuum sie überspringe, gleichsam mit einem Satz die Konformität mit dem absoluten Vorbild erreiche, wie das Christentum es als Ideal hinstellt. Der junge traditionelle Hindu durchläuft Antevasin, die »Lehrzeit«, bei einem Guru, der ihm helfen soll, sich von den kindlichen Bindungen an Eltern und Familie so weit zu lösen, daß er sein »Dharma«, seine eigene Bestimmung erkennt – wir würden sagen, seine Identität. Antevasin mündet in Grhastha, die Periode der äußeren Aktivität, in der u. a. Sex, Beruf, eigene Familie erlebt und durchkostet und durchlitten werden müssen, denn nur, wer sie durchlaufen hat, kann sich wirklich von ihnen lösen und zu Vanaprastha, der inneren Lösung von den mannigfachen Bindungen des So-Seins, des Ichs, übergehen und schließlich eingehen in Moksha, die Aufgabe und Erlösung. Was in dieser Existenz nicht aufgearbeitet worden ist, wird als Teil des Dharmas in einer nächsten wieder vorgenommen – und damit entfällt die das Abendland seit 2000 Jahren verfolgende nervöse Spannung, die existenzielle Verzweiflung über die Unwiederbringlichkeit jedes nicht voll gelebten Augenblicks.

In der Praxis hat Gandhi diesen Durchgang durch die verschiedenen Lebensstadien weitgehend ungeplant, aber exemplarisch für den Betrachter durchgeführt. Die Wandlungen dieses anfangs eitlen, schwachen, sinnlichen Individuums sind selbst für Orientalen, die viel weniger als wir Abendländer dem trügerischen Ideal einer in sich geschlossenen, »sich selber treuen« Persönlichkeit verfallen sind, erstaunlich. Äußeres Instrument dieser ungeheuren Veränderungen in der Persönlichkeitsstruktur war nach Gandhis eigener Aussage zunächst sein tägliches Gebet. Gandhi hatte zwei feste Gebetszeiten, morgens ungefähr eine halbe Stunde gegen 1.30 Uhr und am Spätnachmittag etwa eine Stunde zwischen 5 und 6 Uhr. Diese beiden Gebetsstunden bildeten die Angelpunkte seines Tagesablaufs. Er ließ sie buchstäblich nie aus, wenn es auch vorkam, daß er sich einige Minuten verspätete. Auch die dringendsten politischen und persönlichen Anliegen konnten ihn nicht dazu bringen, dieses Tagesgebet aufzuschieben oder nennenswert abzukürzen. Freilich darf man sich diese Gebetsstunden nicht wie die eines europäischen Christen vorstellen. Einen wesentlichen Teil in ihnen nahmen einfache Entspannung und Meditation ein, wobei Gandhi nicht auf traditionelle Hilfsmittel der Hindu-Religion verzichtete. So war er z. B. ein großer Anhänger des Mantra-Gebets, in dem einfachste Satzformeln mechanisch wiederholt werden, bis sich ein suggestionshaftes Verschmelzen des Denkens mit dem Inhalt des Mantras einstellt. Fest verankert in diesen beiden täglichen Stunden des Eintauchens in die Versenkung seines Unbewußten, überließ sich Gandhi vertrauensvoll wie ein Kind den Impulsen seiner Seele, täglich bereit, den Ballast seiner Erfahrungen des Vortages, des Vorlebens unbesorgt über Bord zu werfen, wenn ihn die Suche nach der Wahrheit über sich selbst an eine neue Schwelle führte. In dem wahrscheinlich intelligentesten Buch, das in den letzten Jahren über Gandhi geschrieben worden ist, »Gandhis Truth«[1], nennt der bedeutende amerikanische Psychoanalytiker Erik H. Erikson daher Gandhis Lebenshaltung einen »experimentellen Existenzialismus« – eine totale Selbstüberlieferung an die lenkenden, vorsorgenden Kräfte des Inneren.

Eine besondere Rolle in diesem System nahm Gandhis Fasten ein. Obwohl der Westen im rituellen Fasten z. B. der katholischen Kirche einen Zugang zu diesem Phänomen haben sollte, stellte sich in der Praxis heraus, daß nichts so sehr zum grob entstellten Fakir-Bild vom Gandhi der dreißiger Jahre beitrug wie gerade dieser Zug. Im Osten kann Fasten alles beinhalten, von der gröbsten Erpressung bis zur reinsten Selbstentäußerung.

Für Gandhi begannen die Fastenübungen mit einem verwickelten, aus seinen frühen psychischen Erlebnissen stammenden Ernährungsritual. Sie wurden dann zu einer Selbstprüfung – einer Erforschung des eigenen Ichs, ob es wohl bereit sei, ein vitales Opfer für eine würdige Sache zu bringen – und zu einem Akt der Selbstreinigung. Darüber hinaus aber enthielt es, wie Erikson eingehend dargelegt hat, einen weiteren Zug, der Gandhis Einstellung mit einer im Osten verbreiteten Haltung verband: Es bildete eine Demonstration des Selbstleidens, anhand dessen dem Gegner, gegen den die direkte Aggression unterdrückt wird, eine Schuld zugeschoben wird, welche ihn in eine moralische Zwangssituation versetzt. Die hiervon ausgehende moralische Suggestiv-Gewalt ist beträchtlich und ersetzt die direkte, physische Gewaltanwendung.

Wir wissen heute genug über die persönliche Vorgeschichte des Mahatma, um zu verstehen, daß eine weniger genial angelegte Persönlichkeit an den ungeheuren inneren Hemmungen und Nachteilen, die Gandhi vom Leben mitbekommen hat, rettungslos gescheitert wäre. Mohandas Karamchand dagegen war in der Lage, sich aus seinen inneren Beschränkungen glänzende, seiner Zeit und Umgebung hervorragend angepaßte Instrumente zu schmieden. Schon bei der Betrachtung des passiven Widerstands und seiner psychologischen Hintergründe war uns diese Fähigkeit begegnet; hier treffen wir sie wieder.

Der junge Gandhi hat es nicht leicht gehabt, sich mit sich selbst zu versöhnen. Die Übersetzung seiner Selbstbiographie, schon im Englischen den Unterton nur inadäquat wiedergebend, hat auf deutsch vollends den hölzernen, humorlosen, pedantischen Klang eines durch und durch moralinsauren, engen, etwas bigotten Kleingeistes und Viktorianers, eines Menschen, dem man auf englisch als »prig« bezeichnen würde. Kenner versichern jedoch, daß der selbstironische, versöhnliche Unterton des Gujarati-Originals köstlich sei und von der Geistesverfassung des Autors einen ganz anderen Eindruck vermittle. Gandhis Distanzierung von der eigenen Vergangenheit war die Frucht schwerer innerer Kämpfe, von denen der vorliegende Text einen Geschmack gibt.

Gandhi war sehr wahrscheinlich durch seine Mutter schwer frustriert und traumatisiert worden. Wir hören, daß sie sich und den Kindern an Wolkentagen die Nahrung verweigerte. Als devote Hindufrau respektierte Putaliba die tausenderlei kleinen und größeren Vorschriften, die das Leben des orthodoxen Gläubigen zu einem ewigen Slalom zwischen Schuld und Verbot machen, und sie übertrug das auf ihr Kind. Gandhis Vater, das Idol des Sohnes, scheint wiederum so gütig und weich gewesen zu sein, daß dem kleinen Moniya eine klare Identifizierung und Unterscheidung zwischen den Arche-Personen seines frühen Lebens schwierig wurde. Die verfrühte Kinderehe und der Unfall des Vaters scheinen ein weiteres schweres Trauma hinterlassen zu haben, bevor die Vorgänge beim Tode Kaba Gandhis – der Vater stirbt in den Armen des Onkels, während er, der unwürdige Sohn, seiner Frau lustvoll beischläft – ihm ein lebenslanges Gefühl der Schuld und Unwürde einbrannten. Die weiteren Erlebnisse, etwa die prompte Ausstoßung aus der im traditionellen Indien den Lebensraum beherrschenden Kaste bei der ersten Behauptung der eigenen Persönlichkeit, seine Minderwertigkeitsgefühle in England und die nicht bewältigte Übernahme einer Kämpferrolle, unterminierten weiter das noch nicht entfaltete Ich. Hinzu trat außerdem das ganze Gitterwerk von Tabus, Gesetzen und Vorschriften, in die der normale Inder von seinem Heranwachsen an eingesperrt wird und zu Gandhis Zeit noch viel mehr eingekerkert wurde, um der jungen Persönlichkeit jeden autonomen Entfaltungsraum zu nehmen. Daß Gandhi sich überhaupt von dieser drückenden Last so weit befreien und der Außenwelt anpassen konnte, um ein einigermaßen produktives Leben zu führen, zeugt von ungeheurer seelischer und auch physischer Kraft. Jenseits der engeren persönlichen und familiären Sphäre wurde Gandhi wesentlich bestimmt von der geistigen Welt – die Psychologen würden sagen: vom kollektiven Überich – des Hinduismus und Jainismus, oder genauer, von jener

Strömung, die Aggressivität streng verpönte, Asketentum zum Ideal erhob und Quietismus empfahl. Gegen diese unsichtbare, aber eiserne geistige Einengung hat sich Gandhi an entscheidenden Stellen seines Lebens energisch, ja heroisch gewehrt, nur um dann bei der nächsten Gelegenheit kompensierend einzubrechen und sich ihnen unterzuordnen. Diese Unterordnung erschien ihm um so sinnvoller für sein Lebensziel, als er sich ja betont mit Indien und seiner Kultur und Religion identifizierte, ja mit erfrischender Unbekümmertheit den Dienst an Indien mit dem Dienst an Gott gleichsetzte.

Das Produkt all dieser engeren und weiteren Kindheits- und Umwelteinflüsse war ein Charakter, der zeit seines Lebens gepeinigt und verfolgt war von Sündenvorstellungen, der mit schweren irrationalen Schuldgefühlen zu kämpfen hatte – wie etwa über die Umstände beim Tod seines Vaters – und dessen Lebenshaltung von einer asketischen Lustfeindlichkeit gezeichnet war. Ein solches Seelenbild ist keineswegs typisch für den gebildeten Inder, der weniger für Schuld- und Zwangsneurosen anfällig ist als etwa der religiös erzogene Abendländer. Gandhi steht hier der abendländischen Tradition auffallend näher. So sind seine Einstellungen zur Frau und zum Sex ganz denen eines puritanischen Protestanten vergleichbar, mit allen peripheren Begleiterscheinungen wie obsessionelle Pünktlichkeit, radikale Sachlichkeit, fanatischer Drang zu absoluter Verantwortlichkeit, selbst in Situationen, die für jeden Normalmenschen als ultra vires gelten würden. Seine Frau Kasturba muß ein wahrer Ausbund an Geduld und geistiger Widerstandskraft gewesen sein, um seine extremen Gefühlsschwankungen und Wandlungen der Verhaltensweisen aus- und durchzuhalten. Auf sie muß er sein Mutterbild projiziert haben, die ungeheuer verlockende und doch grausam frustrierende Zauberin in all ihrer Ambivalenz. Allerdings kam ihm hierbei zugute – und das soll ihn auch gelegentlich vor der offenen Psychose bewahrt haben –, daß Indien anders als der Westen diese Ambivalenz der Frau/Mutter bejaht, ja im Bild der Kali-Durga verehrt. Kasturba muß er gelegentlich intensiv gehaßt haben, weil sie in ihm jene Begierden hervorrief, die er auf das strengste ablehnte.

Je mehr sich Gandhi um seine innere Läuterung bemühte, desto mehr projizierte er seine »Sündhaftigkeit« auf seine engere Umwelt.

Das legt den Schluß nahe, daß Gandhi nicht eigentlich jene verklärten Höhen der Gelassenheit und inneren Fülle erreicht hat, die wir heute, etwa aus Jungianischer Schau, mit dem Attribut der Heiligkeit belegen würden. Über viele seiner inneren Schranken wollte er auch gar nicht hinwegkommen, weil sie für ihn integral zu jenem Kulturideal gehörten, daß vor- und auszuleben er sich vorgenommen hatte. Aber als »großer Mensch«, als Suchender und Irrender gehört er an die Seite von Augustinus oder Rousseau. Der Westen hat auch noch längst nicht ausgeschöpft, was diese »der ganzen Welt gehörende Persönlichkeit« (Romain Rolland) dem Okzident vielleicht mehr noch als Indien an methodischen Hilfsmitteln zu bieten hat. Man denke nur an seine Aktualisierung des Ashram-Konzepts, d. h. der klösterlichen Laiengemeinde ohne zeitliche Verpflichtung, ohne beständige Gelübde und ohne jenes theologisch-rituelle Schrankenwerk, das z. B. für den kontemplierenden Laien im Westen den Aufenthalt, selbst als Gast, in Klöstern so schwer erträglich macht. Dennoch scheint der Westen solche Oase der Stille und Kontemplation, die ein eigenes, autonomes religiöses oder mystisches Erlebnis gestatten, zu entbehren. Vielleicht kommt er einmal auf Gandhis Ashram-Konzept zurück.

Man mag denken über Gandhi, wie man will, selbst für den Verächter seiner Methode und seiner Ziele sollte ein Zug seines Wesens einen versöhnlichen Zugang öffnen – seine große und nie verleugnete Demut. Was immer von ihm zu Lebzeiten und später gesagt und geurteilt wurde, es ist falsch, wenn es nicht Gandhi in seiner Selbsteinschätzung als klein und schwach, aber felsenfest in seiner Suche nach Wahrheit begreift. Der Mahatma selbst hat das bewundernswert in einem Gebet niedergelegt, das er am Ende seines 21tägigen Fastens 1924 niederschrieb und das uns erhalten ist: »Jetzt werde ich von der Welt des Friedens in die Welt des Kampfes eintreten. O Gott, mache mich zu Deinem Werkzeug und gebrauche mich nach Deinem Willen. Der Mensch ist nichts. Napoleon plante so viel und fand sich als Gefangener in St. Helena wieder. Der mächtige Kaiser (Wilhelm II.) strebte nach der Krone von Europa und sah sich zum Privatmann erniedrigt. Gott hat es so gefügt. Laßt uns solche Beispiele betrachten und demütig sein.«

(1971)

Anmerkungen

Geburt und Heim

[1] Die Modh Bania ist eine Unterkaste der Vaishya-Kaste. Sie trieb ursprünglich Handel oder Ackerbau.

[2] Kathiawar ist eine kleine Halbinsel im äußersten Westen Indiens. Sie ist in zahlreiche indische Staaten eingeteilt, die ihren Mittelpunkt in Rajkot haben. Der Erste Minister jedes dieser Staaten heißt Diwan.

[3] Die englische Regierung in Indien unterhielt Regierungsvertreter (Political Agents) an allen Höfen indischer Fürsten. Der P. A. war der Vertreter des Gouverneurs des betreffenden Staates, falls er nicht ganz selbständig und unmittelbarer Vertreter der englischen Regierung bzw. des Vizekönigs war. Der Vize-Regierungsvertreter (Assistant Political Agent) war ein Unterbeamter von ihm.

[4] Asket aus der Vaishya-Kaste, der durch Pietät gegenüber seinen Eltern berühmt war.

[5] Mythischer König, berühmt als Muster von Freigebigkeit, Rechtschaffenheit und Wahrhaftigkeit.

[6] Die ›Sieben Schritte‹, genannt ›Saptapada‹, werden nach Hindusitte von Braut und Bräutigam ausgeführt, während sie das Gelübde gegenseitiger Liebe und Treue ablegen, durch das die Ehe unwiderruflich wird. Das süße Gebäck, ›Kansar‹ genannt, ist aus Weizen und Zucker bereitet und wird von dem Paar am Schluß der Zeremonie gemeinsam verspeist.

[7] Die Anhänger Vishnus als des Einen Höchsten Gottes werden ›Vaishnava‹ genannt. Die Vaishnavas verabscheuen es, irgendeinem Tiere das Leben zu nehmen, und sind gewöhnlich strenge Vegetarier. Nächstenliebe und Mitgefühl sind bei ihnen sehr ausgeprägt.

Schulzeit

[1] Bedeutender Prosaist und Dichter, der sich der Muttersprache Gandhis, des Gujarati, bediente.

[2] Die Jaina-Religion wurde in Indien zur selben Zeit begründet wie der Buddhismus. Eine ihrer Hauptlehren ist das strenge Verbot, irgendeinem lebendigen Wesen sein Leben zu nehmen. Es war teilweise dem Einfluß des Jaina-Glaubens zu verdanken, daß die Ahimsa-Lehre solche Macht gewann über das religiöse Bewußtsein Indiens. Im westlichen Indien behalten manche Vaishnavas neben ihrem eigenen Glauben auch die Jaina-Philosophie bei. So war es auch in der Familie Gandhi der Fall.

[3] Ahimsa heißt wörtlich ›Nichtverletzung von Lebendem‹. Im positiven Sinne ist es gleichbedeutend mit Liebe.

4 Brahmacharya heißt wörtlich ›Brahmanwandel‹. Im besonderen Sinne: Selbstbeherrschung, Enthaltsamkeit.

5 Ein Tempel.

6 Die ayurvedische Heilkunde stellt die Hindu-Form der Behandlung dar. Die mohammedanische Behandlungsweise heißt Yunani (griechisch). Die Ärzte, die sie ausüben, heißen Hakims.

7 Die Tulasi-Pflanze ist heilig in Indien. Die Körner werden als eine Art Rosenkranz benutzt.

Jünglingsjahre

1 ›Ramanama‹ ist die Bezeichnung für die ständige Wiederholung des Namens Rama als Akt der Andacht im Herrn. Rama ist die göttliche Inkarnation des Höchsten in Menschengestalt, wie sie im Ramayana-Epos von Tulasidas beschrieben ist. Dieses indische Epos gründet sich auf das ursprüngliche Sanskritepos von Valmiki.

2 Heilige Texte, in denen der Schutz Ramas angerufen wird.

3 Das Bhagavat ist das berühmteste der Puranas oder heiligen Legendenbücher des mittelalterlichen Hinduismus, die von den göttlichen Inkarnationen erzählen.

4 Mahatma Gandhi erlegte sich in Delhi ein einundzwanzigtägiges Bußfasten auf, um dem Aufruhr zwischen Hindus und Mohammedanern ein Ende zu machen. Ich war damals dabei, als Pandit Madan Mohan Malaviya dieses Purana vorlas, und hörte nachher von Mahatma Gandhi, welche geistige Stärkung diese Vorlesung für ihn gewesen sei.

5 Die Manusmriti ist ein uraltes religiöses Hindu-Gesetzbuch, das streng für das Kastensystem eintritt und u. a. auch die Geschichte der Schöpfung und der ersten Menschen enthält.

6 Von Shamal Bhatt, berühmter Gujarati-Dichter, gest. 1730.

7 Bachelor of Art.

8 ›ji‹, an einen Eigennamen angehängt, drückt kindliche Hochachtung aus. Es wird sowohl beim Schreiben als beim Sprechen angefügt: Gandhiji, Swamiji usw.

9 Er gehörte also zu derselben Unterkaste (Modh Bania) wie die Familie Gandhi.

Leben in London

1 Hülsenfrüchte, eine Art Linsen.

2 Ein langes, baumwollenes Tuch, das um die Hüften getragen wird und den unteren Teil des Körpers verdeckt.

Heimkehr nach Indien

1 In Gujarat und anderen Teilen Indiens ist es Sitte, das Wort ›Bhai‹ [Bruder] an den Eigennamen eines Freundes anzuhängen.
2 Geistig-seelischer Lehrmeister.
3 Vakil ist der indische, aus dem Arabischen entlehnte Name für einen Anwalt, der seine Examina in Indien gemacht hat.

Ankunft in Natal

1 Sammy ist eine Verstümmelung von Swami [Herr], der Endung zahlreicher Tamil-Eigennamen.

In Pretoria

1 Die Memans sind eine merkwürdige Mischsekte, die sich selber als islamisch, und zwar als schiitisch, bezeichnet, tatsächlich aber wesentlich hinduistisch ist. Ihre Mitglieder sind Kaufleute und Großhändler.
2 Die Wesleysche Kirche vertritt die Lehre des Methodisten John Wesley († 1791).

Die schwarze Pest

1 ›Navajivan‹ war Gandhis Gujarati-Wochenschrift in Indien.

Der Zulu-Aufstand

1 Vgl. Fußnote 3 im Kapitel ›Die Helden des passiven Widerstandes‹.
2 Der älteste Hindu-Gesetzgeber; siehe Anm. 5 im Kapitel ›Jünglingsjahre‹.

Seelische Erziehung

1 Unberührbar; es handelt sich um Kastenlose.

Satyagraha in Natal

1 Mr. Gokhale war nach Südafrika gekommen, um die Aufhebung einer ungerechten Steuer von drei Pfund auf den Kopf jedes Inders, jeder Inderin und jedes erwachsenen indischen Kindes zu erwirken, die ihr Kon-

traktverhältnis lösten. Die Steuer sollte sie zur Rückkehr unter den Kontrakt zwingen, in welchem Falle sie aufgehoben würde.

Die Helden des passiven Widerstandes

[1] Sudama opferte, laut der buddhistischen Legende, dem Buddha eine Handvoll Reis, die alles war, was sie hatte.

[2] Siehe Fußnote 1 im Kapitel »Jünglingsjahre«.

[3] Pathan ist der Name der aus Afghanistan und den daran angrenzenden Teilen des nordwestlichsten Indien stammenden indischen Mohammedaner.

[4] Eine heilige Königin und fromme Seele, die im 15. Jahrhundert lebte und deren fromme Gesänge heute noch in Indien verehrt werden; sie war eine begeisterte Verehrerin des Krishna.

Endlich zu Hause

[1] Eine Schule, die der Hindu-Reformgesellschaft ›Arya Samay‹ gehörte. Mahatma Munshiram war ihr Leiter, der später ein Sannyasi wurde unter dem Namen Swami Shraddhanand.

[2] Saiteninstrument.

[3] Das Kumbha Mela oder Kumbha-Fest ist eine besondere Gelegenheit, bei der Hindupilger gemeinsam im heiligen Ganges baden.

[4] Darshan bedeutet den Anblick oder die Vision eines Gottes oder Heiligen.

[5] Acharya bedeutet ›Leiter eines Klosters oder Stiftes‹. Es ist ein Ehrentitel.

[6] Es handelt sich um Kastenlose.

[7] Imperial Legislative Council.

[8] Imperial Citizenship Association.

[9] Criminal Investigation Department (Geheimdienst).

Champaran

[1] Ein König in der Hindulegende, der die Tugenden eines Königs mit denen eines Heiligen verband. Champaran liegt in Nord-Bihar, am Fuß des Himalaja.

[2] ›Tin‹ bedeutet auf Hindostani ›drei‹.

[3] Vakil bedeutet Rechtsanwalt. Babu ist ein Ehrentitel. Ich habe im folgenden seine ständige Wiederholung in diesem Kapitel vermieden.

[4] Raiyat (arab.) bedeutet ›Bauer‹ (eigentlich ›Untertan‹).

[5] Rajendra Prasad wurde einer von Mahatma Gandhis treuesten Anhängern.

[6] Der bedeutende Brahmanenführer des rechtgläubigen Hinduismus.
[7] Sir Edward Gait.
[8] Damals tausend Pfund Sterling oder fünftausend Dollar.
[9] ›Darshan‹ = Anblick eines Heiligen. Mahatma Gandhi mißbilligte diese fromme Sucht sehr, wenn sie ihm selbst galt.
[10] Criminal Investigation Department [Geheimdienst].
[11] Vor seinem Tode im Jahre 1929 zog er sich vollkommen von der Welt zurück und lebte das Leben eines frommen Einsiedlers.

Khaira

[1] Fünf Cents.
[2] Acht Cents.
[3] Er ist in all diesen Jahren der treueste Sekretär und Freund Mahatma Gandhis geworden. Die Übersetzung dieser Autobiographie aus dem Gujarati ins Englische ist hauptsächlich ihm zu verdanken.
[4] Das Frauengewand.
[5] Eine Vier-Anna-Ernte bedeutet 25 Prozent einer vollen Ernte.

Die Kriegskonferenz

[1] Ambalal Sarabhai war ein Spinnereibesitzer und Menschenfreund aus Ahmedabad. Er und seine Familie waren treue Freunde Mahatma Gandhis.
[2] Die Schwester von Sheth Ambalal Sarabhai.
[3] Die Rowlatt-Kommission sollte berichten, ob ein Notgesetz erforderlich wäre, um der revolutionären Bewegung in Bengal entgegen zu steuern, wo man zu Terrormaßregeln gegriffen hatte, um die Bevölkerung einzuschüchtern. Der Bericht empfahl sehr scharfe Maßnahmen, darunter Einkerkerung ohne öffentliches Verhör.
[4] Ein Gebirgsort unweit von Bombay.

Die Rowlatt-Akte

[1] V. Shrinivasa Shastriji war damals Mitglied des vizeköniglichen Staatsrates.
[2] Schließung aller Läden und Geschäftsstellen zum Zeichen der Trauer.
[3] Swami Shraddhanand war der Führer des Arya Samaj, einer Hindu-Reformsekte.
[4] Die große Moschee in Delhi. Das war das erste Mal, daß ein Hindu aufgefordert wurde, in dieser Moschee zu sprechen.

[5] Gandhi und Mrs. Sarojini Naidu waren beide Hindus. Deshalb war dies ein ganz ungewöhnliches Vorkommnis, ein Zeichen der Verbrüderung zwischen Hindus und Mohammedanern.
[6] ›Hind Swaraj‹ bedeutet ›indische Selbstregierung‹; ›Sarvodaya‹ ist eine Übersetzung von Ruskins ›Unto this Last‹ in die Gujaratisprache.
[7] Ein übervölkertes Viertel von Bombay.
[8] Anfangsworte eines Lobliedes auf die Landschaft Bengalen, allmählich zum Nationalhymnus für ganz Indien geworden.
[9] ›Gott ist groß‹.

Der Kongreß in Amritsar

[1] Mit der Hand gesponnenes und gewobenes Tuch.
[2] Delhi ist der Mittelpunkt der Urdusprache, die in ihrem Bau indisch ist, aber arabische und persische Wörter statt Sanskritwörter benutzt. Gandhi glaubte, daß eine gemeinsame, Hindi- und Urduwörter vereinende Sprache als Umgangssprache Indiens möglich sei.

Die Khadi-Bewegung

[1] Broach: Bezirk und Stadt im früheren Britisch-Indien, nördlich von Bombay.
[2] Spinnrad.
[3] Lala Lajpat Rai.
[4] Lokamanya Tilak.

Nachbemerkung des Herausgebers

[1] Gujarati (Gudschrati), eine der neueren indisch-arischen Sprachen, die nördlich von Bombay in Gujarat (Gudschrat) gesprochen wird und von den Parsen bei ihrer Ansiedlung in Indien übernommen wurde. Es ist eine reiche Literatur in Gujarat vorhanden.
[2] ›Mahatma Gandhis Ideas‹ (1929), u. d. T. »Mahatma Gandhis Lehre und Tat« 1932 im Insel Verlag, Leipzig.

Nachwort von Curt Ullerich

[1] Deutsche Übersetzung u. d. T. »Gandhis Wahrheit über die Ursprünge der militanten Gewaltlosigkeit«. Aus dem Amerikanischen von Jürgen Behrens. Suhrkamp Verlag, Frankfurt a. M., 1978.

Verzeichnis indischer Ausdrücke

Titel der Ehrerbietung und Achtung

Mahatma Ein Titel Gandhis, der bedeutet ›Große Seele‹.
Gurudeva Ein Titel Tagores, der bedeutet ›Verehrter Lehrer‹.
Deshbandhu Ein Titel C. R. Das', der bedeutet ›Freund des Landes‹.
Lokmaya Ein Titel B. G. Tilaks, der bedeutet ›Vom Volk Geliebter‹.
Srijut (Sjt.) Allgemeiner Titel, ähnlich dem englischen ›Esquire‹ oder dem deutschen ›Wohlgeboren‹.

Religionsschulen

Sabarmati Ashram Die Religionsschule Mahatma Gandhis bei Ahmedabad.
Shantiniketan Die Religionsschule Rabindranath Tagores bei Kalkutta.
Gurukula Die Religionsschule Mahatma Munshi Rams bei Hardwar.

Ausdrücke beim passiven Widerstand

Ahimsa Nichtanwendung von Gewalt.
Satya Wahrheit.
Satyagraha Wahrheitskraft oder Seelenkraft.
Satyagrahi Einer, der Seelenkraft ausübt.
Brahmacharya Ausübung von Keuschheit.

Mahatma Gandhis Handspinn-Bewegung

Charka Das Spinnrad.
Khaddar, Khadi Handgesponnenes Tuch.

Heilige Sanskrit-Bücher

Vedas Die frühesten religiösen Hymnen Indiens.
Upanishad Die früheste Religionsphilosophie.
Puranas Die heiligen Hindulegenden.

Hindureligion

Dharma Religion oder religiöse Pflicht.
Varnashrama Dharma Kastenreligion.
Sanatana Dharma Orthodoxe Hindureligion.
Sanatani Orthodoxer Hindu.

Die vier Kasten

Brahman Die erste Kaste (Wissen).
Kshatriya Die zweite Kaste (Herrschaft).
Vaishya Die dritte Kaste (Handel, Landwirtschaft).
Shudra Die vierte Kaste (Handarbeit).

Die vier Stufen des religiösen Lebens

Brahmacharya Die erste Stufe (Keuschheit).
Grihastha Die zweite Stufe (Hausstand).
Vanaprastha Die dritte Stufe (gradweises Sichzurückziehen).
Sanyas Die vierte Stufe (völlige Zurückgezogenheit).

Die zwei großen Epen

Mahabharata Das Nationalepos, dessen göttlicher Held Krishna ist. Die Bhagavad-Gita (oder einfach Gita) ist ein Teil davon.
Ramayana Das heilige Epos Nordindiens, dessen göttlicher Held Rama ist.

Politische Ausdrücke

Swadeshi Zum eigenen Lande gehörig oder im eigenen Lande hergestellt.
Swaraj Selbstregierung.

In indischen Wörtern ist ch wie tsch, j wie dsch, sh wie sch, y wie j zu sprechen.

Truman Capote
- Die Grasharfe. Roman. Übersetzt von Annemarie Seidel und Friedrich Podszus. st 1796. 208 Seiten.

Marguerite Duras
- Der Liebhaber. Übersetzt von Ilma Rakusa. st 1629. 194 Seiten.

Hans Magnus Enzensberger
- Der Fliegende Robert. Gedichte, Szenen, Essays. st 1962. 350 Seiten
- Hammerstein oder Der Eigensinn. Eine deutsche Geschichte. st 4095. 378 Seiten

Louise Erdrich
- Solange du lebst. Roman. Übersetzt von Chris Hirte. st 4267. 396 Seiten

Philippe Grimbert. Ein Geheimnis. Roman. Übersetzt von Holger Fock und Sabine Müller. st 3920. 154 Seiten

Peter Handke
- Immer noch Sturm. st 4323. 165 Seiten
- Die morawische Nacht. Erzählung. st 4108. 560 Seiten
- Mein Jahr in der Niemandsbucht. st 3084. 632 Seiten

Hermann Hesse
- Der Steppenwolf. Roman. st 175. 288 Seiten
- Siddhartha. Eine indische Dichtung. st 182. 136 Seiten
- Unterm Rad. Materialienband. st 3883. 315 Seiten

Reginald Hill. Rache verjährt nicht. Roman. st 4390. 684 Seiten

Daniel Kehlmann. Ich und Kaminski. Roman. st 3653. 174 Seiten.

NF 266b/2/04.13

Jörn Klare
- Als meine Mutter ihre Küche nicht mehr fand. Vom Wert des Lebens mit Demenz. st 4401. 250 Seiten
- Was bin ich wert? Eine Preisermittlung. st 4262. 274 Seiten

Sibylle Lewitscharoff
- Apostoloff. Roman. st 4180. 248 Seiten
- Blumenberg. Roman. st 4399. 221 Seiten
- Montgomery. Roman. st 4321. 346 Seiten

Nicolas Mahler
- Alice in Sussex. Frei nach Lewis Carroll und H. C. Artmann. Graphic Novel. st 4386. 143 Seiten
- Thomas Bernhard: Alte Meister. Komödie. Gezeichnet von Nicolas Mahler. Graphic Novel. st 4293. 158 Seiten

Andreas Maier
- Das Haus. Roman. st 4416. 165 Seiten
- Onkel J. Heimatkunde. st 4261. 132 Seiten
- Wäldchestag. Roman. st 3381. 315 Seiten

Cees Nooteboom
- Allerseelen. Roman. Übersetzt von Helga van Beuningen. st 3163. 440 Seiten
- Roter Regen. Leichte Geschichten. st 4246. 239 Seiten.
- Schiffstagebuch. Ein Buch von fernen Reisen. st 4362. 283 Seiten

Amos Oz. Eine Geschichte von Liebe und Finsternis. Roman. Übersetzt von Ruth Achlama. st 3788 und st 3968. 829 Seiten

Ralf Rothmann
- Feuer brennt nicht. Roman. st 4173. 304 Seiten
- Junges Licht. Roman. st 3754. 236 Seiten
- Milch und Kohle. Roman. st 3309. 210 Seiten
- Shakespeares Hühner. Erzählungen. st 4434. 212 Seiten

NF 266b/3/04.13

NF 266b/4/04.13